KB188912

# 정치와 공영방송

## 국민과 함께 공영방송 새롭게 정립하기

박 종 원 지음

(주)광문각출판미디어
www.kwangmoonkag.co.kr

## 발간사

오늘날 공영방송의 구조적 위기가 구체적으로 나타나고 있습니다. 이러한 위기는 크게 보면 다음과 같은 측면에서 나타나고 있습니다.

시장 변화: 미디어 환경의 변화와 시장의 급격한 경쟁으로 인해 공영방송은 시청률과 광고 수익을 잃을 수 있습니다. 이는 재정적 문제뿐만 아니라 프로그램 방송 및 다양성에도 영향을 미칠 수 있습니다.

재정적 문제: 공영방송은 대부분 정부 보조금 또는 방송 수신료 등의 공공적인 자금으로 운영되는 경우가 많습니다. 그러나 이러한 자금이 충분하지 않거나 안정적으로 보장되지 않을 경우, 공영방송은 재정적 어려움에 직면할 수 있습니다.

경영적 문제: 공영방송은 효율적인 경영과 운영이 필요합니다. 그러나 인력, 자원, 조직 구조 등의 문제로 인해 경영적인 어려움을 겪을 수 있습니다. 이는 프로그램의 질과 다양성을 감소시킬 수 있습니다.

정치적 간섭: 공영방송은 정치적인 간섭에 노출될 수 있습니다. 정부나 특정 정치 세력의 영향을 받아서는 안 되지만, 이를 피하기 어려운 경우 공영방송은 자유로운 보도와 프로그램 제작에 제약을 받을 수 있습니다.

신뢰 손실: 공영방송이 중립성과 공정성을 잃거나, 미디어 윤리와 규

범을 위반할 경우 시청자들의 신뢰를 잃을 수 있습니다. 이는 시청률 감소와 함께 재정적인 어려움을 초래할 수 있습니다.

이러한 구조적 위기를 극복하기 위해서는 재정적, 경영적, 정치적 독립성을 보장하고, 다양한 프로그램을 제작하여 시청자들의 신뢰를 회복하는 등의 노력이 필요합니다. 또한, 시장 환경의 변화에 대응하고 새로운 비즈니스 모델을 모색하여 지속 가능한 운영이 가능하도록 해야 합니다. 이 책은 이러한 상황에 직면하여 한국의 공영 방송 환경에 대한 이해를 높이고 문제 해결을 위한 방안을 고심하고 민주주의 사회에서 공영방송의 역할과 의미에 대한 심층적인 탐구를 담고 있습니다. 이를 위해, 언론의 자유와 미디어의 역할에 대한 이론적 기반을 탐구하고 이어서 공영방송의 정체성과 구조적 위기를 조명하며, 헌법적 성격과 임무에 대한 공영방송의 위치를 탐구합니다. 또한, 공영방송이 국민에게 다양하고 공정한 정보를 제공하고, 공론장을 형성하며, 다양한 의견과 관점을 반영하며, 사회적 다양성과 평등을 증진하는데 어떻게 이바지할 수 있는지에 대해 논의합니다.

공영방송은 독립적으로 다양한 의견을 표현하고 공익을 위한 정보를 제공할 수 있는 권한을 보유하고 있으며, 방송의 내적 자유가 보장되면 방송은 다양한 의견을 다루고 사회적으로 중요한 문제에 대해 자유롭게 보도할 수 있습니다. 그러나 외부의 간섭이나 제약으로 인해 내적 자유가 제한되면 방송의 다양성과 자율성이 훼손될 수 있습니다. 그런 점에서 방송의 지배구조(거버넌스) 요소들이 공영방송이 효과적으로 운영되고 사회적 책임을 수행하는 데 중요한 역할을 합니다. 따라서 공영방송은 이러한 거버넌스 원칙을 준수하고 강화하여 지속 가능한 운영을 위해 노력해야 합니다. 이를 위해 공적 재원으로서의 방송 수신료는 공영방송이 독립적으로 운영되고 공정한 방송 활동을 수행할 수 있는 데 중요한 역할을 합니다. 이러한 수입원은 공영방송이 정부나 특정 이해 세력의 영향을 받지 않고 자유롭게 활동할 수 있는 기반을 제공합니다.

공영방송은 공론장을 형성하고 민주주의 사회에서 다양한 의견이 교환되는 공간을 제공하는 중요한 역할을 합니다. 이를 위해 시민 참여는 필수적입니다. 시민 참여를 통해 공론장이 활성화되고 다양한 의견이 대중에게 전달되는 과정을 촉진할 수 있습니다. 이는 민주주의 사회에서 공영방송이 가진 역할을 보다 효과적으로 실현하는 데 중요한 요소입니다. 시민들의 다양한 의견과 요구를 수용하고 반영함으로써 공영방송은 보다 폭넓은 시각과 다양한 주제를 다룰 수 있습니다. 또한, 공영방송은 시민들의 참여와 피드백을 적극 수용하여 방송 프로그램의 질을 높이고 공정성과 다양성을 확보해야 합니다. 시민들이 공영방송에 대한 신뢰를 가지고 자유롭게 참여할 수 있는 환경을 조성해야 합니다.

따라서 공영방송은 시민들의 참여를 적극적으로 유도하고 지원함으로써 공론장을 형성하고 민주주의의 원칙을 실천하는데 이바지해야 합니다. 이러한 공공 서비스 미디어로의 진화는 공영방송이 민주주의 사회의 필수적이고 중요한 요소로서 인식되고 있음을 보여 줍니다. 이는 공영방송이 민주주의와 공익을 위한 서비스를 제공하는 데 더욱 힘을 쏟을 것임을 의미합니다. 이 책은 이러한 주제를 다양한 관점에서 다루며, 과거와 현재의 사례를 통해 문제를 살펴보며 공영방송이 언론의 자유와 민주주의의 핵심 가치를 보존하고 이를 실현하는 데 어떻게 중요한 역할을 해야 되는지 공영방송의 발전과 미래에 대한 방향을 고민하고 있습니다. 이 책은 공영방송이 민주주의 사회에서 어떻게 기능하고 발전해야 하는지에 대한 지속적인 탐구와 토론의 출발점이 될 것입니다.

이 책을 통해 공영방송이 민주주의 사회에서 핵심 가치를 지키기 위해 가진 역할과 책임에 대해 계속해서 고민하고 이를 실현하는 데 어떻게 이바지할 수 있는지에 대한 새로운 아이디어와 시각을 찾을 수 있기를 기대합니다.

**김광호**
전 미래방송연구회회장/서울과학기술대학교 명예교수

정권이 바뀔 때마다 KBS 사장은 해임되고, 방송 프로그램이 갑작스럽게 폐지되며, 진행자가 교체되기도 합니다. 하루아침에 지난 정부를 비난하고 새 정부를 옹호하는 방송을 보면서 국민은 KBS에 대한 신뢰에 의문을 제기하기도 합니다. 2003년 정연주 사장 취임 이후 2023년 박민 사장이 취임하는 20년 동안 총 9명의 사장이 교체되었습니다. 정권이 교체될 때마다 대통령에 의해 KBS 사장은 언제든 해임될 수 있어, KBS의 독립성은 항상 위협받고 있습니다. KBS 내부는 노동조합이 4개로 나누어져 있고, 갈등은 점점 심해지고 있습니다. 정권이 교체되면, 노동조합은 갈등과 분열이 더 심해지는 경향이 있습니다. 사장 퇴진을 성공시킨 노동조합은 노선 투쟁의 정도에 따라 논공행상식으로 자리를 차지하기도 합니다. 정부의 KBS 사장 해임과 수신료 제도의 과도한 개입으로 공영방송의 가치와 독립성이 훼손되었습니다. 정부의 과도한 개입으로 인해, KBS가 정부의 홍보 수단으로 전락할 위험이 있습니다. KBS의 저널리즘이 마음에 들지 않는 정부는 언제든지 사장을 해임하거나 수신료 징수 제도를 변경하여 공영방송을 통제할 수 있기 때문입니다.

정치적이든 내부가 혼란을 자초했든 공영방송 제도는 수명을 다했습니다. 무엇보다 공영방송의 정체성이 무너졌고 독립성을 유지해 주는 재원마저 와해되었습니다. KBS는 마치 망망대해에서 풍랑을 만난 난파선과 같이 갈 길을 잃어버렸습니다. 유튜브, 넷플릭스 등 다양한 볼거리가 있는 미디어 환경에서 공영방송 제도를 개선하자는 주장은 철 지난 구호로 여겨지며, 국민들도 무관심합니다. 비록 월 2,500원의 소액이지만 수신료가 어떻게 납부되는지? 왜 KBS에만 수신료를 내야 하는지 국민들은 이해하기 어렵기 때문입니다. 그래서 우리 사회에서 더 이상 공영방송이 필요한가 하는 무용론이 존재하고 있습니다.

학자들도 현재의 미디어 환경에서 공영방송의 필요성에 의문을 제기합니다. 이론적으로 학술적으로 공영방송의 필요성을 주장하지만, 국민들을 설득하기에는 역부족입니다. 그러나 공영방송 KBS는 여전히 우리 사회와 민주주의에 이바지할 수 있는 공적 제도라 믿고 있습니다. 공영방송은 국민의 다양한 의사 형성을 기초로 국민의 여론을 반영하는 공론장의 핵심적 역할을 담당하기 때문입니다. 또한, 개인화되고 파편화된 소셜미디어 소비 환경에서 공영방송의 공론장 역할의 중요성은 여전히 크다고 할 것입니다.

하지만 이론적으로는 공영방송의 필요성은 존재하지만, 현실과 괴리가 커 공영방송을 정당화하기는 쉽지 않습니다. 특히 정치가 모든 것을 좌우하는 우리 현실에서 이론은 이론일 뿐이고, 공영방송은 정치에 의해 좌우되기 때문에 국민에게 공영방송 존재의 당위성을 설명하기란 더욱 어려운 과제입니다. 이처럼 우리 사회에서 공영방송 KBS는 매우 논쟁적인 주제이지만, 국민에게는 관심을 끌기 어려운 주제입니다. 정권 교체에 따라 KBS의 혼란과 부침으로 국민의 관심과 신뢰에서 멀어져 있기 때문이기도 합니다. 이렇게 개념과 인식에 대한 사회적 합의와 공감대가 부족한 공영방송을 주제로 책을 출간한다는 것은 상당한 부담과 모험이었습니다.

"공영방송이 무엇인가"라는 질문에 한마디로 설명하기 어렵고, 설명해도 받아들이기 쉽지 않은 현실에서 공영방송이 무엇인지, 왜 필요한지를 정리해야겠다는 생각으로 책을 쓰기 시작했습니다.

이 책은 언론(방송)의 자유가 위협받는 우리 언론(방송)의 현실을 조망하며, KBS가 국민의 신뢰를 잃고 정체성을 상실한 위기의 문제점을 진단합니다. 또한, 공영방송을 정당화하는 이론들을 탐구하고, 공영방송의 헌법적 가치와 법적 정당성을 검토합니다. KBS 프로그램의 편성과 제작 관련 방송 종사자의 방송 자유에 대한 권리를 정당화하는 내적 자유를 고찰합니다. 아울러 공영방송 지배구조의 문제점과 정치 중립성을 확보하기 위한 지배구조를 개선 방안을 다룹니다. 그리고 지난 5월 헌법재판소의 수신료 위헌소송 결정의 문제점을 분석합니다. 마지막으로 KBS 내부의 성찰을 바탕으로 국민과 함께 공영방송을 새롭게 정립하기 위한 제언을 제시합니다.

공영방송 내부에서 공영방송의 원리를 이해하고, KBS 스스로 혁신하는 방안을 제시하고 있습니다. KBS 구성원들이 공익에 봉사하는 정신을 갖추고, 국민이 공감할 수 있는 KBS의 공적 목표를 정립할 것을 제안합니다. KBS 내부 구성원들이 공영방송의 헌법적 가치와 이념을 이해하고 봉사하는 정신이 내재화할 때, 공영방송의 주인인 국민에게 제대로 된 방송과 서비스를 제공할 수 있을 것입니다. 잦은 사장 교체로 인해 정체성이 흔들리는 KBS가 지향해야 할 공영방송의 경영 철학의 원리도 담고 있습니다. 그리고 사장 교체 시 프로그램 폐지와 진행자 교체로 인한 회사와 노동조합(제작진)의 소모적인 갈등을 조화롭게 해결하기 위해 방송 제작 종사자의 권리를 정당화하는 내적 자유, 즉 방송법의 편성 규약 제도의 원리를 제시합니다. KBS의 내적 자유는 국민의 공적 의견을 형성하고 국민의 목소리를 대변하기 위해 KBS 내부가 공론장을 형성해야 하는 헌법적 원리입니다. 따라서 방송법에 명시된 편성 규약 제도는 국민의 의사 표현의 자유와 국민의 공론장 형성을 위한 방송 제작 종사자의 내적 자유를 정당화합니다. KBS 방송법인에 기본권 주체의 지위를 인정하는 이유는 국민의 언론의 자유 보장을 위한 공익 때문입니다. KBS의 방송의 자유는 국민에게 봉사하는 공익이 전제될 때 정당한 권리를 가질 수 있습니다. KBS 방송 사업자의 권리는 공론장을 대리하는 봉사의 자유로서, KBS가 공개적이고 내부의 다양성을 보장하며 숙의할 수 있는 공론장이 우선될 때 합법적이며 존중받을 수 있기 때문입니다. 공영방송은 공익에 봉사하는 정신과 높은 수준의 책임 의식으로 갖춘 조직으로 거듭나 국민의 신뢰를 확보해야 합니다.

정치권은 해묵은 공영방송 제도를 개선해야 합니다. 수신료를 납부하는 국민이 주인이 되는 공영방송을 만들어야 합니다. 공영방송은 정권을 잡은 세력의 전리품이 아니라, 국민을 위해, 국민의 공적 의견 형성을 위해, 민주주의 발전을 위한 국가의 공적 제도이기 때문입니다. 공영방송 KBS의 주요 목적은 국민, 사회 및 민주주의의 복지에 이바지하는 것입니다. 민주주의 작동 원리로서 국민이 중심이 되어야 합니다. 공영방송은 민주주의와 그 가치를 충족하는 핵심 제도와 기관으로서 그 역할을 새롭게 정의해야 합니다.

공영방송 KBS는 새롭게 태어나야 합니다. 그동안 공영방송 KBS를 좌지우지했던 정치로부터 중립적인 지배구조를 만들어야 합니다. 정치에 의해 무너진 KBS를 국민과 함께 새롭게 만들어야 합니다. KBS를 살리기 위해서는 내부의 철저한 반성과 혁신을 바탕으로, 정치와 거리를 두고 정파적 시각을 철저히 배척하여, 국민에게 봉사하는 조직으로 거듭나야 합니다.

이 책은 공영방송 기본권으로서 방송의 자유 원리, 헌법재판소의 수신료 위헌소송, 방송의 내적 자유 등 헌법과 방송법 등의 다양한 법적 원리와 판례들, 그리고 공영방송을 둘러싼 여러 현상을 설명하고 있습니다. 본 저술을 시작하면서, 공영방송의 방송 자유 기본권으로서 헌법적 원리를 이해하는 과정은 결코 쉽지 않았습니다. 그리고 방송법의 편성 규약 제도에 해당하는 내적 자유에 대한 이론과 판례가 많지 않아 이를 정교화하는 작업 역시 어려웠습니다. 법학을 전공하지 않아, 헌법의 기본권인 방송의 자유를 이해하는 데 여전히 부족함을 느끼며, 공영방송을 주제로 출판하기에는 저술자로서 역량의 한계를 절감합니다. 특히 KBS가 제기한 TV 수신료 위헌소송에 대해 헌법재판소가 내린 기각 결정의 문제점을 분석하는 것은 처음 시도하는 작업이었습니다. 헌법학을 전공하시고 방송 관련 분야에서 많은 저술과 논문으로 학문적 업적을 쌓으신 계명대 최우정 교수님의 자문과 조언이 없었다면, 헌재 결정의 문제점에 대한 분석과 고찰은 빈약했을 것입니다. 바쁘신 가운데 열정적으로 자문과 조언을 해 주신 최우정 교수님께 진심으로 감사드립니다. 그리고 이 책이 발간될 수 있도록 많은 도움을 주신 ㈜미래방송연구회 이창형 회장님과 발간사를 정리해 주신 서울과학기술대 김광호 명예교수님께도 진심으로 감사를 드립니다. 아울러 부족한 저술이지만, 공영방송의 정당성과 발전을 위해 방송 현장의 리더십, 학술적 통찰, 그리고 시민사회의 공적 활동을 바탕으로 추천사를 정리해 주신 양승동 전 KBS 사장님과 미디어 공공성 포럼 대표를 맡고 계신 김서중 성공회대 교수님께도 진심으로 감사를 드립니다.

공영방송과 민주주의는 필수 불가결한 관계에 있습니다. 공영방송 KBS가 저널리즘을 회복하지 못하면 우리나라 민주주의의 앞날에 어두운 그림자가 짙어질 것은 자명합니다. 건전한 공영방송의 존재는 우리 민주주의의 척도라 할 수 있습니다. 공영방송 KBS는 정부 여당의 것도, 야당의 것도, 자본의 것도 아닙니다. KBS 직원들의 것은 더더욱 아닙니다. 바로 국민의 KBS, 시민의 KBS입니다. 공영방송이 새롭게 태어나고자 하는 몸부림을 관심으로 지켜보는 국민이 있다면, 더 나은 KBS를 기대할 수 있다는 희망으로 이 책을 세상에 내놓습니다. 망망대해에서 풍랑을 만나 난파된 KBS가 안전하게 등대를 찾을 수 있도록 지도와 나침반이 되기를 희망합니다. 공영방송 KBS의 위상을 새롭게 정립할 수 있는 논의의 출발점이 되었으면 하는 마음입니다. KBS가 우리 사회와 민주주의의 발전에 더욱 이바지하는 공적 제도로 새롭게 태어나기를 기대합니다. KBS는 국민의 방송입니다.

2024. 9.

**박종원 정책학 박사**
전 KBS 춘천방송총국장

# 목차
## 정치와 공영방송
국민과 함께 공영방송 새롭게 정립하기

# 1

# 언론(방송)의 자유가 위협받는 한국

프랑스 유력지 '르몽드'는 한국에서 벌어지는 언론 탄압 실상을 다룬 기사를 실었다. '한국에서 되살아난 언론 검열'이라는 제목의 이 기사는 박민 한국방송(KBS) 사장 취임과 함께 이○○ '뉴스9' 앵커 하차, '더 라이브'와 '주○○ 라이브' 등 시사 프로그램 폐지가 이어진 것을 강압적 방송 장악이라고 표현했다. 이런 상황을 "과거 5·16 쿠데타처럼 군사 쿠데타를 방불케 한다"라고 비유한 홍익표 더불어민주당 원내대표의 발언도 전했다. 또 방송통신심의위원회에 '가짜뉴스 심의전담센터'를 설치한 데 대해 가짜 뉴스와의 전쟁을 핑계로 방송·유튜브를 통제하려는 의도라며 "과거에는 생각할 수도 없었던 일"이라고 비판했다. 공영방송에 대한 정부 개입을 제한하기 위한 방송법 개정안에 윤 대통령이 거부권을 행사했다는 점도 지적했다. 지난달 13일 '뉴욕타임스'는 인터내셔널판 1면에 '한국 정부가 언론 검열에 대한 우려 속에 가짜 뉴스를 겨냥하다'라는 제목의 기사를 실었다. 검사 출신 대통령이 취임한 뒤 검경이 가짜 뉴스를 이유로 언론사와 언론인 가택을 반복해서 압수수색하고 있다며, 이는 한국이 민주화한 이후 거의 없었던 일이라고 짚었다. 지난 7일에는 미국 국영 매체인 '미국의 소리'가 "윤석열 정부가 비판적인 언론인·매체를 기록적인 속도로 형사 고발하고 있다"라고 전했다. 앞서 미국의 저명한 시사주간지 '뉴요커'는 9월 30일 '우려스러운 한국의 민주주의 훼손'이라는 기사에서 윤석열 정부의 언론 탄압 행태는 "많은 이들에게 과거 군사독재 시대를 떠올리게 한다"라고 비판했다(한겨레신문, 2023).

스웨덴의 민주주의 다양성 연구소에서(V-Dem) 매년 각국의 민주주의 순위를 매긴다. 미국 노트르담대학교(University of Norte Dame)의 코페지(Michael Coppedge) 교수와 스웨덴 예테보리대학교(University of Gothenburg)의 린드버그(Staffan Lindberg) 교수를 주축으로 세계 180개 국가의 약 4,200명의 학자와 지역 전문가들이 함께 만들고 있는 브이뎀(V-Dem) 프로젝트의 일환으로 매년 발표되는 민주주의 보고서다. 한국은 1년 만에 28위에서 47위로 하락했다. 한국은 현재까지는 자유민주주의 국가로 평가되지만, 독재화로 선회하는 종 모형(Bell-Turns, ∩) 10개 국가 중 하나로 분류되었다(민주연구원 정책브리핑, 2024). 특히 표현의 자유 지수는 2022년 0.907에서 2023년 0.734로 하락하였다. 표현의 자유 지수 중 정부의 미디어 검열, 개인 언론인에 대한 괴롭힘, 언론의 자기검열 등 모든 하위지수의 하락 경향이 뚜렷하다. 한편, 미국 국무부 '인권 보고서'는 이른바 '김만배 허위 인터뷰' 의혹을 두고 검찰이 언론사에 대한 수사에 들어간 것, 또 이를 인용 보도한 방송사들에서 방심위가 과징금을 부과한 것을 표현의 자유 침해 사례로 추가했다. 그리고 당시 여당 측에서 이를 보도한 언론사를 명예훼손과 직무 방해 혐의로 고소한 것을 언론 자유 침해 사례로 규정했다(JTBC, 2024).

방송통신심의위원회와 방통위 산하 선거방송심의회에서 정권에 불리한 방송에 대한 징계가 잇따르고 있다. 윤 대통령의 검사 시절 '부산저축은행 수사 무마 의혹' 등 정권 비판 보도로 중징계를 받은 방송사들이 법원으로부터 '집행정지' 결정을 받아내고 있지만, 방송통신심의위원회(아래 방심위)는 방송사 중징계를 계속 강행하고 있다. 서울행정법원은 지난 3월 21일 KBS에 대한 과징금(3천만 원) 행정처분의 집행을 정지했다. 앞서 법원은 MBC '뉴스데스크'와 'PD수첩'에 내려진 과징금 총 6천만 원과 JTBC '뉴스룸'에 대한 과징금 총 3천만 원, YTN '뉴스가 있는 저녁'에 대한 과징금 2천만 원 처분도 집행정지했다(오마이뉴스, 2024). 특히 방통위가 구성한 선거방송심의위원회에서는 선거방송과 무관한 방송인 '김건희 여사 모녀 23억 원 수익' 내용을 다룬 방송 5건에 모두 법정 제재 의견을 냈다. △1월 16일자 CBS '박재홍의 한판승부'(관계자 징계) △2월 25일자 MBC '스트레이트'(제작진 의견진술) △1월 12일자 YTN '이브닝뉴스', '뉴스나이트'(경고) △1월 16일자 MBC '신장식의 뉴스하이킥'(경고) △1월 16일자 MBC '김종배의 시선집중'(주의) 등이다(미디어오늘, 2024). 방심위와 선방심의 방송사 중징계 의견은 방송사의 재허가에 큰 영향을 미친다. 대통령과 대통령 가족과 관련된 기사에 대해 방통위가 본안 판결 전에 중징계를 강행하는 것은 언론의 자유를 위축시키고 있다.

TBS(교통방송)는 서울시의회에서 예산 지원을 중단하여, 사실상 폐업 수순에 들어갔다. 한국전력과 한국마사회 등 공적 지배구조였던 YTN은 정부가 공기업 지분을 매각하면서 사실상 민영화되었다. MBC에 대한 지배구조를 교체하기 위해 방통위는 야당 추천 몫의 방문진 이사장과 이사 교체를 시도했지만, 행정법원의 해임 무효소송의 가처분 소송이 기각되어, MBC 사장 교체는 실패했다. 방통위는 남영진 KBS 이사장과 윤석년 KBS 이사를 해임하여 여당 우위의 이사회에서 김의철 KBS 사장 해임을 관철했다. 윤석열 정부가 들어서면서 공영 미디어에 대해 예산을 통제하거나, 민영화를 추진하거나, 지배구조를 교체하여 공영방송을 통제하고 있다. 특히 KBS의 경우 지배구조 개선뿐만 아니라 수신료 통합 징수를 금지하는 방송법 시행령을 개정하여 수신료 재원으로 공영방송을 통제하고 있다. 표현의 자유에 해당하는 언론·출판의 자유는 헌법에서 기본권으로서 보장하며, 민주주의의 핵심 가치로 인식하고 있다. 국가에 의한 표현과 언론의 통제는 민주주의의 퇴행을 의미한다. 국경없는기자회(RSF)가 해마다 발표하는 세계 언론자유 지수 순위에서 한국은 지난해보다 15단계 하락한 62위로 집계됐다. '언론 탄압' 논란이 극심했던 이명박 정부(2009년 69위), 박근혜 정부(2014년 57위, 2015년 60위, 2017년 70위)와 비견되는 수준이다. RSF는 한국 언론을 둘러싼 정치적 환경에 대해 △2021년 더불어민주당이 논란이 많은 허위 정보 금지법을 밀어붙였고 △여당인 국민의힘이 공영방송 언론인들을 윤석열 대통령 명예훼손 혐의로 고발했으며 △정부가 공영방송 고위 경영진 임명에서 우위를 점하고 있고 이는 공영방송 편집 독립성에 위협이 될 수 있으며 △한국기자협회 조사 결과 절반 이상의 언론인들이 현 정부하에서 언론자유 감소에 대해 우려를 표명했다고 소개했다(미디어스, 2024).

윤석열 정부가 들어서면서 공영방송에 대해 행정부의 과도한 개입이 늘어나고 있다. 방통위가 방송문화진흥회 이사나 KBS 이사와 사장 해임을 강행하면서 해고 무효 소송이 이어지고 있다. 또한, 방통위는 전기요금에 통합된 수신료 징수 제도를 일방적으로 변경하기 위해 방송법 시행령을 개정하였다. 기본권 침해와 관련해 KBS가 제기한 헌법소원 심판에서 헌법재판소는 방송법 시행령 개정이 위법하지 않다고 판결했다. 공영방송인 KBS와 MBC의 독립성을 보장하는 방송법과 방송문화진흥회의 사장 임기 보장은 사실상 사문화되었다. 정부가 바뀔때마다 공영방송 이사는 방송통신위원회에 의해 일방적으로 교체되고, 사장은 여당 우위의 이사회에서 해임된다. 이러한 방식은 국민권익위원회, 감사원과 같은 행정 규제 기관을 통해 점점 더 정교해지고 있다. 특히 5인 합의제 기구인 방송통신위원회는 대통령이 추천한 위원 2명이 공영방송 이사 해임과 YTN의 민영화를 추진해 법적 논란을 불러일으켰다. 법원이 KBS 사장의 해고 무효 가처분 소송을 기각하고, 본안 소송에서 해고 무효소송을 인정해 온 판례에 따라, 공영방송 KBS의 지배구조는 사실상 행정 권력에 종속되어 있다. 이러한 사법부의 판례들은 정부가 언제든 KBS 사장을 교체하기 위해 권력기관을 동원하려는 유혹을 불러일으킨다. 윤석열 정부는 한 걸음 더 나아가 수신료 징수 체계를 일방적으로 변화시켜 KBS를 재원으로 통제하고 있다. KBS 지배구조의 일방적 교체를 넘어, 공영방송의 근간이 되는 물적 기반을 훼손하고 있다. 정부의 수신료 재원 통제는 방송의 자유라는 기본권을 침해하며, 공영방송의 독립적인 프로그램 편성과 제작을 통제할 수 있다. 민주 국가에서 언론은 다양한 여론 형성에 이바지하기 때문에 민주주의 기능에 필수적인 표현의 자유는 다른 기본권보다 우선시된다. 독일 연방헌법재판소는 공영방송의 기본권을 보장하는 판례를 축적하여 공영방송의 독립성을 보장하고 있다. 독일과 달리, 우리나라는 국가(행정) 권력에 의해 공영방송의 방송 자유라는 기본권을 침해하는 소송에 대한 판례가 충분치 않다. 우리나라 헌법재판소는 공영방송의 기본권을 보장하기보다는 국가 권력의 헤게모니를 우선시했다. 독일은 연방헌법재판소 모델을 도입한 이후 제8차 방송 판결까지 방송의 자유라는 법적 근거에 기반하여 공영방송의 독립성을 보장하는 체계를 확립하였다. 그러나 우리나라 헌법은 방송의 자유가 구체적으로 명시되어 있지 않다. 방송법 또한 KBS 수신료 징수 제도를 시행령으로 규정하고 있어, 정부가 바뀔 때마다 거버넌스와 수신료를 둘러싼 사회적 갈등이 계속되고 있다. 최근 공영방송에 대한 갈등의 양상은 정치권의 여당과 야당의 논쟁에서, 국가 대

시민사회, 시민사회 대 공영방송, 공영방송 내부의 경영진과 노조의 갈등 그리고 KBS 내부에서 정파적 이해를 달리하는 노동조합의 갈등 등 다양한 형태로 나타나고 있다.

이 책은 공영방송 KBS의 지배구조와 수신료 재원 문제로 공영방송의 독립성이 위협받는 KBS의 현실을 살펴본다. 또한, 헌법에 명시된 공영방송의 방송 자유라는 기본권을 검토하고, 방송 종사자의 자율성을 보장하는 방송 편성 규약의 정당성을 고찰하고자 한다. 아울러 전기요금 통합 징수를 금지한 방송법 시행령의 위헌 여부에 대한 헌법재판소 결정의 문제점을 분석하고자 한다. KBS 내부의 성찰을 바탕으로 공영방송 제도를 새롭게 구축하는 방안을 모색하고자 한다.

## 1) 민주국가 원리로서의 언론과 방송

건전한 여론 형성을 통해 정치적 의사 결정을 가능하게 하는 언론은 현대 민주주의 체제에서 필수 불가결인 요소이다. 언론은 주권자인 국민의 국정 참여에 필요한 정보를 제공하며, 나아가 국민적 합의를 창출하여 국가의 정책 결정에 영향력을 행사하고 국가의 진로를 결정한다(박용상, 2011). 국가 권력의 창설과 국가 내에서 행사되는 모든 권력의 정당성이 국민의 가치적인 공감대에 귀착될 수 있게 하는 통치 형태가 바로 민주주의다. 따라서 언론의 자유를 보장함으로써 여론에 의한 의견 수렴의 통로를 열어 놓고, 국가 권력에 대한 계속된 통제와 감시를 하고, 의사 표현과 정보의 전파를 통한 정치적 합의 형성을 가능하게 하는 것이야말로 민주주의의 실현을 위해서 필수 불가결인 전제 조건이 아닐 수 없다(허영, 2015). 민주 정치에 있어서 정치 활동은 사상, 의견의 자유로운 표현과 교환을 통하여 이루어지는 것이므로 언론·출판의 자유가 보장되지 않는 상황에서 민주주의는 시행될 수 없으며, 표현의 자유가 보장되어 있지 않은 나라는 엄격한 의미에서 민주 국가라고 하기 어렵다. 사상의 자유로운 교환을 위한 공간이 확보되지 않는다면 민주 정치는 결코 기대할 수 없다(지성우, 2017). 일반적으로 민주주의 국가는 언론의 자유를 보장한다. 자유로운 언론(방송)은 개개인의 의사를 자유롭게 표출하고 방송은 이러한 의사를 전달하는 매개 역할을 한다. 민주주의는 개인의 의견 다양성을 보장하는 것을 원칙으로 한다. 방송은 개인의 다양한 정치 사회 문화적 의견에 대해 공론장을 형성하고 이를 대중에 전달하며, 행정부 입법부 등 정치 권력의 견제를 통해 민의가 왜곡되지 않도록 한다. 이러한 독립적이고 공공적인 여론을 바탕으로 정치 권력을 합법적으로 교체될 수 있도록 선거에 중립을 유지하는 것이 언론과 방송(특히 공영방송)의 핵심적인 역할이다. 언론·출판의 자유, 방송의 자유는 이러한 개인적인 측면의 자유 이외에도 여론 형성을 보장함으로써 민주 국가 원리의 요소가 되며 자유로운 공동체를 유지 형성할 수 있도록 보장해 준다(이욱한, 2017). 민주주의의 토대를 제공하는 여론 형성에 절대적인 기능을 수행하는 방송의 역할은 더 이상을 강조할 필요가 없을 것이다. 방송은 여론의 중개자이지만 동시에 나아가 정치 프로그램이나 시사평론을 통해 또는 단순히 방송할 사안을 선택하는 것을 통해 여론에 영향력을 행사함으로써 그 스스로 여론 형성의 중요한 요소가 된다. 언론의 공적 책임은 국민이 정치적 결정을 할 수 있기위해서 광범위한 정보를 접할 수 있어야 한다. 공적 논쟁을 통해 시민에게 정치적 판단을 할 수 있는 정보를 제공하여 궁극적으로 시민들로 하여금 객관적인 결정과 판단을 가능하게 한다. 이런 과정을 통해서 매스-미디어는 여론을 형성하도록 한다. 이렇듯 언론에 부여된 공적 책임은 막중하며, 이러한 역할을 국가기관(정부)이 대신 수행할 수는 없다. 헌법적 의미에서 공영 미디어의 공적 책임은 공적 의견 형성 및 정보를 통하여 국가 및 민주주의 사회의 유지와 발전에 동참하는 것을 의미한다(김진웅, 1998).

민주 국가에서 방송의 헌법적 지위는 아래와 같이 요약된다. 방송은 언론의 다양성을 확보함으로써 민주주의 실현에 기여하고, 방송이라는 매체를 통해 인간다운 생활에 필요한 정보를 수집할 기회를 국민 모두에게 제공한다는 점에서 사회국가원리 실현에 기여하며, 공정하고 객관적인 정보의 제공을 통해 국민의 알 권리를 실현하고 방송 매체에 대한 접근 및 이용권의 실현에도 기여한다(전상현, 2018). 방송은 다원적인 국민의 각계각층의 다양한 의사가 자유롭고 공개적으로 소통될 수 있도록 설립·운영·편성될 것을 요구받으며, 이는 구체적으로 국가 권력의 간섭과 규제로부터 독립하여야 한다는 자유주의적 요청과 방송의 운영 및 편성에 있어 공공의 다양한 이해관계를 가진 각계각층의 주체들이 기회 균등하게 참여할 수 있는 방도가 마련되어야 한다는 민주주의적 요청으로 나타난다(서울남부지방법원, 2012가합3891). 이 다양성 및 기회 균등의 원칙은 국가 권력의 창설과 그 정책 결정에 정당성을 부여하는 필수적 계기를 마련함과 동시에 평화적 정권 교체라고 하는 사회적 변화의 요청에 부응하는 중요한 제도적 장치가 된다. 자유민주주의의 원칙으로부터 귀결되는 독립성의 원칙과 다양성의 원칙은 방송의 조직과 운영 및 편성에 있어서 광범위한 제도화의 필요성을 제기하는 것이다(박용상, 2011). 우리 헌법재판소 역시 "언론·출판의 자유는 현대 자유민주주의의 존립과 발전에 필수 불가결한 기본권이며 이를 최대한도로 보장하는 것은 자유민주주의 헌법의 기본 원리의 하나"(헌법재판소, 90헌가23)라고, 판시하여 언론 자유에 대해 견해를 같이하고 있다.

## 2) 기본권으로서 언론(방송)의 자유

기본권은 국민이 국가에 대하여 지니는 헌법상 권리로서 국가를 구속하는 힘을 지니는 공권(公權)이다. 즉 기본권은 '일반 국민'의 '국가에 대한' 권리다(강경근, 2005). 헌법 구조는 개인과 더불어 단체 또는 집단이 어떤 형태로 헌법상의 권리인 기본권의 주체로 등장하고 있다. 자연인에게 기본권 주체성을 긍정하는 이유는 국가 권력으로부터 자연인의 권리와 자유를 보호하기 위하여, 기본권은 개인의 자유와 권리를 국가로부터 보호하여 주는 수단이다. 기본권은 원래 인간의 자유와 권리를 보장하기 위하여 인간에게 인정된 권리다. 인간의 존엄과 행복 추구를 위한 보장 체계가 기본권이며, 헌법의 가장 중요한 기초를 이루고 있다(헌법재판소, 2009). 헌법 제10조는 행복 추구권과 기본권 보장의 의무를 명시하고 있다. 모든 국민은 인간으로서의 존엄과 가치를 가지며, 행복을 추구할 권리를 가진다. 그리고 국가는 개인이 가지는 불가침의 기본적 인권을 확인하고 이를 보장할 의무를 진다. 기본권은 '현대 사회에서의 중요한 구성 요소'임과 동시에 '헌법의 중요한 구성 요소'이므로, 개인은 물론 법인도 강력한 법의 보호를 받아야 한다는 논리로 출발한다.

우리 헌법은 제21조 제1항에 모든 국민은 언론·출판의 자유와 집회·결사의 자유를 가진다고 규정하고 있다. 그리고 제3항에 통신·방송의 시설 기준과 신문의 기능을 보장하기 위하여 필요한 사항은 법률로 정한다고 규정하고 있다. 헌법에는 방송의 자유가 구체적으로 명시되어 있지 않다. 그러나 헌법재판소와 학계는 언론의 자유는 방송의 자유를 포함한다는 것이 통설이다. 헌법재판소는 "헌법적으로 보장되는 언론·출판의 자유에는 방송의 자유가 포함된다. 방송의 자유는 다양한 정보와 견해의 교환을 가능하게 함으로써 민주주의의 존립·발전을 위한 기초가 되는 언론의 자유의 실질적 보장에 기여한다는 특성을 가진다"(헌법재판소, 2002헌바49)고 규정한다. 언론·출판의 자유는 인간의 존엄성에 필요한 개성 신장의 수단으로써 작용할 뿐만 아니라 사회 구성원 상호 간에 의사 접촉을 가능하게 한다. 그리고 여론 형성을 촉진하여 사회 공동체를 동화시키고 통합하는 수단으로서의 작용한다. 또한, 민주주의 통치 질서가 성립하기 위한 필수적인 전제 조건으로서 작용하므로, 민주주의를 실현하기 위한 방법적 기초인 동시에 민주 정치의 창설적 전제를 의미한다(허영, 2008). 그리고 방송의 시설 기준을 위해 법으로 방송의 규율을 명문화하고 있다.

　기본권을 자연법에 입각한 개인의 주관적인 권리로 주장하는 측과, 실정법에 입각하여 객관적 권리로서 사회적 차원에서 해석하는 입장이 대립 관계에 있다(김진웅, 2011). 우리 헌법재판소와 독일 연방헌법재판소는 방송의 자유는 국가로부터의 소극적 자유, 즉 주관적 공권으로서의 성격만을 갖는 것이 아니라, 민주주의 실현과 관련되는 강한 공적인 기능을 담보할 수 있는 합리적인 방송 제도의 형성을 의미하는 객관적 질서 내지 원칙으로서의 성격 또한 갖고 있는 것으로 판시했다(헌법재판소, 2000헌바43). 그렇기 때문에 방송의 자유는 방송을 운영하는 주체만의 개별적이고도 주관적인 자유만이 아니라, 한 국가의 헌법 질서에 따라 제도적이고 객관적인 차원에서 보장받는 이원성을 지닌 기본권으로 이해되어야 한다는 견해가 일반적이다.

# 2

# 공영방송의 정체성과 정치적 후견주의[1]

## 1) 공영방송의 개념

최초의 공영방송[2]은 영국의 BBC(British Broadcasting Corporation)다. BBC는 1922년 영국 체신부의 요청으로 라디오 수신기 업체들이 공동 투자한 BBC(British Broadcasting Company)에서 시작되었다. 당시 라디오 방송사의 난립으로 혼란을 겪은 미국의 경우를 반복하고 싶지 않았던 영국 정부는 무선통신 기기와 장비 사업자들의 통합 컨소시엄인 BBC(민간회사)에만 방송국 면허를 부여하

---

1) 2장~3장은 저자의 박사학위 논문 〈공영방송 제도 개선에 관한 전문가 인식 연구〉, 2020년 공저로 출간한 《AI 시대의 공공서비스미디어 정책과 전략》, 2023년에 공저로 출간한 《챗GPT, 메타버스 시대 공영미디어의 지속가능성》 등의 내용을 재정리하고 최근 내용으로 보완하였다.

2) 본 글에서 공영방송은 통상 영어의 원어인 Public Service Broadcasting(PSB), 즉 공공서비스방송을 공영방송으로 사용한다. 방송을 미디어의 개념으로 확장한 Public Service Media(PSM)는 공공서비스미디어, 공영미디어로 사용한다. 공공서비스미디어 즉 공영미디어는 공영방송의 현대식 용어로 정의라 할 수 있다.

기로 결정했다(김평호, 2019). 영국 체신부는 BBC(민간회사)가 수익성이 맞지 않고 라디오 사업자들의 요구에 따라 라디오 방송사를 유지 운영하기 위해 최초로 단일 수신료 제도를 권고하였다(Sykes Committee, 1923). 그리고 방송 독점의 필요성을 인정하면서 방송을 국익 차원에서 운영되는 공영위원회로 대체할 것을 권고하였다(Crawford Committee, 1925). 1926년, BBC(British Broadcasting Company)는 문을 닫고 새로운 영국방송공사 BBC(British Broadcasting Corporation)가 설립된다. 영국학술원(Royal Academy)과 영국중앙은행(Bank of England)이 왕의 칙허장에 의해 설립된 것과 같이 BBC도 정부의 기구가 아닌 독립 기구로 출발하였다(제임스 큐란·진 시튼, 1997). 2차 대전이 끝나고 독일의 방송 체제는 획기적으로 변화했다. 당시 승전국인 연합국 측(서독 영역)은 독일 집권당이 다시금 방송을 정부의 선전 및 홍보 수단으로 악용하는 것을 방지하기 위해 국가기관으로 방송사를 설립하는 것을 철저히 배제했고 그 결과 국가로부터 독립된 형태, 즉 공영방송(öffentlich-rechtliche Rundfunkanstalten)의 형태로 설립했다. 독일에서의 공영방송은 그 설립부터 국가의 영향에서 벗어날 수 있는 독립된 기관(Anstalten)의 형태로 설립되었다(최우정, 2023).

공영방송은 공공 서비스 방송(public service broadcasting, PSB)으로도 불리며, 공공 서비스를 제공하는 방송 또는 방송사를 일컫기도 한다. 우리나라 공영방송 의미는 공공이 소유하는 방송으로, 운영의 형태에 더 중점을 두고 있다. 어원적으로 볼 때, 공영방송이란 PSB를 번역한 것으로 이해되는데, 이는 1920년대

초 방송이 개시되기 이전에 서구 유럽에서 정착되고 있던 우편 제도나 철도, 전기나 상수도와 같은 공공사업(public utility)의 한 형태로 방송을 인식하게 된 데에서 유래한다. 공영방송이란 어휘는 방송사의 소유 형태나 재원 조달 또는 운영 주체로 정의된다(이제영, 2012). 서구에서 공영방송은 방송 내용물에 비중을 두는 반면, 우리나라는 서비스보다 소유를 강조하는 방식이며 또 다른 한편으로 공영방송은 한 사회가 취하고 있는 방송제도를 뜻하기도 한다(강형철, 2004).

많은 국가에서 공영방송은 법률에 근거하여 설립되고, 수신료와 같은 공공기금에 의해서 재정이 유지되며, 편집과 운영에 대부분 독립성이 보장되는 방송 시스템을 가지고 있다(데니스 맥퀘일, 2013). 이론상 공영방송은 헌법적으로 보호를 받는 사회적 제도로서 공적 통제, 공적 재원, 공적 서비스를 기본 요소로 하여 공익성을 지향하는 방송 제도다. 공영방송은 이사회와 사장을 임명하는 지배구조가 공적으로 구성되고, 법률(방송법)로 제정되며 가구당 일괄적으로 납부하는 수신료 재원을 보장받으며, 보편적 서비스를 제공하는 공적 책무를 가지고 있다. 공영방송의 정체성을 지탱해 주는 균형적 삼각 구도, 즉 공적 재원, 공적 통제, 공공 서비스를 공영방송 제도로 규정한다. 그리고 공영방송은 공공 서비스 이념을 적절히 구현할 수 있도록 조직의 형성과 운영을 구조적으로 보장받는 제도적 형태라고 할 수 있다. 여기서 구조적 보장이란 공영방송이 민영방송과 구별되는 특수한 법·제도적 조건을 말한다(방정배, 2008). 방송법은 한국방송공사 조항을 두어 이사회(지배구조), 공적 재원, 공적 책무를 명시하고 있다. 공영방송은 정치권력이나 사적 자본이 아닌 공적 소유 및 지배구조를 갖추어야 하고, 정치적 독립성과 시장으로부터의 자유를 확보하기 위해 수신료와 같은 공적 재원을 토대로 한다. 이를 기반으로 양질의 공공적 서비스를 제공하는 공적 책임을 수행해야 한다. 태생적으로 사회적 기구인 공영방송은 해당 사회가 수용이 가능한 공적 소유의 형태, 공적 재원의 조달 방식, 공적 서비스의 범위로 구체화 된다(정영주, 2019).

공영방송이란 공공 서비스라는 기능을 구현하기 위하여 형성된 특수한 구조적 보장, 즉 제도적 산물로 이해되어야 한다. 영어의 'public'의 단어와 완전히 일치하는 개념을 갖고 있지 않으며, 가장 밀접한 번역은 국가(state), 정부(government), 공식적(official) 의미로 전달된다. 여기에 각 나라는 자국 방송의 전통적인 특성을 가지고 있으며, 언어적 장벽은 공영방송의 진정한 특성을 명확하게 이해하는 데 장애가 된다. 따라서 공영이란 이념의 설정 과정과 실제의 공영방송 조직이나 제도가 갖는 나라별 공통성과 특수성을 가지고 있다. 공영방송은 민주주의 3원칙에 따라 공중의(of the public) 방송으로서 공중에 의하여(by the public) 그리고 공중을 위하여(for the public) 설립되고 재정이 이뤄지며 규제를 받는다(김진웅, 2011). 유네스코에 의해 제안된 간단한 공공 서비스 방송의 정의는 "공익을 위한, 공중에 의해 만들어지고 공적 재원이 투여되고 통제되는 방송"으로 규정한다. 그리고 상업적 또는 국가 소유가 아닌 정치적 개인과 상업적 세력의 압력으로부터 자유로운 것을 말한다. 이론적으로 공영방송은 "모두가 활용이 가능한 전국(national) 채널을 통한 종합 편성된(mixed) 프로그램을 통해 독립성과 공정성을 전제로 자유민주주의의 기본 질서를 공고히 하며, 생활 정보와 문화 향상의 기회 등을 제공하는 것"으로 규정한다(Scannell, 1990). 우리나라도 방송법 내에 한국방송공사 조항을 두어 있지만, 민영방송과 규제 및 공적 서비스에 대한 차별성은 뚜렷하지 않다. 방송법에 공영방송 개념은 존재하지 않으며, KBS를 국가기간 방송 개념으로 명시하고 있다. 공영방송의 개념이 여전히 어려운 이유는 국가에 따라 운영의 형태가 일률적이지 않고, 각기 다른 형태의 공영방송을 운영하고 있기 때문이다. 또한, 정치적 구조와 문화에 따라 공영방송의 조직과 독립성 정도가 다르다. 공영방송 지배구조 개선과 수신료 인상에 대해 사회적 공감대를 형성하기 어려운 점은 공영방송을 인식하는 개념과 필요성, 공영방송에 대한 사회적 정당성을 다르게 인식하기 때문이다.

## 2) 공영방송의 정체성(목적)

공영방송은 사회 내에서 다른 미디어와 차별화되는 특수 임무를 가진다. 수신료 재원을 보장하며, 그 사회에서 상업 미디어와 차별화되는 특수 임무를 부여하는 공적 책무를 규정하고 있다. 공적 책무는 디지털 시대에 맞게 다양한 서비스를 포함하면서 다른 미디어와 방송 사업자와 차별화될 수 있도록 방송법에 명시하는 것이 필요하다. 공영방송은 공적 책무를 설명하고 신뢰성 회복과 차별성을 보여 주어야 하며, 그 내용 속에 독립성의 확보와 국민들에 대한 양질의 방송 서비스 제공을 위한 차별적 노력을 담아내야만 한다. 오프콤은 공영방송의 공적 책무로 △모든 네트워크에 걸쳐 충분한 범위의 프로그램과 균형 △소수의 시청자와 다수의 시청자를 위한 프로그램, △시청자와 광고 수익뿐만 아니라 콘텐츠 품질을 위한 경쟁, △소비를 제한하는 메커니즘이 없을 때 효율적인 전달 수단 등을 공영방송의 특별 임무로 제안하였다(Ofcom, 2004).

맥퀘일은 공영방송의 주요 목표를 보편성, 다양성, 소수 계층을 위한 서비스 제공, 국가의 문화 언어 정체성, 그리고 갈등 사안에 대한 균형 있고 불편부당한 정보 제공(공론장) 등으로 규정했다(데니스 맥퀘일, 2013). 공영방송의 전통적 기능에서 유래한 지속적 가치로 보편성은 계층/지역/성별/연령적 포괄성을 포함하며, 고품질성은 품격, 웰-메이드 콘텐츠, 사회적 파급력을 의미한다. 신뢰성은 내용적으로 정확성과 균형 감각에 바탕을 둔 신뢰 관계를 의미한다(정준희, 2018). 한편, 유럽의 공영방송은 아래 목적들을 규정하고 있다. △불편부당하고 독립적 뉴스와 정보, △해설을 통해 교양 있는 시민을 도와주는 것, △사회 내 모든 그룹의 인권과 관련되고 존중하는 공적 논쟁의 참여를 통해 민주적 가치를 지원하는 것, △모든 장르에서 다양한 범위의 품질 있는 프로그램을 제공하는 것, △사회적 응집력과 국가 문화의 활력을 증진하는 것을 의미한다.

미디어학자 쉬베르트센은 유럽 공영방송의 입법에 관한 논문을 통해 공영방송의 핵심 가치를 △다양성과 방송 품질에 대한 헌신, △독립적 정보에 대한 보편적 접근권 제공, △공론장을 위한 플랫폼 제공 △국가 문화 정체성 기여로 분석하였다(Syvertsen, 2003). 한편, 트라펠은 공영방송의 핵심 원칙을 기술, 콘텐츠, 거버넌스, 사회/공공의 네 영역으로 다음과 같이 분류하였다. 공영방송은 모든 사람이 이용 가능한 보편성, 콘텐츠는 문화적 다양성과 정치적 다원성에 기여하고, 공영방송 프로그램은 독립적 구조하에서 생산되어야 하며, 사회적 응집력과 민주주의를 위한 논쟁의 포럼을 제공해야 한다고 주장하였다(Trappel, 2014).

공영방송 제도를 민주주의 유지하기 위한 핵심으로 보는 견해도 있다. 이는 공영방송이 공론장으로서 중요한 제도로 사회에 인식되기 때문이다. 공영방송은 대중을 교육하고, 시청자를 계몽할 수 있으며, 공적 토론을 장려하는 불편부당한 정보를 제공하고, 궁극적으로 사회의 공론장을 조성하는 것을 돕는 중요한 역할을 담당하고 있다(Bardoel and D'Haenens, 2008). 공론장은 미디어를 공공 사안에 관한 공적인 토론이 일어나는 장소로 파악한다. 공론장 개념으로 미디어를 접근하는 시각은 미디어를 민주주의의 중심적인 여론기관으로 설정하고 있는데, 이러한 시각에서 보면 미디어는 국가와 시민사회의 다양한 행위자들을 매개하고 조정함으로써 민주적인 정책 결정 과정에서 매우 중요한 역할을 수행한다(박홍원, 2012). 민주적 공론장의 건강한 논의를 통해 한국 사회의 보편적 가치를 형성하고 그 공유를 돕고, 초국가적 문화 산업의 압박 속에서 한국 사회의 문화 정체성을 유지하는 중요한 수단이다(KBS, 2020). 민주주의 국가에서 흔히 언론은 행정, 입법, 사법부에 이어 제4부라 일컬어진다. 민주주의의 작동 원리로서 삼권 분립과 함께 공정하고 다양한 여론 조성을 통해 정권을 교체하는 것이 민주주의의 요체로 삼고 있다. 여기서 방송은 권력 및 각종 이익 단체로부터 독립하여, 다양한 쟁점에 대한 공정성과 다원성을 확보하여, 열린 토론의 장을 마련하고 다양한 개인과 단체에 참여 기회를 제공하여 민주주의 사회 유지 발전을 위한 과정에 기여한다. 방송은 프로그램을 통해 국민의 사적·공적 의사 형성에 기여하고, 이를 통해 건전한 민주적 기본 질서를 형성하기 위해 중요한 역할을 한다. 특히 방송은 국가 공동체 의식의 형성과 국민의 동질적 정체성 부여 측면에 크게 이바지한다. 방송은 단순히 산업적·경제적인 성격만을 가지는 것이 아니라 국민 문화 형성에 중요한 역할을 수행하는 매체로서의 가치를 가진다(최우정, 2023). 공영방송이 행정부와 입법부로부터 독립성을 보장하는 것은 민주국가에서 민의를 대변하고 선거에서 중립적인 방송을 통해 국민의 뜻을 반영해 정권 교체를 가능하게 하는 데 있다.

윤석민 등(2012)은 공영방송의 공익성을 △민주주의에의 기여[정치적/경제적 독립, 불편부당성, 공론장 기능 수행, 식견을 갖춘 시민(교양시민) 양성, 다원성, 다양성, 공정성, 보편적 서비스, 사회 통합 등], 그리고 △양질의 서비스 제공(프로그램의 질, 높은 수준의 프로그램, 좋은 프로그램, 창의적이고 혁신적이며 다채로운 프로그램 제공, 문화적 수월성 제고,

공동체적 정체성 강화 등)이라는 두 가지 차원의 궁극적 목표로 구분하였다. 전자를 공영방송이 추구하는 정치적 차원의 목표라고 한다면, 후자는 사회문화적 차원의 목표로 정의하였다(윤석민·홍종윤·오형일, 2012).

　결국 공영방송의 본질을 뒷받침하는 일련의 공유 가치는 보편성, 품질과 차별성, 국가 정체성 확립 및 다양성, 창의성과 혁신 그리고 설명 책임으로 규정한다(Donders, 2012). 보편성은 공영방송의 콘텐츠는 지리적 위치, 능력/지급 의지, 성별, 인종적 배경과 관계없이 모든 시민이 이용할 수 있어야 함을 의미한다(Garnham, 1990). 품질과 차별성은 공영방송 서비스의 질을 통해 자신을 구별해야 한다는 것을 뜻한다. 이는 공영방송은 다른 미디어가 제공하는 것과 구별되어야 함을 의미한다. 상업 미디어 회사, 일부 정책 입안자와 소수의 학자는 공영방송의 보완적이고 격차를 메우는 역할을 옹호하지만, 다수의 학자는 전체론적이고 완전한 포트폴리오 접근법의 필요성에 동의한다(Bardoel and D'Haenens, 2008). 공영방송의 정체성 구축 측면은 주로 국가, 언어 및 또는 문화에 대한 통일 과정을 언급하는 반면(Van den Bulck, 2001), 다양성 측면은 소수 이익에 부응하고 국가 경계 내에서 증가하는 문화적 및 민족적 단편화를 반영하는 것과 관련이 있다. 이는 세계적인 규모로 문화의 다양성을 고양하는 것이다(Horsti and Hultén, 2011). 창의성과 혁신은 공영방송은 특히 혁신이 압박받는 국제 미디어 시장에서 창의적 서비스를 제공하고, 실험을 위한 안전한 항구를 제공하고, 서비스 및 기술 혁신에 참여해야 함을 말한다(Cunningham, 2009). 마지막으로 설명 책임으로 편집 독립이 공영방송 기능(Council of Europe, 2009)의 핵심이며, 시민과 입법자에 대한 설명 책임이 필요함을 뜻한다. 설명 책임은 독립적인 모니터링 기관이나 자율 규제 기관을 통한 공식적인 통제의 존재와 사회에 대한 투명성과 대응의 태도와 관련이 있다(Baldi, 2007).

한편, 영국 BBC는 칙허장에 5개의 공적 가치를 명문화하고 공적 가치를 구현하는 목표를 제시하였다. BBC는 칙허장과 협정서에 BBC의 목적, 임무, 공적 목표를 명확히 제시하고 있으며, 누구나 이해가 쉽고 구체성을 가진다. "BBC의 목적은 그 임무의 완수와 공적 목표들의 증진이다". 그리고 임무로 "BBC의 임무는 정보와 교육과 오락을 제공하는 공정하고 품질이 높으며 독창적인 제작물과 서비스를 제공하여 모든 수용자에게 봉사함으로써 공공의 이익을 위해 행동하는 것이다"로 수용자에 대한 봉사와 공공의 이익을 위한 행동을 강조하고 있다. 임무를 구체화하기 위해 5개의 공적 목표들을 제시한다.

첫째, 사람들이 자신들을 둘러싸고 있는 세계를 이해하고, 그 세계와 관계를 맺을 수 있도록 도울 수 있는 공정한 뉴스와 정보를 제공하는 것; BBC는 사람들이 영국의 모든 지역과 더 넓은 세계의 모든 지역에 대한 이해를 넓힐 수 있도록 적절히 (duly) 정확하고 공정한 뉴스와 시사 및 사실 프로그램을 제공해야 한다. 그 내용은 최고 수준의 편집 기준들에 맞춰 제공되어야 한다. BBC는 최고 수준의 역량을 지닌 진행자와 저널리스트를 활용하고 표현의 자유를 수호함으로써 영국의 다른 뉴스 제공자들이 널리 활용할 수 없는 분석과 내용의 범위와 깊이를 제공해야 한다. 그리하여 모든 수용자들이 지방, 지역, 국가 영국 전체 및 전 세계와 관련된 주요 이슈들에 충분히 관여하고, 능동적이고 교양 있는 시민으로서 모든 수준에서 민주적 과정에 참여할 수 있도록 해야 한다.

둘째, 모든 연령대의 사람들을 위한 학습을 지원하는 것; BBC는 모든 사람이 접근 가능하고 호감이 가고 영감을 얻고 도전할 수 있는 방식으로 다양한 주제들에 관해 배울 수 있도록 도와야 한다. BBC는 영국 전역의 아동과 청소년을 위한 학습을 지원하는 데 도움이 되는 전문적인 교육 콘텐츠를 제공해야 한다. 교육, 스포츠 및 문화 기관과의 협력을 통해 사람들이 새로운 주제를 탐구하고 새로운 활동에 참여할 수 있도록 장려해야 한다.

셋째, 가장 창의적이고 최고 수준의 독특한 제작물과 서비스를 보여 주는 것; BBC는 많은 다양한 장르와 일련의 서비스와 플랫폼에 걸쳐서 최고 수준의 프로그램을 제공해야 한다. 그 서비스는 다른 곳에서 제공되는 서비스와 차별화되어야 하며, 참신한 접근과 혁신적인 콘텐츠를 개발하기 위해, 모든 시도가 성공하지는 못한다고 하더라도, 창의적인 위험을 감수해야 한다.

넷째, 영국의 모든 국가와 지역의 다양한 공동체들을 반영하고 대표하고 봉사하며 그렇게 함으로써 영국 전역의 창조적인 경제를 지원하는 것; BBC는 제작물과 서비스 모두에서 영국의 다양성을 반영해야 한다. 그렇게 함으로써 BBC는 오늘날의 영국 국민의 삶을 정확하고 참되게 대표하고 묘사해야 하며, 영국 사회를 구성하는 상이한 문화와 대안적인 관점에 대한 인식을 제고해야 한다. 그리고 영국의 국가와 지역과 공동체의 요구를 충족시키는 제작물과 서비스를 반드시 제공해야 한다. BBC는 경험의 공유를 위해 사람들을 결합시키고, 영국의 사회적 통합과 복지에 기여하도록 도와야 한다. BBC는 제작물을 위탁하고 전달할 때 각 국가의 창조적 경제에 투자하고 그 발전에 기여해야 한다.

마지막으로, 영국과 영국의 문화와 가치를 세계에 반영하는 것; BBC는 정확성, 공평성, 공정성에 대한 영국의 가치에 확고히 기초하여 국제 수용자에게 고품질의 뉴스 보도를 제공해야 한다. BBC의 국제 서비스는 영국의 국가와 지역을 적절하게 포함하여 전체로서의 영국에 대한 이해를 도움으로써 영국을 세계적인 맥락 속에 위치시켜야 한다. 또한, 영국인과 전 세계 사람들이 즐길 수 있는 제작물과 서비스를 반드시 생산해야 한다 (BBC 칙허장, 2017).

전통적인 공영방송의 공적 책무를 요약하면, 누구나 공영방송에 접근이 가능할 수 있는 보편적 서비스를 제공하고, 공론장과 관련된 불편부당한 뉴스를 제공하며, 소수자의 이익을 대변하기 위해 봉사하고, 그 나라의 문화와 정체성을 반영하며, 콘텐츠에 있어 혁신적인 품질의 수준을 유지하는 것으로 정의된다. 뉴스 정보는 어느 한쪽에 치우치지 말아야 하며, 사회적 약자와 소수자의 이해를 대변하는 역할이 공영방송의 역할에 해당한다. 사회적 응집 역할을 위해 그 나라의 문화와 정체성을 반영하는 프로그램을 제작해야 하고, 사영 방송과 차별화된 프로그램의 품질을 유지하여 다른 방송의 표준적 역할을 해야 한다. 그리고 공영방송의 프로그램들이 차별 없이 누구나 쉽게 접근할 수 있도록 보편적 커버리지를 보장해야 한다는 것이다.

한편, 공영방송 전문가들과 시민사회 대표들이 주축이 된 KBS 미래특별위원회에서는 KBS가 변화하는 환경 속에서 공공 가치 실현과 사회적 영향을 높이기 위해 다섯 가지 미래 가치로 신뢰, 품질, 혁신, 다양성, 개방과 협력으로 도출하고 각 가치와 연계된 공적 책임을 재정립하도록 제시하였다(KBS, 2020). 신뢰는 공정한 뉴스와 정보를 통해 시민 생활과 국가적 관심사에 대한 논의를 촉진함으로써 민주주의를 보호하고 재난 상황에서 국민의 안전에 기여함을 의미한다. 품질은 KBS의 프로그램이 우리 생활과 문화를 풍요롭게 하기 위해서는 다양한 형식과 주제들을 완성도 높게 이루도록 보다 창의적인 도전과 접근을 시도하는 것이다. 혁신은 사회를 투영하는 차별화된 프로그램, 온라인과 모바일을 통해 전 지구적으로 이용되는 미디어 서비스 속에서 개인의 수요와 시민에게 필요한 미디어 서비스의 시의적절한 제공과 이를 실현하기 위한 조직의 신속한 적응과 변화에 대응하는 것이다. 다양성은 다양한 수준에서 사람들을 서로 연결해 주기 위해 동일성과 차별성의 두 가지 상반된 경향을 완화하고 전국 단위의 시야에서 지역사회와 다양한 소수자들의 공동체에 관심을 두는 것으로 정의했다. 마지막으로 개방과 협력으로 시청자에 대한 더 강화된 설명 책임 문화의 정립을 위해 KBS를 더 투명하게 개방하며, 거대해진 상업 미디어 속에서 공공 가치를 실현하기 위한 성공적인 협력 관계망의 구축하는 것을 제안하였다.

KBS는 2021년 수신료 인상을 추진하면서 5대 공적 책무를 확대하는 계획을 제시하였다. 첫째, 안전과 신뢰의 중심 KBS로 국가 재난방송의 중추적인 역할을 정립하고 독보적인 저널리즘 신뢰를 구축하는 것이다. 둘째, 품격과 창의의 글로벌 KBS로 고품격 공영 콘텐츠 제작을 확대하고 새로운 한류의 기폭제 역할을 한다는 것이다. 셋째, 혁신의 미디어로 디지털 KBS를 제시하였다. UHD 방송을 선도하고, 디지털 콘텐츠를 확대하고 개방하는 전략이다. 넷째, 공존과 소통의 광장 KBS로 지역방송 서비스를 강화하고 한민족의 평화와 공존에 기여하며, 미디어 다양성을 위해 노력하는 것이다. 마지막으로 시청자에 의한, 시청자의 KBS로 시청자 주권과 설명 책임을 강화하는 것을 골자로 수신료 인상안을 국회에 제출하였다(KBS, 2021). KBS 이사회는 수신료 인상의 정당성을 확보하기 위해 일반 시민 200명을 대상으로 수신료 인상에 대한 공론조사를 실시하였다. KBS 이사회에서 그동안 수신료 책정이 KBS 내부의 일방적이라는 정치권과 전문가들의 주장을 고려하여 일반 시민들의 숙의를 통한 수신료에 대한 공론을 국회에 제출하기 위한 절차를 개선하였다. 이는 일반 국민들이 공영방송과 수신료에 대한 정보가 부족하고 수신료 인상이 국회에서 정치적 쟁점화되면서 제대로 된 수신료 논의와 담론을 형성하지 못한 이제까지의 한계를 극복할 수 있는 계기를 마련하기 위함이다. KBS 이사회는 외부 전문가들로 수신료 공론화위원회를 구성하여, 성·연령·지역 등 객관적 기준에 의해 최종 209명의 숙의 토론자를 선정하고 공론조사를 실시하였다. 2021년 5월 22일부터 23일까지 이틀간 공영방송과 수신료에 대한 전문가들의 객관적인 설명을 듣고 시민들의 공론을 통해 형성된 공적 책무는 다음과 같이 제시되었다. 시민들이 체감하는 최우선적인 공영방송의 공적 서비스는 재난·재해 관련 정보를 다양한 채널(플랫폼)을 통해서 제공하는 재난방송(94.2%)으로 나타났다. 다음은 공정하고 객관적인 뉴스를 통한 사회의 공론장을 제공하는 역할(93.3%)이며, 세 번째는 한국 문화의 글로벌 확산을 위한 방송의 역할(83.2%)이다. 그리고 사회 통합과 소수자를 대변(81.8%)하고 지역방송의 서비스를 확대(81.3%)하는 역할도 KBS의 핵심적인 공적 서비스로 제안되었다. 시민 참여단은 또한 조직의 정치 중립성 확립과 조직 혁신 및 경영 재정비를 우선 과제로 제시하였다. 공론조사가 수신료 인상 시 KBS가 제안한 공적 서비스에 대한 시민 평가단의 숙의된 결과지만, 국민들이 체감하고 느끼는 공영방송의 핵심적 서비스에 대한 기대와 요구라는 점에서 시사하는 바가 있다. KBS의 4번째 수신료 인상 추진은 국민을 대표하는 KBS 이사회가 공론조사를 통해 국민들의 공영방송과 수신료에 대한 의견을 최초로 수렴하였다는 점에서 의미가 있었다. 하지만 국회에서 제대로 된 수신료 인상 논의는 이루어지지 않았다. 외부의 중립적으로 선임된 공론조사위원회에서 실행된 공론조사가 KBS의 내부 조사로 폄하되었고, 공론조사의 신뢰성에 의문을 제기하면서 수신료 인상에 대한 의미 있는 진전은 이루어지지 않았다.

공적 서비스는 이데올로기이며(Jakubowicz, 2000), 사회의 정치적 선택이기 때문에 개념을 정의하기 어려운 측면이 있다. 공공의 이익을 구현해야 하는 '공공 서비스(public service)'로서 방송을 인식하면서도, 그 사회가 공공 서비스를 가장 잘 구현하는 방식을 어떻게 보느냐에 따라 다른 운영 모델을 채택해 왔기 때문이다(강형철, 2004). 사회마다 방송이 지향해야 할 공공 서비스 내용이 차이가 나는 것도 한 원인이다. KBS 2TV의 경우 민영방송과 같이 재원을 광고에 의존하기 때문에 민영방송 및 종편 사업자와 차별성이 없어 공영방송 정체성에 대한 혼란은 여전하다. 다양한 미디어가 등장하면서 유료 방송을 통해 공영방송을 시청하거나, 비실시간 방송을 통해 공영방송 프로그램을 시청하거나, 그리고 궁극적으로 넷플릭스나 유튜브 등 다양한 플랫폼이나 매체를 통해 미디어를 시청함으로써 공영방송이 더 이상 존재할 이유가 있는지 의문을 제기하기도 한다. 미디어 범람의 시기에 공영방송은 존재 정당성을 상실하고 있다.

## 3) 상업 인터넷 미디어 시대, 공영방송의 정체성

하지만 상업, 유료 매체와 인터넷 플랫폼이 범람하는 환경에서는 다양성을 실현하고, 지역성을 보완하거나, 재난방송과 같이 상업 미디어 입장에서 돈이 되지 않는 영역이 존재한다. 공영방송은 민주주의와 사회국가 및 문화국가의 실현을 위해 국가의 기본적인 방송 서비스를 제공하는 역할을 해야 한다. 공영방송은 다양한 프로그램의 제공을 통한 대중적 의사 전달자로써, 사회의 모든 구성원에게 다양한 정보와 견해에 접근할 수 있도록 해야 한다. 현재 소셜미디어 환경은 일정 수준에서 유형의 반론 노출을 명시적으로 가로막고 있는 필터 버블(Filter Bubble)[3] 현상이 문제로 대두되었다. 필터 버블 속에서는 소셜미디어와 뉴스-에그리게이션 플랫폼에서 알고리즘 기반으로 맞춤화된 콘텐츠가 개인의 성향과 결합하여 이용자는 자신의 기존 콘텐츠 선호와 정치적 성향에 부합하지 않는 뉴스 기사와 콘텐츠를 접하지 못하게 된다. 정파성이 강한 사람일수록 허위 내용을 더 접하기 쉽다는 것이 경험적으로 확인되었으며, 아울러 개인의 정보 여과 현상이 더 강한 정파적 성향을 띨수록 가짜 뉴스가 개인의 필터-버블에 스며들 가능성이 올라가고, 가짜 뉴스를 반박하는 정식 뉴스를 소비할 가능성은 감소하는 것으로 나타났다(필립 나폴리, 2022). 정부가 공영 미디어의 역할을 축소되게 되면 사영 미디어와 소셜미디어의 영향력이 확대될 것이다. 결국 정파적 정치 유튜버의 확대·강화 현상은 필터 버블에 의해 우리 사회를 더욱 양극화시킬 가능성이 있다.

공영방송은 여전히 국민 생활에 필요한 사회적 정치적·경제적, 문화적인 기본적 내용들을 총망라해서 종합적으로 공급해

---

3) 필터 버블은 인터넷 정보 제공자가 맞춤형 정보를 이용자에게 제공해 이용자는 필터링된 정보만을 접하게 되는 현상을 지칭한다(네이버 지식백과).

야 할 '기본적 공급(Grundversorgung)'의 의무를 진다. 여기서 기본적 공급 개념은 오히려 공영방송이 주민 전체를 위하여 포괄적이고 전형적인 공영방송 책무를 충분한 범위에서 정보를 제공하는 프로그램을 제공할 수 있도록 보장되어야 한다는 것과 프로그램 제공의 범위에서 헌법상 요구된 방법으로 의견의 다양성이 창출되는 것이 보장되어야만 함을 의미한다(독일 연방헌법재판소). 공영방송이 갖추어야 하는 기본적인 헌법적 요구 사항은 프로그램의 내용 형성에 있어서 공공성과 전체적인 사회 구성원을 위하여 제공되어야 하는 다양성과 균형성의 기준이다(곽상진, 1999). 따라서 공영방송은 각 분야의 정보를 다양하게 제공해야 할 임무를 진다. 특히 미디어가 범람하고 개인화되는 환경에서 가짜 뉴스로 인해 공론장이 훼손되거나, 소셜미디어로 영향으로 개인의 미디어 시청이 확증 편향이 증가하는 시기에 공영 미디어의 필요성은 더욱 중요해지고 있다. 언론(방송)매체는 국가권력과 국민 사이에서 국가 권력에 대한 비판과 감시를 통하여 국정 운영이 여론의 지지 내지 승인을 받게 하는 동시에 종국적으로는 주권자가 다음 선거에서 국정 담당자를 심판하는 것을 가능하게 하며, 국민들 사이에 존재하는 다양한 정치적 견해와 의사를 결집하여 국정 담당자에게 전달하는 통로로써 기능한다. 언론매체의 언론의 자유인 보도의 자유가 헌법적으로 중요시되는 이유도 바로 이러한 언론매체의 공적 기능 때문이다(박진우, 2022). 방송이 뉴미디어로 대체되고 플랫폼과 채널이 폭발적으로 늘어나면서 공영방송의 영향력이 줄어들고 동시에 그 필요성과 존재감도 약화되고 있다. 그러나 특히 유럽에서는 학자, 공영방송사,

규제 기관들은 디지털 미디어 시대에도 여전히 공공 미디어의 중요성을 인식하고 정당성을 확보하기 위해 노력하고 있다.

　새로운 기술의 변화, 이데올로기의 변화로 시청 환경이 변화하면서 공영방송은 부침을 거듭해 왔다. 나라마다 사정이 다르지만, 공영방송은 환경 변화에 따라 공영방송의 새로운 개념과 정당성을 시도하고 있다. 우리 사회는 아직 공영방송에 대한 정의와 공영방송의 바람직한 역할이 무엇인지에 대한 합의가 불분명하다. 그러나 공영방송에 기대하는 관행적인 부분은 존재한다. 일반적으로 공영방송은 민주주의 사회 질서를 유지하는데 필요한 다양한 정보를 제공하고, 이를 바탕으로 서로 다른 의견이 경합할 수 있는 공론의 장으로 기능하길 희망한다. 또한, 공영방송은 정치와 경제, 문화 등 다양한 사회 영역에 대한 환경 감시와 더불어 사회 통합 기능도 수행해야 한다. 마찬가지로 한국의 문화적 역량을 강화하고, 지역적 다양성을 구현할수 있는 프로그램을 만들어야 한다(미디어오늘, 2022). 새로운 기술과 플랫폼의 출현으로 거버넌스, 신뢰, 재원이 불안정한 공영미디어는 더 큰 변혁의 소용돌이에 직면하고 있다. 공영 미디어가 지속 가능성을 확보하기 위해서는 기술 발전에 따른 대응뿐만 아니라, 정치 제도와 연관된 거버넌스 문제와 공영방송 저널리즘의 신뢰도 문제를 해결해야 한다. 신뢰도를 높이려면 공영방송의 거버넌스를 중립화해야 한다. 신뢰도를 높인다는 것은 공영방송이 지속적으로 발전할 수 있는 기반을 마련하는 것을 의미한다. 사회, 문화적으로 공영방송은 정치의 영향력에서 자

유로울 수 없으며, 그 영향력은 절대적인 것이기 때문에 공영방
송이 생존하고 발전하기 위해서는 거버넌스를 중립화하고 안정
적인 재원을 확보하기 위한 사회적 합의가 이루어져야 한다.

## 4) 정치적 후견주의와 공영방송의 현실

　미디어학자 핼린(Hallin)은 멕시코가 1929년 제도혁명당이
2000년 야당에 정권을 빼앗길 때까지 무려 71년간 일당 지배
를 유지하면서 국가 - 정당 일원 체제 현상을 후견주의(clientelism)
로 설명했다. 이런 일원 체제에서 발전한 국가와 미디어(특히 방송)
의 관계는 기존의 자유주의나 비판적 정치경제학으로는 설명
이 될 수 없는, 국가가 미디어 후견인이 되고 미디어는 피후견
인이 되는 이른바 후견주의다(조항제, 2014). 후견주의적 관계는 사
회가 공식적으로 표명하는 규약을 위반하므로 '불투명'하고,
이 관계가 대외적으로 잘 알려진 것이 아니므로 '예측 불가능'
하다. 2016년 더불어민주당은 야 3당 162명 공동으로 KBS 이
사를 13명으로 증원하고, 방통위 추천 및 임명을 국회 추천으
로 변경하는 공영방송 지배구조 개선안(박홍근 의원 법안)을 발의했
다. 그러나 이 법안은 정권이 교체되면서 논의가 실종되었고,
임기 만료로 폐기되었다. 국민의힘도 야당 시절 허은아 의원 등
공영방송 지배구조 개선 법안을 제출했지만, 더 이상 논의되지
않았다. 2022년부터 11인의 KBS 이사회를 21인의 이사회로
확대하고 정치적 후견주의를 최소화하는 공영방송 지배구조

법안이 민주당 주도로 국회 과방위와 본회의를 통과하였다.

　하지만 정부와 여당은 특정 집단이 공영방송을 장악하는 법이라며 대통령은 공영방송 지배구조 법안에 거부권을 행사하였다. 공영방송 KBS의 지배구조는 여야의 정치적 이해에 따라 1987년 이후 변화가 없는 제도로 굳어졌다. 정치 중립적이고, 정치 관여를 최소화하는 지배구조로 전환이 어려운 것은 공영방송을 여전히 정치의 도구로 인식하고 있기 때문이다. 그리고 정치권력이 교체되면 이전 정부에서 임명된 공영방송 사장들은 임기가 법으로 보장되었음에도 정치와 불편한 관계 속에서 이사회를 통해서 강제 해임되거나 사퇴 압력을 받는 일이 반복되고 있다(조항제, 2021). 정치권력의 교체 시기마다 공영방송 사장이 교체되거나 교체설이 지속해서 반복되는 것은 공영방송의 거버넌스가 정치(정부)에 종속되었기 때문이다. 공영방송 제도 개선에 대해 수많은 토론과 대안들이 제시되었지만, 구체제가 반복되고 있다. 결국 정치적 후견주의가 여전하며 당파적 이해관계에 따라 정치의 도구화로 전락해 방송 발전을 가로막고 있다(조항제, 2023). 우리 사회의 공영방송 거버넌스는 제도적 설계가 요청하는 일반 의지의 구현을 위한 협치의 메커니즘으로서가 아니라, 후견자의 상이한 특수 의지가 맞부딪치는 통치 - 저항의 정치적 책략(political maneuvering) 구조의 형태로 급속히 정치화되었다. 정부와 기성정치, 혹은 소수의 정치 엘리트와 사회 엘리트와의 제도적·인적 연계에 의존하는 방식으로서 후견주의는 정당성과 능력을 갖추지 못한 권위에 대해서는 일말의 존중 의사도 없는 대중들에 의해 공박의 대상이며 공영방송은 무시무시한 냉소주의에 직면하게 되었다(정준희, 2018). 공영방송이 지금과 같은 처지에 있게 된 것은 단적으로 승자독식제·양당제하에 있는 정치 때문이다(조항제, 2023). 세력이나 성질에서 큰 차이 없이 권력을 나눠온 두 정당은 방송 지배에 따른 반사 이익을 놓칠 수 없었고, 제도적으로 허술한 공영방송을 도구화한 것이 외적 요인이기도 하다.

## (1) 정권 교체와 KBS 사장 해임

우리나라에서 공영방송 KBS만큼 본연의 갈 길을 찾지 못하고 분열과 몰락의 길을 가고 있는 공공기관과 제도를 찾기는 드문 것 같다. 정치권의 영향력에 의해 지배구조가 취약하고, 수신료는 43여 년간 동결되어 재정은 만성 적자에 시달리고 있다. 내부적으로는 정치적 후견주의와 노동조합이 분열되어 정파적인 대립 등 극심한 혼란을 겪고 있다. 정권이 교체될 때마다 이전 정권에서 임명된 사장을 몰아내기 위한 노동조합의 정치적 투쟁으로 공영방송의 존재 가치와 정체성을 상실했다. 정권이 교체되면 사장을 몰아내기 위한 노동조합의 투쟁은 당연시되고, 사장이 교체되면 투쟁에서 승리한 집단은 전리품으로 공영방송 경영의 주축 세력이 된다. 1987년 6공화국 이후 민주주의는 지속적인 발전을 거듭하고 있다. 국가(행정부)의 공영방송에 대한 지배는 정권에 따라 정도는 달랐지만, 사장을 교체하는 정도였다. 그러나 윤석열 정부 이후 방통위, 국민권익위원회, 감사원 등 행정 권력을 동원하여 공영방송에 대한 장악은 노골적이며, 심지어 KBS의 수신료 분리 징수를 통해 재원으로 공영방송을 통제하고 있다.

공영방송 KBS는 2023년에 공사 50주년이 되었다. 50년의 공영방송은 정권이 교체될 때마다 사장 교체가 반복되면서 지배구조가 정치(정권)에 종속되어 있다. KBS 사장, 이사장과 방송통신심의위원장이 해임되는 사태가 반복되고 있다.

정권이 교체되면 KBS 사장 교체를 위해 사장을 추천하는 KBS 이사회를 재편한다. 이를 위해 방송통신위원회에서 KBS 이사를 해임한다. KBS 이사회에서 여당이 수적 우위를 통해 사장의 해임안을 의결하면 임명권자인 대통령이 해임안을 재가한다. KBS 이사회의 수적 우위를 위해서는 방송통신위원회 위원장을 해임하고, 여당이 방송통신위원회를 장악한 후 KBS 이사회 이사 해임을 주도한다. KBS 사장을 해임하기 위해서는 방송통신위원회의 위원장을 우선 해임해야 한다. 권익위원회, 감사원, 검찰 등 권력기관이 총동원되어 방송통신위원장을 해임하면, 방통위는 수적으로 여권 우위로 재편된다. 여권 우위의 방통위는 감사원이나 권익위의 감사나 제보를 바탕으로 KBS 이사를 해임한다. KBS 이사 해임이 완료되면 적자 또는 방만한 경영, 감사원 감사 불이행 등을 이유로 KBS 사장을 해임한다. 여기에 일부 시민단체들은 감사원에 KBS 감사를 요청한다. 감사원 감사, 국세청 세무조사를 받기도 하고, 정연주 사장의 경우는 검찰의 조사를 통해서 사장 해임을 압박하기도 했다. 공영방송의 사장 해임 절차가 어렵고 임기를 보장하는 이유는 정부의 영향력을 배제하고 독립성을 보장하기 위함이다. 그러나 정권 교체 이후 이명박 정부가 들어서면서 정연주 KBS 사장을 해임했고, 문재인 정부에서 고대영 사장을 해임했으며, 윤석열 정부에서는 김의철 사장을 해임했다. 정권 교체 이후 해임된 사장들은 해고 무효소송 가처분 소송을 냈으나, 법원은 KBS 사장의 해임 가처분 소송을 모두 기각했다. 본안 소송에서는 해고 절차와 해고 사유가 적절하지 않다는 이유로 KBS 사장은 해고에 대해 일부 또는 전부 승소하기도 했다. 정권 교체 이후 KBS 사장 해임의 가처분에 대한 법적 판례들은 KBS 사장 해임은 당연시되는 것으로 인식되고 있다. 행정부(대통령)의 인사권을 우선시하는 대통령제에서 독립성을 최우선으로 하는 공영방송 사장의 임기 보장에 대한 법적 주장은 제도적 환상에 불과하다. 방송법은 KBS 이사회의 독립성과 사장의 임기를 보장하고 있지만, 현실은 철저하게 정권의 소유물이 되고 말았다. 민주주의나 공론장, 시민사회처럼 규범적 성격을 띠는 개념이 대개 그렇듯이 공영방송 역시 권위주의 체제가 종식된 이후 무려 한 세대가 지난 지금에도 좀처럼 기대한 바의 성장을 기약하지 못하고 있다. 여러 이유가 있겠지만 권력 집중, 승자독식 등의 문제를 가진 정치권력의 개입, 곧 '정치적 후견주의'(political clientelism)를 빼놓고는 이런 지체를 설명할 수 없을 것이다. 그러나 KBS 내부의 문제 또한 이보다 작다고 말하기 어렵다(조항제, 2023).

## (2) 정부의 수신료 통제로 KBS 길들이기

　　KBS 수신료는 1981년 2,500원으로 결정된 이후 43년째 동결되어 있다. 거버넌스의 불안정과 함께 KBS 프로그램의 정파성 논란 제기되면서, 수신료 인상에 대한 사회적 합의가 어렵게 되었다. 2006년부터 4번의 수신료 인상 추진이 있었지만, 국회의 회기가 종료되면서 3번은 무산되었다. 2021년부터 추진하고 있는 4번째 수신료 조정안도 국회에서 더 이상 논의하지 않아 자동 폐기되었다. 지난 4번의 수신료 인상 논의는 여야의 정쟁으로 공영방송의 공적 사업을 수행할 수 있는 건전한 재원으로서 정상적인 수신료 담론을 형성하지 못했다. 결국 여야가 바뀔 때마다 소모적인 정쟁이 반복되면서 공영방송의 공적 책무 확대를 위한 수신료 논의는 사라졌다. 공영방송은 수신료 인상을 반대하는 방만 경영 및 편파 방송의 주장과 논리를 경청하고 겸허하게 수용해야 한다. 그러나 방만 경영과 편파 방송의 담론은 정치권은 물론 공영방송과 경쟁 구조에 있는 종편을 비롯한 상업 미디어 진영의 수신료 반대 논리로 악용됐다. 실제 방만 경영과 편파 방송의 프레임은 정상적인 수신료 논쟁을 가로막는 담론으로 작용하고 있으며, 결국 국회 상임위에서조차 수신료에 대한 생산적인 논의가 이뤄지지 못하는 구조가 됐다. 방만 경영과 편파 방송은 디지털 시대의 공론장 역할과 재난방송, 지역방송 활성화 등 공영방송의 공적 서비스 확대를 위한 생산적이고 미래 지향적인 논의를 가로막는 훌륭한 프레임으로 작용해 왔다. 결국 수신료 인상 논의는 선 인상 후 공영성 회복과 선 공영성 회복 후 인상의 주장이 닭과 달걀의 우선순위처럼 반복되었다. 수신료가 정쟁의 수단으로 여겨지면서 수신료 논의 자체가 사라졌다. 정당성과 가치 논쟁이 사라지면서 공영방송은 시장에서 멀어져 왔다. 그리고 30년 동안 전기료에 통합된 수신료 징수 체계는 시민과의 연대와 소통을 더욱 어렵게 했다. 43년 동안 수신료 인상이 이루어지지 않으면서 공영방송은 새로운 서비스와 고품격 콘텐츠에 대한 투자가 어려워지고, 상업 미디어와 차별화된 서비스를 제공하지 못하는 악순환이 반복되었다. 종합편성채널과 OTT 오리지널 콘텐츠에 대응하는 공영방송만의 차별화가 어려운 상황에서, 공영방송 콘텐츠에 대한 불만은 증가할 수밖에 없다. 이러한 가운데 한전의 전기료와 통합된 수신료를 분리 고지하는 방송법 시행령이 개정되면서, 1994년 이후 그나마 안정적이었던 수신료 재원마저 흔들리고 있다.

TV 수신료 징수 방식에 대한 의견 수렴을 바탕으로 '대통령실 주관의 '국민제안 심사위원회'는 현행 TV 수신료 통합 징수 방식과 관련하여 국민 불편 호소와 변화 요구를 반영하여, 분리 징수를 위한 관계 법령 개정 및 그에 따른 후속 조치를 위한 이행 방안을 마련하라고 방송통신위원회와 산업통상자원부에 권고하였다. 아울러, '국민참여토론' 과정에서 방송의 공정성 및 콘텐츠 경쟁력, 방만 경영 등의 문제 지적과 함께 '수신료 폐지' 의견이 가장 많이 제기된 만큼 국민 눈높이에 맞는 공영방송의 위상과 공적 책임 이행 보장 방안을 마련하라고 권고하였다(대통령실 국민제안 보고서, 2023). 이러한 정부의 조치는 KBS의 물적 기반을 훼손하는 것이며, 헌법과 방송법이 보장하는 공영방송의 공적 책임과 역할을 부정하는 것이다. 수신료 징수 제도의 근간을 흔드는 것을 넘어 수신료 폐지를 통해 공영방송의 존립을 와해시키겠다는 발상이다. 전파를 통해 텔레비전을 직접 수신하여 지상파방송을 시청하지 않은 미디어 환경에서, 공영방송의 지속가능한 존립을 위해서 새로운 수신료 개념이 정립되어야 한다. 헌법재판소가 KBS가 제기한 수신료 위헌소송을 기각함에 따라 전기료에 통합 징수된 수신료는 새로운 징수 제도를 만들어야 한다. 수신료를 가구별 별도 징수 제도로 전환하기 위해서는 아파트, 개별 가구 등 가구 유형에 따라 분리 징수를 위한 징수 시스템이 다시 만들어져야 한다. 이를 위해서는 상당한 기간의 실무적 논의가 필요하며, 징수 제도의 안정화가 절대적으로 필요하다. 박민 KBS 사장은 국회에서 분리 징수 이후 최악의 경우 37% 정도만 징수될 수 있으며, 방송 제작비 삭감은 물론 20% 이상의 인건비를 삭감하거나 구조조정을 해야 한다는 입장을 표명했다. 수신료 수입의 급감으로 공영방송의 존폐와 생존이 위협받고 있다. 급기야 기자, PD, 기술, 경영 등 직원들은 수신료를 직접 징수하는 업무를 대행하는 수신료 사업지사로 발령이 났다. 사장과 경영진은 30% 급여 반납을 선언하고, 국장급은 20%, 부장급은 10%의 급여 반납과 직원들도 연차 촉진을 통해 5~10%의 급여가 삭감되기에 이르렀다. 제작비 절감을 위해 상당수 프로그램이 폐지되고, 재방송 비율은 확대되었다. 2024년부터 본격적인 수신료 분리 징수가 시행되면 약 7,000억 원에 이르렀던 수신료 수입의 감소가 불가피하며, 그 감소 폭을 정확히 예측하기는 어려운 실정이다. 수신료를 분리 징수하는 방송법 시행령 개정이 가져올 파장은 공영방송 재원을 축소하고, 프로그램 축소는 물론 조직의 구조조정으로 이어질 수 있다. 이것도 이제 단지 시작일 뿐이다. 이는 대통령과 여당 추천 방통위원의 2인 체제에서 공영방송의 주요 재원인 수신료 징수를 위한 충분한 사회적 논의와 절차 없이 방송법 시행령이 공포된 결과다. 정부의 시행령 개정으로 공영방송 재원의 안정성과 독립성이 훼손되었고, 재원 조달에 치명적인 결함으로 나타날 수 있다. 공영방송의 독립성은 인적, 물적 독립성을 토대로 이루어진다. 인적 독립성은 공영방송의 거버넌스가 정치, 정부 또는 다른 이익 집단에 흔들리지 않아야 하며, 물적 독립성은 재원이 안정되어야 한다. 수신료 재원의 안정은 공영방송이 양질의 프로그램을 제작할 수 있을 뿐만 아니라 민주주의 국가에서 정부와 정치권의 영향력에서 자유롭고 다양한 여론을 형성할 수 있게 하는 핵심 요소다.

## (3) 공영방송의 구조적 위기

공영방송은 이상과 현실의 불일치를 겪고 있다. 공영방송은 법적으로 정의되어 있지 않고, 공영방송을 정당화하는 정립된 이론이 없다. 나라마다 공영방송에 대한 정의와 규제하는 방식이 다르고, 정치 구조에 따라 거버넌스의 형태가 달라진다. 각국이 설정한 공영방송의 공익 목표 달성과 미디어 시장에서 소비자 요구 사이의 갈등이 존재한다. 공영방송은 자본을 가진 거대한 사기업과 경쟁하게 되면서 경쟁력을 상실하고 있다. 결과적으로 공영방송 유지에 필요한 재원 확보에 갈등이 생기고 있다. 이러한 현실 속에 공영방송을 지지하는 정치적 사회적 입지가 더욱 좁아지고 있다(데니스 맥퀘일, 2013). 새로운 기술과 플랫폼의 출현에 따른 미디어 환경 변화에 적극적으로 대응하지 못한 한국의 공영방송은 선도적 플랫폼으로서의 위상을 상실했다. 종편과 같이 다양한 매체가 등장하면서 콘텐츠 제공자로서 위상도 격하되었다. 불안정한 거버넌스로 인해 사장이 교체될 때마다 정파성 논란이 발생하면서 저널리즘의 신뢰는 영향을 받는다. 이러한 부정적 여론이 누적되면서 공영방송은 구조적 위기에 직면하게 된다. 공영 미디어는 기술 발전에 따른 플랫폼의 혁신과 고품질 콘텐츠의 생산과 함께 현대화된 거버넌스 체계를 마련해야 하고, 수신료 개념의 혁신을 통해 지속 가능한 공영 미디어 제도를 마련해야 하는 다중의 위기에 처해 있다. 그러나 학자들 사이에서는 공영방송은 여전히 미디어의 시장 실패를 보완하기 위한 다양한 방식 중 하나이며, 미디어 다양성을 보장하기 위한 문화 정책의 하나로 인식되고 있다(데니스 맥퀘일, 2013). 공영 미디어는 기술 발전에 맞춰 플랫폼을 혁신하고 고품질 콘텐츠의 생산과 함께 현대화된 거버넌스 체계를 마련해야 한다. 또한, 수신료 개념의 혁신을 통해 지속 가능한 공영 미디어 제도를 마련해야 하는 다중의 위기를 극복해야 한다.

정치적 후견주의와 내부 노선 투쟁으로 KBS는 사분오열되어 있다. 공영방송은 내부적으로도 노동조합이 나누어지고 정치적 후견주의로 갈등이 계속되면서 국민의 신뢰를 잃어가고 있다. 윤석열 정부는 방송의 전문적 경험이 없는 사장을 임명하고, 수신료 징수 체제를 붕괴시키며, 규제 기관을 동원해 언론(방송)의 자유를 위협하고 있다. 정부가 임기가 보장된 공영방송 이사진과 사장을 일방적으로 교체하고 있어 학자들은 이를 민주주의의 위기로 인식하고 있다. 공영방송 옹호론자들은 공영방송은 민주주의의 핵심이며, 민주적 가치를 달성한다고 믿는다. 그러나 한국 공영방송은 법적 제도적 안정성을 확보하지 못하고 있다. 정권에 의한 잦은 사장 교체, 정치적 후견주의, 수신료 재원을 불안정성 등이 이를 증명하고 있다. 한국의 공영방송이 미디어 공론장을 지향하는 것이 규범적으로 필요하다는 것을 인정하더라도, 중간 내지 약한 유형의 공영방송 모델이기 때문에 수신료 인상, 민주적 거버넌스 확립, 그리고 공영 미디어로의 확장이 현실적으로 어렵다는 것을 인정하는 전제 위에서 대안을 모색해야 한다(정용준, 2022). 공영방송 침탈은 공영방송만의 문제가 아니다. 민주주의의 위기를 초래하는 문제다. 전통적인 매체의 영향력이 축소되고 유튜브나 SNS 같은 상업적·사적 미디어로 그 무게 중심이 이동하는 작금의 미디어 환경에서 허위 조작 정보가 신뢰할 수 있는 정보를 대체하고, 진실에 기반한 열린 소통보다는 확증 편향, 필터 버블 등 닫힌 소통으로 불필요한 사회적 갈등이 극대화됐다. 민주주의가 성공하려면 단순한 의견의 집합체로서 여론(조사)에 의존하는 정치가 아니라, 숙의민주주의 단계가 필요하다. 모든 사안을 숙의민주주의가 이상적인 방안으로 생각하는 공론화 방식을 통해서 해결할 수는 없다. 하지만 주권자가 진실하고 심도 있고 균형 있는 정보를 접하여 숙고하고 형성한 의견의 비중이 높아질수록 민주주의 완성도도 높아질 것이다. 이를 위해 필요한 것이 조직된 취재를 통해 깊이 있는 정보를 제공하는 신뢰할 수 있는 언론의 존재다. 공영방송은 이상적인 존재 형태가 구현된다면 정치권력은 물론 자본 권력으로부터 독립하여 정권이나 사적 자본의 이해가 아닌 주권자인 시민의 이해를 대변할 수 있는 공적 기구다(김서중, 2022).

KBS는 행정부에 의해 거버넌스와 재원의 독립성이 송두리째 흔들리고 있다. 과연 한국에서 공영방송은 헌법에 명시된 방송의 자유와 방송법의 독립성 유지 등 제도적 보장이 가능하기나 한 걸까? KBS(한국방송공사)는 공영방송이라기보다는 공기업(공사)으로 운영되는 국가의 기간(基幹) 지상파 '방송'에 불과하다. 또 공영 제도는 그 제도가 가진 속성에 정반대일 수도 있는 권위주의 체제에 의해 도입되어 한때 지배의 도구로 활용되었다. 이 점들은 공영방송에 대해 일반적인 사람들이 갖는 기대를 시스템이, 또 역사적 경로가 얼마든지 미비와 전도(轉倒) 같은 것으로 배반할 수 있다는 점을 말해 준다(조항제, 2023). 정권이 교체되면서 공영방송을 둘러싼 논쟁들이 지속되고 있다. 사장과 이사장의 해임, 노사 단체 협약의 무력화, 방송법의 편성 규약 위반 등은 법원의 소송으로 이어지고 있다. 수신료 통합 징수를 금지하는 방송법 시행령 개정은 기본권 침해로 헌법 소원을 제기했지만, 헌법재판소에서 기각되었다. 헌법과 방송법, 노동법과 단체 협약에 공영방송의 법적 지위와 책임들이 명시되어 있다. 그러나 공영방송 제도는 법원 소송에 의존하게 되었고, 헌법재판소가 위헌소송을 기각하면서 KBS는 더 이상 안정적인 수신료 재원을 보장받을 수 없게 되었다. 공영방송은 국민의 기대와 희망이 존재하지만, 정치에 좌우되면서 정파적 논란에 휘말리고, 재원이 부족하여 만성 적자에 시달리며, 방만한 경영이 구조화되었다. OTT 시대에 올드 미디어가 되어 시청자에게 외면받고 있다. 이런 한국의 정치 상황과 미디어 환경에서 공영방송이 과연 필요한지, 왜 존재해야 하는지를 고찰하고자 한다. 이어 공영방송의 법적 정당성과 헌법이 보장하는 기본권인 방송 자유에 대해 검토하고자 한다.

# 3

# 공영방송을 정당화하는 이론

## 1) 공영방송 규제(보호) 필요성

민주주의 국가에서 규제의 합법성은 정책과 제도가 공익에 어떻게 기여하는지에 따라 결정된다. 정부는 시장의 독점을 방지하고, 갑작스러운 횡재에 세금을 부과하며, 생산자와 소비자 사이의 비대칭 세력을 극복하고, 기업들에 의한 반경쟁적 행동을 조정 등 다양한 경제적 이유로 규제한다(Baldwin and Cave, 1999).

민주주의 국가의 미디어 규제는 시장의 자유에 의존하는 미국식과 정부가 강력하게 개입하는 유럽식의 두 가지 유형이 있다. 미디어에서 미국식 규제는 언론의 자유를 존중하며 시장 자율에 따라 운영하는 반면, 유럽식은 정부가 공영방송과 지상파 방송을 통해 직접 시장에 개입하여 공급자로서 역할을 담당하는 것이다. 통상 유럽 미디어 시스템은 미국보다 더 개입주의적이다. 미국 방송 모델이 모든 소비자를 만족시키는 콘텐츠와 보편적인 접근을 위한 적절한 수단으로서 수요와 공급의 자유 시장 원칙을 기반으로 한다. 반면 유럽 방송 모델은 소비자 선택과 개인적 자유보다 집합적인 사회의 활동하는 구성원으로서 시민의 의무와 필요를 더 강조한다. 유럽 모델의 개입주의적 접근 방식은 공익적 정책 목표에 따라 미디어 구조와 결과를 형성하는 것을 목표로 한다. 시장 자유주의적 접근은 시장 실패에 대응한다. 시장 자유주의적 접근은 문화 사회적 기준이 경제적 복지보다 덜 중요하게 취급된다. 하지만 개입주의적 정책은 정치, 사회, 문화, 경제적 가치를 규제의 근거로 삼는다. 우리나라 공영방송 제도는 공적 소유, 공적 지배구조, 공적 재원과 의무를 기초로 하는 유럽의 개입주의적 모델을 기초로 공공의 규제를 받는다. 공영방송의 이상은 물론 유토피아적이다. 사실 공영방송의 이상을 온전히 성취하는 것은 사실상 불가능한 미션이다. 그렇다고 해서 많은 국가에서 실제로 해왔고 현재 행하고 있는 공영방송의 이론적 가치를 무시해도 된다는 뜻은 아니다. 오히려 공영방송의 규제 체계와 실제 관행을 비추어 볼 때 더 많은 공적 가치와 규제 원칙을 연결할 필요가 있다는 것을 의미한다(Donders, 2021).

미디어 영역에서 국가의 규제 정당성은 결국 공익의 목표를 달성하기 위한 것이다. 방송은 국민의 일상에 직접적이고 중대한 영향을 미치며, 사회적 응집력과 문화적 정체성을 보존하기 위해서 국가의 공적인 지배구조하에 둔다. 방송을 전적으로 시장에 일임하게 되면 선정적으로 될 수 있다. 그리고 시청자의 필요에 의한 프로그램만을 공급하게 되어 다양성을 확보하는 로컬 뉴스, 품질을 우선시하는 문화 콘텐츠 등 시장과 무관하게 제공되어야 하는 콘텐츠가 과소 공급될 우려가 있다. 방송은 가치재로서 시장에서 공급이 어렵기 때문에 공익을 위해 가치 있는 상품을 제공하려면 공적 예산을 통해 지원되어야 한다 (Brown, 1996). 그러나 공영방송은 수신료 재원으로 운영되기 때문에 지나치게 상업화를 추구하거나 상업 미디어 서비스와 경쟁할 경우 시장으로부터 견제를 받는다. 공영방송의 새로운 서비스에 대한 정부의 개입(규제)은 공익을 위해 공공 서비스를 보장해 주는 정책적 측면도 있지만, 새로운 서비스는 다른 상업 미디어의 이익을 보장하기 위해 제한되기도 한다. 공영방송 정책은 자유시장 원리에 맡겨두는 것이 아니라 규제를 통해 개입하고 보호해야 해서 미디어 규제에 큰 영향을 받게 된다. 공영방송 제도가 사회에서 자리 잡은 유럽은 오랜 기간을 거치면서 사회적 합의를 통해 공영방송을 규제하고 있다. 우리나라의 경우 공영방송 개념이 법으로 규정되어 있지 않아 공영방송 규제에 대한 사회적 합의가 부재한 상황이다. 그렇다 보니 공영방송은 국회에서 정쟁의 대상이 되기도 하고, 정치적 논란에 휘말리기도 한다. 미디어 규제를 총괄하는 방송통신위원회도 공영방송에 대한 적절한 규제 수준을 결정하는 데 늘 어려움을 겪는다. 확립된 규제 원칙이 없기 때문에 공영방송 규제는 정치와 시장의 영향으로부터 자유롭지 않다.

공영방송의 개념과 정의가 다양하게 해석되는 것은 나라마다 정치 구조에 따라 공영방송의 운영 형태와 지배구조가 다르기 때문이다. 공영방송을 정당화하는 이론과 주장은 공익적 관점, 민주주의적 관점, 시장 실패 관점 등 이념에 따라 다양하다. 공적 서비스의 수혜자인 국민, 제공자인 공영방송, 감독기관인 정치권과 정부 그리고 학계와 시민단체가 공영방송의 정체성을 서로 다르게 인식하는 경향이 있다. 이러한 인식 차이로 인해 공영방송에 대한 규제 및 정책의 수준, 그리고 수신료 인상 등의 이슈가 발생할 경우, 공영방송에 대한 사회적 합의에 도달하기가 어렵다(박종원, 2022). 공영방송을 정당화하는 이론들은 아래와 같다.

## 2) 공익(Public interest) 이론

규제란 공공의 이익(public interest)을 촉진하기 위해 국가가 사적 활동을 제한하는 것을 말한다(Francis, 1993). 국가나 정부가 미디어를 규제하는 정당성은 공익의 목표를 달성하기 위한 것이다. 초기 방송의 위치는 그 어떤 커뮤니케이션 양식보다도 많은 사회적 관심을 불러왔다. 주파수 대역의 희소성이라는 자연적 진입 장벽에 따라 독과점적인 지위가 처음부터 전제되는 상황 속에서 사회적 관심은 주로 여론 및 문화 매체로서 방송 사업자의 행위적 측면, 그중에서도 서비스 내용과 관련된 공공적 책임 실현에 치중되었다. 이른바 공익(public interest)이라는 개념으로 요약된다(윤석민, 2002). 공익은 '어떤 이익 상황이 특정한 법적 주체의 개별적 이익에만 관련되는 것이 아니라 국가나 공공단체, 기타의 사회의 여러 공공 영역이나 계층 또는 집단의 공공성과 관련하여 그 정당성이 판단되어져야 할 때의 공동체 이익'으로 정의한다(최송화, 2002).

　방송에서 공익이란 공공적 소유를 특징으로 하기 때문에 방송이 특정 이해 집단의 사적 이익이 아니라 수용자 대중의 이익을 추구해야 한다는 점에서 방송 활동의 기준을 제시하는 개념이라 할 수 있다. 따라서 방송은 공익 실현을 목표로 해야 한다. 공익 개념은 미디어 정책 당국과 전문가들이 공영방송 등 공공 부문의 미디어 정책을 수립하고 평가하는 기본 원칙으로 작용해 왔다. 국가는 개인의 이익보다 사회적 가치 보존, 경제적 형평성 추구 등 사회 전체의 이익을 우선시하기 때문에 사적 활동에 개입하고 규제한다. 미디어는 정치적 독립성이 보장되어야 하고 사회적 통합이라는 가치를 우선한다. 따라서 미디어 규제의 목적들은 경제, 정치, 사회 문화적 목표를 달성하는 것이다. 경제적 관점에서 보면, 자유주의 정책과 산업 정책은 높은 수준의 경제적 경쟁을 목표로 한다. 사회적 규제는 미디어가 의견과 표현의 자유를 보장하는 민주적 사회의 규범적 역할에 기초한다. 문화적 규제는 문화적 공동체를 구성하기 위해 문화적 정체성과 교육을 목표로 한다. 결론적으로, 미디어는 공공 가치의 전달자로서, 사회 내 갈등의 균형을 통해 경제적 복지에 기여하는 공공복지의 기여자로서 중요한 역할을 담당한다(Nowak, 2014).

공영방송을 장려하는 정부 정책은 시청자와 청취자를 소비자라기보다 사회적 존재인 시민, 투표자로서의 능력을 더 크게 강조한다. 이러한 관점에서 볼 때, 방송시장에 대한 국가의 개입은 경제적 기준에 기초한 것이 아니라 교육, 평등, 국가 정체성, 사회 통합 등 사회적 목표를 달성하는 것을 목표로 한다. 공영방송에 규제가 필요한 이유로 블럼러는 미디어의 자유, 사회, 정치, 문화 분야에서의 폭넓은 역할, 그리고 규제 명령을 따라야 하는 것을 정당화하는 데 궁극적으로 미디어가 이바지해야 할 공익이라는 개념을 제시하고 있다(Blumler, 1992). 서구에서는 미디어가 출판에서 라디오, 텔레비전으로 진화하면서 각국은 매스미디어(특히 TV)를 민주주의를 유지하고 시민사회를 통합하는 핵심 도구로 인식하게 되었다. 이러한 관점에서 방송은 시민의 이익을 도모하는 공공의 역할과 시장에 민감하게 반응하는 상품으로서의 측면을 동시에 갖추고 있다. 또한, 희소한 주파수 자원의 차원에서 사회에서 공공의 영향력, 사회와 민주주의와의 연관성, 방송 프로그램 보급을 통해 방송 정책이 발전해 왔다. 공영방송의 보편성, 다양성, 소수 계층을 위한 서비스 제공, 갈등 사안에 대한 균형 있고 불편부당한 정보 제공 등 공공의 이익에 봉사하는 것을 주요 목표로 하고 있다. 이러한 방송 정책의 원칙은 공익성으로 대변되었다(최영묵, 1997).

한편, 공익을 바라보는 관점으로 국가주의 공익, 공동체주의 공익, 효용주의 공익, 자유주의 공익의 네 가지 유형이 있다. 국가주의 공익은 집합체 구성원으로 성숙한 인민들(public)이 공공

선인 공익(좋은 것)을 인정하는 것으로 구성원에 속하는 인민들을 보호하는 보호주의적이며 엘리트주의적 성격이 강하다. 다음 공동체주의 공익은 성숙한 인민들이 아닌 일반인(common)의 공동 이익을 강조하는 면에서는 국가주의 공익보다는 비엘리트적이며, 공동선을 위해 공동체에 대한 일반인의 헌신 및 시민성을 강조한다. 효용주의 공익은 '일반'에 관한 특정 관점은 없고 사회 구성원의 개인 '효용'을 강조한다. 사회적 효용은 '최대 다수의 최대 행복'을 가져다줘야 하며, 국가는 최소로 개입하지만 소외된 자들을 위한 보호주의적 차원의 국가 개입의 필요성을 인정한다. 자유주의 공익은 개인의 자유 및 권리를 강조한다. 일반 개념에 관한 정의는 개인 자유가 '대의 민주주의 기반의 소극적 자유'에서 일반은 'public'이며, '참여 민주주의 기반의 적극적 자유' 사고에서 일반은 'common'으로 정의된다. 자유주의에서 공익은 개인의 자유이기 때문에 '옳은 것'이지만 소극적이든 적극적이든 자유의지의 권리이며, 강요되어서는 안 된다고 주장한다(박종민, 2020).

나폴리는 공익의 개념적 차원(conceptual level)을 다수결적 개념화(다수 이론), 절차적 개념화(공동 이론), 통합적 개념화(일원 이론)로 나누었다. 다수결적 개념화는 다수결의 원칙으로 '공익을 위한 정책들이 무엇인가'를 결정하는, 즉 개인들의 이해(individual interests) 총합을 공익이라고 정의한다(나폴리, 2011). 공익은 어느 정도 합성된 일반 시민들의 견해를 반영하는 것이다. 공공 행정 분야에서 통용되고 있는 설문조사와 여론조사를 통해 시민들의 정책 선호를 일관되고 자세하게 평가함으로써 공익에 봉사해야 한다고 주장한다(McEachen, 1984). '공익이라는 용어의 구체적 의미는 공익이 어느 정도 합성된 일반 시민들의 견해를 반영하는 것'이다(Cass, 1981). 나폴리의 다차원적 분석 틀에 따르면, 1960년대 미국의 FRC(Federal Radio Commission)는 이미 이러한 공익을 개념화하는 것을 포기한다. 이러한 개념화의 단점은 많은 사람이 정책적 쟁점들에 대해서 불완전하게 정보를 얻게 되고, 정책들의 결정에 있어서 다수의 판단 능력 이상의 어려운 쟁점들(예를 들면 기술적인 그리고 장기간의 효과 그리고 소수를 위한 쟁점들)이 숨겨져 있다는 것이다. 이 관점에서 규제자(regulator)는 공동체가 어떠한 정책을 선호하는가를 해석하는 역할을 담당하는 것으로 위치 지어지지만, 대표성의 문제, 즉 일반 공중의 다수결 선호를 진실로 대표할 수 있는 정책을 생산할 수 있는가의 의구심이 제기될 수 있다(윤상길, 2019). 절차적 개념화는 공익은 결정에 도달하는 과정 또는 그런 과정을 통해서 발생된 결과들로 각각 분리해서 정의한다. 과정—결과론적 관점에서 공익은 민주적인 이해/갈등 과정의 결과와 일치하고 그 결과는 실질적으로 공중의 합의에 대한 반응이어야 한다. 즉 정책 결정들이 다양한 이해들의 투여(inputs)가 반영되었다면, 공익은 실현되는 것이다. 절차적 개념화는 의사 결정이라는 절차적 과정의 공익성을 중시한다. 결과보다는 과정을 중시하며, 이로 인해 공동체의 갈등이 큰 경우 정책 결정 과정에서 공익성 추구가 쉽지 않은 문제가 있다(나폴리, 2011). 결과에 초점을 맞춘 개념화는 공익이 가치 중립적 수준으로 전락한다는 비판을 받는다. 집단 투쟁의 성패가 판가름 나야 비로소 공익이 존재하기 때문에 정책 형성에 어떠한 기준도 제공할 수 없다. 그리고 과정에 초점을 맞춘 공익의 개념화는 공익 결정 과정이 특정한 실질적인 결과를 목표로 하고 있는지의 문제는 무시한다 (Cochran, 1974). 마지막으로 통합적 개념화(일원론)는 규범적인 가치들, 특히 정책의 내용과 효과들을 평가할 수 있는 구체적인 평가 기준을 통해 공익을 정의한다. 이는 절대적이고 규범적인 가치 체계를 결정적인 것으로 인식하며, 한 사회의 규범이나 가치 기준이 공익을 결정한다는 일원론(unitary theory)을 의미한다. 그동안 공영방송은 사적 이익이 아닌 공적 이익을 대변하고 공적 책무를 정당화하는 일원 이론에 무게를 두고 있었다.

한편, 헬드가 제시하는 공익관은 최고의 도덕적 근본 원리 또는 근본 가치 체계들로부터 공익을 도출하려는 견해들을 일컫는다. 이 공익관은 공익을 공공 정책이나 입법을 지도하고 규제하며 비판하는 기능을 수행하는 규범적(가치 평가적) 속성을 가지는 개념으로 파악할 수 있다. 헬드는 공익을 구성하는 두 가지 주요한 측면과 공익의 내용이 어떻게 이루어져야 하는지를 설명한다(Held, 1978). 하나는 다수결의 시각으로, 특정 사안은 공중이 투표 결과에 따라 해결되어야 한다는 것이다. 이러한 관점을 미디어에 적용하면, 공익은 사람들이 원하는 것을 제공하고 미디어 시장의 대다수 소비자를 만족시키는 것으로 생각할 수 있다. 이에 반대되는 시각은 단일주의 혹은 절대주의라고 할 수 있는데, 여기서는 공익이 특정한 이데올로기나 지배적인 한 가지 가치에 의해 결정되는 것으로 간주된다. 이러한 관점은 무엇이 좋은지에 대한 결정이 전문가에 의해 이루어지는 가부장적 시스템으로 이어질 수 있다.

공공 서비스의 개념은 미디어 기술의 발달과 정치, 사회, 문화적 기조의 변화에 따라 진화하고 있다. 처음에는 필수 공공 설비(public utility) 의미에서의 공적 서비스로 시작하여, 다음은 공론장 의미에서의 방송, 마지막으로 시청자 서비스로서 방송으로 변화해 왔다. 방송의 목적은 집단과 시민의 필요를 충족시키기보다 개인 소비자의 이익과 선호를 만족시키기 위한 방향으로 변화하고 있다(Syvertsen, 1999). 초기 방송은 우편, 도로, 전기와 같은 보편적 서비스 제공으로서 정부가 공통으로 제공해야 하는 공공재로서 공공 수탁에 근거한 것이었다. 그러나 민주화 이행기 과정을 거치면서 공영방송이 민주주의의 기본이 되는 여론 형성의 중요한 역할을 하는 담당하는 공론장 이론이 부각되었다. 그리고 공익에 대한 '수탁자(trustee) 접근 방식'을 옹호하는 사람들은 정책 당국자가 특정한 공익적 가치들을 확인 및 규정한 후, 미디어 조직(공영방송)이 이러한 공익적 가치를 추구하기 위해 충족해야 할 특정한 기준들을 정립해야 한다고 주장한다(나폴리, 2022). 공영방송의 공론장 역할, 다양성 확보, 보편적 서비스 등의 공적 책무가 이에 해당한다. 공익의 개념은 일방적으로 제공하는 가부장적 공익에서 개인화된 선호에 목적을 맞춘 공익으로 진화하고 있다.

공영방송의 주요 목표는 보편적 서비스 제공, 폭넓은 의견과 신념을 반영할 수 있는 다양성, 갈등 사안에 대한 균형 있고 불편부당한 정보 제공, 국가의 문화 정체성에 대한 고려, 경제적 이익보다 공익이 우선되는 활동 등 공익에 봉사하는 것을 바탕으로 하고 있다. 공영방송의 공통된 이론은 공익에 봉사한다는 목표를 달성하는 것이다. 공영방송은 수익 창출을 보장하기 어렵기 때문에 방송 시스템은 공익을 보장할 수 있는 일정한 구조적 여건을 마련해야 한다. 공영방송의 정당성은 공익을 구현하는 것이기 때문에, 공익을 구현할 조직, 공익에 필요한 재원과 공익적 서비스를 제공할 수 있는 지배구조와 제도를 갖추어야 한다. 결국 공영방송의 존재는 공익성 논리와 밀접한 연관성을 갖고 있는데, 공영방송은 이에 부합되는 사회적 제도로써 평가되며, 국영, 공영, 민영 등 전통적인 방송 제도를 고려할 경우, 방송 영역에서 공익성은 곧 공영방송이 지향하는 이익에 부합된다(김진웅, 2008).

공익 개념은 '공중의 이익, 편의 혹은 필요'를 위한 규제에 미국의 규제 기관 FCC가 도입하였으며, '민주 정부 이론의 핵심'으로 설명되어 왔다. 그러나 공익 개념을 규정하는 한 가지 특징은 바로 공익 의미의 불분명성, 심지어 '무의미할 정도의 모호성'이다(나폴리, 2022). 미국도 공익 개념을 미디어 규제의 방편으로 삼아 왔지만, 여전히 공익 개념의 규제가 모호하다는 비판들이 존재해 왔다. 공익 개념은 규제 기관이 새로운 조건을 충족시키는 데 필요한 새로운 규칙, 규정 그리고 기준을 만들 수 있게 하기 위한 것이다(Krasnow & Goodman, 1998). 공익 기준의 모호성은 규제 수행에 필요한 명확한 기준이 없기 때문에 논쟁의 대상이 되기도 한다. 공영방송 또한 정의가 명확하지 않고, 법적으로 정해진 공적 역할을 평가하는 방식이 모호해서 공익의 기준은 논쟁의 대상이다. 공영방송을 어떻게 합리적으로 규제할 것인지에 대한 논의와 합의가 부족한 국내에서는 공익이라는 모호한 개념 아래 공영방송을 적절하게 규제하기 위해서 규제 기관의 정책 완성도와 규제 수준이 제고되어야 한다. 공익 이론은 공영방송과 미디어 규제를 정당화하는 틀로 오랫동안 확립되어 왔다. 일반 원칙은 널리 받아들여지고 있지만, 특정 상황에 적용하는 방법에 대한 의견은 상당히 다양하다. 가령 정보, 교육, 오락이라는 BBC의 공적 책무에 대해 대체로 견해가 일치하지만, KBS가 내세우는 재난방송, 공론장의 역할, 대형 역사 드라마 등에 공익적 가치에 대해서는 다양한 견해가 존재한다.

전 세계적으로 시장 경쟁 체제로의 전환과 함께 통신·방송 융합 환경이 도래하면서 전통적인 방송 규제 방식에 대폭적인 변환이 요구되고 있다. 방송 기술의 급격한 발전은 방송의 공익성 개념 재정립이 필요하다는 논의를 촉발한다. 즉 디지털 시대의 방송 공익성은 사회적 측면에서 공공 서비스로서 방송 프로그램이 수용자에게 보편적으로 제공되도록 보장하는 동시에, 산업적 측면에서 다양한 서비스 공급 기회를 제공하고, 소비자에게는 소비자 주권(consumer sovereignty)에 입각해 선택의 자유를 확대하는 것이 조화와 균형을 이룬다(김광호, 2011). 디지털 시대는 공영방송에 요구되어 온 전통적인 방송 공익성 개념과의 연속성을 가지면서도 시대의 변화에 맞는 보다 유연한 방송의 공익성 개념의 변화가 필요하다(이상우, 2006).

공익 개념은 매우 모호하고 초월적 성격이 부여되어 있다. 공익은 정책 문제와 관련해서 특정 집단의 이익에 우선하며, 지금 현재를 사는 사람들의 요구와 더불어 미래에 살게 될 다음 세대의 요구까지 포함하는 장기적 시각을 반영한다(Blumler, 1998). 한국에서 초기 공익성에 대한 담론은 '국가 이익', '국가 발전', '국민 계도', '질서 유지' 등의 국가적 가치를 뜻하는 것으로 '전체 이익적 요인'의 특성이 강하게 작용한다. 과거 권위주의 시대에 공익은 법질서를 초월하는 공동체 이데올로기로서의 성격을 내포하여 국익적 성격을 의미하기도 했다. 따라서 당시의 공익은 언론의 자유를 제약하는 요인으로서의 성격을 내포하고, 이러한 명목상 공익은 실제로 국익을 대변하기도 했다(김진웅, 2003). 1987년 민주화 이후 개별 이익에 대한 논의가 있었던 것은 사실이지만 한국에서 공익과 관련한 논의와 제도화는 절대적으로 '국가적 가치'에 관한 것이다. 공익을 국가적 가치로 받아들이는 것은 서양적 사고에서도 있을 수 있으나 특히 한국(동양)에서 강한 역사적 맥락을 가지고 있으며, 이러한 특성은 방송의 제도화에 있어서 방송의 공익 추구가 민간의 참여는 철저히 봉쇄하고 국가의 통제가 절대적인 방송 모델을 만들었다. 이것이 공영방송이라는 제도로 이행하는 과정에서도, 시민사회의 확장을 의미하는 것보다는 국가의 역할이 강조되는 '관영방송 모델'을 유지하게 만들었다(김동진, 1986). 공영방송과 국영방송의 개념이 혼동되는 경우가 많은 이유는 권위주의 시대 공익 개념의 잔재가 방송에 적용되어 오늘날에도 지속되고 있기 때문이다.

전통적인 공영방송의 규제 정당성은 공익 이론에서 유래하고 있다. 1980년대 이후로 신자유주의 기조의 영향으로 규제가 완화되고 상업 미디어 시장이 활성화되었으며, 디지털 융합 미디어의 발달과 미디어를 소비하는 개인화, 파편화의 영향으로 정치·사회·문화적 목적의 규제보다 경제적 목적의 규제가 더 큰 영향을 미치고 있다. 이처럼 미디어 환경 변화에 따라 방송에서 공익의 개념이 다양하게 해석되고 변화하면서 공익 이론이 퇴조하게 된다.

## 3) 공론장(Public Sphere) 이론

공영방송은 민주주의 국가에서 유지되는 사회적 합의 제도다. 한레티는 공영방송의 유형화를 민주주의 국가로 제한하며, 비민주 국가의 방송은 독립적이지 않기 때문에 공영방송이 존재하지 않는다고 본다. 국가 소유의 방송과 공영방송을 구분하는데, 국영방송은 정부의 정책을 홍보하고 공영방송은 선거에 공정한 정보를 제공한다(Hanretty, 2009). 이런 측면에서 공영방송에서 공론장 개념은 민주주의와 매우 밀접한 연관성을 가진다. 공론장(public sphere) 개념은 독일의 사회학자 하버마스가 1962년 발표한 논문에서 유래한다(하버마스, 1989). 하버마스가 제시한 공론장은 18세기와 19세기 유럽의 커피하우스나 살롱, 독서회, 신문·

출판 등을 중심으로 형성된 부르주아 공론장 또는 '독서 공중' (reading public)을 모델로 한 것으로, 국가와 시장 사이 위치한다(박홍원, 2012). 참여자 사이에 아무런 제한이나 강제 없이 이성에 기초한 숙고와 합리적 비판적 토의를 통해 집합적 의사를 모으는 공간이다(Lunt & Livingstone, 2013). 초기 하버마스의 공론장 개념은 문예 공론장과 정치적 공론장으로 구성되는데, 이는 공영방송이 헌신해야 하는 삼위일체, 즉 정보, 교육, 오락 등 BBC 공영방송을 설립한 영국 존 리스(Reith) 경의 고전적 공식과 맥을 같이 한다(Grisprud, 2007). 쉬베르트센은 공론장은 공중이 시민으로서 참여하고 공동선을 위해 집합적으로 결정하는 제도로 표현한다. 특히 공론장에서 미디어 서비스는 사회의 모든 구성원이 시민의 의무를 수행하는 데 필요한 정보와 지식에 접근할 수 있어야 한다. 공론장의 개념은 독점 시대에 공영방송의 개념과 잘 부합한다(Syvertsen, 2000). 부르주아 공론장은 일반적으로 참여 원칙과 운명을 같이 한다. 특정한 집단이 명백히 배제되는 공론장은 불완전한 것으로 오히려 그것은 공론장이 아니다(하버마스, 1989). 즉 비배제적이고 보편적인 접근의 허용을 핵심으로 한다. 공개적이며, 누구나 배제되지 않으며, 민주적 여론을 형성하고, 전달하는 방식이 공영방송 제도와 맥을 같이 하고 있다.

1994년 프라하 결의안이라 불리는 유럽 장관 평의회와 1996년 유럽 의회에서 공영방송의 목적을 반영하는 공영방송 결의안이 채택되었다. 유럽에서는 공영방송의 목적들을 다음과 같이 규정한다. △불편부당하고 독립적 뉴스와 정보, 해설을 통해

교양 있는 시민을 도와주는 것, △사회 내 모든 그룹의 인권과 관련되고 존중하는 공적 논쟁의 참여를 통해 민주적 가치를 지원하는 것, △모든 장르에서 다양한 범위의 품질 있는 프로그램을 제공하는 것으로, 공영방송이 공적 담론의 장을 제공해야 한다는 것이다(Heap, 2005). 유럽의 공영방송 제도는 특히 민주화가 진전된 나라일수록 민주주의와 공영방송의 공론장 역할에 정당성을 부여해 왔다. 미디어는 정치적 사상을 넘어 논쟁을 극대화하고 민주주의 유지에 필수적인 공공의 정보와 논쟁에 기여해야 한다(Petros Iosifidis, 2011). 민주주의의 성장과 개인성, 시민성 등을 강조하는 디지털 문화의 확산과 맞물려 많은 미디어 연구자들은 하버마스의 공론장으로부터 공익의 규범적 모델을 추론해 왔다(Dahlgren, 1995). 방송은 공론장으로서 현대 사회에서 가장 핵심적인 역할을 수행하기 때문에 폭넓게 논의되었는데, 특히 민주 사회의 유지 발전에 필수적인 여론 형성 기능을 담당하는 역할과 관련된다(김진웅, 2003). 신자유주의 기조 정책의 확장으로 공영방송의 정당성이 위기에 처하면서 공론장 이론이 등장하기 시작했다. 신자유주의 정책 기조로 사적 이익이 강력하게 확대되면서 공영방송의 시민성 고양이라는 정당성에 의문이 제기됐다. 또한, 미디어의 사적 이익 확대는 공론장으로서 공영방송의 역할을 잠식하는 결과를 초래했다. 여기에 하버마스의 '공론장의 구조적 변동'이 영어로 번역되면서 공론장 이론은 공영방송 정당성을 유지하는 이론으로 부상하게 된다.

그러나 근세에 공론장의 구조가 공공 영역과 사적 영역의 힘에 의해 변동하듯이, 미디어에서 공론장의 개념은 변화하고 있다. 이러한 변화는 공론장의 개념을 공영방송의 정당성과 연계하기에는 무리가 있는 비판이 제기되었다. 공영방송 제도가 실제로 어떻게 작동하는지에 대한 설명이 없이 공영방송의 추상적 이념과 같은 공론장으로서 규범적 개념을 강제하고 있다는 것이다(Sondergaard, 1999). 사실 공영방송은 나라마다 정치 사회 문화적인 환경에 따라 특이하게 작동하며 공영방송을 정의하는 개념도 시대와 환경에 따라 다르게 나타난다. 그리고 공영방송에 대한 규범과 실행이 정확하게 일치하지 않는다. 또한, 오늘날 국제적 멀티 문화 사회에서 하버마스의 이상적 공론장에 대한 비평들은 관점을 지나치게 일반화하고 차이점을 간과한다는 비판을 받고 있다(Petros Iosifidis, 2011). 공론장 모델은 국제화된 미디어 환경보다는 단일화된 국가에 맞는 개념이라고 주장한다. 그리고 공론장 이론은 부르조아 공중을 대상으로 하고 있어 여성과 사회적 약자를 배제하고 있어 많은 비판을 받아 왔다.

그러나 공론장 개념의 한계와 비판적 문제 제기에도 불구하고 본질적으로 공론장 이론은 방송이 시민들에게 열린 토론과 논쟁의 장을 제공하고, 식견을 갖춘 시민 양성에 이바지하며 사회적 소통을 활성화하는 역할을 기대한다. 공영방송은 공론장의 중요한 제도로서 공동체에 의해 인식되는데, 공영방송은 대중을 교육하고, 시청자를 계몽하고, 공적 토론을 고양하는 불편부당한 정보를 제공하며 궁극적으로 공론장 조성에 도움을 준다(Harrison, 2001). 하버마스의 발표 이후 공영방송의 정당성과 공론장 이론을 새롭게 조명되고 부각된 곳이 영국의 BBC 다(정용준, 2015). 핼린과 만시니의 미디어 체계 유형화에 의하면 영국은 자유주의 시장 모델인데, 언론의 자유를 중시하며 시장 경쟁 원리를 기초로 한다(핼린과 만시니, 2009). 영국은 대처 총리 시절 신자유주의 이데올로기하에서 공공 부분의 개혁이 화두가 되고 소비자 주권이 확대되면서 시민성 역할은 상대적으로 취약하게 되었다. 신자유주의 기조는 강력한 사적 이익에 봉사하는 자유시장 이데올로기로서 방송에서 공공 서비스 개혁과 공익에 대한 재정의를 요구하고, 소비자로서 시민을 대체하면서 BBC는 위기를 맞이하게 된다(Born, 2003). 이런 위기에 대응해서 공론장 이론을 공영방송의 제도와 규제적 측면에서 이론화하고 주장한 사람은 영국의 간햄(Granham)이다. 간햄은 공영방송이 경제보다는 정치적 관계 속에서 발달하였으며, 국가의 통제를 배제하고자 노력하였다는 것을 근거로 공론장의 가능성을 제시하였다. 간햄은 하버마스의 역사적 가정에 의문을 제기하면서도, 공영방송의 정당성으로서 공론장을 중심적 이론으로 채택하였다. 간햄은 공영방송이 민주적 의사소통과 숙의민주주의의 잠재력이 있는 것으로 인식하였다(정용준, 2015). 이처럼 1990년대부터 본격적으로 원용되기 시작한 공론장 이론은 1970~80년대의 위기를 겪으면서 흔들리던 공영방송의 기반을 지탱시켜 준 가장 큰 버팀목이었다. 여론을 조성하는 사회생활의 영역이면서 모든 시민에게 접근이 허용되는 장으로 사적 개인이 대화와 토론을 통해 형성하는 공적 집합체라는 공론장의 원리는, 책임 있는 공적 제도이지만 자유로운 사적 여론에도 관여해야 하는 공영방송에 적절하게 어울리는 이론이 되었다(조항제, 2015). 공론장이 형성되는 데 책이나 신문 같은 독서 공중이 결정적인 계기가 되었던 것처럼 공영방송 역시 시청자들이 20세기의 공중이 되는 데 중요한 역할을 했다. 하버마스가 제시한 공론장은 시장과 국가로부터 떨어진 공론장으로 두 사이의 공간으로 정의되며, 처음부터 자유 언론의 실행 가능한 민주적 대안이면서 외견상으로는 공영방송을 정확히 묘사하는 것으로 받아들여졌다(Daws, 2014). 공론장은 신자유주의 시장주의에 반대하는 해방주의 및 자유주의 공영방송 옹호자들의 핵심 기반이 되었다. 하버마스의 공론장 이론은 공영방송을 비판하는 시장 자유주의에 대응할 수 있는 이론적 토대를 제공했다는 평가를 받는다. 공영방송은 경제보다는 정치적 민주화에 필수적이며, 경제보다는 정치적 관계 속에 발달한 제도기 때문이다 (Granham, 1999). 공영방송의 핵심적인 조직 원칙으로 상업적 시장 압력과 거리를 두고 편성과 창작에 관한 결정이 국가와 정부의 개입으로부터 분리되는 것을 제시하여 시장주의에 맞서는 공영방송의 정치적 공론장 역할을 강조하고 있다. 하버마스가 '공론장의 구조 변동'에서 그렸던 공론장의 모습은 평등하고 자유로운 시민들이 공중으로 결집해 '이성의 공적 사용', 곧 합리적·비판적 토론을 통해 여론을 형성해 나가는 공간이었다. 이러한 공론장은 모든 시민에게 열려 있어야 하고 국가와 자본의 권력으로부터 자유로워야 한다는 전제도 함께 주어졌다(박홍원, 2012).

공론장 이론은 공영방송의 이념과 잘 부합하는데, 이는 공영방송이 여론을 조성하는 사회생활의 영역이면서 모든 시민에게 접근이 허용되는 장으로 사적 개인이 대화와 토론을 통해 형성하는 공적 집합체이기 때문이다. 공영방송은 민주사회의 유지와 발전에 필수적인 여론 형성 기능을 담당하여 국민의 방송의 자유를 실현한다. 공론장의 원칙은 공개적이어야 하고 누구나 동등하게 공론장에 참여해야 한다. 특정한 집단이 명확하게 배제되는 공론장은 불완전할 뿐만 아니라 공론장이라고 할 수 없다. 또한, 공론장은 다양성을 바탕으로 여론을 만들고, 여론이 진리와 정의에 도달하기 위해서는 도덕적이고 합리적이어야 한다. 공영방송이 국민의 다양한 여론을 형성하려면 배제적이지 않고, 다양한 참여를 보장함은 물론 공영방송 자신이 공론장을 형성해야 한다.

인터넷이 널리 보급되고, 미디어가 대규모 국제 자본에 의해 제공되고, 미디어 소유권이 중앙 집중화되고, 상업 콘텐츠가 풍부한 정보화 시대에 공론장의 구조는 변화하고 있다. 하버마스는 프랑스 혁명과 계몽주의에서 시작된 자유 공론장이 복지국가 자본과 대중 민주주의라 부르는 현대에 미디어 중심적 공론장으로 변화한다고 묘사한다. 이 역사적 변화는 거대 복합기업이 공론장을 인수하고 이성적 논쟁을 조작적 소비와 수동성으로 변화시킨다(James Deane, 2004). 그러나 디지털 미디어 시대에도 불편부당하고 신뢰할 수 있는 뉴스와 시사를 제공하는 공영방송의 국민 통합적 역할은 여전히 중요하다. 정치 및 기타 측면에 대해 대중에게 객관적이며 신뢰할 수 있는 정보를 제공하는 것은 공영방송의 핵심 역할이다. 공영방송(PSB)의 보편적 도달과 광범위한 접근이 민주적 공공 담론을 위한 포럼으로써 작용하고, 대규모 시청자에 의해 도달될 수 있는 공적 공간을 보장할 수 있기 때문이다. 유럽은 미디어 환경 변화에 따라 PSB(공공 서비스 방송, Public Service Broadcasting)의 개념을 공공 서비스 미디어(Public Service Media) 개념으로 확장하고 있다. 따라서 동시대 공론장의 구조 변동에 대응하기 위해 공영방송은 공공 서비스 미디어로 재창조되어야 한다(Bardoel & Lowe, 2007). 공론장은 국민의 공적 의견을 형성하는 공영방송 제도와 특징으로 묘사된다. 공론장은 공개적이며 누구나 참여할 수 있고, 합리적 비판적 토의를 바탕으로 숙의민주주의를 구현한다. 공영방송이 공론장을 실현할 수 있는 최적의 제도로 인정되었다. 공영방송은 민주적 여론 형성을 중시하고, 국가 중심의 방송 관에서 탈피하여 공공의 지배와 공공의 이익 관점에서 민주주의를 고양하는 방편에서 공론장 이론이 더욱 부각되고 있다. 그러나 공론장 모델은 정치와 언론이 절연되고 언론의 자유가 보장되는 영국과 같은 북방형 공영방송 모델과 독일의 시민 조합형 공영방송에서 규제 정당성을 찾을 수 있다. 정치적 영향력이 절대적인 우리나라에서도 공론장 이론은 민주사회에서 언론의 독립과 공정한 보도, 공론을 형성하고 전달할 수 있는 장으로서 공영방송의 정당성을 부여하는 이론으로 잘 어울린다.

## 4) 역사적 제도주의 이론

공영방송은 하나의 사회 제도다. 여기서 사회 제도라는 말은 한 사회가 특정한 기능이나 목표를 달성하고자 만들어 낸 구조화된 체계를 의미한다(정영주·홍종윤, 2021). 가장 포괄적인 수준의 제도는 민주주의 및 자본주의와 같은 정치·경제 체계를 의미하기도 하고, 중 범위 수준에서는 선거, 정당, 교섭단체 등의 제도를 의미하며, 미시적 수준에서는 정부 부처, 위원회, 기업 등과 같은 개별 조직을 의미하기도 한다(허찬행, 2015). 앞서 공영방송을 정당화하는 이론들을 논의하였지만, 이러한 이론들이 현실의 정책에서 제대로 작동하지 않는다는 것을 확인했다. 따라서 공영방송의 정당성을 사회적 권력 관계에 초점을 맞춘 제도 이론의 관점에서 검토하고자 한다.

정치, 경제, 사회 현상을 설명하는 데 있어서 '제도'를 중심 개념으로 설정하는 학문적 흐름을 포괄적으로 일컬어 신제도주의(new institutionalism)라고 부른다. 신제도주의는 정치, 경제, 사회 현상을 설명하는 데 있어서 역사적 '맥락'의 중요성을 강조하는 데 그 특성이 있다. 신제도주의 이론 가운데 역사적 제도주의는 개인의 행위를 설명하기 위해서는 행위가 이루어지는 맥락(context)을 설명해야 하며, 이러한 맥락이란 다름 아닌 제도적 환경(constitutional setting)이다. 맥락에 대한 이해 없이 행위를 설명할 수 없는데, 이러한 맥락은 곧 역사적 산물이다. 따라서 역사적 제도주의는 제도를 역사의 산물이라 파악한다. 역사적 제도주의는 특정 시점에 형성된 제도가 상당 기간 지속되어 그 이후의 사회 현상에 대해서도 계속해서 영향을 미친다. 따라서 특정 시점에서의 맥락을 이해하기 위해서는 그 맥락의 배경이 되는 역사적 과정에 주목해야 한다고 주장한다는 점에서 '역사적' 제도주의라 부른다(하연섭, 2011). 한국의 공영방송에 대한 가장 좋은 이론적 설명은 역사적 제도주의 이론이라 할 수 있다. 역사적 제도주의는 '역사'란 단순히 '과거'를 의미하는 것이 아니라, 과거의 특정 시점에서 나타난 원인이 현재까지도 영향을 미친다는 역사적 인과관계(historical causation), 특정 시점에서의 선택이 미래의 선택을 지속적으로 제약한다는 경로의존(path dependence)을 강조한다. 공영방송은 제도적으로 변화가 작아 경로의존에 의지하며, 제도를 역사적 산물로 규정하는 역사적 제도주의를 따른다. 경로의존은 공영방송에 있어 '역사가 중요하다'라는 명제에 더하여, 사회 현상(공영방송)이 일단 어떤 경로를 선택하게 되면, 다른 경로로 전환하는 데 드는 비용이 시간이 지나면 지날수록 점점 더 커지기 때문에 그 경로로부터 이탈하기가 더더욱 어려워진다는 것이다. 특정 시점에 형성된 제도가 상당 기간 지속되어 그 이후의 사회 현상에 대해서도 계속해서 영향을 미친다(하연섭, 2011). 경로의존은 기존 제도에 의해 형성된 권력 관계가 새로운 제도의 형성 과정에 대한 각 행위자들의 영향력을 상이하게 만든다(Hall & Tayler, 1996). 공영방송에 대한 정책 분석에서 정책을 둘러싼 제도나 구조의 역할을 무시하고는 정책에 대한 이해가 불가능하다. 공영방송의 수신료 인상에 대한 학계의 다양한 담론 형성이 있었으며, 정부 이행기의 공영방송 지배구조 개선에 대한 수많은 논의와 대안들이 제기되었다. 그리고 공영방송 지배구조 개선을 위한 입법화 과정들이 있었지만, 공영방송은 과거의 경로를 답습하고 있다. 결국 공영방송은 정치에 절대적 영향을 받는다. 국가의 다른 사회적 제도는 진화를 거듭하고 있지만, 유독 공영방송의 제도만은 변화가 없다. 디지털 시대의 중요한 전환 속에서도 과거의 경로에 의존하여 낡은 구조로 위상이 축소되었다. 공영방송 제도는 정치의 종속적인 역사적 산물이 됐다.

제도란 공식적 제도뿐 아니라, 관행과 같은 비공식적 제도로 이루어져 있으며, 한 국가의 특수한 역사적 배경, 그리고 그러한 역사 속에 배태되어 온 제도적 제약이 행위자의 선택을 제약하기 때문에 여러 환경의 변화에도 불구하고 제도는 경로의존적 모습을 갖게 된다. 공영방송 제도가 잘 변화하지 않는 것도 경로의존적 특성으로 설명된다. 제도를 구성하고 있는 요소들 사이의 모순, 정치 연합의 변화, 정책 이념의 변화 등 내생적 요인에 의해 제도는 점진적으로 변화할 수 있다. 그러나 한국의 공영방송은 변화를 충분히 예측하면서도, 심지어 대전환을 눈앞에서 보면서도 제도로 된 대응을 하지 못하는 것, 즉 지난 10년간 전혀 변화하지 않은 것은 과거의 경로가 지닌 구속성이 얼마나 대단한지를 새삼 느끼게 해준다(조항제, 2021). 제도의 범위를 비공식적인 관행이나 머릿속의 아이디어로까지 확대하는 신제도주의는 제도화되지 못한 채 50년을 맞는 공영방송으로서의 KBS에 잘 어울린다. 특히 역사적 제도주의는 사회적 권력 관계에 주목해 이전 경로의 반복, 곧 '경로의존'을 중시한다(조항제, 2023). 공영방송이 구체제를 벗어나지 못하는 것은 역사적 제도주의의 '경로의존'이라는 용어로 너무나 잘 설명되고 있다. 특정 환경적 상황에서 제도 형성에 영향을 미쳤던 요인들이 시간 변화에 따라 사회 환경 조건이 변화해도, 과거 시점 결정이 현재와 미래의 정책 결정을 제약하게 된다(허찬행, 2019). 한편, 미디어 역사학자인 로버트 맥체니(Robert McChesney)는 기술 변화의 단계를 미디어 시스템이 극적으로 변화하는 계기가 가장 강하게 나타나는 순간을 핵심 접합점(ctitical junctures)으로 설명했다. 역사적 제도주의 관점에서 사용되는 개념이며, 제도 변환이 벌어지는 핵심적 계기가 된 사건이나 결정을 의미한다. 제도의 지속성(경로 의존)도 정책학에서 흔히 논의되는 세 가지 흐름인 문제 흐름(problem stream), 정치 흐름(political stream), 정책 흐름(policy stream)이 하나의 시점에서 만나게 되면 변화가 이루어질 수 있다. 여기서 문제의 흐름은 다양한 사회 환경에서 비롯되며, 언론이 이러한 문제 흐름의 주요한 창구이다. 정치 흐름은 입법을 추진하는 정당 그리고 국회에서, 정책의 흐름은 정책을 진행하는 행정부에서 이루어진다(박종민, 2020).

야 7당의 KBS, MBC, EBS 등 공영방송 지배구조 개선을 위한 '방송 4법'(방송법·방송문화진흥회법·한국교육방송공사법·방송통신위원회법 개정안)이 국회 본회의를 통화했다. 정부는 한덕수 국무총리 주재로 국무회의를 열어, 윤석열 대통령이 '방송 4법'에 대해 재의요구권(거부권)을 행사하는 안건을 의결했다. 21대 국회에 이어 방송 4법에 대해 윤석열 대통령은 또다시 거부권을 행사했다. 그리고 대통령이 임명한 2인 체제의 방송통신위원회가 KBS, MBC 이사 선임을 추진하면서 공영방송 지배구조는 제도 변화의 전환점을 맞이하고 있다. 공영방송 지배구조 개선을 두고 여당과 야당이 반복적으로 대립해 온 것은 공영방송은 당연하게 정권을 획득한 정당의 전리품으로 인식되기 때문이다. 윤석열 정부는 대통령이 임명한 방송통신위원회 위원 2명으로 KBS, MBC의 이사와 사장의 해임을 추진했다. 방송통신위원회의 이러한 행태는 2008년 공영방송 감독 기관으로 출범한 방송통신위원회가 정치적 다양성을 반영하는 5인의 합의제 기구로 운영되어야 한다는 최소한의 사회적 합의를 무시한 것이다. 또한, 대통령 임명 2인 체재로 합의제 기구의 제도적 사각지대를 이용해 공영방송 이사 선임을 강행하고 있다. 결국 이러한 정치적 갈등은 공영방송 지배구조의 개선을 요구하는 제도 변화의 원동력으로 작용하고 있다. 역사적 제도주의에서는 합리적·의도적 설계 과정으로서의 제도 변화보다는 정치적 상호작용 과정으로서의 제도 변화를 상정하고 있다(Peters, 1999; 하연섭 재인용).

미디어 제도는 공중이나 정치, 정부, 법률, 종교, 경제 등 다른 사회적 제도의 기대를 반영하여 형성된다. 공영방송은 정치, 경제, 사회문화의 다양한 이해 당사자들의 힘의 균형을 이루는 사회적 합의 제도로서 중 범위 수준에 해당하는 제도다. 많은 국가에서 공영방송은 법적으로 설립되고 수신료와 같은 공공 기금에 의해서 재정이 유지가 되며, 편집과 운영에 대부분 독립성이 보장되는 방송 시스템을 가지고 있다. 우리나라도 방송법으로 한국방송공사를 설립하고, 공적 책무를 부여하며, 수신료 재원을 보장하는 법체계를 가지고 있다. 이론상 공영방송은 헌법적으로 보호를 받는 사회적 제도로서 공적 통제, 공적 재원, 공적 서비스를 기본 요소로 하여 공익성을 지향하는 방송 제도다(김진웅, 2008). 공영방송은 정치권력이나 사적 자본이 아닌 공적 소유 및 지배구조를 갖추어야 하고, 정치적 독립성과 시장으로부터의 자유를 확보하기 위해 수신료와 같은 공적 재원을 토대로 하며, 이를 기반으로 양질의 공공적 서비스를 제공하는 공적 책임을 수행해야 한다(정영주, 2015). 공식적 제도는 국가의 규제를 통해 유지 발전된다. 방송에서 규제 동기는 효과적인 민주주의 과정을 촉진하기 위해 다양성, 지역성, 경쟁, 보편적 서비스 등과 같은(종종 서로서로 갈등하지만) 주요 공익을 보호하기 위해서 존재한다(나폴리, 2022). 유럽 학자들은 미디어 환경 변화로 공영방송의 정당성이 위기에 처할 때마다, 공영방송이 공론장을 담당하는 민주주의의 필수적인 제도로서 공영방송의 정당성을 옹호해 왔다. 방송은 국민의 일상에 직접적으로 지대한 영향을 미치므로 사회적 응집력과 문화적 정체성을 보존하기 위해서 국가의 공적인 지배구조와 규제가 필요하다. 역사적 제도 이론에 따라 기존의 경로에 의존해 왔던 공영방송 지배구조는 이제 대전환점을 맞이하고 있다.

## 5) 소결

우리나라는 공영방송의 개념이 부재하고, 이를 규제하는 이론적 논의도 부족하다. 공영방송에 대한 규제가 어려운 이유는 공영방송의 개념과 정의가 다양하게 해석되고, 각국의 정치 구조에 따라 공영방송의 운영과 지배구조가 다르기 때문이다. 공영방송을 정당화하는 이론과 주장은 공익 관점 혹은 민주주의 관점이나 시장 실패의 관점 등 이데올로기에 따라 다양하다. 이러한 관점의 차이로 인해 공적 서비스의 수혜자로서 국민, 공급자로서의 공영방송, 감독 기관으로서의 정치권과 정부 그리고 학계와 시민단체는 공영방송의 정체성을 서로 다르게 인식하게 된다. 서로 다른 인식의 차이는 공영방송에 대한 규제(보호) 정책의 수준, 수신료 인상과 같은 사회적 문제가 제기될 때 공영방송에 대한 사회적 합의가 이뤄지기 어렵다(박종원, 2022). 공익 이론은 공영방송이 지향하고자 하는 규범이며, 공영방송이 달성하고자 하는 목적이다. 방송에서 공익을 확장하는 정책은 공영방송의 공적 서비스 확대로 이어진다. 그러나 디지털 시대가 도래하면서 공영방송의 정당성을 옹호해 온 전통적인 공익 이론은 퇴조하고, 신자유주의 기조에 따라 시장주의 세력이 미디어 시장을 주도하게 된다. 하버마스의 공론장(Public Sphere) 이론은 신자유주의 기조로 시장주의적 관점이 극대화되고 공익의 정당성이 퇴조하는 시기에 공영방송 제도를 정당화하는 이론으로 등장했다. 공론장은 여론을 조성하는 사회생활의 영역이면서 모든 시민에게 접근이 허용되는 공간이다. 공론장 이론은 공적 제도로서 자유로운 사적 여론에도 관여해야 하는 공영방송에 적절하게 어울리는 이념으로 디지털 시대에 공영 미디어의 정당성으로 주목받고 있다. 역사적 제도주의는 사회적 권력 관계에 주목하며, 이전 경로의 반복, 즉 '경로의존'을 중시한다. 공영방송이 구체제를 벗어나지 못하는 것은 역사적 제도주의의 '경로의존'이라는 개념으로 매우 잘 설명된다. 그러나 디지털 시대에 공영방송 서비스의 의미가 변화하고 이용자가 파편화되면서 공영방송 제도를 정당화하는 개념의 재정립이 필요하다(강형철, 2016). 공영방송의 정당성은 공익을 구현하는 데 있다. 따라서 공익을 구현할 조직, 공익에 필요한 재원과 공익적 서비스를 제공할 수 있는 지배구조와 제도가 필요하다. 전 세계적으로 시장 경쟁 체제로 전환되고 통신·방송 융합 환경이 도래하면서 전통적인 방송 규제의 방식에 대폭적인 변환이 요구되고 있다. 공영방송에 요구되어 온 전통적인 방송 공익성 개념과의 연속성을 가지면서도 시대의 변화에 맞는 보다 유연한 방송의 공익성 개념이 요구된다. 네트워크 사회에서 공영방송의 역할은 신자유주의의 시장 실패 보완론과 급진주의의 보편주의 서비스 확대론으로 대립하고 있다. 시장 실패 보완론은 소비자가 서비스를 결정하는 소비자 주권론에 기초를 두고 있으며, 국가의 공공 개입은 시장 실패가 일어난 곳에서만 가능하며, 경쟁 체제로 이루어져야 한다는 것이다. 이는 BBC의 독과점 체제가 아니라 공영·민영에 관계없이 공공 서비스를 위한 자금 획득 경쟁이 이루어져야 한다는 것을 의미한다. 반면, 공영방송 옹호론은 공영방송은 민주주의의 핵심이며 민주적 가치를 달성하는 것이다. 공영방송과 제도의 정당성은 시장 실패가 아니라 모든 시민에게 부와 지리적 편중과 관계없이 높은 품질의 오락, 정보와 교양물들을 동등하게 제공하는 방안으로 시장보다 우월하다는 것이다(정용준, 2022). 따라서 공영방송은 소비자 주권과 관계없으며, 기술 발전이 공영방송의 정당성을 훼손하지 않는다고 주장한다. 오히려 네트워크 시대에 공영방송의 재원을 확충하고 공영 미디어(PSM)로 발전해야 한다고 제안하였다(Donders, 2021).

# 4

# 공영방송의 헌법적 성격과 지위

오늘날 방송은 다양한 미디어의 출현과 소셜미디어의 확장으로 방송의 영향력은 줄어들었지만, 방송은 여전히 우리 사회에서 여론을 형성하는 중요한 역할을 담당한다. 방송이 민주주의의 토대를 제공하는 여론 형성의 기능을 수행하기 위해서는 무엇보다 국가의 영향력으로부터 자유로워야 한다(이욱한, 2017). 그러나 KBS 이사회와 사장의 임명을 포함한 KBS 지배구조는 대통령의 인사권에 절대적으로 영향을 받는다. 또한, 수신료 통합 징수를 금지하는 정부의 시행령 개정으로 재원도 사실상 정부에 종속되어 있다. 정권 교체에 따라 사장이 교체되면 방송의 논조가 달라지기도 한다. 정부(정치)가 공영방송의 독립성을 보장하지 않으면 공영방송은 필연적으로 정부(정치)의 영향을 받을 수밖에 없다. 공영방송이 국가(정부)로부터 독립성이 보장되지 않으면 정부의 홍보 도구로 전락할 수 있다. 정부의 자본금으로(KBS의 경우 3,000억 원) 설립된 공영방송 KBS는 정부의 영향으로부터 자유로 위야 하는 딜레마에 직면해 있다. 공영방송은 정치 및 제 세력으로부터 독립성과 방송의 자유가 보장되어야 하기 때문이다.

헌법은 기본권 보호를 목적으로 한다. 우리 헌법은 기본권으로 언론·출판의 자유를 보장하고 있다. 헌법 제21조 제1항과 제2항은 모든 국민의 언론·출판의 자유를 가지며, 언론·출판에 대한 허가나 검열은 인정되지 아니한다. 이 언론·출판의 자유는 현대 민주주의 국가의 존립과 발전에 필수 불가결한 기본권이며, 그렇기 때문에 자유민주주의 국가의 헌법에서는 이를 최대한으로 보장하고 있다(헌법재판소, 1991헌바17). 그러나 우리 헌법은 방송의 자유를 구체적으로 명시하지 않는다. 방송의 자유에 관한 헌법 이론이 완전히 정립되지도 않은 상태에서 사회적·정치적 상황이나 경제적·기술적 상황에 따라 구체적인 방송 제도가 수립되었고 현실적인 통용력을 가지고 우리 사회에 수용되었다(김명식, 2005). 방송의 자유는 언론의 자유에서 도출되는 기본권이라 해석한다(헌법재판소, 2000헌바43 등). 언론의 자유에 포함되어 있는 방송의 자유는 방송 주체의 존립과 활동이 국가권력의 간섭으로부터 독립함을 의미할 뿐만 아니라 국가권력 이외에 방송의 자유를 침해하는 사회의 제 세력에 대하여도 그 효력을 주장할 수 있는 자유를 의미한다(서울고법, 1994). 공영방송 KBS는 방송의 자유라는 헌법의 기본권 주체성을 가진다(헌법재판소, 2023헌마820 등). KBS에 기본권 주체성을 부여하는 것은 방송의 자유를 우리 사회의 핵심적인 기본권으로 인정하고, 방송의 자유가 침해될 경우 헌법소원을 제기할 수 있도록 하는 것이다.

방송법(2000. 1. 12. 법률 제6139호로 전문 개정된 것) 제74조 협찬고지 등[4] 위헌 심판 소송에서 '방송의 자유는 주관적인 자유권으로서의 특성을 가질 뿐 아니라 다양한 정보와 견해의 교환을 가능하게 함으로써 민주주의의 존립·발전을 위한 기초가 되는 언론의 자유의 실질적 보장에 기여한다는 특성을 가지고 있다. 방송매체에 대한 규제의 필요성과 정당성을 논의함에 있어서 방송 사업자의 자유와 권리뿐만 아니라 수신자(시청자)의 이익과 권리도 고려되어야 하는 것은 방송의 이와 같은 공적 기능 때문'이라며(헌법재판소, 2000헌바43) 방송 자유의 성격을 규정했다. 방송의 자유는 언론 출판의 자유에서 도출되며, 주관적 특성뿐 아니라 민주주의의 기초가 되는 객관적 제도이며, 수신자의 이익을 고려하는 공적 기능을 포함되는 복합적 성격을 가진다.

방송은 공공재로서 주관적 공권(권영성, 2010)[5]이면서 객관적 제도로 민주주의의 발전에 기여하는 봉사의 자유를 가지는 이중적 성격을 가진다. 그러나 방송 자유의 주체가 누구인가 대해서도 다양한 학설과 견해가 있다. 방송의 자유 주체가 논란이 되는 이유는 방송의 자유의 실질적인 내용인 편성의 자유가 침해될 경우 공영방송 노조와 경영진의 갈등이 계속해서 발생하기 때문이다(방송의 내적 자유는 5장에서 자세하게 다루기로 한다). 또한, 방송 종사자도 방송의 자유 주체가 될 수 있는지 등 기본권에 대한 다양한

---

4) 방송법 제74조(협찬고지) ① 방송 사업자는 대통령령이 정하는 범위 안에서 협찬고지를 할 수 있다.
5) '주관적 공권'이란 개인이 국가를 상대로 자신의 이익을 위하여 국가의 작위나 부작위를 요구할 수 있는 법률상의 권리를 말한다.

쟁점이 있다. 민주주의의 존립과 발전을 위한 자유로서 방송의 자유는 민주주의의 주체인 국민의 자유에 포괄된다는 견해에는 논쟁의 여지가 없다. 하지만 직접적으로 국민이 방송 주권을 행사할 수는 없기 때문에 그것을 위임할 수밖에 없고 방송 주권을 누구에게 위임했는지가 쟁점이다. 또한, 그 위임의 범위와 내용은 어디까지인가도 쟁점이다. 방송 주권을 구현하기 위한 경영권의 범주에 방송 편성권이 포함되는지에 따라 방송 내용의 구성과 전달에 관한 권한이 누구에게 귀속되느냐가 달라질 수 있다. 또한, 편성권에 관련된 내용을 법적으로 의무화할 수 있는지 그 범위와 한계는 어느 정도인지도 법리적으로 쟁점이다(정연우, 2018).

사실 정권이 교체되면 공영방송의 제작 현장은 친정부적인 사장으로 교체되며, 새로운 사장은 편성, 보도, 제작 등 방송 관련 부서의 본부장들을 임명한다. 이 과정에서 프로그램이 폐지되기도 하고 뉴스 진행자와 제작진이 교체된다. 심지어 제작 중이던 프로그램이 중단되기도 한다. 프로그램 편성에 대한 경영진의 지나친 개입은 방송 제작 종사자의 권리인 방송·편성의 자유에 대한 논란으로 이어진다. KBS는 세월호 10주년 다큐멘터리 제작이 선거에 영향을 미친다는 이유로 중단하라는 사태가 발생했다. 세월호 10주년 다큐멘터리 제작 중단 사태는 방송의 자유, 특히 방송 종사자의 내적 자유(방송법 제4조 4항)[6]와 관련해서 아주 중요한 쟁점이 되었다. 그러나 방송의 자유의 기본권

---

6) 제4조(방송 편성의 자유와 독립) ④ 종합 편성 또는 보도에 관한 전문 편성을 행하는 방송 사업자는 방송 프로그램 제작의 자율성을 보장하기 위하여 취재 및 제작 종사자의 의견을 들어 방송 편성 규약을 제정하고 이를 공표하여야 한다.

향유자가 누구인지 하는 점은 현실적으로 그렇게 간단한 문제는 아니다. 그것은 오늘날 사회가 다원화되면서 미디어에 대한 현실이 복잡해지고, 국가의 개입이 더 노골화되고, 시청자들의 주권이 확대되고, 방송사 내부의 권리에 대한 다양한 논쟁들이 있기 때문이다(김현귀, 2014). 정권 교체 후 발생하는 공영방송과 관련된 다양한 법적 쟁점들은 방송의 자유라는 법적 성격에서 비롯된다. 이번 편에서는 공영방송 KBS의 방송의 자유에 대한 헌법적 성격을 검토하고자 한다.

## 1) 방송의 자유는 국가로부터 자유

민주주의 국가에서 공영방송은 전통적으로 국민의 공적 여론을 형성하는 공론장 기능과 사회 통합의 기능을 담당한다. 공영방송이 정부에 종속되지 않고 독립적으로 운영될 때 국민의 공적 여론 형성은 정상적으로 작동한다. 모든 국가 권력은 공적인 비판과 통제하에 있다. 이러한 비판과 통제가 효과적으로 행해지는 지는 본질적으로 미디어가 얼마나 자유로운지에 의해 결정되기 때문에 방송사의 방송 프로그램에 대한 국가의 어떠한 영향력 행사도 금지된다. 그 사회의 기준이 되는 가치관은 국가의 영향력 행사가 배제된 자유로운 상황에서 형성되어야 한다. 이런 의미에서 방송의 자유는 전통적인 자유권과 같이 방어적인 의미를 갖는다. 이러한 관점은 방송은 국가로부터의 자유라는 개념으로 특징 지워진다(이욱한, 2017). 국가로부터의 자유는 우선 행정부로부터의 자유를 의미한다. 행정 처분이라는 형태로 방송 프로그램 내용에 영향력을 행사하는 것으로부터 보호해야 한다. 방송의 자율성은 구체적으로 방송 프로그램의 제작과 편성은 방송 사업자의 자율적인 책임하에 이루어지고 국가는 직접·간접적으로 방송 프로그램의 제작과 편성에 영향을 미쳐서는 안 된다. 국가가 특정의 사상을 국민에게 주입한다든지 또는 특정한 문화를 전파하기 위해 방송사의 정책 형성과 결정에 영향을 미쳐서는 안 된다(최우정, 2010).

2014년 4월 세월호 참사 당시 이정현 청와대 홍보수석은 김○○ KBS 보도국장에게 전화를 걸어 해경에 비판적인 보도를 중단하거나 대체할 것을 요구했다. 2018년 12월 서울중앙지방법원은 이 전 홍보수석이 방송 편성에 관해 규제·간섭할 수 없는 방송법 제4조 제2항[7]을 위반했다면서 징역 1년 집행유예 2년을 선고했다. 2심에선 벌금 1천만 원으로 감형되었으나 유죄가 유지됐고, 2020년 1월 대법원이 벌금 1천만 원을 확정했다. 한편, 이 전 홍보수석은 방송법 제4조 2항이 방송법이 '정당한 언론 비판', '공정하고 객관적 보도를 시청할 권리', '왜곡된 보도에 대한 의견 개진 내지 비판' 등을 가로막는다고 주장하며 법 조항 자체가 위헌이라며 헌법소원을 냈지만, 헌법재판소는 전원 일치로 해당 법률이 합헌이라고 결정했다(헌재, 헌법재판소 2021. 8. 31. 선고 2019헌바439). 이 판결은 정부 특히 권력의 핵심인 청와대

---

7) 제4조(방송 편성의 자유와 독립) ② 누구든지 방송 편성에 관하여 이 법 또는 다른 법률에 의하지 아니하고는 어떠한 규제나 간섭도 할 수 없다.

홍보수석이 방송 보도 및 편성과 관련해서 방송 내용을 시정해 줄 것을 요구한 사건으로 방송법에 명시된 방송 편성의 독립성을 확인해 주는 판결로 의미가 있다. 해당 판결에서 헌재는 방송법 제4조 제2항의 방송 편성의 자유와 독립의 성격을 명확히 했다.

> 방송 편성에 간섭을 금지하는 조항은 방송 편성의 자유와 독립을 보장하기 위하여, 방송사 외부에 있는 자가 방송 편성에 관계된 자에게 방송 편성에 관해 특정한 요구를 하는 등의 방법으로, 방송 편성에 관한 자유롭고 독립적인 의사 결정에 영향을 미칠 수 있는 행위 일체를 금지한다는 의미임을 충분히 알 수 있다. …그리고 방송의 자유는 민주주의의 원활한 작동을 위한 기초인 바, 국가 권력은 물론 정당, 노동조합, 광고주 등 사회의 여러 세력이 법률에 정해진 절차에 의하지 아니하고 방송 편성에 개입한다면 국민 의사가 왜곡되고 민주주의에 중대한 위해가 발생하게 된다.

국가의 언론 정책은 궁극적으로 언론 자유의 구체적 실현을 위한 것이고, 특정 사안에 대한 사회적 갈등이 발생하면 헌법상 언론(방송)의 자유를 기준으로 판단한다. 헌법재판소의 판시에 의하면, 방송의 자유는 방송 편성의 자유이며, 방송 편성에 관하여 규제나 간섭을 금지하고 이를 위반한 자를 처벌하는 취지는 국가 권력은 물론 사회의 다양한 세력들로부터 방송법 또는 다른 법률 등에 의한 절차에 따르지 않는 방송 편성에 영향을 미치는 일체의 행위를 사전에 차단함으로써 방송의 자유와 독립을 구체화한 방송 편성의 자유와 독립을 보다 엄격히 보장하기 위한 것이다(헌법재판소, 2019헌바439). 방송의 자유는 '권력으로부터의 자유'라는 핵심 가치는 변하지 않으며, 이는 곧 '방송 프로그램 편성권의 자율'로 진정한 방송의 자유가 실현될 수 있다. 국가로부터의 자유는 방송의 외부 세력으로부터의 자유로 정치적 압력뿐만 아니라 자본 권력과 여타 외부 압력으로부터의 자유를 포괄한다(한수경, 2015). 따라서 국가기관이 프로그램에 대하여 영향력을 행사할 수 있거나, 방송 활동에 압력을 가할 수 있는 교묘한 수단으로서 간접적인 영향력을 행사할 경우에도 가능한 최대한도로 배제시켜야 한다(차수봉, 2008).

## 2) 공영방송의 기본권과 영조물법인

국가와 공법인(公法人)은 기본권에 구속되는 의무를 지고, 기본권을 주장할 권리는 없다. 공영방송은 공법인(公法人)이다. 그러나 공법인이라 하여도 국가가 일정한 기본권의 실현에 이바지하도록 이를 설치하는 경우에는 그 범위 안에서 제한적으로 기본권의 주체성을 인정할 수 있다(독일 연방헌법재판소). 공영방송은 소유구조에서 법적으로 지방자치단체나 공법상의 영조물법인이 소유하는 형태를 띤다(박선영, 2003). 영조물법인은 대체적으로 정신적·문화적 목적을 효과적으로 달성하기 위하여 설립된다. 가령 한국방송공사, 한국전력공사, 서울대학교병원, 적십자병원, 과학기술원, 한국기술검정공단 등이 이에 해당된다(정종섭, 1991). 공영방송은 공적 주체에 의해 설립되고 공적 재원으로 운영되므로 기본권 수범자 지위를 갖지만, 동시에 국가와는 구별되는 독립된 존재로서 언론기관의 기능을 수행한다는 점에서 기본권의 주체로도 인정된다. 이러한 의미에서 공영방송은 이중적 지위를 갖는다(전상현, 2018). 공영방송 법인이 국민 생활 영역에서 다양한 여론 형성 등 중요한 역할과 기능들을 담당하고 있어서, 이런 법인에게 객관적 규범으로서 기본권적 지위를 인정해 주지 않을 수는 없기 때문이다. 공영방송사는 바로 이와 같은 조건을 충족한다고 할 것이다. 즉 공영방송은 신속하고 폭넓은 정보를 제공하고, 그런 정보를 기초로 여론을 형성하는 데 기여한다. 이같이 방송을 통한 자유롭고 광범위한 의사 형성이라고 하는 공공의 이익에 기여하는 공영방송은 방송의 자유를 "신탁적으로" 행사한다고 할 것이다(헌법재판소, 92헌마98 등). 따라서 공영방송사에게 특별히 그들에게 속한 기본권의 영역을 유지하기 위해 기능에 적합한 기본권의 향유 능력이 부여된다. 즉 공영방송사도 방송 자유의 주체가 된다(김철수, 2001).

독일 연방헌법재판소에 의하면 이러한 공법인이 기본권(가령 기본법 제5조 제3항 제1문의 학문의 자유, 제5조 제1항 제2문의 언론의 자유 등)에 의해 보호되는 생활 영역에 직접 귀속될 수 있을 경우, 예외적으로 기본권 주체성을 인정할 수 있다. 요컨대 방송 영조물이 공행정의 일부이기는 하나, 그에게 주어진 국가적인 임무를 수행하는 범위 내에서 인정되는 이와 같이 국가로부터 일정한 독립성과 자치적 영역을 갖는다는 점에서 헌법소원의 방법으로 방송의 자유에 관한 기본권 침해를 주장할 수 있다고 본다(독일 연방헌법재판소). 방송을 수행하는 공법인 즉 영조물이 직접적인 국가의 지도 감독을 받지 않고 다만 제한적인 법집행의 감독만을 받는다는 것으로, 그 정도의 범위 내에서는 독립적이고 자치적인 방송 과업 수행이 가능하는 것을 의미한다(곽상진, 1999). 영조물의 설립에 중요한 것은 분권화의 원리이다. 즉 국가 행정을 경감시키기 위하여 독립적인 행정 주체에 국가의 임무를 이전시키는 것이다(Hertmut Maurer, 곽상진 재인용). 공법인(公法人)은 기본권의 수범자로서 헌법소원을 제기할 수 없지만, 공영방송은 방송 자유의 기본권 주체를 인정하고 있어 헌법소원을 제기할 수 있다. 공권력의 주체라 할지라도 공영방송과 같이 국가에 대해 독립성을 가지고 해당 기본권 영역에서 개인들의 기본권 실현에도 이바지하는 경우에는, 예외적으로 헌법소원심판을 청구할 수 있는 기본권 주체로서의 성격을 가진다(헌법재판소, 2012헌마271). 공영방송은 헌법상 방송 자유의 기본권적 권리를 가지기 때문에 행정입법(시행령 개정)으로 방송의 자유에 해당하는 기본권이 침해받은 자(KBS)는 헌법재판소에 헌법소원 심판을 청구할 수 있다. 공영방송 법인에 방송의 자유를 보장하는 이유는 국민의 언론 자유의 보장이라는 공익을 위해 필요하기 때문이다. 기본적으로 법인의 기본권 주체성이 인정되는 경우는 헌법적으로 이를 보장할 필요가 있기 때문이다(김현귀, 2014). 방송 영조물은 국가적 임무 수행이 부여된 공행정기관으로 그 독립성을 충분히 발휘하여 민주주의적 질서나 사회국가적인 기능을 활성화시키는 본래의 임무에 비추어 볼 때, 이러한 조직 운영의 필요성은 특별히 요청된다고 볼 수 있다. 따라서 사회적인 제 세력의 참여는 이런 영조물의 성격에 오히려 부합하는 것이 된다(곽상진, 1999). 공영방송의 이사회의 구성 시 다양성을 반영하거나, 합의제 행정기구인 방송통신위원회의 감독하에 두는 것도 이러한 방송 영조물의 원리에 부합하는 것이다. 그렇게 함으로써 사회적인 제 세력이 영조물 내부에서 작용하여 프로그램을 통제하는 등의 영조물 나름의 고유한 방법으로 본래의 업무에 충실하게 활동할 영역을 넓혀 나갈 수 있는 여지가 생기게 될 것이기 때문이다(Chr. Starck, 곽상진 재인용). 공영방송은 공정하고 효율적으로 방송을 수행할 수 있는 독립적인 자치권이 인정된다. 이러한 범위 내에서 공영방송은 고유한 업무 영역으로서 프로그램 형성권을 중심으로 하는 유지 운영권을 독립적으로 수행할 수 있는 일정한 권한을 갖는다(방송위원회, 2006).

## 3) 신문의 자유와 방송의 자유

신문은 일반적으로 정보·의견 시장에서 거래되는 상품으로 민간 기업이 운영하는 사유재적 특징을 갖고 있다. 신문 기업을 경영하는 사주들은 보통 개인적인 정치 성향을 갖고 있으며, 자신들이 대변하는 고객의 주장과 이익을 대변한다. 이러한 이유로 신문에서 언론의 자유는 다양한 제호가 시장에서 경쟁함으로써 의견의 다양성이 보장될 수 있도록 '외적 다원주의' 원칙을 유지해 왔다(심영섭, 2009). 신문의 자유는 개별권적 자유권에 속하는 속성이 강하다. 신문의 자유는 누구든지 신문을 통해 자신의 견해를 자유로이 표현하고 전달할 자유를 의미하고, 신문 시장 경쟁에서 국가의 개입을 금지하는 의미를 동시에 내포하고 있다. 신문의 자유의 경우에는 신문이 자유롭게 표현 활동을 전개함으로써 자연히 객관적 측면에 도달한다고 하는 주관적 측면이 강해 역사적 과정에서 개별권적 기본권으로 일반화되어 있다(김진웅, 2007). 우리 헌법재판소는 언론 관계법 결정에서 신문 기업을 사기업으로의 자유를 보장하고 있다(헌법재판소, 2005헌마165).

> 신문의 자유는 개인의 주관적 기본권으로서 보호될 뿐만 아니라, '자유 신문'이라는 객관적 제도로서도 보장되고 있다. 객관적 제도로서의 '자유 신문'은 신문의 사경제적·사법적(私法的) 조직과 존립의 보장 및 그 논조와 경향(傾向), 정치적 색채 또는 세계관에 있어 국가 권력의 간섭과 검열을 받지 않는 자유롭고 독립적인 신문의 보장을 내용으로 하는 한편, 자유롭고 다양한 의사형성을 위한 상호 경쟁적인 다수 신문의 존재는 다원주의를 본질로 하는 민주주의 사회에서 필수불가결한 요소가 된다. 이와 같이 신문은 본질적으로 자유로워야 하지만, 공정하고 객관적인 보도를 통하여 민주적 여론 형성에 기여하고 국민의 알 권리를 충족시켜야 한다는 점에서 자유에 상응하는 공적 기능을 아울러 수행하게 된다(헌재 2002. 7. 18. 2001헌마605).

따라서 신문 기업은 사경제적 원칙에 따라 사법적인 조직 형태를 갖춘 사적인 주체로서 사회 영역에서 자유로이 형성되어야 하고, 신문 기업 상호 간에 공권력이 원칙적으로 개입할 수 없는 정신적·경제적 경쟁 관계에 서게 되는 것이고, 의견의 독점 형성으로부터 자유 신문 전반에 야기될 수 있는 위험을 방지해야 할 국가의 의무도 나오게 되는 것이다(독일 연방헌법재판소). 헌법재판소는 '신문 등의 자유와 기능 보장에 관한 법률 제16조 등 위헌 확인 소송'에서 헌법 제21조 제3항의 '신문의 기능'을 "주로 민주적 의사 형성에 있고, 그것은 다원주의를 본질로 하는 민주주의 사회에서 언론의 다양성 보장을 불가결의 전제로 하는 것이므로 '신문의 기능을 보장하기 위하여'란 결국 '신문의 다양성을 유지하기 위하여'란 의미도 포함하고 있다"고 판시한 바 있다(헌법재판소, 2005헌마165 등). 미디어의 다양성을 유지하기 위해 외적 다원주의 정책과 내적 다원주의 방안이 있는데, 신문은 사상의 자유를 바탕으로 경쟁을 통해 다양한 의견을 형성하여 민주주의 발전에 기여한다. 신문의 자유는 경향성을 인정하며 자유로운 경쟁으로 외적 다원주의를 달성한다.

반면 방송의 경우에는 주파수의 희소성과 방송의 전파력 등으로 국가가 소수의 채널 허가를 통해 공영방송에 사실상 독점을 허용해 왔다. 독일은 공영방송이 독점 체제를 유지해 왔기 때문에, 공영방송을 감독 규제하고 경영하는 조직인 방송평의회(Rundfunkrat)와 행정위원회(Verwaltungsrat)를 구성하는 과정에서 다양한 사회적 이해관계를 대변하는 단체와 세력을 대변하는 위원들이 참여할 수 있도록 보장해 왔다. 이를 '내적 다원주의 원칙'이라고 한다(심영섭, 2009). 서울중앙지방법원은 세월호 사건과 관련한 이정현 전 홍보수석의 항소심 판결에서 방송과 신문 매체의 특성에 대해 판시했다.

방송은 신문과 마찬가지로 여론 형성에 참여하는 언론매체로서 그 기능이 같지만, 음성과 영상을 통하여 동시에 직접적으로 전파되기 때문에 강한 호소력이 있고, 경우에 따라서는 대중 조작이 가능하며, 전국적으로 송출이 이루어지므로 신문을 비롯한 기타 언론매체에 비해 여론 형성에 미치는 영향이 지대하다. 또한, 방송은 한정된 주파수 대역을 할당받아 송출이 이루어진다는 특성도 갖는다. 따라서 일정한 논조와 경향의 추구가 보장되는 신문과 달리 방송은 중립성과 다양성의 원리에 기속되며, 방송이 국가 권력이나 사회 세력으로부터 독립될 필요성은 다른 언론매체보다 더욱 크다(서울중앙지방법원, 2019노50).

방송은 광범위한 영향력 및 가능성 그리고 여론 형성의 자유를 위한 최적의 행위 및 상태를 스스로 산출하지 못하기 때문에 따라서 방송은 여론 형성에 있어서 일방적인 지배력 행사를 목적으로 한 오용의 가능성 때문에 자유시장 매커니즘에 위임할 수 없다고 주장한다. 따라서 방송 영역에서 시장 자율의 자율적 경쟁 원칙보다 객관적 질서 수립의 필요성을 강조한다 (Hoffman-Reim, 김진웅 재인용). 이러한 차원에서 방송 자유에 대한 정의도 신문의 자유와는 다른 의미를 지닌다. 접근의 자유가 자유로운 신문의 경우는 소유 및 운영 주체의 편집의 자유는 물론 이윤 추구를 목적으로 한 경영의 자유도 포함한다. 반면 방송의 자유는 방송 자체에 부여된 권리가 아니라 방송을 통한 보도(프로그램)의 자유로 이해되는 것이 옳다. 방송의 자유는 특히 프로그램의 자유에서 그 중요성을 갖는다. 구체적으로는 국가를 비롯한 외부로부터의 어떠한 영향도 받지 않고, 스스로 프로그램의 내용을 선택하고 그 내용을 구성하는 자유이다(곽상진, 1999). 방송 사업자는 방송 프로그램 내용에 대한 형성과 편성에 대한 국가의 결정적인 영향력을 배제함으로써 방송의 자유라는 기본권을 발현하는 것이다. 방송 사업자의 방송의 자유는 국가에 대한 방어권으로서의 성격을 가지고 국가로부터의 적극적인 침해를 금지하고 있다(최우정, 2012). 방송의 자유는 방송 프로그램(보도)의 기획, 편성, 송출을 포함하고 있다. 즉 신문의 자유와 달리 방송 자유 기본권은 방송법을 비롯한 법적 형성을 통한 사전적 보호 조치에 의존하고 있다. 방송은 과점적으로 운영되기 때문에 외적 다양성이 성취될 수 없어 사회 내의 모든 세력이 프로그램 편성에 관여할 수 있는 '내적 다양성'을 보장하는 조직상·편성상의 특별 조치가 필요하다. 이러한 다양성의 원칙을 실현하는 데 있어 중요한 것이 공정성의 원리라 할 수 있다(박용상, 2013). 방송의 자유는 방송법에 따라 제도와 운영이 구체화된다.

방송은 제한된 주파수로 인해 방송사 설립을 엄격히 제한하여 외적 다원주의보다 방송사 내부의 다양한 의견을 바탕으로 프로그램을 제작하는 내적 다원주의가 보장되어야 한다. 입법자는 방송사가 편성권을 행사하는 데 있어 정부 권력뿐 아니라 사회 어느 세력에 의해서 간섭받지 않도록 독립성을 보장하여야 하며, 방송사가 방송 프로그램을 제작할 때 준수하여야 할 기본 원칙을 정립하여야 한다. 이는 민주주의 원리에서 도출되는 의무다(문재완, 2010). 현대 사회에서 방송의 자유에 관한 논의는 단순히 어떤 특정 주체의 법적 권리를 보장하는 수준의 문제가 아니다. 훨씬 복잡하고 포괄적인 헌법적 문제의식들이 그 안에 있다(김현귀, 2014). 한국 사회에서 공영방송을 둘러싼 여당과 야당의 쟁탈전과 후견주의에 길들여진 공영방송, 낙하산 사장에 맞서 방송의 공공성을 수호하려는 노동조합의 소송과 투쟁으로 인한 사회적 갈등과 분쟁, 이를 보도하는 정파 저널리즘이 얽혀 있어 공영방송의 방송 자유의 본질을 파악하는 것은 단순하지 않다.

## 4) 방송의 자유의 헌법적 성격과 의미

방송이 그 기능을 수행하기 위해서는 무엇보다 방송이 국가의 영향력으로부터 자유로워야 한다는 것을 그 기본 전제로 한다. 독일 연방헌법재판소는 제1차 방송 결정에서, 방송은 국가와 사회의 모든 세력으로부터 독립되어야 하기 때문에 비록 방송 초기에서 발생하는 거대한 자본과 주파수의 희소성이라는 방송의 특수 상황(Sondersituation des Rundfunks)하에서 국가에 의해 전적으로 그 재원이 이루어졌다고 하더라도, 방송은 국가의 감독과 정당, 이익 단체 등과 같은 사회적 영향력 있는 단체로부터 독립되어야 한다는 의미로 공법상의 영조물법인이라는 형식으로 설립되었다. 우리나라의 공기업을 포함한 공공기관은 '공공기관의 운영에 관한 법률'의 적용받지만, 공영방송은 동법 제4조 제2항 제3호에 의해 적용이 배제되고 있다. 과거 이 법률이 만들어질 때 공영방송도 평가의 대상이 될 것인가 논란이 있었지만, 공영방송이 설립부터 일반적인 공법상 영조물법인과 다르다는 측면이 고려되어 이 규정이 도입되었다. 이러한 사실은 공영방송이 단지 일반적인 공법상 영조물법인이 아니라 국가로부터 자율성과 독립성이 보장되어야 한다는 것을 의미한다(최우정, 2023). 그러나 공영방송 KBS는 최근 정권 교체에 따른 이사장과 사장의 해임, 수신료 재원을 통제하기 위한 방송법 시행령 개정 등으로 인해 국가로부터 방송의 자유가 위협받고 있다. 헌법재판소의 판시에 의하면, 방송의 자유 보장은 모든 국민의 언론·출판의 자유라는 기본권을 보장한다는 의미는 물론, 더 나아가 민주주의라는 헌법적 가치에 봉사하는 것이다(헌법재판소, 2000헌바43). 그리고 이렇게 확인할 수 있는 방송의 자유의 헌법적 그리고 제도적 기능은 방송의 자유에 관한 입법 형성에 있어서 일종의 헌법적 지침 또는 과제로서 의미를 가진다(김현귀, 2014). 다양한 의미를 포괄하는 방송 자유의 헌법적 성격은 다음과 같다.

### (1) 주관적 공권(권리)으로서 방송의 자유

방송의 자유는 개인적인 의사 표현의 자유의 연장선상에서 이해하는 주관적 공권의 입장이 있다. 이는 방송은 표현의 수단으로 헌법적으로 보호받아야 할 표현이라는 점에서 '방송을 통한 표현의 자유'라 할 수 있으며, 방송 사업자가 일반 국민과 똑같이 누릴 수 있는 의사 표현의 자유이다(김현귀, 2014). 의사 표현의 자유와 알 권리는 주관적 공권으로서의 성격이 보다 강하게 나타나지만, 언론매체에 의한 방송의 자유는 객관적인 질서로서의 성격이 보다 강하게 나타난다. 주관적 공권으로서의 방송(언론·출판)의 자유는 그것이 표현의 자유의 연장선에 있을 때를 말한다. 전통적 자유주의적 입장에서 헌법상 언론(매스미디어)의 자유를 개인의 표현의 자유권적 기본권으로 이해한다(박용상, 2013). 주관적 권리설은 기본적으로 언론·출판의 자유를 자유권으로 이해하며 국가가 국민의 자유를 침해할 때, 국민 개인이 주장할 수 있는 대국가적 방어권의 의미를 가진다. 민영의 상업방송으로 방송 제도가 굳어진 미국에서는 방송의 자유는 전통적인 표현의 자유의 하나로 인정되어 왔다. 사상의 시장(marketplace of ideas)이라는 은유적 개념으로 더 많은 언론(반론)은 시민들이 민주주의 의사 결정 과정에서 양식 있는 시민으로 필요한 지식을 얻는 데 효과적이다(나폴리, 2022). 진리를 판가름하는 최선은 시장의 경쟁을 통해서 받아들여진 생각을 진리로 받아들여진다. 즉 경쟁을 통해서 거짓 정보를 배척하고 참된 정보를 받아들여 이에 따라 행동한다. 미국의 경우, 헌법상 언론 표현의 자유 기본권은 주관적 권리일 뿐이다(김명식, 2005). 방송의 특수성에 따라 제한이 상대적으로 많이 가해질 수는 있지만, 그 본질이 자유권적 기본권이라는 사실은 변하지 않는다. 만일 언론·출판의 자유가 주관적 공권이라면, 그에 의해 보호되는 표현 행위를 규제하는 법률은 무엇이든 '표현의 자유'를 제한하는 기본권 제한 법률이 된다. 방송의 자유를 주관적 공권으로 보는 견해는 그것이 개인의 표현의 자유의 연장선 속에서 비록 그것이 사회적일지라도 그 본질은 개인의 자유권이라고 보는 입장이다. 헌법에서 주관적 기본권으로서 보장되고 있는 방송의 자유는 단지 주파수의 부족이라는 기술적 여건 때문에 '억제'(verschüttet) 또는 '동결'(eingefroren)되어 왔을 뿐이고(Kull, 박용상 재인용), 기술 발전에 따라 가용 주파수가 개발되는 경우 이러한 주관적 방송의 자유는 현실화되어, 결국 사인에 의한 방송 매체 설립의 권리도 인정되어야 한다는 것이다. 주관적 권리설은 결국 방송의 자유를 방송 운영자의 자유 내지 방송 기업가의 자유라고 보고, 개인도 방송의 설립 및 운영에 대한 주관적 접근권을 갖는 것으로 이해하는 입장을 취한다(Scholz, 박용상 재인용). 전통적 자유주의 이론과 사상의 시장주의자들은 언론 자유의 주체는 발행인 또는 방송사업자일 뿐, 기자나 여타 종사원은 이들로부터 위임받거나 이들의 권리 행사를 보조함에 불과하다는 견해다(박용상, 2001).

2007년 문화방송 보도 프로그램(PD수첩)에 대한 경고 처분에 대한 위헌 확인 사건에서 헌법재판소는 구체적으로 방송법에 따른 국가기관의 조치 및 처분이 방송 사업자의 기본권을 침해했다고 인정한 바 있다(헌법재판소, 2004헌마290). PD수첩 사건에서 헌법재판소 다수 견해는 문화방송에 대한 경고 처분에 대해서 당해 처분이 청구인의 방송의 자유를 침해한다고 판단하면서 다음과 같이 설명하였다(김현귀, 2014).

> 이 사건 경고가 피청구인이 방송사업자에게 방송 표현 내용에 대한 경고를 함으로써 해당 방송에 대하여 제재를 가하는 것이라고 볼 때, 그 효과는 방송사업자의 대외적 평가에 영향을 주

며, 위에서 언급되었듯이 방송 평가에서 2점의 감점 대상이 되므로 방송사업자는 방송위원회의 재허가 추천 여부에서 불이익을 입을 수 있다. 그러한 불이익은 결국 방송 표현 내용에 대한 제재를 의미하고 표현의 자유를 제한하는 효과를 지니는 것이므로 헌법 제37조 제2항이 요구하는 엄격한 법률적 근거를 지녀야 하는 것이다(2004헌마290).

헌법상 표현의 자유 차원에서 보장된 방송의 자유는 기본적으로 주관적 자유권의 속성을 지니고 있다. 주관적 방송의 자유를 수용하는 측면에서 시장 경쟁 모델을 수용한다. 주관적 공권으로 보는 견해는 방송의 자유를 '방송을 통한 표현의 자유' 정도로 인식하는데 반해, 객관적 제도적 입장의 견해 측면에서 방송의 자유를 표현의 자유와는 독자적인 내용을 가지는 기본권으로 인식한다(최우정, 2004). 헌법상 기본권은 기본적으로 주관적 공권이다. 이 견해에 따르면, 방송의 자유도 방송의 특수성에 따라 제한이 상대적으로 많이 가해질 여지는 있지만 그 본질이 자유권적 기본권이라는 사실은 변하지 않는다. 방송의 자유를 주관적 공권으로 보는 견해는 그것을 개인의 표현의 자유의 연장선 속에서 파악한다. 주관적 공권의 견해는 언론의 자유는 근본적으로 국가 권력의 간섭을 배제함을 의미하며, 따라서 언론의 자유는 언론 기업의 소유자인 발행인과 법인의 주관적 권리이다. 주관적 권리는 언론(방송)의 내적 자유를 헌법에 규정하고 있는 언론·출판의 자유와 같이 '개인적 기본권'으로 동등하게 자리매김할 수 없다. 향후 살펴볼 방송의 내적 자유의 문제는 공영방송을 대표하는 공법인이 조직 내에서 관계를 맺고 있는 방송 종사자와 사이에서 권한을 어떻게 조정할 것인지의 문제이다.

방송 환경이 변화함에 따라 방송의 자유를 제도적 입장보다는 탈규제 측면에서 주관적 공권의 입장을 강조하는 측면이 있다. 방송 환경의 변화는 객관적 질서 내지 원칙으로서의 방송의 자유를 강조하는 기존의 논의에 변화를 이끌어, 주관적 공권으로서의 방송의 자유를 강조하게 하는 계기가 되었다. 그러나 방송은 주파수의 희소성, 방송의 전파력을 감안한 공공적 성격, 전국 단위 방송사업의 비용 등 방송 사업의 특수성으로 방송의 자유를 주관적 공권으로만 이해하기에는 부족한 면이 있다. 이러한 방송의 특수성은 국가의 적극적인 입법 형성을 필요로 한다.

## (2) 방송의 자유, 기본권의 이중적 성격

미디어의 자유는 헌법상 표현의 자유의 구성 요소이자 동시에 그 자신을 통해서 표현의 자유가 온전히 구현되는 성격을 지닌다고 할 수 있다. 따라서 미디어의 자유는 각각의 매체가 언론 자유의 주체가 되는 의미에서 개별권적 자유의 속성을 지니는 동시에, 국민의 알 권리를 대행하는 언론의 자유의 매개자로 한정한 '대의적 자유'의 의미를 갖는다(Loeffer, 김진웅 재인용). 방송은 국가의 적극적인 입법 형성에 따라 기반 시설과 조직 등이 제도적으로 갖춰지지 않으면 방송도 방송의 자유도 실현이 불가능하다. 방송의 자유는 국가로부터의 소극적 자유, 즉 주관적 공권으로서의 성격만을 갖는 것이 아니라, 민주주의 실현과 관련되는 강한 공적인 기능을 담보할 수 있는 합리적인 방송 제도의 형성을 의미하는 객관적 질서 내지 원칙으로서의 성격을 또한 갖고 있다(헌법재판소, 2000헌바43). 이런 기본권 규정의 이중적인 측면은 언론 자유에서 뚜렷하게 나타나는데, 언론·출판의 자유가 개인의 권리로서 보장될 뿐 아니라 국가 질서를 민주적으로 형성하는 객관적인 규범이라는 측면에서 보면, 언론·출판의 자유 규정은 의사소통 전체 과정의 자유로움을 보장하기 위한 규정으로 인식된다(장영수, 2011). 그렇기 때문에 방송의 자유는 방송을 운영하는 주체만의 개별적이고도 주관적인 자유만이 아니라, 한 국가의 헌법 질서에 따라 제도적이고 객관적인 차원에서도 보장받는 이원성을 지닌 기본권으로 이해되어야 한다는 견해가 일반적이다(김명식, 2005).

독일 기본법상 방송의 자유의 이중적 성격을 분명히 하고 있다. 독일 기본법 제5조 제1항은 "누구든지 언어 문서 및 도화로써 의견을 자유로이 발표·공표하며 일반적으로 접근할 수 있는 정보원으로부터 방해당하지 않고 정보를 얻을 권리를 가진다. 신문의 자유와 방송, 필름을 통한 보도의 자유는 보장된다. 검열은 행하여지지 아니한다"라고 규정함으로써 표현의 자유를 의사 표현의 자유, 의사 전파의 자유, 정보의 자유, 출판(신문)의 자유, 방송의 자유, 영화의 자유 등 6개의 자유권으로 분류하여 직접 기본법에 규정하고 이들 각 기본권들을 각각 독립적인 특성과 기능을 가지는 개별적인 기본권으로 보아(독일 연방헌법재판소) 기본권별로 상이한 법적 성격과 내용을 고찰하고 있다. 즉 독일 기본법 제5조의 해석에 의하면, 표현의 자유 중 의사 표현의 자유, 의사 전달의 자유, 정보의 자유는 그 주된 내용이 방어권적 성격이 강한 주관적 공권인 반면에, 매스 커뮤니케이션의 자유에 속하는 출판의 자유와 방송의 자유는 주관적 공권 성격과 아울러 제도적 보장으로서의 성격도 가지는 이중적 성격을 가지고 있다(Bodo Pieroth, 2002). 위와 같은 점에서 언론·출판의 자유, 특히 방송의 자유는 주관적 권리로서의 성격과 객관적 규범 질서로서 제도적 보장의 성격을 함께 가진다고 보는 것이 타당하다. 언론·출판의 자유는 그 보호 영역의 내용에 따라 주관적 권리의 성격이 강한 것과 객관적 질서의 성격이 강한 것이 있는데, 의사 표현의 자유와 알권리는 주관적 권리로서의 성격이 강한 반면, 방송의 자유는 객관적 질서로서의 성격이 지배적이다(계희열, 1998).

## (3) 객관적 제도로서 방송의 자유

방송의 자유를 객관적 제도로 보는 견해는 방송은 제한된 주파수를 활용해서 전국 단위의 여론 형성과 전파력을 가지며, 초기 방송매체가 국가에 의해 설립되고 운영되는 공공매체의 특성에서 비롯된다. 영국의 BBC, 독일의 ZDF, 한국의 KBS는 다른 미디어가 발전하기 전 초기에 국가가 독점한 공영방송이었고, 이러한 독점이 국민의 여론 형성에 큰 영향을 미쳤다. 공영방송은 대규모 전국 단위의 방송과 송출 시설이 필요했고, 희소한 주파수를 관리하는 정부의 정책이 수반되어야 하는 제도적 측면에 의존해 왔다. 방송이라는 매스 커뮤니케이션 수단의 파급력, 전문가에 의해 처리되는 정보가 갖는 특별한 영향력 및 대중매체를 통해 수집되는 정보에 대한 높은 의존성으로 인해 그 영향력은 더욱더 커지고, 그 남용의 우려가 있으므로 국가는 물론 사회적 집단에 의해 방송이 장악됨으로써 그에 의해 일방적 영향력 행사를 방지하기 위한 규율이 요구되었다(박용상, 2003). 특히 독일의 경우 과거 나치 정권하에서 방송이 중앙통제를 위한 수단으로 이용되어 온 역사적 경험이 있어 미국과 달리 방송의 자유를 객관적 제도로서 보고 있다.

객관적 제도로서 방송의 자유는 표현의 자유뿐 아니라 민주주의 원칙이라는 헌법적 차원에서 해석된다는 점을 주목할 필요가 있다. 즉 방송의 자유를 개개인의 인권 보장뿐 아니라 민주적 기본 질서와 여론 형성을 동시에 보장하는 역할로서 해석하는 것이다(김진웅, 2011). 방송의 자유는 합리적 공론장을 만드는 토대가 되어 한 사회의 민주적 기본 질서를 더욱 공고히 하는 수단으로서의 자유이다. 방송사나 방송인들을 위한 자유가 아니라 민주주의 주권자인 시민의 권리이며, 그 자체가 본원적 목표가 아니라 민주주의의 실질적 진전이라는 목표를 향한 수단이다. 즉 방송 자유는 방송기관의 자유가 아니라 공론장을 통하여 민주적 여론을 형성하여 숙의민주주의가 작동되도록 하기 위한 자유다. 방송 자유권은 방송사 고유의 기본권이 아니라 공적 정보와 관점을 전달하고 형성하기 위하여 국민으로부터 위임된 권리다. 국민의 알 권리를 충족하고 국민의 목소리를 대행하면서 권력에 대한 비판과 감시를 하는 언론으로써 방송사는 방송 주권을 실현하는 제도나 기관으로 볼 수 있다. 공적 정보와 관점을 전달함으로써 다양한 사상이 자유롭게 경쟁하고 그것을 바탕으로 활발한 토론이 이루어지는 공론장이 형성되도록 함으로써 민주적 체제의 작동에 기여하는 적극적 자유를 의미한다(정연우, 2020).

국가가 제도로서 방송 제도나 언론매체를 형성해야 할 필요성과 당위는 바로 공적 의견 형성이라는 민주적 기능에서 도출되는 것이고, 이는 곧 객관적 규범으로서 언론·출판의 자유가 가지는 의미인 것이다. 따라서 방송의 자유는 언론의 자유를 활성화하기 위해서 인정되는 것이고, 궁극적으로는 공적인 여론 형성과 민주적 기본 질서를 확립하기 위한 목적으로 인정되는 권리다. 이와 같은 방송을 통한 자유롭고 포괄적인 의견 형성이라는 목적은 단순히 국가로부터 자유롭다고 해서 달성되는 것이 아니기 때문에 국가는 적극적으로 이를 보장하는 데 적합한 제도적 조건들을 형성해야 할 필요가 있다(전정환·변무웅, 2002). 언론·출판의 자유가 객관적 규범으로서 성격을 가졌다면, 이때 법률은 '언론의 자유'라는 기본권을 형성하는 것이 된다. 기본권인 방송의 자유를 일반적인 표현의 자유와 달리, 국

가 공동체를 위한 과제 수행의 측면에서 이해하는 입장이다(곽
상진, 1999). 객관적 방송의 자유는 입법자의 법률 형성권에 의해
보장되는 입법을 전제로 하며, 이 과정에서 민주 사회의 질서
창출을 위한 다양성의 원칙이 지켜져야 한다(박용상, 2003). 다만
여기서 중요하게 여기는 관점은, 권리 내용에 있어서 방송이 국
가로부터 자유와 독립성이 보장되어야만 한다는 것이다(Peter
Badura, 1986). 방송의 자유는 국가적 간섭을 소극적으로 배제해서
만 되는 것이 아니라, 규범을 통해 형성되고 법을 통해 창조되
는 것이며, 그 실현을 위해서는 실체적, 조직적 및 절차 법적 규
정들에 의존하지 않을 수 없다. 즉 방송의 자유는 원칙적으로
법률에 의해 결정되는 것으로서 실정 법질서에 의존하며(독일 연방
헌법재판소) 입법자는 그러한 규정들을 마련해야만 한다. 방송법
제5조에서 방송의 공적 책임, 제6조에서 방송의 공정성과 공익
성을 규정하여 민주적 기본 질서와 여론 형성을 헌법적 책무로
규정되어 있다. 공영방송에 대해서는 방송법 제44조에서 KBS
의 공적 책무에서 방송의 목적(제1조)과 공적 책임(제5조), 방송의
공정성과 공익성(제6조)을 명시하여 민주적 여론 형성과 민주적
기본 질서 유지를 재차 강조하고 있다. 결국 방송의 자유는 일
정한 조직 및 절차 또는 자유로운 의사소통에 관한 일정한 법
제도의 형성을 전제로 하는 기본권이다. 방송의 자유를 객관적
제도로서의 관점은 어느 한 권리 주체의 이익에 관한 관점이 아
니라 모든 국민의 이익에 관한 관점이다. 입법자가 기본권을 보
장하기 위해 조직 및 절차, 또는 일정한 법제도를 형성하는 것
은 단순히 방송 사업자의 이익이라기보다 헌법재판소(2000헌바43)

가 확인한 바와 같이 '모든 국민의 언론·출판의 자유'의 실질적 보장이 방송의 자유와 관련한 기본권의 객관적 효력의 목적이라 할 수 있다(김현귀, 2014).

## (4) 국민에게 봉사하는 자유

공영방송의 기본권 주체성을 인정하는 이유는 국민의 언론 자유를 보장하는 공익 때문이다. 그래서 방송의 자유를 '국민에 봉사하는 자유'라 한다. 방송의 자유는 기본권 주체의 인격 발현 또는 이익 추구를 주된 목적으로 하는 기본권이 아니며, 그 주체에게 이를 임의로 사용할 권한을 부여하는 것이 아니다. 특히 공영방송에 방송의 자유는 의무적 기본권으로서 그 기본권의 포기나 소극적 자유 행사가 배제된다. 즉 방송의 자유는 국민을 위해 기여하는 자유로서 개인과 공공의 자유로운 의견 형성이라는 공익을 확보하기 위해 보장될 뿐 일차적으로 방송 사업자의 이익을 위한 것이 아니라는 것이다(박용상, 2010). 미디어의 자유는 개인적 권리 차원뿐 아니라 시민 사회의 차원에서 언론의 자유권 보장이 요구된다. 대국가적 차원에서의 불가침적 자유를 추구하지만, 대사회적 차원에서는 일정한 '의무'를 지니는 것이다(김진웅, 2011). 나아가 방송의 자유를 다른 기본권과 같이 인격 발현을 목적으로 하여 인정된 기본권이 아니고, 의사 형성의 자유에 봉사하는 자유로 본다(독일 연방헌법재판소). 이러한 입장에 있는 한, 방송의 자유에 의한 보도의 자유는 단지 자유민주주의의 기본 질서를 확립하는 것으로 보는 것이다(곽상진, 1999).

독일에서는 연방헌법재판소가 방송의 감독에서 대단히 중요한 역할을 수행한다. 독일에서 합리적·법적 권위의 전통이 강하기 때문이기도 하고, 법원이 연방 방송 정책을 결정하도록 하는 방송 규제의 특성 때문이기도 하다. 독일의 연방헌법재판소는 주정부가 방송을 통제하려고 할 때, 많은 경우 독립성을 보호하는 데 중요한 역할을 해 왔다(핼린·만시니, 2009). 독일 연방헌법재판소는 제2차 판결에서는 기본법 5조는 방송의 제도적 자유를 보장해 준다(BVerfGE 31,326)고 그 의미를 직접적으로 제시하였다.

> 방송은… 여론에 일방적으로 영향력을 행사할 목적으로 남용될 위험을 내포하고 있어 이를 사회적 세력 간의 자유로운 거래에 좌우되도록 맡겨 놓을 수는 없다. 그리고 제도적 차원에서 자유권을 보호할 것을 요구하였다(BVerfGE 31, 338). 방송의 자유는 기여하는 자유로서 일차적으로 방송사의 이해관계를 위한 것이 아니라, 개인과 공공의 자유로운 의사 형성이라는 이익을 확보하기 위해 보장될 뿐이다(독일 연방헌법재판소, 김진웅 재인용).

독일에서는 방송의 자유를 객관적인 질서로 간주하고 있다. 방송의 자유는 헌법상 보장된 언론의 자유에 관한 기본권이기는 하지만, 궁극적으로는 국가의 민주주의적 기본 질서에 헌법적으로 구속된다. 그것을 위해서 필수적으로 국가로부터 방송의 자유와 방송의 독립성 보장이 강조된다. 기본권인 방송의 자유를 일반적 언론의 자유보다는 국가 공동체를 위한 과제 수행의 측면에서 이해하고 있다. 따라서 방송의 자유는 인격 발현을 목적으로 하여 인정된 기본권이 아니고, 민주적 의사 형성의 자유에 봉사하는 자유로서 간주된다(곽상진, 2009). 독일 연방헌법재판소가 언급하듯이 방송은 민주주의의 발전을 위한 공적 의사의 형성에 봉사한다는 의미(dienende Freiheit)로 판결하였다(최우정, 2004). 봉사적 기본권이라는 개념에 대해 연방헌법재판소는 그 후의 방송 판결에서 구체적으로 언급을 했는데, 방송은 그 수신자에게 보다 광범위한 정보를 알리는 의무를 지게 되고 사회 구성원 개인과 많은 단체에 의사 형성을 위한 기회를 제공해야 하고 또 스스로 의사 형성에 직접 참가할 수 있게 해야 하는 것이라고 한다(최우정, 2023). 바렌트도 방송의 자유는 방송사와 공공의 이익에 부합하는 기본적인 언론의 자유에 봉사하는 제도적인 자유로 간주한다. 다시 말해서 방송의 자유는 민주주의와 다양한 의견이 논의될 수 있는 자유로운 언론의 목적을 증진시키는 한 보호받아야 한다(바렌트, 1998). 그러므로 방송의 자유는 개입에서 면제되는 것만으로 보장될 수 없고, 오히려 국가가 시청자에게 다양한 내용의 프로그램을 제공할 수 있도록 그리고 소수자의 견해가 보호될 수 있도록, 프로그램 규제 등의 적극적인 입법 조치를 취함으로써 보호되는 것이다(독일 연방헌법재판소).

## (5) 제도적 보장으로서 방송의 자유

독일 기본법 제5조에서 보장하고 있는 방송의 자유는 국민 개개인이 방해받지 않고 자기의 의사를 표현할 수 있는 개인의 주관적 공권 이상의 성격을 가지는 것으로써 국민의 의사 형성에 봉사하는 '도구적인 성격의 자유권'으로 이해하고 있다. 다시 말하면 방송의 자유는 개인의 주관적 자유권의 보장에만 주안점이 있는 것이 아니라, 이의 보장을 통한 민주주의 질서의 확립이라는 목적에 봉사하는 자유로 본다. 기본권 주체의 방송의 자유의 행사보다는 다양한 공적 의견 형성이라는 기능적 측면에 초점을 두고 있기 때문에 방송을 받아들이는 수용자 측면의 입장이 우선시된 기본권의 가치 표현으로 보고 있다(독일 연방헌법재판소). 그렇기 때문에 입법자는 자유롭고 포괄적이며 진실에 부합하는 의사 형성이 보장될 수 있도록 제도의 보장을 통하여 방송 제도를 형성해야 하는 것이다(독일 연방헌법재판소, 김명식 재인용). 방송의 자유를 객관적인 질서에서 이해할 때 강조되는 것은, 방송의 내용을 받아들이는 수용자의 권리 보호에 중점을 두고 있다는 점이다. 우리 방송법의 목적(제1조)도 시청자의 권익 보호를 명시하고 있다. 특별히 시청자 권익 보호(제3조) 조항을 두어 방송 사업자가 시청자가 방송 프로그램의 기획·편성 또는 제작에 관한 의사 결정에 참여할 수 있도록 하여야 하고, 방송의 결과가 시청자의 이익에 합치하도록 하고 있다. 즉 기본권으로서 방송 자유의 보장이 법률에 의해 결정되는 것은 그 내용이 주관적인 권리보다는 객관적인 권리가 우선하는 것을 보여 주는 것이다. 만일 방송 자유가 주관적인 기본권에 속한다면, 개개인의 헌법 질서 안에서 그것을 자유롭게 향유하는 것이지 법률에 따라 타율적으로 결정하는 것은 아니다. 이것이 객관적 질서로서의 방송 자유의 제도적 보장의 성격이다. 이를 통해 방송 자유는 시민 개개인의 권리 보장보다는 민주주의의 기본 질서를 유지하는 데 기여하는 역할을 수행한다. 방송의 자유는 개인의 방송 설립과 같은 주관적 성격보다는 객관적 질서 수립을 위한 입법자의 형성의 자유를 의미한다(곽상진, 1999).

언론·출판의 자유 중에서 방송의 자유는 통설에 의하면 개인의 인격 발현과 정치적 의사 형성을 위하여 널리 정보를 수집·청구할 수 있어야 한다는 의미에서 청구권적 성격을 가진다. 또한, 국가 권력의 방해를 받지 않고 자유로인 사상 의견을 발표할 수 있어야 한다는 의미에서는 대국가적 방어권으로서의 성격을 지닌다. 민주적·법치국가적 질서를 형성 유지하기 위해서는 자유로운 여론 형성을 위한 제도가 보장되어야 한다는 의미에서는 제도적 보장으로서의 의미를 가진 총합적 기본권으로서 주관적 공권이자 제도적 보장으로서의 이중적 성격을 가진다고 한다. 여기서 '제도적 보장(institutionelle Garantie)' 또는 '제도의 헌법적 보장'이라 함은 국가 존립의 기반이 되는 특정 제도를 헌법적으로 보장함으로써 당해 제도의 본질을 유지하려는 것이다(권영성, 2010). 이는 헌법 제정권자가 특히 중요하고도 가치가 있다고 인정되고 헌법적으로 보장할 필요가 있다고 생각하는 국가 제도를 헌법에 규정함으로써 장래의 법 발전, 법 형성의 방침과 범주를 미리 규율하는 것을 말한다. 헌법에 의하여 일정한 제도가 보장되면 입법부는 당해 제도를 설정·유지할 의무를 지게 되며, 그 제도를 법률로써 폐지하거나 훼손할 수 없음은 물론 비록 내용을 제한하더라도 그 본질적 내용을 침해할 수 없다(헌법재판소, 95헌바48). 따라서 입법자는 헌·법률적으로 보장되는 제도, 즉 여기서 공영방송 제도의 전형적이고 본질적인 부분을 제외하고는 입법을 통해 구체적인 내용을 형성할 수 있고, 입법을 통해 사실적으로 존재하는 제도인 공영방송 제도의 존속을 침해하는 입법 형성은 하지 못한다는 것을 의미한다. 따라서 제도 보장 이론에 따르면 입법자는 공영방송의 핵심적인 사항인 공영방송의 존속 보장을 배제하는 입법 형성을 하지 못한다(Degenhart, 2005). 입법자는 공영방송의 폐지를 허용하는 입법을 하지 못하며, 공영방송의 독립 보장과 발전을 위한 범위 내에서만 입법 형성의 재량을 가질 뿐이다(최우정, 2023). 그렇지 않다면 입법권자가 언제든지 어떠한 조치를 취할 수 있다는 두려움으로 독립적이고 자유로운 보도는 불가능하게 될 것이기 때문이다(이욱한, 2017). 추후 논의하겠지만 TV 수신료 통합 징수 금지와 KBS 2TV 분리 등의 공영방송 제도의 변경 조치는 행정부(방송통신위원회)의 역할이 아니라 입법권자의 역할이며, 입법권자는 공영방송의 독립과 존속 발전을 위한 범위 내에서만 입법화할 수 있는 재량이 있는 것이다. 제도적 보장은 주관적 권리가 아닌 객관적 법규범이라는 점에서 기본권과 구별되기는 하지만, 헌법에 의해 일정한 제도가 보장되면 입법자는 그 제도를 설정하고 유지할 입법의 의무를 지게 될 뿐만 아니라, 헌법에 규정되어 있기 때문에 법률로써 이를 폐지할 수 없고, 비록 내용을 제한하더라도 그 본질적 내용을 침해할 수 없다.

## 5) 소결

방송의 자유에 대한 헌법적 보장은 방송이 국가나 그 외의 어떠한 단체에 의해서도 지배되지 않도록 방송의 자유를 보호할 수 있는 법률을 제정하는 입법 조치가 필요하다. 방송의 자유는 프로그램의 자유를 의미한다. 프로그램의 자유란 프로그램의 선정, 내용, 형태가 방송의 사안을 유지하고, 저널리즘적 기준을 지향하도록 보장하는 것이다. 그리하여 자신의 전문가적 척도를 근거로 삼아 저널리즘적 시각에서 볼 때 법률이 규정한 방송의 임무가 요구하는 것이 무엇인지를 결정하는 것은 방송 그 자체이다. 결국 저널리즘적 목적 이외에 방송을 이용하는 것은 방송의 자유와 합치하지 않는다(전정환, 2004). 방송법은 방송법 제4조 방송 편성의 자유와 독립을 명시하면서 누구든지 방송 편성에 관하여 이 법 또는 다른 법률에 의하지 아니하고는 어떠한 규제나 간섭도 할 수 없다고 명시하고 있다. 방송의 자유의 내용으로는 방송 설립의 자유, 방송 운영의 자유, 방송 편성의 자유(프로그램의 자유) 등이 언급되고, 그중 방송 편성의 자유야말로 방송 자유의 핵심이다. 이것은 방송 주체가 외부의 압력이나 영향으로부터 자유롭게 자신의 언론의 과제나 방식, 즉 방송 프로그램의 선정, 내용 및 형식을 결정할 수 있는 자유를 말한다(헌법재판소, 2019헌바439). 방송의 자유 보장은 입법자의 법제도 형성을 전제로 하는 것이다. 이 견해는 방송의 자유는 언론·출판의 자유의 한 내용이긴 하지만, 언론매체의 공적 의견 형성이라는 기능적인 측면이 강조되는 권리이다. 방송법은 민주적 기본 질서의 유지와 발전에 필수적인 표현의 자유와 국민의 알 권리 보장, 올바른 여론의 형성을 위하여 방송에 객관성과 공정성을 유지할 의무를 부과한다. 이에 따라 방송 사업자는 「방송편성규약」을 제정하고 공표해야 한다. 방송의 자유는 헌법상 주관적 의견 표현의 자유에 근거를 두면서, 스스로 여론을 주도하는 요인이자 동시에 개인의 의견 표현과 정보의 자유를 연결하면서 여론을 형성하는 매체로서 봉사하는 자유이다. 따라서 방송은 다원적인 국민 각계각층의 다양한 의사가 자유롭고 공개적으로 소통될 수 있도록 설립·운영·편성될 것을 요구받는다. 이는 구체적으로 국가 권력의 간섭과 규제로부터 독립하여야 한다는 자유주의적 요청과 방송이 운영 및 편성에 있어 공공의 다양한 이해관계를 가진 각계각층의 주체들이 기회 균등하게 참여할 수 있는 방도가 마련되어야 한다는 민주주의 요청으로 나타난다(서울남부지방법원, 2012가합3891).

독일의 연방헌법재판소 판결에 의하면, 기본적 방송 서비스의 임무를 이행하는 공영방송은 헌법상 존속 및 발전을 보장받는다. 공영 민영 이원적 방송 체제에서 민영방송은 방송에 관한 헌법적 요청에서 도출되는 고전적인 방송의 임무를 완전하게 충족시키지 못하며, 그 때문에 오히려 공영방송의 존속 및 발전의 보장은 헌법상 요청되는 것이다. 이와 같은 여건하에서 포괄적인 기본적 방송 공급은 공영방송의 의무라 할 수 있다(최우정, 2023). 방송의 자유는 객관적 제도로서 조직과 절차의 형성을 요하기 때문에 일종의 '공공재'의 공급과 유사하다는 점은 방송의 자유를 국민을 위해 '봉사하는 자유'로 인식한다. 방송의 자유는 개개인의 사적 이익보다는 공익 추구를 지향하는 특성을 지니기 때문에 공적 통제 등 다양한 규제 조치도 자유권 보장을 위한 차원에서 정당성을 부여받는다(김진웅, 2011). 따라서 방송의 자유를 제도적으로 보장한다는 말의 의미는 국가가 방송 제도를 형성해 방송 사업자 혹은 방송의 주체가 아닌 바로 '모든 국민'의 '언론의 자유'를 보장한다는 것이다. 동시에 제도로써 형성한 대중매체 '방송'의 구조적 '자율성'을 보장한다는 것이다. 방송의 자유는 다양성과 공정성을 실현하여 수용자 측면의 입장이 우선시된 기본권의 가치이기 때문에 입법자는 국민의 자유로운 의사 형성이 보장될 수 있도록 방송 제도를 보장해야 한다. 방송의 자유와 관련된 입법은 기본권 제한적인 성질이 아니라 방송의 자유를 보다 더 구체적으로 형성하는 조직과 절차에 관한 규정으로 파악하는 기본권 형성적인 성질을 가진다고 본다(김명식, 2005). 다만, 자유 언론 제도의 보장은 보도의 자유에 내포된 민주주의 실현 기능과 그 객관적 가치 질서의 실효성을 높이기 위한 것이지, 결코 보도의 자유의 근본적 기저에 깔려 있는 주관적 공권성을 부인하기 위한 것은 아니다. 따라서 자유 언론 제도의 보장이 결코 언론에 대한 간섭 내지 규제를 정당화하는 수단으로 역기능해서는 아니 되고, 보도의 자유를 제도적 보장만으로 축소시켜 이해해서도 안 된다(허영, 2015; 조소영 재인용).

정부가 수신료 통합 징수를 금지하는 방송법 시행령을 개정하는 것은 공영방송 체제를 더 이상 보장하지 않는 조치다. 특히 지난 43년 동안 국회는 수신료를 한 번도 인상한 적이 없어 공영방송의 물질적 기반을 뒷받침할 입법 형성을 적극적으로 마련하지 못했다. 또한, 헌법적 가치를 수호하기 위한 공영방송 지배구조 개선이나 공영방송의 재원을 보장하기 위한 수신료 제도 개선 등 공영방송의 존속 발전을 위한 입법은 이루어지지 않았다. 공영방송 제도는 무용지물이 되었다. 그리고 공영방송과 민영방송을 차별화하기 위한 규제와 보호적인 조치도 없다. 그 결과, 공영방송은 민영방송 나아가 종합편성채널 간의 차별성을 확보할 수 없다. 법적 토대가 약한 공영방송은 존립의 위기를 맞게 되었다. 헌법이 보장하는 방송의 자유를 보장하고 공적 책무를 수행하기 위한 적절한 물적 기반을 확보하기 위해서는 공영방송의 독립성과 지속적인 발전을 보장하는 적극적인 입법이 필요하다.

방송의 자유 법적 성격은 주관적 공권설과 객관적 제도설로 나누어진다. 헌법상의 권리는 국가의 권력을 제한하고 개인의 자유를 보호하는 권리로 이해되므로, 방송의 자유는 주관적 권리로 주장한다. 주관적 공권설은 방송의 자유를 표현의 자유의 한 측면으로 본다. 반면 객관적 제도는 방송의 자유가 국가가 공적 의견을 형성이라는 민주적 기능에서 출발하는 민주 국가의 기본 질서를 형성하는 필수적인 요소로 본다. 따라서 국가는 적극적으로 방송의 자유를 보장하는 제도적 조건들을 만들어야 한다. 우리 헌법재판소와 독일 연방헌법재판소는 방송의 자유를 주관적 권리뿐만 아니라 객관적 질서 내지 제도로 보는 양면성을 인정하고 있지만, 방송의 특성상 표현의 자유 권리보다는 민주적 기능을 실현하는 객관적 제도로서의 역할에 더 큰 비중을 둔다. 일반적인 표현의 자유와 달리, 기본권인 방송의 자유를 국가 공동체를 위한 과제 수행의 측면에서 이해하는 입장이다. 그리고 방송의 자유는 국민의 언론의 자유 보장이라는 공익을 위해 필요하기 때문에 '국민에 봉사하는 자유'라 한다. 다만 여기서 중요하게 여기는 관점은, 권리 내용에 있어서 방송이 국가로부터 자유와 독립성이 보장되어야만 한다는 것이다. 방송 관련 영역에서 입법자의 입법 형성은 현대 국가에서의 입법 형성에 관한 헌법적 요구에 부합되어야 한다. 특히 방송이라는 매체의 특성상 방송의 자유는 헌법상 방송의 기능을 충분히 보장하고 실현할 수 있는 제도와 절차를 통해 이루어진다. 따라서 다른 어느 기본권보다 방송의 자유는 방송의 자유를 실현할 수 있는 방송법상의 제도와 절차를 통해 구체화되는 것이다(최우정, 2023).

# 5

# 방송의 자유 주체와 방송 종사자의 내적 자유

## 1) 방송 자유의 주체

방송이 외부의 국가, 정치, 경제 등 다양한 세력으로부터 자유롭게 취재, 제작, 편성할 수 있는 외적 자유의 핵심은 국가(정부)로부터의 자유라 할 수 있다. 반면 방송사가 사주 내지 경영주로부터 독립하여 취재하고 보도 내용을 결정할 수 있는 방송의 내적인 자유는 방송의 공적 중립성, 다양성, 공공성 등 방송의 핵심적인 기능과 밀접하게 연관되어 있다(박선영, 2001). 공영방송이 국민의 기본권을 수호하고 민주주의의 토대를 마련하는 공적 책무를 실행하려면 국가, 자본 그리고 방송사 내부의 압력으로부터 자유로워야 한다. 방송 자유의 주체가 법인격인 공영방송 사업자라는 견해와 공영방송을 대표하는 사장이 방송법 제4조에 의해 방송 편성 책임자를 두도록 하는 법률로 편성본부장에 위임했다는 견해, 그리고 공영방송 프로그램 제작에 관여하는 종사자도 공유한다는 다양한 견해들이 있다. 국민의 다양한 의견 형성에 기여하는 민주 국가의 원리에 따라 공영방송의 방송의 자유 주체가 방송 사업자 이외에 방송 종사자로 확장될 수 있는지에 대한 법적 논란이 있다. 공영방송은 국가에 의해 설립하고 국가로부터 독립된 방송을 운영하는 객관적 제도다. 공영방송의 방송 자유는 공영방송의 기본권으로서 헌법적 가치를 지니며 다양한 공적 의견을 바탕으로 국민의 여론 형성에 기여한다.

앞서 4장에서 살펴본 바와 같이 공영방송은 객관적 제도로서 형성 입법으로 방송의 자유를 보장하고 있다. 방송의 자유는 방송사나 그 종사자가 누리는 지위가 '개별적 특권'을 의미하는 것은 아니다. 이는 오히려 민주주의, 사회 국가 원칙 및 법치주의 원칙의 실현이라는 공적 의무와 관련된 것이다. 방송의 주체나 운영자는 방송의 주인이 아니다. 그들은 매체를 자신의 고유한 이해를 관철하기 위한 것이 아니라 국민의 정보에 대한 욕구를 보장해 주기 위해 사용해야만 한다(김진웅, 2011). KBS는 방송의 제작과 편성의 독립성을 국민과 시청자로부터 위임받고 있다. 흔히 방송의 자유로 통칭하는 이 자유는, 정보와 의견의 자유로운 유통이 있어야만 진실이 밝혀지고 올바른 여론이 형성됨으로써 민주 사회의 유지와 발전이 가능하다는 역사적 교훈과 국민적 합의로부터 비롯된 것이다(KBS, 2020). 방송의 자유의 객관적 제도 측면에서는 방송 종사자의 개별적 권리 행사 차원의 방송 자유는 제한되며, 공적 의무 수행과 관련해서만 자유권을 향유할 수 있다. 궁극적으로 방송 자유의 최종 향유자는 지금의 주체인 방송 운영 및 종사자가 아니라 잠재적인 주체인 사회 구성원 전체이고, 방송인들은 단지 위임된 주관적 권리행사를 실현하는 것이다. 이를 위해 방송법의 규율을 통해 방송의 자유 주체를 체계적으로 규정되어야 한다. 개별적 자유권이 국가의 간섭을 일체 배제하는 반면, 제도적 차원에서는 오히려 국가의 적극적인 입법 형성이 필요하기 때문이다.

## (1) 방송법인(방송 사업자) 주체설

독일에서 다수설과 판례의 입장에 의하면 방송 자유의 주체는 법인설과 법인을 대표하는 사장이라는 견해가 유력하다. 이념적으로 공영방송 매체의 주인은 국민이며, 법적 규율에 따라 공공의 대표로서 선임된 기관 구성원(사장 또는 이사회)이 그 운영 및 편성의 주체가 되는 것은 당연하다. 그 매체의 피용된 기자나 피디는 그 종사원으로서 공공의 이익을 위해 봉사할 의무가 있을 뿐 그들이 스스로 방송의 주인이 될 수는 없는 것이다. 그 때문에 독일에서 다수설과 판례의 입장에 의하면 방송의 자유는 우선 방송 운영의 권한이 부여된 주체(방송법인)에게 인정되며, 그 구체적 행사는 방송 운영 기관에 의해 행해진다고 한다(Günter Herrmann, 1975). 방송의 자유를 실제로 행사하는 주체는 법률에 의해 설립되거나(공영방송) 법률에 의해 허가받은(민영방송) 방송 사업자(방송법인)이다. 이들 방송법인의 법적 구조는 법률에 규정되어 있으며, 그 기본적 틀은 일반적인 법인 지배(corporate governance)의 법리에 따라 의사 결정 및 집행을 담당하는 기관(사장 및 이사회)이 최종적 책임을 지고 권한을 행사하게 되어 있다. 주의할 점은 방송의 자유에 있어서는 그 기본권 주체의 인격 발현 또는 이익 추구를 주된 목적으로 하는 기본권이 주어지는 것이 아니란 점이다(Bethge, 박용상 재인용). 방송법인 주체설에 의하면 방송 사업자는 방송의 자유를 보장하는 방송 자유의 주체이며, 프로그램 분야에 종사하는 방송사 직원도 보조적으로 방송 자유의 주체가 되지만, 자기 계발이나 자기 발전을 위해서가 아니라 어디까지나 봉사하는 자유의 주체로서 방송의 자유가 보장될 뿐이다. 여기서 핵심은 방송을 운영하는 자유의 주체는 방송 편성 종사자가 아니라 방송의 소유주이거나 방송 사업자다.

또한, 방송법상 공정한 방송을 하여야 하는 의무 부담의 직접적인 주체는 방송 사업자이고, 이러한 의무에 위반하였을 경우 제재 조치와 처벌을 받는 주체 역시 방송 사업자인 것으로 규정되어 있다.[8] 방송법 제100조 등의 규정에 의하면 방송통신심의위원회의 심의와 징계의 대상이 되는 것은 해당 방송 사업자 자체이며, 방송 프로그램 또는 해당 방송 광고의 책임자나 관계자에게 징계를 할 의무를 부담하는 것도 방송 사업자이다. 따라서 의무 부담 주체가 처벌받기 때문에 방송법 규정에 따라 방송 사

---

8) 방송법 제100조 제1항에 의하면 '방송통신위원회는 방송 사업자·중계유선방송 사업자·전광판 방송 사업자 또는 외주 제작사가 제33조의 심의 규정 및 제74조 제2항에 의한 협찬고지 규칙을 위반한 경우에는 5천만 원 이하의 과징금을 부과하거나 위반의 사유, 정도 및 횟수 등을 고려하여 다음 각호의 제재 조치를 명할 수 있다'고 규정하고 있다.

업자가 방송의 자유 주체로 해석된다(지성우, 2017). 그리고 "방송 자유의 주체는 방송 사업자이며 방송 종사자도 국가 등 사회적 세력에 대해서는 방송의 자유를 주장할 수 있으나 내부적으로 근로 관계의 상대방인 방송 사업자를 상대로 방송의 자유를 주장할 수는 없다"고 하였다. 조직 내에서 종사자는 경영진의 결정과 방침을 수행하고 복무하여야 할 뿐이며 독립적인 권한을 가지지 못한다는 것이다. 공정 방송의 책무를 어떻게 실현할 것인가는 사업자의 재량과 권한이므로 노동조합과 교섭 대상이 될 수도 없고 근로 조건도 아니라는 견해다(박지순, 2017). 방송 콘텐츠를 어떻게 제작하고 전달할 것인가를 결정하는 권한에 관한 편성 규약은 단체 협약의 의무적 교섭 사항이 아니라고 보았다. 공정 방송은 근로 조건이 아니므로 근로 조건에 관한 사항을 교섭하는 단체 협약에 포함되지 않는다. 방송의 자유 주체가 방송 종사자라는 논리는 과거 권위주의 정권하에서 방송 등 언론에 대한 과도한 통제에 대항하여 언론 자유를 수호하기 위해 주로 언론인들에 의해 주창되어 온 정치적·항의적 개념이다(지성우, 2017). 그러나 나라나 사회에 따라 차이가 있지만 대체로 언론의 자유가 보장되는 나라에서 노동조합을 비롯한 언론 단체가 무시되는 경우는 거의 없다. 제도적 측면이 강한 공영방송의 경우에도 마찬가지이다. 영국의 비판적 언론학자 제임스 커런(Curran)은 공영방송이 민영방송과 다른 단적인 것 하나는 조직 내부로부터의 '대응력'(countervailing influences)으로 꼽은 적이 있는데, 방송인의 의지를 결집시키고 효과적으로 저항하는 데 수단이 된다면 그것의 이름이 '노동조합'이냐 '전문직 단체'냐는 그렇게 중요하지 않다. 그 사회와 해당 (방송) 인력의 특성에 맞게 응집력을 발휘할 수 있었느냐가 관건이기 때문이다(조항제, 2018).

　방송의 자유 주체를 방송법인으로 한정하는 것은 아래의 논거로 요약할 수 있다. 첫째, 우리 헌법이 법인·단체의 기본권 향유 능력에 대해 명문의 규정을 두고 있지 않지만, 본래 자연인에게 적용되는 기본권이라도 그 성질상 법인이 누릴 수 있는 기본권은 법인에게도 적용된다고 보기 때문이다(법인 주체설에 대한 반론은 방송 종사자 공유설에서 자세하게 다룬다). 둘째, 방송의 자유의 운영 주체와 위반 시 처벌 주체(공정방송 의의 부담 주체)도 방송법인, 방송 사업자라는 주장이다. 결국 방송의 자유 기본권 주체성은 영조물법인인 방송법인에 있다는 견해다. 방송 운영의 권한이 부여된 주체인 방송법인에게 있으며, 방송의 자유에 대한 구체적 행사는 법인을 대표하는 사업자나 사업자의 권한을 위임받은 사람이 수행한다는 것이다. 그러나 운영 주체와 처벌 주체가 동일하기 때문에 방송의 자유 주체를 방송법인이어야 한다는 견해에 다음과 같은 반론이 존재한다. 방송법 위 규정에 따르면 방송통신위원회가 방송 사업자에 대한 제재 조치 중 하나로 '방송 편성 책임자·해당 방송 프로그램 등의 관계자에 대한 징계'를 명할 수 있으므로 결국 방송 편성 책임자, 해당 방송 프로그램의 관계자 등이 징계라는 최종적인 불이익을 받게 된다. [9](방송법 제100조 제1항 제2호). 또한, 심의 규정 등의 위반 정도가 경미하여 제재

---

9) 방송법 제100조 제1항 제2호 방송 편성 책임자·해당 방송프로그램 또는 해당 방송광고의 관계자에 대한 징계

조치를 명할 정도에 이르지 아니하는 경우에는 방송통신심의위원회가 해당 방송 사업자뿐만 아니라 해당 방송 프로그램 등의 책임자나 관계자에 대하여도 권고를 하거나 의견을 제시할 수 있다.[10] (방송법 제100조 제1항 단서). 즉 방송법 제100조 제1항 규정에 따르면, 방송 사업자뿐만 아니라 방송 프로그램의 책임자, 관계자도 방송법, 방송 심의 규정에 따른 규제의 대상이 되는 것이므로, 위 규정은 오히려 방송 프로그램의 책임자, 관계자가 '방송의 공정성 및 공공성에 관한 심의 규정'을 준수해야 할 의무의 주체로 인정될 수 있는 근거가 된다(고수현, 2018).

방송 자유의 주체를 방송법인에 한정되는 셋째 주장은 방송 종사자의 법적 지위는 입사 계약(고용 계약)에 의해 설정되며, 방송 법인과 종사원 간의 법적 관계는 고용 계약에 의해 설정되는 사법적·노동법적 성격으로 종사원은 방송의 자유 주체가 될 수 없다(박용상, 2010). 조직 내에서 종사자는 경영진의 결정과 방침을 수행하고 복무하여야 할 뿐이며 독립적인 권한을 가지지 못하기 때문에 공정 방송의 책무를 어떻게 실현할 것인가는 사업자의 재량과 권한이므로 노동조합과 교섭 대상이 될 수도 없고 근로 조건도 아니라는 주장이다(박지순, 2017). 그러나 방송법인이 방송 종사자를 고용 계약에 의한 것으로 공정 방송이 교섭 대상이 될 수 없다는 반론은 다음과 같다. 언론 경영인과 언론 종

---

10) 제100조 단서 조항 다만, 방송통신심의위원회는 심의규정 등의 위반 정도가 경미하여 제재조치를 명할 정도에 이르지 아니한 경우에는 해당 사업자·해당 방송 프로그램 또는 해당 방송 광고의 책임자나 관계자에 대하여 권고를 하거나 의견을 제시할 수 있다.

사자와의 상호관계는 원칙적으로 사법상의 근로계약에 의해 규율되지만, 그 사법상의 계약에 의해 언론의 내적 자유를 제한하는 것은 언론의 자유의 객관적 가치 질서로서의 성격 때문에 일정한 제약을 받는다(허영, 2105).

　한편, 방송의 자유의 실질적 내용이 편성의 자유이고, 방송 사업자는 방송법에 의해 방송 편성 책임자를 선정해야 하기 때문에 방송 편성 책임자가 주체라는 주장도 있다. 방송법 조항에서 특히 주목할 점은 방송 사업자와 방송 편성 책임자를 명백히 구분하고 있다는 점이다(방송법 제4조 제3항).[11] 즉 방송 사업자는 편성 책임자와 다르다는 점이다. 법조문에서 방송 사업자와 편성 책임자를 명확하게 구분하는 것은 그만큼 편성에 대해 독립성을 보장하기 위한 취지로 해석할 수 있다(최은희, 2015). 방송법이 방송의 자유를 보장하기 위해 자율성을 보장하는 제도를 마련하고, 이를 실효성 있게 운영하도록 법제화한 것은 방송의 자유가 경영진에 의해서도 침해될 수 있다는 것을 내포하고 있다(정연우, 2020). '방송 프로그램 편성권의 자율'의 보장은 방송사 내부의 압력으로부터의 자유와 독립이 확보되어야 가능하다. 외부 압력은 방송사의 내적 자유를 침해할 수 있기 때문에 외부 압력으로부터의 자유와 내부 압력으로부터의 자유는 서로 상관관계를 맺고 있다(한수경, 2015). 결국 권력과 자본으로부터의 방송의 외

---

11) 제4조(방송 편성의 자유와 독립) ③ 방송 사업자는 방송 편성 책임자를 선임하고, 그 성명을 방송 시간 내에 매일 1회 이상 공표하여야 하며, 방송 편성 책임자의 자율적인 방송 편성을 보장하여야 한다.

적 자유 못지않게 정부에 의해 임명된 방송사 경영진에 의해 침해될 수 있는 방송의 내적 자유가 더욱 중요하다. 특히, 정부가 KBS 이사와 사장 등 공영방송 지배구조를 결정하기 때문에, 공영방송사 내부의 자율성은 보장되어야 한다.

## (2) 방송 종사자 공유설

### - 헌법적 원리

법인 지배와 법인 주체설에 따라 공영방송의 경영적 책임과 방송에 대한 총괄적인 책임은 방송 사업자와 경영진에 주어진 것 자체를 부정할 수는 없다. 그러나 방송법인에게만 방송의 자유의 주체성을 인정하는 것은 국민의 공론장을 대행하는 공영방송의 헌법적 원리에 어긋난다. 특히 공영방송은 공정하고 객관적인 정보의 전달을 통해 국민의 알권리를 실현하는 기능을 수행한다. 국민의 정치 참여와 같은 민주주의의 실현과 밀접한 관련이 있는 정보에 대해서는 자세하고도 정확한 정보를 전달하여야 한다(전상현, 2018). 방송은 언론매체가 담당하는 헌법적 역할에 비춰 다양성과 공정성을 실현할 수 있도록 방송의 자유를 형성하는 것이고, 동시에 그 독립성을 최대한 보장해 주면서 그 지위에 상응하는 법적 책임을 요구함으로써 모든 국민의 언론의 자유와 언론매체로서 방송의 자율성을 보장해 주기 위한 기본권 형성 법률이다(한상희, 2002). 방송의 자유가 임의적으로 행사될 수 있다면 방송의 커다란 잠재적 영향력 때문에 본질적인 법익에 대한 중대한 위험이 수반될 수 있을 것이다. 그런 의미에서 독일 연방헌법재판소는 방송의 자유를 개인의 특권이 아닌 것으로 간주한다. 방송의 자유는 소수의 특권이 아니라 다수의 기본권(Freiheit und Gebundenheit, 1984)이라는 것도 이런 점을 강조한 것이다(이욱한, 2017). 공영방송사가 국가로부터 독립되어야 하고, 자치적인 위상을 가져야 하는 것도 바로 이 기본권 주체성에서 기인한 것이다(독일 연방헌법재판소). 즉 헌법상 언론·출판의 자유는 언론사라는 조직의 자유보다는 언론사 구성원의 자유이고 나아가 국민 전체의 자유이므로, 언론기관은 그 구성원들과 모든 국민에게 언론·출판의 자유가 최대한 실현될 수 있도록 내부 조직부터 민주화하여야 한다. 이와 같은 점에서 방송사에서의 편성권은 방송 사업자와 방송 종사자의 공동 권리로 이해되어야 한다(조재현, 2008).

헌법상 방송의 자유는 프로그램 제작을 위한 정보의 수집에서부터 프로그램의 제작 그리고 프로그램의 전파에 이르기까지 일련의 프로그램 활동을 보호한다(독일 연합헌법재판소). 방송은 신문 매체와 달리 기술적으로 경제적으로 특수한 상황에 있어 국가와 특정한 사회적 집단들이 영향력을 미치지 못하도록 하기 위해서는 일정한 여건이 구조적으로 마련되어야 하는데, 그것이 내부적인 다원주의의 요청이다. 이는 어느 쪽으로도 치우치지 않은 방송 내용의 균형성과 다양성을 조직적으로 확보하기 위한 방안이다. 방송의 자유를 위한 조치들은 방송법에 다양한 법적 장치와 제도로 규제된다. 결국 방송의 자유를 보장한다는 것이 단순히 특정 주체의 기본권 보장만을 의미하는 것이 아니다. 더 나아가 그 주체로 하여금 공적 기능을 수행하게 함으로써 궁극적으로 모든 국민의 언론·출판의 자유를 실질적으로 보장하고, 민주주의 원리나 문화 국가 원리다(곽상진, 2006). 또한, 헌법적 가치에 봉사하며, 다른 국민의 기본권과의 관계에서도 규범 조화를 이루어 전체적으로 일정한 헌법적 질서를 수립한다는 의미가 있다. 독일 연방헌법재판소의 판례에 따르면 방송의 자유는 그 의미와 목적으로부터 기능 조건적으로 결정되어야 한다고 한다. 따라서 방송의 자유는 방송이 기능할 수 있고 방송의 자유의 보장을 위하여 필요한 범위 안에서 그 주체에게 부여된다. 그런 의미에서 편성 종사자가 기능 조건적으로 방송의 자유의 행사에 참여하는 것을 근거로 하여, 그들에게도 방송의 자유의 주체성이 부여된다(전정환, 2002). 방송의 자유는 민주적 공론장 형성에 기여할 자유이므로 편성의 자유는 사회 구성원의 의견 형성에 기여하는 범위 내에서 보장된다. 따라서 방송의 자유와 편성·편집의 독립이라는 가치는 방송 사업자에게 '배타적이고 독점적'으로 부여된 특권'이 아니며, 국민 모두에게 기본권으로 부여된 언론·표현의 자유가 현실에서 실현될 수 있도록 하기 위한 '책임'과 '의무'를 수반한다. 국민의 알 권리를 실현하고 건전한 여론을 형성하여 민주주의의 유지·발전에 기여해야 한다는 언론의 공적 사회적 책임과 직결되는 규범적 가치이자 실천임을 의미한다(정연우, 2020).

## - 방송 종사자 공유설을 뒷받침하는 최근의 법원 판결 경향

최근 방송의 자유에 대한 판례는 공정 방송의 의무를 법인대
표인 사측과 방송 종사자가 부담한다는 공유설이 우세하다. 법
원(2015)은 문화방송 판결(업무방해죄 등 사건 및 해고무효확인 등 사건)에서 방송
의 공정성과 독립성에 관한 법적 규율에 따라 문화방송 노사가
모두 공정 방송 의무를 부담하므로, '방송의 공정성 보장' 문제
가 근로 조건을 결정짓는 중요한 요소가 된다고 판단하였다.
MBC 노동조합의 파업에 대한 판결에서 방송의 자유는 방송
사업자뿐만 아니라 구성원에 의해 실현되는 것으로 판단했다.

> 방송법 등에서 방송 사업자에게 부여된 방송의 자유는 구체적으
> 로 피고뿐만 아니라 피고의 구성원들에 의해 실현되는 것이다.
> 공정 방송의 의무는 방송법 등 관계 법규 및 피고 단체협약에 의
> 하여 노사 양측에 요구되는 의무임과 동시에 근로 관계의 기초를
> 형성하는 원칙이라 할 것이어서, 방송의 공정성을 실현하기 위한
> 제도적 장치의 마련과 그 준수 또한 교섭 여부가 근로 관계의 자
> 율성에 맡겨진 사항이 아니라 사용자가 노동조합법 제30조[12]에
> 따라 단체교섭의 의무를 지는 사항(이른바 의무교섭사항)이라 할
> 것이다. 따라서 피고(MBC)는 피고의 구성원에게 방송의 공정성
> 을 실현하기 위한 근로환경과 근로조건을 제공하여야 할 의무를
> 부담한다고 할 것이고, 피고(MBC) 단체협약은 피고와 피고 구
> 성원 사이의 상호 양해 아래 이와 같은 방송의 공정성을 실현하

---

12) 제30조(교섭등의 원칙) ① 노동조합과 사용자 또는 사용자 단체는 신의에 따
라 성실히 교섭하고 단체협약을 체결하여야 하며 그 권한을 남용하여서는 아
니 된다. ② 노동조합과 사용자 또는 사용자 단체는 정당한 이유 없이 교섭 또
는 단체협약의 체결을 거부하거나 해태하여서는 아니 된다.

기 위한 내부적인 장치를 두고 있는 것으로 이해된다.

특히 서울고등법원은 노동조합도 공정 방송 규범을 책임지는 방송의 주체로 명시하고, 방송 구성원들의 공정 방송 요구가 정당하다고 판결했다. 노사 양측은 모두 방송의 자유의 주체이자 공정 방송이라는 규범의 의무자라는 지위를 함께 향유한다는 것이다(서울고등법원, 2014나11910). 또한, 2014년 1월 전국언론노동조합 노조원들이 MBC를 상대로 낸 해고무효확인 소송에서 서울남부지방법원 제13민사부는 '일반 기업과 달리 방송사 등 언론매체의 경우, 민주적 기본 질서 유지와 발전에 필수적인 표현의 자유와 국민의 알 권리 보장, 올바른 여론 형성을 위해 방송의 객관성과 공정성을 유지할 의무가 있다'면서 '이 의무는 헌법이나 방송법에 규정돼 있어 공정 방송의 의무는 기초적인 근로 조건에 해당한다'고 판시하여, 방송의 자유 주체로서 방송 종사자의 기본권 지위를 인정했다. 또한, 2012년 언론노동조합 KBS 본부의 파업에 대한 징계 판결에서도 법원은 공정 방송의 의무는 방송법 등 관계 법규에 의하여 피고의 노사 양측에 요구되는 의무임과 동시에 근로 관계의 기초를 형성하는 원칙이라 할 것이어서, 방송의 공정성을 실현하기 위한 제도적 장치의 마련과 그 준수 또한 교섭 여부가 근로 관계의 자율성에 맡겨진 사항이 아니라 사용자가 노동조합법 제30조에 따라 단체교섭의 의무를 지는 사항(이른바 '의무적 교섭사항')이라고 보고 있다(서울고등법원, 2013나42368). 즉 방송법과 공영방송 노사가 합의한 단체 협약에 따라 공영방송사는 공정 방송 의무를 준수해야 한다. 이들 판결을 종합하면, 방송의 자유는 방송 사업자뿐만 아니라 방송 종사자들에 의해 실현된다. 방송법이나 단체협약에 따른 공정 방송은 노사 양측의 의무이자 근로관계의 기초로서 단체 교섭의 의무적 사항이다. 따라서 방송의 자유는 방송의 경영 및 편성을 포괄하여 보호하는 개념이고, 이것 역시 국가에 대해 주장할 수 있는 자유권적 기본권이어서 국가적 간섭을 받지 않는 외적 자유를 본질로 하며, 이러한 의미에서 방송의 자유는 방송에 관계하는 모든 주체(방송사 경영자 및 기자 PD 등 모든 직원)에게 인정된다. 그러나 헌법이 기본권을 보장하고 있다고 하더라도 기본권을 보호하려는 국가적인 특별한 노력이 주어지지 않는다면 보장된 기본권의 실현은 어려워지게 된다. 이는 전통적으로 해 온 바와 같이 사법적인 방법을 통해서만 이루어지는 것은 아니고, 이를 위한 노력은 사법을 포함한 입법·행정 등의 모든 국가 작용에 광범위하게 미치는 것이다. 이러한 노력이 국가의 객관적인 법질서를 형성하게 되고 유지시키는 기반으로서, 그 속에서 기본권을 헌법을 헌법의 의도에 맞게 실현하려는 기본권 보호의 가능성은 점차 증대된다고 본다(곽상진, 1999). 윤석열 정부가 들어서면서 수신료 통합 징수 금지 등 공영방송과 관련된 일련의 행정부 조치들이 공영방송의 외적 자유를 침해하는 것이라면, KBS 경영진에 의한 프로그램 삭제, 제작 중단 등 편성 관련 조치들은 방송의 내적 자유를 침해할 소지가 있다.

## 2) 방송의 내적 자유를 보장하는 「방송편성규약」 제도

방송의 자유 주체 논의에서 가장 큰 쟁점은 방송 프로그램과 보도의 제작에 직접적으로 참여하는 방송 종사자에게 방송의 자유가 부여되는지에 있다. 방송의 자유가 국가로부터의 외적 자유라면, 국가로부터 위임받은 공영방송 경영진들이 특정 세력이나 행정부에 유리하게 작용하거나 사적 이익을 취할 수 있는 여지가 있기 때문에, 방송 종사자에게 내적 자유가 허용되어야 한다. 이를 방송의 내적 자유라 하며, 경영진의 압력에 대응하는 방송 종사자의 권리이기도 하다. 이러한 권리를 제도화한 것이 방송법의 「방송편성규약」이라 할 수 있다. 방송법으로 방송 사업자가 방송 편성 책임자를 선임하여, 방송 사업자가 직접적으로 방송 편성에 관여하지 않도록 하고(방송법 제4조 제2항), 종합편성이나 전문 편성을 행하는 방송 사업자는 방송 프로그램 제작자의 자율성을 보장하기 위하여 취재 및 제작 종사자의 의견을 들어 「방송편성규약」을 제정하고 공표토록 의무화했다. 방송법 제4조 제4항은 방송 현장에서 편성·제작 실무자들이 겪는 독립성과 자율권 침해 문제를 합리적으로 해결하고, 방송 사업자의 전횡을 막기 위한 제도적 장치로 유럽의 법제도를 수용한 것이다(심영섭, 2010). 방송 종사자도 필연적으로 방송 프로그램 편성과 보도 및 제작 등 프로그램 전반에 광범위하게 직간접적으로 연관되어 있어 방송 종사자도 방송 자유의 주체가 된다. 그러나 내적 자유에 대한 견해는 내적 자유를 자유주의적 관점으로 해석하는 측은 언론의 자유를 자유권적 기본권으로 이해하는 반면, 공동체주의적으로 해석하는 측은 언론의 자유를 제도적 기본권으로 이해한다. 제도적 보장 성격이 강한 방송(언론)의 내적 자유는 제도적 기본권의 성격으로 인정된다.

## (1) 정부 주도의 지배구조에 의한 내적 자유의 위협

공영방송이 국민의 기본권을 수호하고 다양한 여론 형성을 통해 민주주의의 토대를 마련하는 공적 책무를 실행하려면 국가로부터 그리고 방송사 내부의 압력으로부터 자유로워야 한다. 역사적으로 볼 때 하버마스가 말하는 사상 언론(Gesinnungspresse)이 상업 언론으로 변화한 20세기 후반부터는 국가로부터의 자유라고 하는 언론의 외적 자유보다는 언론의 내적 자유가 담보되지 못해서 발생하는 문제점들이 방송의 자유를 더 위축시키는 요인으로 대두하기 시작한 것을 간과할 수 없는 사실이다(하버마스, 2013). 1945년 광복 이후에도 우리 방송은 권위주의적 독재정권의 이념 동원 기구로 이용당해 오면서 지배 권력을 위해 봉사했던 부끄러운 역사를 갖고 있다. 특히 공영방송인 KBS는 1970년대 유신 독재 시대에 이 나라 암흑 정치를 창출했던 유신정권 홍보 기구로 전락했었고, 1980년대에는 정통성 없는 5공의 정권 나팔수로 비난받던 쓰라린 상처를 안고 있다(KBS노동조합, 1991). 정권이 교체될 때마다 정권에 의해 사장이 해임되고 주요 프로그램의 앵커가 강제로 하차하며, 프로그램이 폐지되곤 한다. 이 과정에서 편성 책임자와 방송 편성 제작자는 프로그램 앵커 교체와 프로그램 폐지에 대해 갈등을 겪는다. 이명박 정부에서 '대통령·방통위·방송사 이사회'라는 지배구조에 의해 임명된 공영방송사 경영진은 집권 여당의 정책 기조를 비판하거나 비판할 여지가 있는 프로그램을 폐지하고 거기에 참여할 수 있는 제작 인력을 배제·해고·징계·위협하는 인사 조치를 취했다. 내부 종사자들뿐 아니라 정부 정책을 비판하거나 비판할 가능성이 있는 외부 인사들의 방송 프로그램 참여를 배제시켰다. 프로그램 제작 방해 - 편성 제한 - 제작 배제 - 프로그램 폐지 - 파업 - 징계 - 해고 - 해고무효소송 - 무효판결 - 재징계(위협) - 파업 등이 이어졌다(이승선, 2018). 이명박 정권 당시 경영진은 편성규약을 무력화했고, KBS의 내적 자유는 위축되었다. 방송 공정성을 둘러싼 논란이 일었으며, 방송사 노조는 공정 방송을 요구하며 장기간의 파업을 벌였고 내부의 갈등은 첨예해졌다. 사측은 현 정부의 정책에 반대하는 비판을 무력화하기 위해 인사 조치와 일선 프로그램 제작자의 제작과 편성에 개입하여 그 영향력을 미쳤다. 시사 비평 프로그램의 폐지와 축소, 제작진에 대한 변경과 퇴출 등과 같은 현재 공영방송사의 현안이 그 실례다. 이러한 공영방송사 사장의 이러한 행위는 방송의 자유를 심각하게 침해한다(최우정, 2012). 사측은 편성규약의 제정권은 사업자 측에 있다고 주장하며 방송 편성권도 사업자의 권리로 해석하였다. 반면 법원은 방송 종사자들에게도 내적 자유와 편성권이 있다는 판결을 잇달아 내놓았다(정연우, 2020).

공영방송의 지배구조는 최고 권력자인 대통령의 입김이 직접적으로 영향력을 행사할 수 있어 방송의 공정성을 근본적으로 훼손할 수 있다. 대통령의 직속 기관인 방송통신위원회가 방송의 인·허가 이외에도 공영방송의 사장을 선출하고, 대통령이 임명하는 구조로 권력으로부터의 독립이 처음부터 이루어지지 않는다. 공영방송의 지배구조가 독립적이지 못하기 때문이다. 즉 공영방송에 소위 '낙하산 사장'을 투하시켜 방송을 장악함으로써 자유롭고 독립적인 방송을 통해 자율적인 프로그램 편성권을 확보하고, 이를 통한 방송의 공정성 유지는 결국 불가능하다(한수경, 2015). 이명박 정부 당시 대통령 라디오 주례연설 관련 청와대 문건은 정부의 공영방송에 대한 개입을 구체적으로 증명하고 있다.

2008년 9월 26일 청와대 홍보기획관실 국장이 '대통령 라디오 주례 연설 방송을 검토 중에 있다'라고 처음 언급했고, 이에 라디오 PD들을 중심으로 내부 구성원들이 강력하게 반발했다. 그해 10월 7일 라디오위원회에서 책임자들은 공식적으로 청와대와의 사전 협의는 없었다고 말했고, 10월 13일 KBS 국정감사에서 이병순 사장은 대통령 라디오 주례연설은 KBS의 독자적인 결정이며, 정부로부터 지시 또는 압력을 받은 적이 없다고 답했다. 또한, 10월 13일 방송은 특별 담화로 1회만 방송한다는 것이 라디오 책임자들의 입장이었으나, 11월 3일부터 격주 월요일 아침 7시 45분 정례 편성이 결정되었다. 그러나 2008년 10월 13일 민정수석실이 작성한 '대통령 라디오 연설 관련 반응'에는 정례 편성을 자율적으로 결정했다는 KBS의 해명과는 달리 이미 정례화가 결정된 정황이 드러났다. KBS 진실과미래위원회는 대통령기록관이 보유하고 있는 이명박 대통령 재임 기간 작성 문건 수백건을 정보 공개 청구를 통해 입수하였고, 이 중 대통령 라디오 주례연설 관련 문건은 6건으로 확인되었다. 문건들은 대통령 라디오 주례 연설 첫 방송과 KBS 국정 감사일인 2008년 10월 13일부터 16일까지 작성되었다(KBS 진실과미래위원회, 2019).

대통령 주례 연설의 편성에 청와대가 개입했다는 의혹이 정부 문건에 의해 처음으로 확인되었다. 국가 정책상 필요한 경우라도 국민의 민주적 정당성이 존재하는 국회에서 입법 형성을 통하지 않는 경우라면 어떠한 사실적인 행위에 의해 공영방송의 프로그램 편성권이 침해되어서는 안 된다. 이런 측면에서 보면 대통령의 월요일 라디오를 통한 국정 연설은 법률에 전혀 근거 없이 이루어진 법치주의에 반하는 자의에 공권력의 행사에 불과하며 종국적으로 공영방송의 프로그램 편성권을 침해하는 것이다. 또한, 청와대의 계획에 의해 이루어지는 대통령 기자회견을 공영방송을 통해 강제하는 것도 공영방송사의 자체 계획 및 편성권이 보장되어 있지 않는다면 공영방송사의 프로그램 편성권을 침해할 개연성이 존재한다(최우정, 2012). KBS 진실과미래위원회에 따르면, '박근혜 정부 당시, 2016년 7월 최순실 사태의 시발점인 미르재단 의혹이 제기되었지만 KBS는 대응하지 않았다. 태블릿PC 보도 이전까지 최순실 의혹은 장기간·대규모·공개적인 형태로 제기됐지만 KBS는 소극적 입장을 고수하였다'고 밝혔다. 최순실 게이트 보도는 대통령이 사장을 임명하는 KBS가 정권의 명운이 걸린 사건을 제대로 다루기 어렵다는 점을 보여 주는 매우 나쁜 사례로 남았다며 KBS 보도본부

경쟁력 약화가 심각하다고 지적했다(KBS, 2019).

　군사 독재 체제의 선전 도구로 이용되던 방송은 민주화를 이룩한 1987년 이후 김대중 국민정부와 노무현 참여정부를 거치며 보다 자유로운 환경 속에서 발전되었으나, 2008년 MB정부 이후부터 언론 및 방송의 자유는 다시 급격히 훼손되었다(한수경, 2015).

## - 사장 교체와 함께 프로그램 폐지, 앵커 교체, 프로그램 제작 중단

　윤석열 정부가 들어서면서 공영방송 지배구조 교체와 이에 따른 프로그램의 폐지, 노동조합과 합의한 단체 협약의 국장 임명동의제 무시 등으로 인해 공영방송의 내적 자유에 대한 논쟁이 또다시 격화되고 있다.

> 박민 사장이 취임한 후 KBS 대표 시사 프로그램인 〈더 라이브〉가 편성표에서 사라졌다. 또 뉴스 앵커가 대거 교체됐으며 여권이 벼르고 별렀던 라디오 〈주진우 라이브〉 진행자 주○○ 씨가 하차 통보를 받았다. KBS 메인 뉴스 프로그램 진행자도 대거 교체됐다. 저녁 메인뉴스 〈뉴스 9〉 진행자 이○○ 앵커는 12일 저녁 전화로 하차 통보를 받은 것으로 전해졌다. 지난 10일에는 아침 메인뉴스 〈뉴스광장〉 진행자 김○○·이○○ 앵커가 자신의 하차 소식을 알렸다. 일일 오후 시사프로그램 〈사사건건〉의 이재석 기자 역시 같은 날 프로그램에서 하차했다. 전국언론노동조합은 이 같은 상황을 '낙하산 사장의 KBS 점령'이라고 규정하며 "출근 첫날 10년 동안 만들어 온 편성규약과 제작 자율성을 한 방에 무너뜨렸다(미디어스, 2023).

KBS 본부 조합원과 시민 500여 명은 12월 8일 서울 종로구 삼청동 감사원에 박민 사장 이후 발생한 '편성규약', '단체협약' 위반 의혹 사안에 대한 국민 감사를 청구했다. 그리고 앞서 11월 21일 KBS 본부는 동일한 사안으로 고용노동부 서울남부지청에 특별근로감독을 신청했다. KBS 본부는 이날 제출한 청구서 요약문에서 "11월 13일 박민 사장 취임 전후로 KBS에서는 자격이 없는 보직 내정자가 제작진에게 진행자 하차와 프로그램 폐지를 지시하거나 책임자가 실무자와 제대로 된 협의 없이 일방적으로 프로그램 폐지를 결정했다"라며 "이는 '편성규약'과 '단체협약' 위반이다. 또 신규 프로그램을 제작하거나 뉴스를 제작하면서 일상적인 프로그램 제작 과정을 지키지 않아 내부 규정 위반 논란도 있다"고 밝혔다(미디어스, 2023). KBS 본부가 적시한 '편성규약', '단체협약' 위반 사례는 △라디오센터장 정식 취임 전 〈주진우 라이브〉, 〈최강시사〉 진행자 하차 지시, △〈주진우 라이브〉, 〈최강시사〉 일방적 폐지, △대체 라디오 프로그램 제작 업무 일방적 지시, △〈더 라이브〉 일방적 편성 삭제 및 폐지, △KBS 〈뉴스 9〉 박○○ 앵커의 일방적 '보도 공정성 훼손 대표적인 사례들은?' 리포트 진행 등이다. KBS 본부는 사측의 일방적인 프로그램 폐지와 진행자 교체가 '편성·제작·보도 책임자는 실무자의 의견을 충분히 존중하며, 합리적 절차와 방식에 따라 의사결정을 내려야 한다', '사측은 프로그램 개편 전 제작진과 협의하고, 교섭대표 노동조합이 요구할 경우 개편에 대해 성실히 설명해야 한다'라는 단협 제22조(편성 제작와 제31조<sub>(프로그램 개편 통보)</sub> 위반이라는 입장이다.
KBS 본부는 "'편성규약'은 외부의 간섭을 막고 취재, 제작자의
자율성을 보장함으로써 활발한 의견 표출과 건강한 여론 형성
을 통해 민주주의 발전에 기여하기 위함이고, '단체협약'은 핵
심 근로 조건인 공정 방송 장치들이 담겨 있다"며 "'편성규약'
과 '단체협약'은 올곧은 방송을 하기 위한 장치로 노사 모두가
지켜야 하는 약속이다. 이 때문에 '편성규약' 위반 시 징계 장
치까지 마련돼 있는데 무도한 방송 난도질의 주인공인 사측은
전혀 진실을 규명할 의지가 없다"고 비판했다(미디어스, 2023). 한
편, 세월호 10주기 방송과 관련 〈다큐 인사이트〉 프로그램의
제작 중단을 두고 KBS 노사는 편성규약을 둘러싸고 첨예하게
대립하였다.

> 〈다큐 인사이트〉에서는 4월 18일, 「세월호 10주기 방송−바람이
> 되어 살아낼게(가제)」로 세월호 관련 다큐를 준비하고 있었다. 이
> 미 지난해 내려진 제작본부 차원의 결정이었고, 제작진은 어렵게
> 생존자를 포함한 출연진들의 설득을 구해 제작에 착수, 현재
> 40%의 촬영이 완료된 상황이다. 하지만 새로 부임한 제작본부
> 장은 방송 예정인 세월호 10주기 방송을 6월 이후로 연기해 다
> 른 재난과 엮은 PTSD(외상 후 스트레스) 시리즈로 제작하라고

---

13) 제22조(편성·제작·보도의 공정성과 독립)
① 편성·제작·보도의 모든 과정은 제작자의 자율과 양심에 기반해야 하며, 안팎의
  부당한 간섭과 압력으로부터 수호되어야 한다.
② 편성·제작·보도 담당자는 방송 강령, 편성규약, 방송 제작 가이드라인을 준수해
  야 한다.
③ 편성·제작·보도 책임자는 실무자의 의견을 충분히 존중하며, 합리적 절차와 방
  식에 따라 의사 결정을 내려야 한다.

지시했다. 4월에 방송을 낼 수 없는 이유는 '총선에 영향을 줄 수 있다'라고 했다. "총선은 4월 10일이고 방송은 8일 뒤인 4월 18일인데 무슨 영향을 줄 수 있습니까?"라고 묻는 제작진의 질의에 제작 본부장은 "총선 전후로 한두 달은 영향권이라고 본다"라는 견해를 제시했다(PD협회, 2024).

그리고 "4월 총선을 앞둔 시기에 민감한 아이템이 총선 일자를 중심으로 방송되는 것은 선거에 영향을 미칠 수 있으며 선거 공정성 논란을 초래할 수 있다는 판단하에 6월 이후 제작·방송하기로 결정했다". 이어진 해명에서 "한국방송 사측도 4월 방송은 할 수 없다는 입장이고, 4월 방송이 안 된다면 출연자들도 협조할 수 없다고 하니 제작을 중단할 수밖에 없다"라며 중단 결정을 제작진에 통보했다. 선거에 영향을 줄 수 있어 4월 18일 방송이 불가하다는 주장은 납득하기 어렵다며, 제작을 담당하는 본부장과 제작진과 프로그램 방영 시기를 두고 첨예한 갈등을 겪고 있다. 담당 피디는 최종 무산 결정이 내려지기 전 다큐 출연자들을 만나 사정을 밝히고 사과해야 했다. 해당 다큐 연출을 맡은 담당 피디는 이날 한겨레에 "공영방송이 여타 상업방송과 다른 이유는 상업방송에서 외면당하는 힘없고 억울하고 약한 사람들의 이야기를 듣기 위함인데, 납득할 수 없는 이유로 세월호 참사 당사자들의 이야기를 담을 수 없게 됐다"라며 "시청자 여러분께 너무 죄송하다"라고 했다(한겨레신문, 2024).

한편, 〈역사저널, 그날〉 4월 30일로 예정된 개편 첫 방송 녹화를 3일(업무일 기준) 앞둔 4월 25일 저녁 18시 30분경, 이○○ 제작1본부장이 이○○ 시사교양2국장을 통해 조○○ 씨를 '낙하산 MC'로 앉힐 것을 최종 통보했다. 제작진은 이미 MC와 패널, 전문가 섭외 및 대본까지 준비를 마치고 유명 배우를 섭외해 코너 촬영도 끝낸 시점이었다. 첫 방송에 대한 기대감을 높이고 있을 그때, 본부장이 비상식적 지시를 내린 것이다. 이후 녹화는 2주째 연기됐고, 지난주 금요일(10일) 제작진은 마침내 무기한 잠정 중단 통보를 받았다. 다음날 PD협회는 성명을 통해 "표면적으로 발생한 비용만 해도 억대의 손해일 뿐 아니라 파생되는 회사 이미지 저하, 외부 제작 관계자에 대한 신뢰성 저하, 대표 프로그램의 불방에 따른 손해 등등까지 고려한다면 금액 산정을 떠나 그런 결정 자체로 엄청난 해사 행위가 아닐 수 없다"며 〈역사저널 그날〉 프로그램 제작 중단의 심각성을 지적했다. 반면 회사는 녹화 5일 전인 4월 25일, 담당 국장이 본부장에게 조○○ MC, 한○○ 패널로 두 사람을 함께 기용하는 의견을 제시해, 사장으로부터 최종 승인을 받았다고 설명했다. 이 때문에 녹화 3일 전인 4월 27일 제작본부장이 MC 교체 지시했다는 주장은 아예 성립되지 않는다는 것이다. 또한, 경영진은 현재 경영난을 겪고 있는 KBS 입장에서 A급 연예인의 고액 출연료보다 상대적으로 출연료가 현저히 낮은 시사교양 프로그램 진행 경력을 갖고 있는 조○○ 씨를 우선 고려했다고 설명했다(공정언론국민연대, 2024).

본부장은 경우에 따라 제작 중인 프로그램을 중단할 수도 있다. 프로그램이 제작진과 사전에 충분한 협의가 되지 않았거나, 제작 중인 프로그램이 초기 의도와 전혀 다르거나, 사회적으로 심각한 물의를 일으키거나, 제작 가이드라인을 위반하여 정당성이 부족하거나, 브랜드 신뢰가 저하될 우려가 있을 경우, 제작 책임자는 프로그램 제작을 중단할 수 있다. 중요한 것은 이러한 과정들이 제작진과 충분히 논의되었는지, 프로그램 제작 중단에 대해 시청자에게 충분히 이해될 수 있게 설명되었는지, 그리고 이 과정을 통해 회사가 국민의 신뢰를 확보할 수 있는지 여부다. 국민에게 위임받은 편성권과 제작의 권한을 주어진 규정 내에서 충실히 이행했다면 문제가 되지 않는다. 공영방송은 국민에게 방송의 자유를 위임받아 공정하고 다양한 의사 형성을 전달해야 하는 대리자 입장에서 편성과 보도, 제작과 관련된 책임자들의 결정이 국민에게 충분히 설명될 수 있어야 한다. 공영방송에서 발생하는 편성규약의 위반은 공개적이고 투명하게 국민들에게 설명할 수 있어야 한다. 방송의 자유를 객관적 제도로서의 관점은 어느 한 권리 주체의 이익에 관한 관점이 아니라 모든 국민의 이익에 관한 것이다. 객관적 제도 성격의 방송의 자유는 헌법재판소가 확인한 바와 같이 '모든 국민의 언론·출판의 자유'의 실질적 보장이며, 소수의 특권이 아니라 다수의 기본권이기 때문이다(헌법재판소, 2001헌바47). 또한, 국민의 공론장을 형성해야 하는 공영방송은 스스로 공론장을 만들어야 한다. 공개적이고 합리적이며 숙의적인 공론장을 형성할 수 없는 공영방송은 공론장으로서 역할을 다할 수 없다.

방송은 민주적 의사 형성의 자유에 봉사하는 자유로서, 방송 사업자의 권리 또한 공론장을 대리하여 봉사하는 자유다. 따라서 방송의 자유는 공개적이고, 다양성을 보장하고, 숙의할 수 있는 내부 자유가 있을 때 합법적이며 존중받을 수 있다.

2020년 개정된 KBS 방송 제작 '제작 가이드라인'에 의하면, 제작자는 제작 과정에서 외부로부터 부당한 압력이나 협박을 받을 경우, 전문가적 양심에 따라 판단하되 신속히 책임자와 협의해야 한다. 필요하다면 법률 전문가의 자문을 받아 적절한 대응책을 마련해야 한다. 이때 만약 제작자와 방송 책임자 사이에 관점이 달라 의견이 서로 엇갈릴 경우, 양측은 서로의 입장을 충분히 존중하여 합리적인 의견 조정을 끌어내도록 노력하여야 한다(KBS, 2020). 그러나 KBS의 방송 제작 가이드라인은 방송 책임자와 제작자 사이에 원만한 협의와 의견 조정 과정이 없더라도, 사측이 회의체를 지연하거나 회피하더라도 이를 강제할 수 있는 제재 조치가 없다. 한편, BBC의 〈제작 가이드라인〉은 BBC 편집 관리 시스템의 일부로 '의무적 상의' 조항을 두고 있다. 제작진이 자체적으로 〈제작 가이드라인〉의 원칙을 만족시킬 수 없는 경우, 편집국장 또는 기준국장과 필수적으로 상의해야 한다. 이는 〈제작 가이드라인〉의 준수를 보장하기 위한 필수적인 과정이다. 가령 심각한 논쟁적 주장을 익명의 단일 출처에 의존하여 보도하거나 주요 출연자를 익명으로 처리하려고 할 때는 편집국장/기준국장 또는 법무팀과 상의를 해야 한다. 제작과 취재는 리포터가 중심이 되고 심각한 논쟁적 주장을 익명의 단일 출처에 의존해서 보도하거나 주요 출연자를 익명으로 처리하려고 할 때는 편집 책임자와 상의해야 한다(방송통신심의위원회, 2011). BBC의 경우 취재 기자가 전문 영역을 바탕으로 리포터를 주도하면서, 심각한 논쟁적 사안에 대해서는 편집 책임자와 상의하는 편집 시스템을 갖추고 있다. 또한, 정부 부처에서 일정 정도 공공 정책이나 정치적인 논쟁과 관련된 공식 메시지나 홍보 영화를 방송해 줄 것을 요청해 올 때는 정치 수석 고문(Chief Adviser Politics, CAP)과 상의해야 해서 불편부당성을 준수해야 한다. '편집의 독립'은 BBC 내적 편집의 자유이며 '전문 직업인(professional)'으로서 직업적 윤리와 규범에 따라 자유롭게 방송 업무를 수행하도록 BBC 경영위원회는 '편집의 독립'을 선도하고 보호해야 한다(정연우, 2020). BBC는 편집 책임자의 일방적 지시가 아니라, 민감한 현안이 발생하면 제작자나 취재진이 관련 책임자들과 상의하는 수평적 제작 시스템을 갖고 있다.

한편, 2023년 12월 대통령의 외교 순방을 일방적으로 홍보하는 〈시사기획 창〉의 '원팀 대한민국 세계를 품다' 프로그램이 방영되어 논란이 되었다. 언론노동조합 KBS 본부는 다음과 같이 프로그램 제작상의 문제점을 지적했다.

> 해당 프로그램은 시사제작 2부 OOO 부장이 직접 원고를 쓰고 제작한 아이템인데, 부서원들도 해당 프로그램의 예고편이 나가기 전까지는 당일 방송되는 프로그램의 내용을 전혀 인지하지 못했던 것으로 알려졌다. 어떻게 이런 수준 미달의 프로그램이 방송될 수 있었는지도 의문인데, 프로그램에 나온 영상 가운데 다

수를 대통령실에서 제공받았다는 점, 외교 라인 핵심이라는 김 OO 국가안보실 1차장이 주요 인터뷰이로 나오는 점을 고려했을 때 대통령실의 발주까지는 아니더라도, 제작 과정에서 상당 부분 조율이 있었을 것으로 의심되는 상황이다(전국언론노동조합 KBS본부, 2023).

또한 KBS 기자협회도 〈시사기획 창〉의 문제점을 지적했다.

대통령실에서 발표한 해외순방의 성과만을 무비판적이고 일방적으로 보도하는 '받아쓰기'식 구성이었다. 성과를 보도할 수는 있으나 이것이 역대 다른 정부와 비교했을 때 어떤 다른 의미를 갖는지 알 수 없었으며, 대기업 총수들에 대한 잦은 집단 동원 문제를 비롯해 대통령 발언, 의전 관련 논란 등 해외순방과 관련된 비판적 논점은 실종됐다. KBS '공정성 가이드라인'은 공공정책에 대한 보도에 있어 "대부분의 공적 사업이 국민의 세금으로 운영되는 점을 감안하여 공공정책에 관한 발표 자료는 제시된 데이터가 과도하게 부풀려진 점은 없는지, 객관적이고 신뢰할 만한 자료인지를 최대한 검증하도록 노력한다"고 명시한다. 또한 "제작자는 출연자의 선정, 촬영에서의 앵글의 선택, 편집에서의 화면의 선택, 프로그램 안에서의 아이템 배열 등 제작 과정에서부터 전체적인 프로그램의 편성에 이르기까지 모든 단계에서 다양한 견해를 포함하도록 유의한다", "과연 어제 방송이 KBS가 스스로 밝힌 저널리즘의 기본 원칙을 지켰는지 되묻는다"(KBS기자협회, 2023)

정권 홍보성 방송으로 논란이 되자 KBS 시청자위원회에서는 "노골적인 정권 홍보 방송"이라는 질타가 쏟아졌다. 한국방송 시청자 위원들은 해당 다큐에 대해 "어느 방송보다 공정하고 중립적인 입장을 견지해야 할 공영방송의 역할과 사명을 저 버린 일방적인 정부 홍보"라며 "국민의 방송 케이비에스는 '윤 비어천가'라는 평가를 뼈아프게 들어야 한다"라고 비판했다. "KBS가 정부 홍보 방송이라는 오명을 받는다"라며 입을 연 최 ○○ 시청자위원장은 "국정 홍보 채널인 케이티브이(KTV)에서나 내보낼 만한 성격의 내용이 공영방송 KBS에서 버젓이 방송되 었다는 사실에 허탈감, 참담함을 느낀다"고 말했다. 그는 이 방 송에서 공정성·중립성·다양성 등 공영방송이 중시하는 가치 를 찾아볼 수 없었다고 지적했다(한겨레신문, 2024). 이 프로그램은 시사 프로그램을 담당하는 제작진들과 편성 기획 과정 및 제작 과정을 공유하지 않고, 본부장과 국장, 부장 등 제작 책임자들 만이 정보를 공유하면서 방송을 제작·송출한 것으로 알려졌 다. 정상적인 프로그램 편성은 사전에 제작진이 편성 일정에 맞 춰 제작하고, 편성 일정을 공지하면서 공개된 형태로 제작된다. 이 사례는 편성 및 제작의 권한이 본부장과 소수의 간부들에 게 집중될 때, 공영방송 시사 프로그램이 일방적으로 정부의 역할을 옹호할 위험이 있다는 점을 보여 준다.

KBS는 사장이 교체될 때 새로운 인사를 통해 편성, 보도, 제 작 본부장을 교체할 수 있으며, 본부장들은 해당 본부의 국장 과 부장을 교체해 왔다. 이렇게 교체된 경영진과 관련 국장들은 해당 프로그램의 앵커 교체와 프로그램을 폐지하거나 새로운 프로그램으로 대체할 수 있다. 사장은 법적 및 사실적인 최고책 임자로서 책임을 지게 된다. 즉 방송사의 경영 및 프로그램에 대한 법적 및 사실적인 책임을 지게 되는 지위에 있게 된다. 그러나 이러한 책임 때문에 제작자의 프로그램 제작에 직접 및 간접적인 개입이 허용되는 것은 아니다. 이런 측면에서 볼 때 현재 KBS 경영진의 프로그램 편성권에 대한 과도한 개입은 방송의 자유의 중심적인 내용인 자율적인 프로그램 편성권을 침해하는 것이다(최우정, 2012). 방송의 자유는 방송 사업자에 독점된 권리가 아니라 다수의 기본권이며, 국민의 의사 표현의 자유를 위해 법의 테두리 내에서 행사되어야 한다. 편성규약 준수 여부의 판단 기준은 편성규약과 제작 가이드라인, 단체협약과 각종 사규를 종합하여 판단해야 한다. 프로그램과 관련된 분쟁이 책임자와 제작자 사이에 발생할 경우, 보도 및 제작 책임자가 편성규약을 준수하는지 여부는 다음 기준에 따라 판단할 수 있다. 즉 우선 취재 및 제작 책임자의 지시가 법과 사규, 사회적 통념, 윤리적 기준에 어긋나지 않고, 실체적 진실에 부합하는가? 다음으로 자신의 의견을 일방적으로 강요하지 않고 실무자와 성실하게 협의를 했는가? 마지막은 「방송편성규약」에서 보장한 공정방송위원회, 본부별 편성위원회를 통해 분쟁 해결을 하였는가?(KBS, 2019) 핵심은 방송 프로그램 편성과 제작 과정에서 경영진과 방송 제작진과의 갈등이 발생할 경우 내부적으로 이를 어떻게 조율하고 조정할 것인가 하는 관점이다. 사전에 논의되지 않은 앵커의 일방적 교체, 프로그램의 강제 폐지, 제작 중인 프로그램의 중단과 방영 시기의 연기가 방송법과 노사 간 단체협약에 얼마나 위법한지에 관한 문제이다. 방송 프로그램 편성 및 뉴스 제작을 포함한 전반적인 권한을 가진 KBS 경영진과 방송을 실질적으로 제작하는 방송 종사자의 내적 자유가 충돌할 때, KBS 노사는 방송법의 「방송편성규약」 및 단체협약에 따라 이를 합리적으로 조정할 수 있어야 한다.

## (2) KBS 「방송편성규약」 제정 경과와 의미

「방송편성규약」은 편성권 보호를 목적으로 '기본권'인 언론의 자유를 방송 분야에서 실천하는 양대 이해관계자인 방송 경영진과 방송 제작진 사이의 합의에 따라 체결한 협약이다. 편성의 최종 책임은 편성 책임자에게 있다. 그러나 편성규약에서는 편성·제작 실무자들이 프로그램을 기획, 제작, 편성하는 과정에서 내부와 외부의 정치 사회적 압력과 광고주를 비롯한 경영진의 경제적 압력으로부터 독립적이고 자율적으로 활동할 수 있도록 편성·제작 실무자의 권한을 보장한다(심영섭, 2010). 1987년 6월 민중항쟁 이후 KBS 방송 노동자들도 방송인으로서의 양심에 스스로 눈을 뜨고 진실을 추구할 의무와 명예를 회복하려는 자구 노력을 시작했다. 이 같은 움직임의 구체적 실현으로 1988년 5월 20일 KBS 노동조합이 설립되었고, 이때부터 KBS인들은 본격적인 방송 민주화 투쟁에 나서기 시작했다. KBS 노동조합이 중심이 되어 1989년(당시는 노태우 정부) 5공의 비도덕성을 적나라하게 드러낸 〈광주는 말한다〉는 프로그램을 관철하는 등 본격적인 방송 민주화 투쟁에 나서기 시작했다(KBS노동조합, 1991). 지난 과거를 속죄하는 마음과 다시는 '시청료 거부운동'의 멍에를 지지 않겠다는 다짐으로, 일선 PD와 기자가 앞장섰다. 공정 보도, 진실한 방송 제작의 구체적 증거는 〈뉴스비전 동서남북〉, 〈르포 60〉, 〈심야토론〉의 고정 프로그램을 통해 나타났다. 서영훈 사장 체제의 KBS에 불만을 품은 6공 정부는 대대적인 감사원은 감사를 통해 소위 '법정수당 불법 지출'이라는 건으로 서영훈 사장의 퇴임을 압박하자 서영훈 사장은 1990년 3월 2일 KBS 이사회에서 면직 제청되었다. 이후 정부는 서울신문 사장인 서기원 사장을 선임하면서 KBS 노동조합의 방송 민주화 투쟁이 본격화되었다.

「방송편성규약」은 1998년 이후 한국 사회에서 정치·경제·사회 분야의 개혁과 더불어 언론 개혁 작업 전반에 대하여 긍정적인 환경이 제공되면서, 1999년부터 전개된 방송법 개정 작업의 산물이다(류한호, 2004). 1999년 7월 민주적 방송법 제정을 촉구하는 방송사 연대 파업이 있었고, 이후 새롭게 만들어진 2000년의 통합 방송법은 언론 기업의 내적 자유를 지향하는 획기적인 내용을 담았다. 즉 방송법 제4조 제3항에서 방송 사업자의 방송 편성 책임자 선임·공표 의무와 방송 편성 책임자의 자율적인 방송 편성 보장 의무를 규정하였고, 동조 제4항에서는 편성규약 제정 및 공표 의무를 도입하였다(손승우, 2017). 편성규약은 2000년 1월 12일 개정된 방송법에 명문화되었다. KBS 「방송편성규약」은 국내 방송사 가운데 처음으로 제정·공표되었는데 당시 사용자 측이 일방적으로 발표하면서 노조를 포함한 일선 제작자들이 강하게 반발했다. 2001년 제정된 KBS 편성규약은 규약을 마련하는 과정에 제작자 대표의 의사가 관철되지 못하고, 사용자

측의 일방적인 편성 지침에 준하는 규약이 공표되었다. 노조와 일선 제작자들은 "제작 자율성을 보장할 실질적인 제도적 장치가 빠진, 회사 경영진의 일방적 의견만 담은 편성규약을 받아들일 수 없다"라며 거세게 반발했다. 편성규약에 '사장은 편성과 방송 제작의 최종 권한을 보유한다'라고 명시함으로써 방송 제작의 자율성을 보장하기 위해 제정하도록 돼 있는 편성규약의 기본 정신을 위배했다는 것이다. 또 본부장급 편성 책임자와 제작 책임자에게 '편성 권한', '제작 권한' 등 포괄적 권한이 명시돼 있는 반면, 제작 실무자들은 '제작 책임자의 지휘'와 '승인'을 받아야 한다고 규정하고 있다. 게다가 '편성 책임자는 제작 책임자의 요청이 있을 경우 편성을 변경할 수 있다'고 규정해 사측의 자의적 편성 권한을 보장하고 있는 반면, 제작 실무자는 '프로그램이 자신의 양심에 반하여 수정되거나 취소될 경우' 단지 '설명을 요청'할 수 있을 뿐이다. 이에 대해 회사 측 한 관계자는 "방송위원회가 편성 규약을 조속히 처리하라는 공문을 보내와 서두르게 됐다"며 "원만하지 못한 노사관계 속에서 편성 규약이 일정 부분 희생양이 됐다. 앞으로 노사관계가 잘 풀리면 좀 더 진전된 규약으로 개정될 가능성도 있을 것"이라고 말했다(한국기자협회, 2000). 이 규약의 핵심 악성 조항은 '공사의 사장은 편성과 방송 제작의 최종 권한을 보유한다(제12조)'에 있었다. 방송 제작의 자율성 보장을 위해 편성규약을 제정하라는 방송법 취지를 정면으로 위배했다 해서 '방송판 노비문서'라는 질타를 받았다. 또 제작 실무자의 권리로는, 제작된 프로그램이 자신의 양심에 반하여 수정되거나 취소될 경우 '설명을 요청'할 수 있는 것이 전부였다(구 편성규약 제10조 제3항 참조). 이에 반해 제작 책임자는 취재 및 방향을 제시하고 지휘함으로써 취재 및 제작 내용의 방송 적합성에 대한 판단 권한을 가진다고 규정함으로써(동 규약 제8조), 당시 학자들은 이를 '사단장의 지휘서신'이라고까지 비판했다(최은희, 2015).

최초로 제정 공표된 KBS 「방송편성규약」은 노조나 제작 실무자의 의견을 수렴하지 않고 사측이 일방적으로 편성권의 권한을 보유한다고 명시함으로써 상당한 문제가 되었다. 편성권은 경영권의 일부이며 편성권은 사측에 귀속된다고 명문화한 것이다. KBS 노동조합은 2001년 2월 대위원대회에서 KBS노조 운영 사업계획으로 참방송의 실현을 위해 편성 규약 무효화 투쟁 및 민주적 제정을 의결하였다. 한편, 언론개혁시민연대(이하 언개연)는 2002년 2월 12일 방송위원회출범 1년을 맞아 방송위원회(이하 방송위)와 국회 등에 전달할 '방송법 재개정 및 방송 제도 개선 건의서'(이하 건의서)를 발표했다. 이 건의서는 지난 2월 언개연에 참여하고 있는 방송노조 등 현업 단체와 민언련 등 시청자 단체, 언론학자들이 방송개혁팀을 구성, 정책 토론을 거쳐 1차로 작성된 것으로 편성규약 제정 시 취재 및 제작 종사자와 합의(방송법 4조 개정)를 요구했다(KBS노동조합, 2001). 편성규약이 무력화되자 KBS 노사는 방송 프로그램 관련 논쟁이 발생하면 사측이 주축이 되는 편성위원회보다 노사 단체협약의 공정방송위원회를 통해서 문제를 해결해 왔다.

정연주 사장이 취임한 이후, 2003년 11월 1일에 시행된 '개정 KBS 「방송편성규약」'은 취재 및 제작 책임자로 하여금 구체적인 취재 및 제작 과정에 부당한 압력을 행사하지 못하도록 규정하고 있으며(제5조 제2항), 취재 및 제작 실무자의 자율성을 보장하고 있다.

편성규약 제6조(취재 및 제작 실무자의 자율성 보장) ① 취재 및 제작 실무자의 자율성은 「방송법」이 정한 제반 기준 내에서 최대한 보장받는다. ② 취재 및 제작 실무자는 편성·보도·제작상의 의사결정에 대해 의견을 제시할 수 있고, 그 결정 과정에 직·간접적으로 참여하는 권리를 갖는다. ③ 취재 및 제작 실무자는 자신의 양심에 따라 자율적으로 업무를 수행하며 자신의 신념과 실체적 진실에 반하는 프로그램의 취재 및 제작을 강요받거나, 은폐 삭제를 강요당할 때 이를 거부할 권리가 있다. ④ 취재 및 제작 실무자는 취재·제작된 프로그램이 사전 협의 없이 수정되거나 취소될 경우 그 경위를 청문하고 해명을 요구할 수 있다. ⑤ 취재 및 제작 실무자는 제작의 자율성에 심대한 영향을 미치는 프로그램 관련 결정에 대해서 알 권리와 시정을 요구할 권리가 있다. ⑥ 취재 및 제작 실무자는 업무 수행 과정에서 방송의 자유와 독립을 침해받거나 자율성을 저해하는 제반 문제가 발생할 경우 '편성위원회'에 조정과 해결을 요청할 수 있다.

이때 편성위원회는 본부별로 취재 및 제작 책임자 측(본부장, 국장, 부장급 이상의 간부) 위원과 본부별 총회를 거쳐 민주적인 방법으로 선출된 실무자 대표 위원 각 5인 이내의 동수로 구성된다(동 규약 제8조). 2003년에 개정된 편성규약은 2001년의 편성규약에 비해, 방송법

제4조 3항이 규정하는 편성 자율권에 초점을 맞추어 개정되었다. 그러나 여전히 KBS의 개정 편성규약에서도 편성 원칙과 취재와 제작의 규범, 취재와 제작자의 의무와 권리를 동시에 정함으로써 제작자의 자율성을 보장하는 데 한계가 있었다(심영섭, 2010).

　2012년 회사는 편성규약의 기능을 무력화하려는 여러 시도를 했고, 이로 인해 노조, 기자협회, PD협회와 갈등이 발생했다. 김인규 사장 재임 시기인 2012년 9월에는 보도국장이 제작 실무자를 대표하는 기자협회장의 아침 편집회의 참여에 대해 '협회장은 편집회의에서 발언권이 없다'고 발언해 기자협회가 항의하였다. 길환영 사장 재임 시기인 2013년 3월에는 기자협회장이 아침 편집회의에 참석하여 천안함 관련 뉴스가 과다하다는 문제를 제기했다. 이에 보도본부 책임자들은 기자협회장이 오히려 보도의 독립성을 침해하며, 책임자들 외에는 편집에 간섭할 수 없다고 주장했다. 사측은 '편성규약의 올바른 이해'라는 제목의 강의를 개최해 방송 자유의 주체는 사장과 이사장이고, 편성규약이 위법하다는 주장을 펼쳤다. 편성규약을 둘러싼 분쟁은 한동안 뜸했으나 고대영 사장 취임 이후 다시 격화됐다. 2015년 11월 24일 고대영 사장은 취임사에서 편성규약 개정 방침을 강하게 언급했다. 이어 같은 해 12월 16일 기자협회장이 편집회의에서 세월호 청문회 마지막 날 관련 보도를 하는 것이 좋겠다고 제안하자 보도국장 이하 보도국 국장·부장 18명은 집단 연명으로 '기자협회장의 특정 기사 요구는 명백한 편집권 침해이다'라는 성명서를 발표했다. 보도국 간부들의 집단 연명은 이듬해 3월 'KBS 기자협회 정상화 모임'의 등장으로 이어졌다. 간부들은 정상화 모임을 통해 기자협회 등의 공정방송 감시 활동을 공격했다(미디어스, 2015). 이로 인해 기자협회장의 제작 실무자 대표로서의 역할이 크게 제한되었고, 보도위원회 기능이 무력화되는 등 편성규약을 위반하는 결과를 초래했다. 2008년 이후 정권의 방송 개입 우려와 사측의 의도적 해태 및 회피로 편성위원회는 사실상 유명무실화되었다. 이로 인해 사측과 노동조합(본부노조) 사이에 많은 갈등과 파행이 이어졌고, 2017년 방통위는 KBS와 MBC 등 지상파 재허가 과정에서 '편성위원회 정상화'를 재허가 조건의 하나가 되기도 하였다(양승동, 2022).

시사IN이 매년 조사하는 가장 신뢰하는 방송 프로그램 연도별 추이(2007년-2016년)를 보면 KBS 〈뉴스9〉의 신뢰도는 2007년 이후 압도적으로 1위를 기록하다가 세월호 사태가 발생한 2014년(길환영 사장)에 급격히 하락(19.2%→13.9%)하였다. 첫 조사 때 21.8%를 시작으로 줄곧 가장 신뢰하는 방송 프로그램 1위로 꼽혔던 KBS 〈뉴스9〉의 신뢰도는 하락 추세. 손석희 JTBC 보도 담당 사장이 앵커로 복귀한 2013년 9월 이후 진행된 2014년 조사에서 KBS 〈뉴스9〉는 JTBC 〈뉴스9〉(〈뉴스룸〉의 개편 전 이름)와 나란히 13.9%를 기록했다(시사IN, 2016). 이후 JTBC 〈뉴스룸〉이 KBS 〈뉴스9〉보다 2년째 높은 수치를 기록하며 격차를 2015년 0.6%포인트, 2016년 4.1%포인트 차이로 벌려가고 있다. 편성규약의 갈등이 본격화되는 2015년부터(고대영 사장) JTBC에 이어 2위를 기록하기도 했다. [표 5-1]은 시사IN의 가장 신뢰하는 방송프로그램 연도별 추이를 보여 주고 있다.

[표 5-1] 가장 신뢰하는 방송 프로그램 연도별 추이(시사IN, 2016년)

**가장 신뢰하는 방송 프로그램 연도별 추이**(오차범위 ±3.1%p, 95% 신뢰 수준)

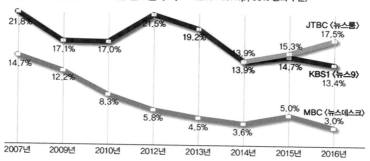

참고. 시사IN(2016)

## - 양승동 사장, 제작 자율성 확대를 위한 「방송편성규약」 개정

2019년 KBS 「방송편성규약」(이하 편성규약)은 16년 만에 개정되었다. 2003년 개정의 핵심은, 기존 편성규약이 자율성을 보장할 제도적 장치가 부족하다는 지적에 따라 노사 동수의 편성위원회를 명시함으로써 제작 자율성을 실질적으로 보장하는 것이었다. 하지만 이후에도 책임자 측이 편성위원회를 거부하는 등 편성규약 무력화 시도가 자주 발생했기 때문에 편성위원회 정상화는 KBS 취재·제작 종사자들의 오랜 염원이었다(양승동, 2023). 2018년 양승동 사장이 취임하면서 편성위원회 정상화를 주요 공약으로 내걸었다. 양승동 사장은 'KBS 저널리즘이 공정성을 확보하기 위해서는 독립성이 전제돼야 하며, KBS는 언론사로서 가장 중요한 역할 중의 하나가 권력에 대한 감시다. 이 역할을 제대로 수행하지 못하거나 유착 현상, 이른바 권언유착 모습을 보일 때 신뢰의 기반이 무너진다'고 판단했다. 2019년에 다시 개정된 편성규약은 향후 누구도 방송법이 규정한 편성규약의 대원칙을 훼손하지 못하도록 제도적 실효성을 높이는 데 중점을 두었다. 제작 자율성은 KBS 취재·제작 종사자들이 방송의 공정성과 공익성을 실현하고 국민의 권익을 보호하는 프로그램을 만들기 위해 무엇보다 중요한 요소이기 때문에, 편성규약의 개정은 절실했다. 2019년 3월 28일, 전체 편성위원회(공정방송위원회)의 합의에 따라 편성규약 개정에 대한 논의가 시작됐다. 이에 따른 노사 동수의 개정 T/F에는 책임자 측 5명(디지털뉴스주간, 시사교양2국장, 라디오편성기획국장, 전략기획국장, 공영미디어연구소장), 실무자 측 5명(기자협회장, PD협회장, PD협회 수석부회장, KBS노동조합 춘천지부장, 전국언론노조 KBS본부 공정방송실장)이 참여했다. KBS는 T/F 협의, 사내 의견 수렴, 이사회 의견 청취, 법률 검토를 거쳐 2019년 10월 22 일 전체 편성위원회에서 편성규약 개정안을 의결했다. 의결 직후 양승동 사장과 이경호 전국언론노동조합 KBS본부장이 서명했고, 11월 1일 경영회의에서 의결됨으로써 사내 규범으로서도 확고한 효력을 갖게 되었다. KBS는 2019년 11월 KBS 사보를 통해 2003년에 개정된 편성규약은 '취재 및 제작 자율성 보장을 통한 방송의 자유와 독립 구현'이라는 원칙을 담았지만, 방송의 자유와 독립이라는 개념이 명확하지 않아, 해석상 혼란이 있어 이번 편성규약은 이러한 혼란을 줄이고자 했다고 설명했다. 편성규약에 제4조(독립성의 보장)를 신설해, KBS의 모든 구성원은 △외부 이익 집단의 압력은 물론, △조직 내규가 정한 권한과 책무를 넘어서는 부당한 간섭, △사적 이익으로부터 방송의 독립성을 지켜야 한다고 명시했다. 특히 KBS 사장은 외부의 부당한 간섭을 배제하고 방송의 독립을 지킬 책무를 져야 한다고 강조했다. 또한, 방송의 자유와 독립을 지키고 취재 및 제작의 자율성을 보장하는 목적은 '방송의 공익성·공정성 실현'뿐 아니라 '진실 추구'를 통해 '국민의 권익과 민주주의를 보호'하는 데 있음도 분명히 했다(KBS, 2019).

개정된 KBS「방송편성규약」에는 취재 및 제작 실무자의 권리와 의무를 명확히 명시했다. 제7조(취재 및 제작 실무자의 권리와 의무) 제3항에 취재 및 제작 실무자의 권리와 의무를 구체화하고 있으며, 제6항은 제작 자율성에 심대한 영향을 미치는 프로그램 결정에 대해 시정을 요구할 권리를 가진다. 제3항은 취재 및 제작 실무자는 편성·보도·제작상의 의사 결정에 대해 의견을 제시할 수 있고, 그 결정 과정에 직·간접적으로 참여하는 권리를 갖는다. 또한, 「방송편성규약」 제8조에 회사는 취재 및 제작 실무자의 권한을 보장하기 위해 '편성위원회'를 두고 운영하며, 분야별 편성위원회를 두고 전체 편성위원회는 단체협약에 의해 설치된 노사 '공정방송위원회'가 기능을 대신하고 있다.

KBS는 KBS노동조합과 방송법 제1조(목적)의 방송의 자유와 독립성을 준수하기 위해 편성·제작·보도의 공정성과 독립성과 관련된 노사 단체협약 제3장 '공정방송' 조항을 체결하였다. 공정방송 구현을 위한 구체적인 실천 조항으로, 단체협약 제23조(공정방송위원회 설치) '노동조합은 회사와 공동으로 방송의 자유와 독립성을 위한 실질적인 주체로서 책임을 다한다' 점을 명확히 규정했다. 방송법에 명시되고 노사 합의에 의해 제정된 편성규약은 단체협약과 동일한 효력을 가진다. 편성규약 위반 시 규약 제15조에 따라 시정을 요청할 수 있으며, 공정성 훼손 등으로 편성규약을 심각하게 위반할 경우 단체협약에 따라 징계를 요청할 수 있다. 한편, 방송 책임자와 제작자 간의 의견을 달리할 경우, 방송 책임자는 회사의 법규와 사회적 통념, 윤리적 기준에 의거해서 제작자의 취재·제작 및 제반 방송 활동을 지휘·감독하며 제작자는 특별한 문제가 없는 한 이에 따라야 한다. 그러나 정상적인 절차를 거치고도 이견이 잔존하여 이것이 방송 활동에 심대한 지장을 줄 경우에는 KBS 「방송편성규약」이 정하는 바에 따른다(편성규약의 분야별 위원회, 노사 공정방송위원회, 외부 중재위원회를 거쳐야 함). 그리고 KBS의 방송 책임자는 방송의 자유와 방송에 대한 시청자의 신뢰를 유지하기 위해 제작자들이 권력에 맞설 때나 개인적인 용기를 필요로 할 때 그들을 지지하고 보호해야 한다(KBS, 2020).

단체협약은 노사관계법 등 노동법보다 더 큰 효력을 갖는다. 단체협약은 사규(기본 규정, 취업규칙 등)보다 상위의 지위를 가진다. 따라서 편성규약은 사규(기본규정, 취업규칙 등)보다 더 큰 효력을 갖는다. 편성규약을 위반할 경우 인사규정 55조 1호의 제규정 위반[14], 취업규칙 제4조 성실의무[15] 위반에 해당하여 징계의 대상이 될 수 있다. [표. 5-2]는 편성규약과 사규, 단체협약과의 관계를 도식화한 것이다.

[표 5-2] **방송법, 편성규약, 단체협약 및 사규와의 관계**

KBS, 2019. KBS 진실과미래위원회 백서

---

14) 제55조(징계) 직원이 다음 각호의 1에 해당하는 경우에는 사장은 인사위원회의 심의를 거쳐 이를 징계할 수 있다.
   1. 법령, 정관 및 제규정에 위반하거나 직무상의 정당한 명령에 복종하지 아니하는 경우
15) 제4조(성실) 직원은 법령과 공사의 정관 및 제규정을 준수하고 상사의 직무상 지시에 따라 맡은 바 직무를 성실히 수행하여야 한다.

우리 법원도 노동조합의 공정방송 기능과 역할에 대해 다음과 판시하고 있다.

공영방송은 공영방송 구성원에게 방송의 공정성을 실현하기 위한 근로 환경과 근로 조건을 제공하여야 할 의무를 부담한다고 할 것이고, 피고 단체협약은 피고와 피고 구성원 사이의 상호 양해 아래 위와 같은 방송의 공정성을 실현하기 위한 내부적인 장치를 두고 있는 것으로 이해된다. …방송의 제작, 편성, 보도 등 구체적인 업무 수행 과정에 있어서 방송의 공정성을 실현하기 위하여 마련된 제도적 장치가 제대로 기능을 하지 못해 실제적으로 근로 환경 내지 근로 조건 등에 영향을 미치게 되었다면, 이에 대한 시정을 요구하고 쟁의 행위에 나아가는 것은 노동조합법에서 규정하고 있는 근로 조건에 관한 분쟁에 해당한다 할 것이다 (서울고등법원, 2014고합9).

만약, 프로그램의 편성, 보도, 제작 과정에서 본부장 및 책임자와 제작진 간 의견 차이나 분쟁이 발생할 때, KBS는 「방송편성규약」에 따라 편성위원회를 통해 조정을 시도해야 한다. 편성위원회에서 노사 간 조정이 어려울 경우, 「방송편성규약」 제8조 (편성위원회의 설치 및 운영) 제6항에 따라 전체 편성위원회는 단체협약의 '공정방송위원회'에서 조정을 시도한다. 공정방송위원회는 해당 분야 외부 전문가로 구성된 중재위원회를 구성할 수 있으며, 노사는 그 의견을 존중해야 한다(제28조 제1항). 중재위원회는 위원장 1명을 포함한 3인 이상 5인 이하의 위원으로 구성한다(제28조 2항). 방송통신위원회는 2013년부터 방송 사업자의 재허가 심사 기준 및 요건으로 '편성규약의 공표 현황 및 주요 내용, 편성규약 내용에 따른 주요 이행 사항(편성위원회 개최 실적 등)'등을 제출하도록 규정하고 있다. 편성규약은 방송의 공정성과 자율성을 보장하는 가장 핵심적이고 중요한 제도로서 자리 잡고 있다(KBS, 2019).

## - 편성규약을 준수하려는 경영진의 노력은 KBS 신뢰도 향상으로 이어져

한국언론진흥재단은 〈언론수용자 조사〉를 발표하는데 2019년부터 2023년까지 모든 매체의 영향력과 신뢰도 조사에서 KBS는 5년 연속 1위를 차지하였다. 2019년에 개정된 「방송편성규약」은 제작자의 권한을 강화하고, 제작의 자율성을 보장하며, 내부 및 외부의 부당한 간섭을 배제하기 위한 KBS 노사 간의 노력의 결과다. 이는 방송의 공익성과 공정성을 실현하여 국민의 알 권리를 보장하고 민주주의를 촉진하려는 공영방송 KBS의 의지를 반영한 것이다. 방송편성규약을 개정하고 준수하여 내부 자율성을 확대하려는 KBS 경영진의 의지는 방송 프로그램 및 미디어의 신뢰도 증가로 이어졌다. 한국언론재단의 언론수용도 조사는 2022년 58,936명을[16] 대상으로, 2023년은 5,000명을[17] 대상으로 한 조사다. [표. 5-3]은 2023년 한국언론재단 〈언론수용자 조사〉의 매체 영향력과 신뢰도 조사 결과를 나타낸다.

---

16) 한국언론재단 (2022). 조사 개요: 표본크기 58,936명, 표본오차 ±0.40%p, 95% 신뢰수준
17) 한국언론재단 (2023). 조사 개요: 표본크기 5,000명, 표본오차 ±1.4%p 95% 신뢰수준

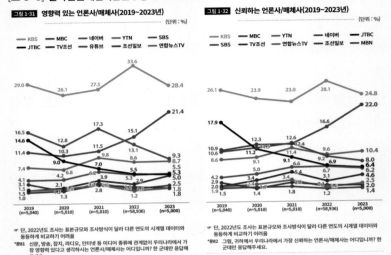

[표 5-3] 한국언론재단 〈언론수용자 조사〉 2023년

**그림 1-31 영향력 있는 언론사/매체사(2019~2023년)**
(단위 : %)

KBS / MBC / 네이버 / YTN / SBS
JTBC / TV조선 / 유튜브 / 조선일보 / 연합뉴스TV

☞ 단, 2022년도 조사는 표본규모와 조사방식이 달라 다른 연도의 시계열 데이터와 동등하게 비교하기 어려움.
*문81 신문, 방송, 잡지, 라디오, 인터넷 등 미디어 종류에 관계없이 우리나라에서 가장 영향력 있다고 생각하시는 언론사/매체사는 어디입니까? 한 군데만 응답해 주세요.

**그림 1-32 신뢰하는 언론사/매체사(2019~2023년)**
(단위 : %)

KBS / MBC / YTN / 네이버 / JTBC
SBS / TV조선 / 연합뉴스TV / 조선일보 / MBN

☞ 단, 2022년도 조사는 표본규모와 조사방식이 달라 다른 연도의 시계열 데이터와 동등하게 비교하기 어려움.
*문82 그럼, 귀하께서 우리나라에서 가장 신뢰하는 언론사/매체사는 어디입니까? 한 군데만 응답해주세요.

　　최근 영국 옥스퍼드대학교 부설 로이터저널리즘연구소가 17일 발표한 〈디지털뉴스리포트 2024〉 결과에서 KBS의 신뢰도는 2023년 55%로 MBC 58%에 이어 2위를 차지했다. 그러나 지난해 박민 사장으로 교체된 KBS는 올해 조사에서 51%를 나타냈다(미디어오늘, 2024). 2024년의 KBS 신뢰도는 MBC 57%, YTN 56%, JTBC 55%, SBS 54% 이어 5위를 차지하였으며, 신뢰도 지수도 하락하고 있다. 이번 조사는 로이터저널리즘조사연구소와 여론조사기관 유고브(YouGov)가 지난 1~2월 47개국을 대상으로 진행했다. 총 9만 4,943명의 조사 참여자 중 한국은 2,015명이 응답했다(로이터저널리즘연구소, 2024). 한편, 기자협회보는 한국기자협회 창립 60주년을 맞아 지난달 19~28일 현직 기자 대상으로 진행한 여론조사 결과를 6일 공개했다. 기자들에게 '본인 소속사를 제외하고 가장 신뢰하는 언론사'를 물은 결과 MBC(14.8%), 연합뉴스(14.3%)를 선택한 비중이 높았다. MBC·연합뉴스에 이어서는 조선일보(8%), SBS·경향신문(각 5.9%), 한겨레(5.8%), 한국일보(5.1%), JTBC(3.3%), 중앙일보(2.9%), 동아일보(2.6%) 순으로 나왔다. KBS는 지난 2021년~2023년 3위였으나, 올해 10위권 안에도 들지 못했다(미디어 오늘, 2024). 2019년 개정된 「방송편성규약」은 제작자의 권리를 강화하고, 제작의 자율성을 보장하며, 내외부의 부당한 간섭을 배제하기 위해 KBS 노사가 노력한 결과물이다. 이는 방송의 공익성과 공정성을 실현함으로써 국민의 알 권리를 보장하고 민주주의를 촉진하려는 공영방송 KBS의 의지를 반영한 것이다. 내부의 자율성을 확대하기 위해 「방송편성규약」을 개정하고 이를 준수하려는 KBS 경영진의 의지는 방송 프로그램 및 매체의 신뢰도를 높이는 결과를 가져왔다. 하지만 경영진이 제작진과 상의 없이 프로그램을 폐지하거나, 앵커를 교체하거나, 제작 중인 프로그램을 중단시키거나, 제작진과 충분한 교감이 없는 프로그램을 일방적으로 제작하는 등 편성규약을 무력화할 경우, KBS의 신뢰도는 하락했다. 이러한 신뢰도 조사 결과는 제작 책임자와 제작진이 편성규약을 조화롭게 운영할 때, KBS가 국민의 신뢰를 얻을 수 있음을 확인해 준다.

  그러나 단체협약에 의해 내적 자유를 실현하려는 시도는 현행 헌법상의 방송 원리나 방송법 체제하에서 여러 문제를 안고 있다는 지적도 있다. 위 제도는 우선 방송법적 사항을 노동법적 수단으로 달성하려고 한다는 점에서 방법론적인 제약을 벗어난 것이며, 그 기구의 구성에 있어서도 이른바 노사 동수의 원칙을 채택함으로써 기자, PD 등 종사원에게 방송 운영 기관과 대등한 결정권을 부여하고 있다는 점에서 논란을 피할 수 없다. 방송 운영 및 편성의 권한과 의무는 방송 사업자 및 그 기관(사장 및 이사)에 부여하며, 이러한 권한과 의무는 사적인 협정에 의해 양도되거나 분할될 수 없기 때문이다. 이런 원리에 의해 방송법인에 의해 부여된 방송의 자유는 의무적 기본권으로서 이를 단순 법률에 의해 방송 편성의 권한을 방송 편성 책임자에게 넘겨주는 것은 위헌이라고 주장한다(박용상, 2013). 이에 대해 조항제는 방송 전문직, 방송 노동이 그렇게 조직의 일개 '나사못'에 불과한 사법적·노동법적인 존재에 그치는가 하는 점을 지적한다. 개개인의 자율성을 어느 정도 인정하는 직업적 전문직주의 역시 '공적' 언론이 보장해 줘야 하는 매우 중요한 측면이며, 언론의 질과 공정성을 위해 '기관'(정부)에 대한 저항도 불사하는 전문직 노조주의도 노조주의의 한 부분이다. 어느 한쪽만 존재한다는 것은 공영방송이 가지는 적극적 절충의 의의를 폄하하는 것이고 언론인으로서 방송인의 정체성을 부인하는 것이다. 그리고 후견주의 체제의 견고성을 고려해 '파업'이라는, 법의 보호를 받는 최고의 권리가 필수적이라고 판단해서이다. '사적 노동'이냐 '공적 방송'이냐가 아니라 공적 방송이 전제된 상태에서 '노동조합'이냐 '다른 조직'이냐의 선택이 중요한 질문이었다는 뜻이다. 그런 면에서 (KBS)공정방송협의회는 반드시 노사 동수이어야 한다. 왜냐하면 후견주의하에서 경영권은 온전한 의미의 저널리즘 - 경영이라기보다는 자신의 가치를 정치에서 (대리로)얻기 위해 스스로 언론의 자율성을 포기한 산물이기 때문이라고 반론한다(조항제, 2018).

## (3) 방송(언론)의 내적 자유에 대한 다양한 견해

### - 언론의 내적 자유

방송과 달리 신문은 사경제적 원칙에 따라 사법적인 조직 형태를 갖춘 사적인 주체로서 경향성을 인정하며, 자유로운 경쟁으로 외적 다원주의를 달성한다. 신문의 경우, 편집권의 주체에 대한 논의는 크게 세 가지로 나뉜다. 첫 번째는 편집권의 소유와 행사가 모두 경영진에게 있다는 주장, 두 번째는 편집권은 경영권과 분리하여 편집국 종사자들의 침해될 수 없는 자율적·독립적 영역이라는 주장, 세 번째는 편집권이 사업자인 경영진과 종사자인 편집진과 제작진이 공유된다는 주장이다. 편성권이 경영진에 독점된다는 주장은 편집권을 "편집의 방침 결정, 시행 및 보도와 논평의 적정선 유지 등 편집 제작에 관련된 일체의 권능"이라고 정의하며, 언론사 개인 소유의 경우는 편집권은 사주에 귀속될 것이고 법인의 경우 당연히 이사회에 귀속된다고 본다(한국언론2000년위원회, 2000). 그리고 "언론사 대표이사인 발행인은 편집 내용이 발행 목적(사시)에 배치되거나 회사에 법적 윤리적 책임이 돌아올 우려가 있는 경우 이에 간여할 권한을 가져야 한다. 그렇지 않고는 발행인은 그의 법적인 책임을 완수할 수 없을 것이다"는 주장이다(남시욱, 2001). 조선일보 등 신문사 대표들은 2005년 개정된 「신문 등의 자유와 기능보장에 관한 법률」의 제3조(편집의 자유와 독립)[18] 제2항과 제3항에 대한 위헌소송을 제기하였다. 그러나 내적 자유에 대해 헌법재판소는 언론의 내적 자유에 대해 인정을 했지만 "발행인과 편집인의 관계에 관하여는 국내·외를 막론하고 이론상이나 실정법상 아직 그 법적 논의가 정리되지 않은 채 다양한 주장이 제기되고 있는 단계"라고 판단했다(헌법재판소, 2005헌바165 등). 한편, 편집권을 헌법상의 기본권으로 이해하는 측면은 언론 종사자의 편집권은 헌법상 자유권적 기본권으로서 편집권의 경영권에서 독립이 보장되어야 한다는 입장이다. 편집 보도의 자유는 편집 보도의 내용이 특정인의 주관적인 의사를 표현하고 이를 여론화하기 위한 도구로 이용되는 것을 방지하는 효과를 갖는다(허영, 2005). 편집권을 헌법상의 기본권으로 이해하는 견해로, 편집권은 헌법 제21조에 내포되는 편집인 등 편집 종사자들에게 보장되는 기본권으로서 언론의 자유가 지니는 주관적 공권이라는 성격 및 객관적 가치 질서라는 기능에서 나오는 언론의 '내적 자유'라 규정한다. 국가 또는 언론사의 경영자가 언론의 내적 자유에 위배되는 일정한 행위를 하려 할 때 그러한 행위로 인하여

---

18) 제3조(신문의 자유와 독립) ② 누구든지 정기간행물 및 인터넷신문의 편집에 관하여 이 법 또는 다른 법률에 의하지 아니하고는 어떠한 규제나 간섭을 할 수 없다.
③ 정기간행물사업자 및 인터넷신문사업자는 이 법이 정하는 바에 따라 편집인의 자율적인 편집을 보장하여야 한다.

언론의 자유가 지니는 민주 국가의 형성 기능에 저해될 수 있다고 판단하기 때문이다(강경근, 1998; 이승선 2009 재인용). 언론사와 기자의 관계를 단순히 노동법적인 시각에서가 아니라 언론과 표현의 자유, 양심과 사상의 자유라는 관점에서 파악해야 하고, 따라서 편집권의 행사는 발행인과 기자가 공동으로 협력함이 바람직하다는 주장이다(김재협, 2003). 그러나 방송에 있어서도 편집·편성에 관한 근로자의 공동 결정권이나 인사에 관한 관여 권한을 인정하는 입법례를 찾아볼 수 없고, 다만 오스트리아에서 정신적 노동자로서 양심을 보호하는 제도로서 편성규약 제도가 실정된 바 있다. 「방송편성규약」제도는 오스트리아에서 1974년 방송법이 처음 도입한 것으로서 세계에서 유일한 사례이고, 독일의 경우에는 일부 공영방송에 도입한 바 있다(박용상, 2013). 1980년대 후반 이후 편집권이 회사 측에 속한다는 종래의 관점과 더불어 언론사 종사자 또는 언론사 소속 언론인 모두에게 공유되는 권리라는 관점이 대두되었다(한국언론재단, 2002). 한국 사회에서 사영 언론 미디어 기업의 영향력은 경제적 측면뿐 아니라 정치, 사회, 문화 전반에 절대적 영향력을 행사한다. 특히 보수 언론 미디어 기업의 영향력이 절대적이며 언론은 자본의 논리를 대변할 뿐 아니라 권위주의적 형태로 언론의 공공적 기능을 위협하기도 한다.

## - 방송 사업자의 주관적 권리설

앞서 3장 방송의 자유 주체에서 살펴본 바와 같이, 방송의 자유는 우선 방송운영의 권한이 부여된 주체(방송법인)에게 인정되며, 그 구체적 행사는 방송운영 기관에 의해 행해진다. 방송 사업자의 주관적 권리설에 의하면, 방송편성 권한이 오직 방송사에만 있고, 내적 자유를 부정하는 견해는 방송의 자유가 편성 종사자의 자기실현에 기여하기보다는 공적 의사 형성에 기여하는 것을 목적에 한정된다는 것이다(전정환, 2002). 방송 사업자의 주관적 권리로서 방송의 자유에 대한 보장도 기자에게 자기 기고물에 대한 공표 청구권을 주는 것은 아니다. 방송물의 방영에 대해 책임지는 편성 책임자 혹은 사장은 프로그램의 방영 여부에 관하여 구속적으로 결정할 수 있어야 한다고 할 것이다. 즉 헌법상 방송의 자유는 방송사가 직원 혹은 직원이 아닌 기자 혹은 언론인이 쓰거나 제작한 모든 것을 방송하여야 한다고 함으로써 방송사의 필연적인 작업 분배 및 위계질서의 구조를 파괴하지 않아야 한다. 따라서 편성 종사자는 방송사 사장이나 방송 사업자를 상대로 방송의 내적 자유를 주장할 수는 없다(R. Wendt, 1994; 전정환 재인용). 그리고 방송 편성 종사자를 방송 자유의 주체로 인정한다고 하더라도 이는 대국가적 관계, 즉 공권력의 침해로부터 보호되는 것이지, 방송 사업자에 대해서 방어권으로서 방송의 자유를 주장할 수 있다는 의미는 아니다. 방송 사업자와 그 종사자와의 관계는 사법 관계, 그중에서도 근로 관계이기 때문에 근로 관계에서 사용자가 근로자에게 내려진 지시에 대해 근로자가 방송의 자유를 주장할 수는 없다(Hans H., 박용상 재인용). 또한, 방송의 자유는 개인의 의견을 표현하거나 전파할 수 있는 개인적 권리를 인정하는 것이 아니기 때문에 방송사 종사자가 방송의 자유를 주장하며 자신이 제작 편성한 프로그램의 방영을 주장할 권리를 갖지 못한다(문재완, 2010). 기본권을 국민의 대국가적 관계에서 발생한 주관적 자유권으로 보는 전통적인 기본권 관에서 보면, 소위 '방송 종사자의 자유'는 헌법상 보장되는 기본권으로 보기 어렵다(박용상, 2005). 이러한 해석은 방송 사업자(발행인)의 주관적 권리를 헌법에 보장된 언론·출판의 자유의 확대된 해석으로 보기 때문이다. 개인 기본권에 대한 국가 보호의 전통적 시각은 방송 사업자에게 더 많은 방송의 자유를 부여한다. 그래서 헌법에 규정된 방송의 자유는 제3자 효과의 관점에서 방송 사업자의 주관적인 권리 측면이 인정되어야 한다는 것이다.


## - 공영방송 내적 자유의 쟁점

윤석열 정부의 출범과 함께 방송사 경영진과 프로그램 제작자 간의 내부 갈등은 방송 자유의 주체와 내적 자유에 대한 법적 논쟁으로 이어지고 있다. 기자, PD 등 방송 제작 종사자들에게 내적 자유는 방송 프로그램의 취재, 제작, 보도, 편성 과정에서 중요한 문제로 부각되고 있다. 원래 「방송편성규약」제도는 프로그램의 형성 및 편성에 있어서 상급자와 기자 간의 프로그램 원칙에 관한 견해가 다를 때 위계적인 의사 결정의 체계에 대해 제한을 가한 것으로써 상급자와 기자 간의 이견을 조정할 장치를 두어 프로그램 원칙의 실현을 실효화하는 데 그 제도적 의의가 있는 것이다(박용상, 2010). 그러나 방송법 제4조 제4항은 편성규약의 의미와 목적, 실천 방식에 대해서는 구체적인 내용을 명시하지 않아서, 선언적인 조항에 머물 위험성이 높다. 또한, 방송법 제106조[19]에 규정된 벌칙은 편성규약을 방송법 개정 이후 언제까지 제정해야 한다거나, 어떤 방식으로 제정해야 한다는 구체적인 실천 방안이 제시되지 않고, 시행령도 없어(심영섭, 2010), 공영방송사의 편성을 둘러싼 경영진과 방송 종사자의 대립과 분쟁이 자주 발생하고 있다.

방송 자유의 성격은 주관적 공권이자 객관적·제도적 규범이기도 하다. 따라서 현실적으로 방송의 취재·보도, 제작·편성 등에 있어서 방송 사업자가 가진 방송의 자유와 방송 종사자들이 가진 방송의 자유가 충돌할 가능성이 크다(이승선, 2018). "방송의 내적 자유"의 개념은 프로그램 형성에 관한 결정을 할 때 공영방송사의 사장 혹은 민영방송 사업자와 편성인 간의 권한 획정을 의미한다(Herrmann, 1975, 전정환 재인용). 방송의 내적 자유란 방송 콘텐츠 제작에 참여하는 기자, PD 등 제작자의 양심, 신념, 자율성이 방송사 경영진에 의해 위협받는 상황에서 경영진의 영향력을 배제할 수 있도록 하는 제도적 자유를 의미한다. 문제는 헌법상 방송

---

19) 방송법 제106조(벌칙) ① 다음 각호의 어느 하나에 해당하는 자는 1년 이하의 징역 또는 3천만 원 이하의 벌금에 처한다.
1. 제4조 제4항의 규정에 위반하여 「방송편성규약」을 제정하지 아니하거나 공표하지 아니한 자

의 자유의 내용에 내적 자유가 포함되는지, 그리고 방송 종사자가 방송사 사장 혹은 방송 사업자를 상대로 방송의 자유를 주장할 수 있는지 여부이다.

결국 내적 언론(방송) 자유의 헌법적 지위에 대한 견해는 크게 내적 언론(방송) 자유는 발행인에게 보장된 표현의 자유를 침해하는 것으로써 언론(방송) 자유의 취지에 반한다는 견해와 내적 언론(방송) 자유는 헌법적 요청이며, 그러한 요청의 근거는 신문의 자유, 정보의 자유, 민주주의의 원리 등에서 찾을 수 있다는 견해 등 두 가지로 나눌 수 있다(변무웅, 2007). 이 두 이론적 시각 사이의 가장 큰 차이는 자유주의적 해석이 언론의 자유를 자유권적 기본권으로 이해하는 반면, 공동체주의적 해석은 언론의 자유를 제도적 기본권으로 이해한다는 점이다. 자유주의적 해석은 언론의 자유를 원칙적으로 개인이 보유한 주관적 공권으로 간주한다. 이 시각은 언론의 자유를 개인적 주체 특히 발행인이 국가에 대해 행사하는 방어권이라는 점을 강조하면서 언론사 내부의 편집의 자유를 부정한다. 내적 언론 자유를 법제화하는 것은 발행인의 기본권인 언론의 자유를 침해할 우려가 있다는 견해다. 자유주의적 해석은 발행인 측이 선호하는 이론적 입장이다. 이에 반해 공동체주의적 해석은 언론의 자유가 실현하는 객관적 법질서 측면을 강조하는데, 이는 언론의 자유의 범위를 개인의 자유권적 기본권에서 더욱 확장한 것이다. 자유주의적 해석을 따르는 자들은 언론 자유의 제도적 확장은 개인적 권리를 제도에 예속시킬 가능성이 있다고 경고하지만, 공동체주의적 해석을 따르는 자들은 제도 보장 이론이나 공적 과업 이론에 근거해 언론의 내부적 자유를 인정한다. 언론의 민주적 기능을 보장하기 위해서는 자유 언론 제도의 보장이 필수적이고 이는 자유로운 취재 보도를 전제로 해서 내부적 자유는 인정되어야 한다는 것이다. 공동체주의적 해석은 기자 운동 및 언론노조 운동 측이 선호하는 이론적 입장이다(박홍원, 2011). 또한, 방송 자유에 관한 두 관점은 자유주의적 관점은 개별권적 자유권으로, 공동체주의적 자유권은 제도적 자유권으로 분류된다. 객관적 질서 또는 제도적 자유는 개개인의 권리 신장보다 민주사회 유지에의 기여 기능을 우선시한다(김진웅, 2011). 언론 조직의 자유는 언론 조직 자체의 존속과 번영을 위해서도 필요하지만, 근본적으로 일반 민중의 정보 수집과 의견 형성을 원활하게 함으로써 민주주의를 실현할 수 있도록 한다는 데 정당성의 근거를 둔다. 따라서 언론 조직 내부에서 갈등하는 경영진(경영 부분)과 방송 종사자의 방송 프로그램(편집 부분)의 주장 또는 갈등 가운데 방송 종사자의 주장에 대하여 더 많은 정당성이 주어지기 때문에, 방송의 전파력으로 인해 방송의 공정성을 최우선으로 해야 하는 공영방송 방송 종사자의 내적 방송의 자유가 더 중요하다(류한호, 2004). 앞서 신뢰도 조사에서 보듯이, KBS 경영진이 방송 편성, 보도 취재, 방송 제작 과정에서 제작 실무자의 의견을 충분히 수렴하고 「방송편성규약」을 조화롭게 운영하면 프로그램 및 매체의 신뢰도는 향상된다. 반면, 편성 규약을 사측의 독점적 권한으로 해석하여 무력화하고, 방송 제작 과정에서 방송 종사자의 의견을 무시할 경우 KBS의 신뢰도는 하락하는 경향이 있다. 결국, 「방송편성규

약」을 조화롭게 운영하고 신의성실의 원칙을 준수하려는 KBS
의 노력과 의지는 방송의 신뢰성과 밀접하게 연관되어 있다.

## (4) 공영방송 내적 자유의 법적 정당성

내적 언론의 자유는 민주적인 언론 제도를 언론 스스로 지키
고 실현할 수 있도록 하는 제도적 장치의 설정을 요구한다. 그
것이 헌법 제21조 제1항의 함축적 의미이고, 독일 헌법 제10조
2문의 '국가는 개인이 가지는 불가침의 기본적 인권을 확인하고
이를 보장할 의무를 진다'라는 문언에 의하여 뒷받침된다(강경근,
1998). 헌법적 원리에 따라 방송의 자유는 민주적 기본 질서의
유지 발전이라는 헌법적 가치 실현을 위한 자유이다. 국민의 언
론 자유에 대한 실질적 보장과 민주주의의 실현이다. 방송 프로
그램의 제작과 편성 과정에서 방송 종사자의 양심과 직업적 가
치 그리고 자율성과 전문성을 존중하고 반영할 때 다양한 여론
과 관점이 제시될 수 있기 때문에 사업자에게만 위임된 권리로
해석하기에는 무리가 있다(정연우, 2020). 방송의 내적 자유는 언론
자유의 가치를 방송 분야에서 실현하기 위해 공정 방송의 의무
자이자 주체로서 방송 구성원들에게 부여된 것으로 해석된다.

독일 연방헌법재판소는 1991년 제6차 방송 판결에서 "제작
실무자들의 직업을 통한 자아실현이라든지 혹은 주관적인 견해
를 관철시키기 위한 것이 아니라 여론 전달 기능을 충족하기 위

해서 그들에게 결정권을 부여한다"라고 밝히고 있다. 이는 연방
헌법재판소가 내적 자유는 주관적 요소(언론 종사자의 개별적 이익을 위한 권
리)가 아니라 방송사의 공적 책임으로 귀속시켜 종사자의 참여권
과 자율권 보장이 민주적 여론 형성을 위한 것임을 명확히 한
것이다(손승우, 2017). 독일 연방헌법재판소는 방송의 내적 자유를
방송인 개개인의 입장이 아니라, 방송사의 전체적인 임무와 연결
시키고, 방송의 다양성에 기여하기 위한 것이라고 규정한다. 연
방헌법재판소는 제작자의 공동 결정권이 방송의 임무인 민주적
인 의견 형성과 의사 결정 과정의 한 기능이라고 본 것이다(크리스
티나 홀츠-바샤, 2002). 방송의 내적 자유를 중시하는 입장은 편성권을
방송사와 방송 제작자가 공유하는 것으로 해석한다. 내적 자유
의 관점에서는, 합리적인 이유와 정당한 절차 없이 일방적으로
편성의 내용에 개입하거나 강요할 수 없다.

방송법 제4조 제1항 및 제2항으로 방송 편성의 자유와 독립
은 보장된다. KBS는 방송법 제4조 제4항에 의거 방송 종사자의
의견을 수렴하여 「방송편성규약」을 제정하였다. 또한, KBS 노
사는 단체협약을 통해 방송 편성의 자유와 독립 그리고 방송 편
성의 권리와 의무에 대해 합의하였다. KBS 노사 단체협약은 방
송이 권위주의 정부의 선전 도구로 전락한 역사를 극복하겠다
는 의지를 담고 있다. KBS 노사는 1990년 방송 민주화 투쟁 이
후, 지속적인 협약을 통해 공영방송의 독립성을 유지하기 위해
노력해 왔다. 공영방송은 의견의 다양성을 구현하는 구체적인
공간이며, 자유로운 활동이 보장되어야 한다. 특히, 보도 분야에

서 취재와 제작 업무를 담당하는 언론인들은 외부 압력과 경영진의 압력으로부터 독립적으로 활동할 수 있는 권리가 보장되어야 한다. 방송의 역할과 영향력이 큰 만큼, 국가 권력 혹은 정치권력 기타 사회 세력들이 방송을 장악하고 이용하려는 시도는 물론, 방송 또한 그러한 권력들에 편승하려는 유혹에 빠지기 쉽다는 위험이 항상 존재한다. 실제 우리 방송법의 역사에서 그러한 모습을 발견하기도 한다(헌법재판소, 2019헌바439). 오늘날 언론기관이 공정성이나 공공성을 상실하면 또 다른 독재 권력으로 작용할 수 있다. 공영방송이 수행하는 정보의 제공이나 여론 형성의 역할은 정신생활 영역을 지배하는 헌법 질서에서 질적·양적으로 증대되면서 편파적인 보도는 국민들의 의사나 여론 형성의 왜곡으로 이어져 결국 국가 전체가 지향해야 할 좌표를 잃어버리게 할 위험성을 내포한다(조재현, 2008).

국경없는기자회(RSF)는 2023년 윤석열 정권 2년 차의 언론자유지수가 지난해 47위에서 1년 만에 15계단 급락한 62위로 발표했다. 국경없는기자회는 보고서에서 한국의 상황을 '민주주의국가에서 공격받는 언론의 자유' 사례로 분류했다(한겨레신문, 2024). KBS는 '독립영화관' 광복절 기획으로 이승만 전 대통령을 미화했다는 지적을 받은 다큐멘터리 〈기적의 시작〉을 방영하기로 해 논란이 됐다. 이 영화는 객관성 부족 등의 이유로 영화진흥위원회 독립영화 인정 심사 결과 '불인정' 판단을 받았다(미디어오늘, 2024). KBS 본부노조에 따르면, 실무진들이 수차례 해당 영화 방송의 부적절성을 수뇌부에 전달하고, PD협회는 TV 편성위원회를, KBS 본부는 공정방송위원회 개최를 요구했다. 하지만 사측은 이를 거부하고, 방송을 강행했다(KBS 본부노조 성명서, 2024). 공영방송 편성 규약이 무력화되거나 회사가 편성권을 독점하게 될 경우, 공영방송은 특정 이념을 홍보하는 도구로 전락할 수 있다. 이러한 상황은 공영방송의 내적 자유가 헌법적으로 보장되어야 하는 타당한 근거를 제공한다. 방송법 제4조 제2항과 유사한 구 신문법 제3조 제2항의 규정에 대해 헌법재판소는 '누구든지'의 범위에 신문 사업자가 포함되지 않는다고 해석한 바 있다.

당시 헌법재판소는 그 조항이 기본권 침해 가능성이 없다는 취지에서 다음과 같은 논거로 다음과 같이 해석한다(헌법재판소, 2005헌마165).

"첫째, 제2항의 수범자는 "누구든지"로 규정되어 있는 반면, 제3항의 수범자는 "정기간행물사업자"로 규정되어 있다는 점이다. 제2항의 "누구든지"에 정기간행물사업자 즉 신문사가 포함된다면, 다시 말해 제2항도 신문의 내적 자유를 보장하기 위한 규정으로 본다면 제3항에서 다시 수범 주체를 정기간행물사업자로 특정하고 이들로 하여금 편집인의 자율적인 편집을 보장하라는 규정을 따로 둘 이유가 없는 것이다. 둘째, 제2항 위반 행위는 신문법 제39조 제1호에 의하여 형사제재가 뒤따르지만, 제3항 위반 행위에 관하여는 아무런 처벌 규정이 없다. 그 이유는 편집의 자유에 대한 국가적, 외부적 침해는 연혁적으로도 언론의 자유에 대한 심각한 침해로 인정되었던 반면에, 발행인과 편집인의 관계에 관하여는 국내·외를 막론하고 이론상이나 실정법상 아직 그 법적 논의가 정리되지 않은 채 다양한 주장이 제기되고 있는 단계에 불과하기 때문이다."

방송법 제4조 제2항의 '누구든지'에 방송 사업자는 포함되지 않는다고 보는 견해는 이와 같은 헌법재판소의 구신문법 제3조 제2항과 제3항에 대한 해석례를 방송법에도 그대로 적용한다. 즉, 방송법 제4조 제2항은 방송 종사자의 권리와 의무를 명시하며, 방송법 제4조 제3항은 방송 사업자의 권리와 의무를 명시한 것으로 해석할 수 있다. 이 해석에 따르면, 방송 종사자의 내적 자유는 인정된다고 판단할 수 있다. 또한 신문법의 규정과는 달리 방송법에서는 방송 편성 책임자를 선임하여 자율적인 방송 편성을 보장하도록 규정하고 있으며, 「방송편성규약」도 방송 사업자로 하여금 공포하도록 규정하고 있다. 신문법의 편집 규약의 제정은 임의 사항으로 되어 있지만, 방송법에서는 조문 구조상 편성 규약의 제정은 의무 사항으로 규정하고 있다. 이는 방송의 경우 그것이 수행하는 공적 책임에 비추어 방송에 의한 공정하고 객관적인 보도가 담보될 수 있도록 하기 위한 규정으로 이해할 수 있다. 공정하고 객관적인 방송은 결국 방송사 내부의 민주적 조직과 구성의 보장 없이는 불가능하고, 그러한 내부 구조하에서의 민주적 의사 결정 과정의 보장에 있어서 「방송편성 규약」은 조화로운 해결 방안의 하나라고 보는 것이 입법자의 결단이라 할 수 있다(문재완, 2010).

방송법은 방송 사업자(방송법인)에게 방송의 편성과 경영에 대한 책임을 부여하고, 방송 사업자(사장)가 직접 편성 및 보도에 개입하는 것을 방지하기 위해 방송 편성을 편성본부장에게 위임한다. 편성 책임자와 보도 책임자는 논쟁적인 사안에 대한 최종 결정권을 가지며, 최종 결정에 대한 책임을 진다. 「방송편성규약」에 의해, KBS 노사는 상호 신뢰를 바탕으로 방송의 편성, 보도 및 제작을 통해 공정성과 다양성을 실현할 책임이 있다. 궁극적으로 방송의 독립성을 보장하기 위해 방송 종사자의 의견을 들어 「방송편성규약」을 제정하고 공표하는 것은 방송의 내적 자유를 보장하는 제도적 장치라 할 수 있다. 「방송편성규약」에서는 편성·제작 실무자들이 프로그램을 기획, 제작, 편성하는 과정에서 내부와 외부의 정치·사회적 압력과 광고주를 비롯한 경영진의 경제적 압력으로부터 독립적이고 자율적으로 활동할 수 있도록 편성·제작 실무자의 권한을 보장한다(심영섭, 2010). 이는 방송 경영진 또는 특정 세력이 방송 편성에 개입함으로써 상업적 이익을 대변하거나 특정 정치 세력의 의견을 대변하는 주관적인 의사 표현이 이루어지는 것을 방지하기 위함이다(김철수, 2007). 방송법은 방송 편성 책임자의 자율적인 방송 편성을 보장하도록 하고 있다(동법 제4조 제3항 참조). 공영방송은 공적 의견 형성을 통해 국가와 국민의 공익에 기여해야 한다. 이를 실현하기 위해서는 방송 제작 종사자들이 방송의 제작과 편성, 보도의 주체가 되어야 한다.

우리 법원은 방송의 자유 주체를 경영진과 노동조합이 공유한다고 판단했다. 또한, 방송법과 단체협약에 따라 공정 방송은 노사 양측의 의무이며, 근로관계의 기초로서 단체교섭의 의무 사항으로 판시했다. 법원의 판결에 의하면, 일반 기업과 달리 방송사 등 언론매체는 민주적 기본 질서 유지와 발전에 필수적인 표현의 자유와 국민의 알 권리를 보장하기 위해 방송의 객관성과 공정성을 유지할 의무가 있다. 이러한 정신은 헌법과 방송법(방송편성규약)으로 구현되어 있다. 헌법과 방송법, 그리고 법원의 판결을 종합하면 공영방송 종사자는 방송의 자유를 공유하는 주체로 인정되며, 공영방송 종사자의 내적 자유는 법적 정당성을 가진다.

## - 내적 자유는 스스로 공론장을 형성해야 하는 공영방송의 헌법적 원리

공영방송은 헌법의 원리에 따라 국민의 다양한 의견을 형성하고, 국민의 알 권리를 보장해야 한다. 헌법재판소(98헌마70)도 공영방송의 기능에 대해 "텔레비전 방송은 언론 자유와 민주주의의 실현에 있어 불가결의 요소이고 여론의 형성에 결정적인 영향력을 행사하며, 정치적·사회적 민주주의의 발전에도 중요한 영향을 미친다. 공영방송사인 공사가 실시하는 텔레비전 방송의 경우 특히 그 공적 영향력과 책임이 더욱 중하다 하지 아니할 수 없다"며 민주주의 실현에 있어 여론 형성의 역할을 중요성을 강조하고 있다. 방송법은 한국방송공사에 민주적 여론 형성에 대한 공적 책임을 요구하고 있다(방송법 제1조). 또한, 방송의 공정성과 공익성을 실현하도록 규정하고 있다(방송법 제44조). 공영방송은 여론을 조성하는 사회생활의 영역이면서 모든 시민에게 접근이 허용되는 장으로 사적 개인이 대화와 토론을 통해 형성하는 공적 집합체다. 공영방송은 현대사회에서 공론장으로서 가장 핵심적인 역할을 담당하고 있다. 공론장은 권위적이지 않고 위계적이지 않으며, 권위적 논증이 방어될 수 있는 공간이며 이는 동등성의 원칙을 토대로 한다(하버마스, 1989). 공론장 원칙은 공개적이어야 하며, 공론장에는 모든 사람이 동등하게 참여해야 한다. 특정한 집단이 명확히 배제된 공론장은 불완전할 뿐만 아니라 공론장으로 간주될 수 없다. 공론장은 참여자 간의 어떠한 제한이나 강요 없이 이성에 기반한 숙의와 합리적이고 비판적인 토론을 통해 집단적 의견이 형성되는 공간이다.

따라서 공영방송의 방송 종사자들은 공론장 참여에 제한이 없으며, 다양한 주제에 대해 다양한 여론을 제기할 수 있다. 공영방송은 여론을 듣고 수용할 수 있어야 하며, 권위적이지 않아야 한다. 공영방송이 국민의 공론장을 대행하기 위해서는 내부 공론장이 다양성을 바탕으로 여론을 형성하고, 여론이 진리와 정의에 도달할 수 있도록 도덕적이고 합리성이 있어야 한다. 공영방송이 다양한 공적 여론을 형성하기 위해서는 공영방송 내부는 배타적이지 않고 다양한 참여가 보장되어야 하며, 공영방송은 독립적으로 공론장을 창출해야 한다(하버마스, 1987). 공영방송 법인에게 기본권 주체로서 지위를 인정하는 이유는 국민의 방송 자유를 보장하는 공익 때문이다. 따라서 방송 사업자의 편성의 자유는 국민의 방송의 자유를 보장하는 공익이 전제될 때 정당한 권리를 가진다. 방송은 민주적 의사 형성을 위해 봉사하는 자유로서, 방송 사업자의 권리는 공론장을 대리하는 봉사의 자유다. 이 권리는 공개적이고, 다양성을 보장하고, 숙의할 수 있는 내적 자유가 보장될 때 합법적이며 존중받을 수 있다. 방송의 자유가 방송법인에 의해 독점될 수 없는 이유는 국민을 위한 공론장을 만들기 위해서는 공영방송이 독점되어서는 안 되기 때문이다. 공영방송은 배타적이어서는 안 되며, 다양성을 바탕으로 숙의된 여론을 형성하고 전달하는 공론장 역할을 담당해야 한다. 이는 헌법이 KBS에 부여한 방송 자유의 원칙이며, 방송법으로 제정된 방송편성규약에 따라 KBS의 내적 자유(방송 종사자의 권리)는 정당화된다.

### - 방송 종사자의 헌법적 지위

일반적으로 뉴스가 TV에 방송되기까지 크게 취재기자와 취재 데스크, 편집 데스크, 편집회의라는 4단계를 거쳐야 한다. 각 단계에서 빈번한 의사소통이 필요하기 때문에 취재에서 제작까지의 상세한 과정은 복잡한 다단계 시스템을 거쳐 뉴스를 생산한다. 먼저 취재기자가 뉴스거리를 인지 및 뉴스 가치를 판단해서 취재 후 기사를 취재 데스크에 송고한다. 취재 데스크는 기사를 취사선택하고 교정을 해서 편집부로 뉴스를 송고한다. 편집회의에서 리포트를 취사선택하고 리포트 순서와 시간을 결정한다. 그리고 취재 데스크에 리포트 아이템을 통보하면 리포트 제작 지시가 난다. 이후 취재기자는 영상 취재 및 편집 영상물을 만들어, 리포트 기사 작성 후 녹음 및 영상 편집물에 대한 1차 점검을 한다. 1차 점검 영상에 대해 취재 데스크는 2차 점검을 하고, 편집 데스크로 송고하면 편집 데스크에서 최종 리포트를 완성해서 뉴스 부조정실로 보내 생방송이 진행된다(김인규, 2005). 즉 뉴스 제작은 기본적으로 취재기자↔취재 데스크↔편집 데스크 간의 긴밀한 협의를 통해 완성된 뉴스를 생산하는 것이다. 뉴스 제작 과정은 책임자와 제작자 간의 전문성을 바탕으로 상호 신뢰와 합리적인 판단에 기초하여 이루어진다. 특히 뉴스 제작은 데스크의 결정에만 의존하기보다는 취재기자의 보도 과정부터 데스크와의 지속적인 협의를 통해 이루어진다는 점에 주목해야 한다. 물론 제작 자율성이 제작 PD나 취재기자가 원하는 방송을 마음대로 할 수 있다는 것을 뜻하는 것은 아니다. 제작 책임자의 부당한 간섭이나 자율성 침해가 있을 경우, 제도적 장치를 통해 자율성을 확보한다는 의미다. 하지만 제작 자율성을 잘못 이해하거나 악용해서 보도나 프로그램이 잘못 가거나 길을 잃으면 책임자와 제작자는 조정을 해야 한다. 방송물이 개인 PD, 기자 단위의 판단을 넘어서는 경우, 국장과 CP(부장급. 경우에 따라 팀장급)는 협의와 조정을 통해 리더십을 발휘해서 제작 및 보도의 방향을 설정해야 한다(양승동, 2023). 여기서 제작자와 책임자 간의 내적 자유는 편성 규약을 통해 조화롭게 조정될 수 있다.

언론이 단순한 이윤 추구의 도구와 특정 이데올로기의 전파 도구로 기능하지 않고 사회적으로 위임된 민주주의 실현이라는 공적 의무(특별히 공영방송에서 미디어의 공적 역할은 공정성과 다양성에 있어 더욱 중요함)를 수행하는 기구로써 편집(편성)의 독립성을 유지할 것이 필연적으로 요구된다(류한호, 2004). 방송 편성 종사자는 제작 혹은 편성에 창조적으로, 부분적 역할로 혹은 감독하는 업무로 참여한 모든 사람이 여기에 속한다. 방송 기자, 작가, 편성인, 연출자, 아나운서, 카메라맨, 프로듀서 등이다. 독일 연방헌법재판소의 판례에 따르면 방송의 자유는 그 의미와 목적으로부터 기능 조건적으로 결정되어야 한다고 본다. 따라서 방송의 자유는 방송이 기능할 수 있고 방송의 보장을 위하여 필요한 범위 안에서 그 주체에게 부여된다(독일 연방헌법재판소). 그런 의미에서 편성 종사자가 기능 조건적으로 방송의 자유의 행사에 참여하는 것을 근거로 하여, 편성 종사자에게도 방송의 자유의 주체성이 부여된다. 실제 방송 제작은 종사자(기자, PD)의 기획으로 시작하여 관리자(예산의 규모에 따라 국장, 본부장, 부사장, 사장의 결재를 거쳐야 함)의 승인을 거친 후, 프로그램 및 보도의 최종 완성물이 편성되고 송출된다. 이 과정에서 방송 종사자들이 직접적으로 방송 프로그램의 제작에 참여하게 된다. 앞서 하나의 뉴스가 만들어지는 과정에서 살펴본 바와 같이, 뉴스는 취재기자와 취재 데스크, 편집 데스크 간의 긴밀한 협의를 통해 완성된다. 편성과 방송 제작을 담당하는 PD의 역할도 마찬가지다. 방송 종사자의 업무는 단순한 노동이 아니다. 모든 국민의 언론의 자유를 실현하기 위해 형성된 방송 제도의 일부이다. 민주 사회의 다양한 여론을 형성하여 궁극적으로 민주적 기본 질서 형성에 이바지함으로써 헌법 정신을 실현하는 일이다. 무엇보다 방송 편성의 대상이 되는 방송 프로그램이 단순히 방송사에서 생산되는 상품이라고 볼 수 없다. 따라서 방송 종사자의 업무는 방송에 주어진 헌법적 과업과 기능의 관점에서 파악해야 한다. 방송법인과 이들과의 관계도 단순히 사법상의 근로계약 관계 이상의 의미가 부여되어야 한다. 따라서 방송법인에 대해 방송 종사자들은 근로자로서 그리고 방송의 자유를 실현하는 주체로서 이중적인 지위를 가진다(박선영, 2002). 결론적으로 방송 종사자의 방송법인에 대한 이런 이중적인 지위는 방송의 내적 자유를 논의하는 기초가 된다. 무엇보다 방송법인과 방송 종사자는 서로의 양심과 신념, 자율성과 전문성을 존중하여 독자적인 지위에서 협조할 수 있어야 한다는 당위의 기초를 제공한다(김현귀, 2014). 또한, 방송의 자유는 방송이 민주적 의사 형성 기능을 수행하는 데 필요한 범위 안에서 그 주체에게 부여된다고 보아야 하므로 방송 편성 종사자 역시 방송의 자유의 주체성이 인정된다(전정환, 2002). 국가권력으로부터 방송을 보호하기 위하여 방송 자유의 주체를 방송사뿐 아니라 방송 프로그램의 제작·편성·송출하는 모든 방송사 종업원으로 확대해야 하는 이유다. 오늘날 언론·출판의 자유는 국가에 의한 침해를 넘어 언론기관 내부에서 발생하는 검열과 침해의 문제로 훼손되고 있는데, 만약 언론기관 내부에서 언론 종사자들의 권리가 보장되지 않는다면 언론사에 의해 중요 정보가 통제되고 국민의 알 권리가 위협되는 상황이 발생할 수 있다(한지혜, 2014). 국가는 국민의 알 권리를 충족하여야 한다. 알 권리는 국민이 일반적으로 정보에 접근하고 수집·처리함에 있어서 국가 권력의 방해를 받지 않음을 보장하고 의사 형성이나 여론 형성에 필요한 정보를 적극적으로 수집하고 수집에 대한 방해의 제거를 청구할 수 있는 권리이다(헌법재판소, 2002헌마579). 국민은 알 권리를 행사하여 어디서든 정보를 얻을 수 있고 그에 대하여 국가의 방해를 받지 않을 권리를 보장받고 있다. 공영방송이 언론·출판의 자유나 취재 활동 그리고 방송 편집권의 독립을 보장받지 못하게 되면 국민의 알 권리 역시 사실상 보장받지 못하게 된다(노예원, 2012). 따라서 방송사를 일반 사기업과 동일하게 평가해서는 안 되고, 언론·출판의 자유가 갖고 있는 객관적인 가치 질서로서의 성격, 방송 조직이 수행하는 자유민주주의의 실현이라는 공적 기능과 역할을 고려하여 방송의 자유나 편성권의 주체 문제를 판단해야 한다. 이와 같은 점에서 방송 사업자뿐만 아니라 방송 종사자도 방송의 자유나 그 내용으로서의 편성의 자유를 향유하는 주체라고 보는 것이 옳다(고수현, 2018). 특히 방송의 공정성과 독립성을 실현하여 국민의 여론 형성을 담당하는 공영방송사의 내적 자유는 더 중요하다.

## - 내적 자유에 대한 최근 판례들

공영방송 노동조합의 파업 관련 판례들은 대체로 취재·제작 실무자의 자율성을 보장하는 판결이었다. 언론의 자유를 논함에 있어서 보도의 자유는 주로 언론기관 내부의 문제로서 편집과 경영의 분리를 통해서 편집권이 경영권의 간섭으로부터 자유로워야 한다. 특히, 공영방송의 경우 의견의 다양성을 보장하여 여론을 균형 있게 형성하는 과제가 강하게 부과된다. 그 결과 공영방송에서는 '프로그램의 다양성'뿐 아니라 사회 집단이 균형 있게 조직에 참여하는 '구조적 다양성'이 실현되어야 한다는 것이다(전광석, 2016). 공영방송 노동조합 파업의 성격에 대한 법원의 판결도 방송 자유의 주체를 방송 사업자뿐 아니라 방송 종사자도 공유한다고 했다. 문화방송 노동조합이 실시한 파업(2012.1.30.~2012.7.17.)에 대한 해고 무효 확인 등의 판결에서 서울고등법원은 방송법에 규정된 방송의 자유는 방송 사업자뿐만 아니라 구성원들에 의해 실현되는 것으로 판시했다(서울고등법원, 2014나11910).

> 방송 사업자와 방송 편성 책임자의 분리와 방송 편성 책임자의 자율적 방송 편성의 보장, 취재 및 제작 종사자의 의견을 들어 「방송편성규약」을 제정하도록 한 방송법 제4조와 그 밖의 관련 법규의 취지에 의하면, 방송 사업자와 방송 편성 책임자뿐 아니라 방송의 취재, 제작, 편성에 관여하는 기자, 피디 등의 방송 종사자들도 방송의 자유를 공유한다. 그러나 방송 자유의 주체가 될 수 있다는 것은 어디까지나 올바른 여론 형성을 목적으로 제3자, 즉 국민에게 봉사하는 자유로서의 주체를 의미한다. 이에 따라 방송법 등 관련 법규는 방송의 독립성을 규정하면서도 그와 함께 보도의 공정성, 객관성 유지 의무를 규정함으로써 방송 자유의 성격을 명확히 하고 있다. 따라서 봉사의 의무는 객관적 법질서로서의 방송의 자유가 법률에 의하여 구체화된 것으로서 방송 사업자뿐 아니라 방송 편성 책임자와 그를 보조하는 모든 언론기관 종사자에 부과된 의무이고 이를 침해하는 행위는 위법하다(서울남부지방법원, 2012가합3891). 위와 같은 법적 규율은 언론의 자유 및 민주적 기본 질서의 유지·실현이라는 헌법적 가치이자 권리를 방송의 영역에서 실현하기 위한 것이다. 이는 단순히 권리를 부여하는 것에 그치는 것이 아니라 공정한 방송을 실현할 의무 또한 부여한 것이라고 할 것이고, 방송법 등에서 방송 사업자에게 부여된 방송의 자유는 구체적으로 피고(문화방

송)뿐만 아니라 피고(문화방송)의 구성원들에 의해 실현되는 것으로 규정한다. 따라서 방송의 자유는 공영방송 법인뿐 아니라 방송 제작·편성·보도 관련 구성원들에 의해 실현되는 것이다.

진정한 방송의 자유는 방송 사업자뿐만 아니라 방송 편성 책임자와 그를 보조하는 모든 방송 제작자에 부과된 의무로서, 공영방송 법인뿐 아니라 방송 제작·편성·보도 관련 구성원들에 의해 실현되는 것이다. 일련의 방송법 개정 과정과 성문화된 법 규정을 적용해 봤을 때 방송 보도 및 편성의 진정한 책임은 최고경영진인 방송사 사장에게 위임된 것이 아니라, 언론의 자유를 실질적으로 구현하고 국민의 알 권리를 충족시켜야 하는 방송 제작 실무자 혹은 방송 구성원이 공유하는 것이 합당하다. 방송 편성 책임자는 취재 및 제작 실무자의 의견을 반영하여 방송 편성에 대한 전반적인 책임을 지는 것으로 해석함이 합리적일 것이다(최은희, 2015). 영리 기업과는 달리 공영방송은 그 자체가 외부적인 영향력만이 아니라 내부적인 영향력을 배제하면서 프로그램이 제작자의 계획에 의해 제작, 편성 그리고 전송되어야 한다. 프로그램 제작과 편성 그리고 전송에 대한 법적 및 사실적인 책임은 1차적으로 제작자에 있는 것이며, 그에 준하는 독립된 프로그램 편성권이 보장되어야 한다. 물론 프로그램 제작자만이 방송 자유의 주체인가에 대해서는 논란이 있지만 근대 이후 확립된 법 원칙 중의 하나인 책임주의 원칙에서 비추어 보면 프로그램 제작자에게 제작, 편성과 전송 그리고 그에 따른 책임을 부과하는 것이 방송의 자유에 부합되는 것이다(최우정, 2012). 방송 자유는 방송 내용을 통해서 실현되고 내용의 제작과 생산의 여건을 제공하는 의사 결정 과정에 방송 종사자가 참여함으로써 수행이 가능하기 때문이다(정연우, 2020).

그러나 최근 KBS 본부노조가 제기한 단체협약 및 편성 규약 위반에 대한 고발 및 소송에서는 방송의 내적 자유가 인정되지 않고 있다. KBS의 사보에 따르면, '지난해 11월 박민 사장 취임 이후 전국언론노조 KBS 본부가 제기한 6건의 고발과 소송 사건에 대해 법원과 경찰 등은 잇따라 사측의 편성권과 인사권을 인정하며 사측의 손을 들어 주었다'(KBS, 2024). KBS는 사보에서 편성본부장, 라디오센터장이 내정자로서 일방적으로 〈주진우 라이브〉 등 진행자와 프로그램 교체를 통보하고 제작진들과 협의 없이 일방적으로 프로그램을 개편하여 방송법을 위반했는지 여부에 대해, 서울 남부지방검찰청은 '편성본부장과 라디오센터장이 지난해 11월 12일 임명 재가받은 사실이 명확히 확인되고, 해당 프로그램들의 교체가 실제 발령이 이후에 모두 진행되었으며, 이들에게 프로그램 편성 권한이 있다는 사실이 명확하고, 제작진과 협의 없이 프로그램 교체를 시행한 행위 자체가 설령 규약·협약 위반이라고 하더라도 형사 처벌 대상으로 보기 어렵다'며 불송치(혐의없음) 결정을 내렸다. 또한, 임명 동의제 관련 단체협약 위반 여부 및 〈KBS 뉴스9〉 등 앵커와 〈주진우 라이브〉, 〈최강시사〉의 진행자 교체, 〈더 라이브〉 편성 삭제가 단체협약 및 편성 규약과 방송법을 위반했는지 여부도 쟁점이었다. 서울남부지방법원은 '전국언론노조 KBS 본부는 언론노조와 별도로 독자적인 활동을 하는 단체로서의 실체를 가지고 있다고 보기 부족하고, 당사자 능력이 있다고 보기 어렵다. 또한, 회사의 방송 편성에 대한 자유는 폭넓게 인정되어야 할 것으로 보인다며, 회사가 제작하는 방송 프로그램의 제작진, 진행자 등을 결정하거나 변경하는 것은 회사의 인사 권한 범위 내에 있는 것으로 보인다'며 단체협약 위반 금지 가처분 신청을 각하했다. 한편, 서울지방노동위원회는 '편성 변경과 앵커 교체, 인사 발령은 사용자의 인사권 등 권한의 범위 내로 보이며, 반조합적 의사에 기인해 노조의 의사 결정을 좌우하거나 자율적 운영과 활동을 간섭·방해하고 조합 탈퇴나 분열을 조장하기 위한 불이익 취급 및 지배·개입의 부당 노동 행위에 해당한다고 보기 어렵다'며 부당 노동 행위 구제 신청을 기각했다. [표 5-4]는 본부노조가 제기한 사측의 편성권 및 인사권 소송 결과를 나타낸다.

[표 5-4] KBS 본부노조가 제기한 편성권 인사권 고발 및 소송의 결과

| 기관 | 제기일자 | 내용 | 결과 |
|---|---|---|---|
| 서울남부지방 검찰청 (서울영등포경찰서) | 2023.11.21 | 방송법 위반 고발 | 불송치 (2024.5.14.) |
| 서울남부지방 법원 | | 단체협약 위반금지 가처분신청 | 각하 (2024.1.22.) |
| 서울지방 노동위원회 | | 부당노동행위 구제신청 | 기각 (2024.2.15.) |
| 고용노동부 남부지청 | | 특별·수시 근로감독 청원 | 불수리 (2024.2.13.) |
| 감사원 | 2023.12.8 | 국민감사청구 | 전부 각하 및 기각 (2024.2.26.) |
| 서울지방 노동위원회 | 2024.2.8 | 수신료국 파견 관련 부당 노동행위구제 신청 | 전부 기각 (2024.6.3.) |

KBS 사보 (2024).

그리고 부당 전보, 부당 노동 행위와 단체협약 등 노동관계 법령 위반 여부에 대해 고용노동부 남부지청은 '제출 자료가 제한적이고 당사자 주장이 상이한 상황에서 관계 법령을 위반했다고 단정하기 어렵고, 단체협약 부분은 노조법에서 정한 처벌 대상에 해당하지 않을 가능성이 높으며, 편성 규약 부분은 노동관계 법령에 해당하는 근로 조건과는 직접적 관련이 없어 그 위반 등이 중대한 행위라고 볼 수 없다'며 특별·수시 근로감독 청원을 불수리 처리했다. 마지막으로 〈주진우 라이브〉, 〈최강시사〉, 〈더 라이브〉 등 3개 프로그램 편성 삭제와 지난해 11월 14일자 〈KBS 뉴스9〉 앵커 리포트의 업무 절차 준수 여부에 대한 국민 감사 청구에서 감사원은 '프로그램 편성 삭제'와 관련해 동일 내용이 당시 법원과 노동위원회에 고발돼 수사 중이고, 〈KBS 뉴스9〉 앵커 리포트의 업무 절차 준수 여부와 관련해 '법령 위반이 없고, 제3자나 자기 이익을 도모하는 부패 행위가 없으므로 감사를 실시하기 어렵다'며 전부 각하 및 기각 결정을 내렸다. 박민 사장 취임 이후 발생한 프로그램 폐지, 앵커 교체 등에 대해 KBS 본부노조가 서울남부지방검찰청, 서울지방노동위원회, 고용노동부 남부지청, 감사원에서는 모두 사측의 편성권과 인사권을 인정하는 결정을 내렸다.


**- 내적 자유 위반에 대한 판결의 문제점**

최근 법원과 노동 관련 당국은 KBS 본부노동조합이 제기한 방송편성규약 및 단체협약 위반에 대해 과거 판결과 모순되는 결정을 내렸다. 이전의 판결은 방송 노동자를 방송 자유의 주체로 인정하고, 방송사 내적 자유를 존중하는 판결을 통해 그들을 대표하는 노동조합의 대표성을 확인하는 것이었다. 이러한 판결의 취지는 봉사의 의무는 객관적 법질서로서의 방송의 자유가 법률에 의해 구체화된 것으로, 방송 사업자뿐 아니라 방송 편성 책임자와 그를 보조하는 모든 언론기관 종사자에 부과된 의무이고 이를 침해하는 행위는 위법하다는 판결이다(서울남부지방법원, 2012가합3891, 서울고등법원, 2014나11910 등). 반면 최근 판결의 성향은 제작자의 근로 조건을 대표하는 '전국언론노조 KBS 본부를 언론노조와 별도로 독자적인 활동을 하는 단체로서의 실체를 가지고 있다고 보기 부족하고, 당사자 능력이 있다고 보기 어렵다'는 판결이다(서울고등법원 제15민사부, 2024). 이러한 판결은, KBS의 단체협약 및 사측의 방송 규약 위반에 대한 소송의 주체는 KBS 본부노동조합의 상급 단체인 전국언론노동조합이라는 의미로 해석된다. 또한, '회사가 제작하는 방송 프로그램의 제작진, 진행자 등을 결정하거나 변경하는 것은 회사의 인사 권한 범위 내에 있는 것으로 보인다'는 서울남부지방법원의 판결은 방송 자유의 주체로서 방송 종사자의 권리를 제도화한 방송법의 방송편성규약 정신을 반영하지 않은 판결이다. 이러한 서울남부지법의 판결은 '단체협약에서 방송의 절차적 공정성을 보장하기 위한 규정들을 두고 있는 경우, 사용자가 이러한 절차를 무시하고 인사권이나 경영권을 남용하여 방송의 제작, 편집 및 송출 과정을 통제하려 한다면, 이는 단체 협약을 위반하여 근로 조건을 저해하는 행위일 뿐 아니라 방송법 등 관련 제 규정에서 정한 공정 방송의 의무를 위반한 위법행위에 해당하는 것이다'(서울남부지방법원, 2012가합16200)라는 기존의 판결과 정면으로 배치된다. 따라서 최근 언론노동조합 KBS 본부가 제기한 방송법 및 노동법 위반에 대한 법원 및 노동 당국의 판결은 방송법의 내적 자유를 규정한 방송 편성규약 정신을 전혀 고려하지 않은 결정이다.

방송 편성이 공적인 업무라면 방송 사업자와 방송 편성 책임자와의 관계가 단순히 방송 사업자가 자신의 방송 자유를 실현하기 위해 고용한 사용자 - 노동자 관계 정도로 볼 수 없다(고민수, 2010). 방송 편성이라는 방송법에서 규정한 공적인 업무를 담당하도록 방송 사업자에 의해 임명된 자에게 단순히 민사적 접근법을 변용해 적용할 수도 없다(변무웅, 2007). 왜냐하면 방송 편성은 단순히 방송 사업자나 방송 편성 책임자의 사적인 의사 표현의 자유나 경향을 실현하는 것이 아니기 때문이다. 방송 편성이 방송의 핵심 업무라면 그 업무 담당자는 방송법 제5조와 제6조에서 명시된 공정성과 공익성을 실현해야 하며, 방송법 제3조에서 명시된 시청자의 권익도 보호해야 할 의무도 있다. 최근 방송법 및 노동법 위반에 대한 판결은 공영방송 편성과 제작에 있어 방송 사업자와 방송 종사자가 권리를 공유하는 내적 자유의 정신을 전혀 고려하지 않은 결정이다. 이러한 결정들은 방송법 제4조의 편성규약제도, 이를 반영한 노사 간 단체협약, 방송 종사자를 방송 자유의 주체로 인정한 기존 판례에 어긋난다. 이는 공영방송의 내적 자유에 관한 헌법과 방송법의 정신을 고려하지 않고 편성권과 인사권이 독점적이라는 회사 측의 주장을 일방적으로 뒷받침한 결정이다. 방송법과 노동법을 둘러싼 법리를 다뤘다기보다 단순히 헤게모니적 관점에서 회사의 기득권을 인정한 판결로 이해된다. 편성규약을 무력화하는 노동 관련 당국과 법원의 결정은 편성규약을 둘러싼 노사 갈등을 더욱 심화시킬 것이다. 편성규약을 둘러싼 노사의 대립과 방송 종사자의 의견을 무시하는 경영진의 독주는 공영방송에 대한 신뢰 하락으로 이어진다. 공영방송은 국민의 공론장을 대리하기 때문에 KBS의 방송 자유는 방송법인에 독점되어서는 안 된다. 이러한 노동위원회, 고용노동부, 법원, 감사원의 결정들로 인해 방송법의 편성규약 제도와 내적 자유는 유명무실해졌다. 편성규약 제도가 경영진에 의해 무력화되고, 내적 자유가 보장되지 않을 경우 여론 형성은 왜곡될 수 있다. 현실에서 작동하지 않는 방송의 내적 자유가 제대로 기능할 수 있도록 법 제도 개선이 시급한 이유다. 공정방송 의무는 국가권력 등 언론기관 외부의 압력뿐만 아니라 경영자 등에 의한 내부의 압력으로부터도 보호되고 철저히 지켜져야 할 방송의 '제1차적 의무'로서 방송 사업자뿐만 아니라 방송 종사자에게도 준엄한 준수가 요청되는 의무라고 보아야 한다. 특히 우리나라에서는 대통령 직속 기구인 방송통신위원회 등이 공영방송사 또는 공적 소유 구조를 가진 방송사의 사장 선임과 교체에 직접적으로 관여하는 등 최고권력자인 대통령의 의사가 방송사 운영 전반에 영향을 미칠 수 있어, 방송의 공정성을 근본적으로 훼손할 가능성이 있기 때문이다(한수경, 2015). 공영방송 편성권에 대한 경영진의 주장이 일방적으로 받아들여지면 편성규약은 무력화되고, 경영진이 편성권을 독점적으로 행사할 경우 KBS는 정권의 홍보 도구로 전락할 수 있다. 특히 〈이승만 다큐멘터리〉 방송처럼 이념적으로 편향될 우려가 있는 방송으로 이어진다. KBS의 방송편성규약과 단체협약은 경영진이 일방적으로 방송의 공정성과 객관성을 침해하는 것을 방지하기 위해 노사가 제정한 제도적 장치다. 공영방송 편성규약 위반에 대해 법원이 공영방송사의 편성과 인사권을 과도하게 인정할 경우, 방송의 공정성이 훼손될 수 있다는 점을 심각하게 고려해야 한다.

한편, 한국과 독일, 오스트리아, 프랑스의 언론 자유와 편집권을 탐구한 학자들은 언론의 내적 자유를 보장하는 것이 언론의 자유를 확장하고 나아가 일반 시민의 알 권리에 기여한다는 점을 밝히고 있다(이승선, 2017). 독일은 1985년 노드라인 - 베스트 팔렌주에서 (그 주에 위치한) 서부독일방송(WDR)을 위한 법을 개정하면서 제작자(기자 및 PD)의 참여권을 법 조항에 삽입한 것이다. 이 법은 '제작자 대표단'의 구성과 이와 관련되는 규약의 제정을 포함하고 있었다. 이 법에 따르면, 제작자 대표단의 우선적 임무는 제작자와 상급자 사이에서 발생하는 프로그램 제작과 관련되는 갈등을 조정해서 합의를 끌어내는 것이다. 이 규약에는 이러한 갈등이 구체적으로 어떤 절차를 밟아야 하는 것을 명시하도록 했다. 합의가 이루어지지 않을 경우에는 (제작자와 경영자 측에서 동수로 참여하며, 중립적인 인사가 위원장이 되는) 조정위원회가 구성된다. 이 조정위원회는 방송사 사장에게 권고 사항을 제시하도록 한다(크리스티나 홀츠-바샤, 2002). 독일과 오스트리아의 방송 법령이 공영방송에서 편성규약 체결을 의무화하는 것은 공영방송은 '내적 다원주의'를 통해 여론의 다양성을 보호하기 때문에 상업방송과는 다른 규제를 받는다. 특히 공영방송은 상업방송이 전달하지 못하는 정보와 여론을 독립적이고 중립적으로 전달해야 하는 사회적 합의가 있다. 그러나 국가가 이를 직접 명령하거나 강제한다면 독일 기본법 제5조에서 규정한 언론의 자유를 침해하는 심각한 국가 개입이기 때문에 방송법상의 공영방송 설치 관련 조항과 공영방송법에 예외적으로 정하고 있다(심영섭, 2010).

## (5) 소결

공영방송의 내적 자유에 대한 정당성은 다음과 같이 요약할 수 있다. 방송의 자유는 방송 사업자와 방송 종사자 모두가 공유하는 권리이며, 모든 국민의 언론의 자유를 실현하기 위해 형성된 방송 제도의 일부분이다. 이는 민주 사회의 다양한 여론을 형성하고, 궁극적으로 민주적 기본 질서 형성에 이바지함으로써 헌법 정신을 실현하는 일이다. 방송 편성의 대상인 방송 프로그램은 단순한 상업적 상품으로만 볼 수 없으며, 방송 종사자의 업무는 방송이 가진 헌법적 과업과 기능의 관점에서 이해되어야 한다. 결론적으로 방송 종사자의 방송법인에 대한 이런 이중적인 지위는 방송의 내적 자유를 논의하는 기초가 된다. 무엇보다 방송법인과 방송 종사자는 서로의 양심과 신념, 자율성과 전문성을 존중하여 독자적인 지위에서 협조할 수 있어야 한다는 당위의 기초를 제공한다(김현귀, 2014). 방송법 제4조 제2항에 의해 방송 사업자와 방송 편성 책임자를 분리하여, 누구든지 방송 편성에 관해서는 이 법 또는 다른 법률에 의하지 아니하고 어떠한 규제나 간섭을 받을 수 없다. 또한, 제4항에서 방송 사업자는 방송 프로그램 제작의 자율성을 보장하기 위하여 취재 및 제작 종사자의 의견을 들어 「방송편성규약」을 제정하고 이를 공표하여야 한다. 이러한 방송법 취지에 따라 법원은 방송 종사자도 방송의 자유를 공유하는 주체로서 역할을 인정했다. 공영방송은 다양한 의견을 형성하고 헌법적 가치를 실현하기 위해 방송의 내적 자유를 보장해야 한다는 인식에 근거하고 있다. 따라서 방송법 제4조의 방송 종사자의 내적 자유 보장에 대한 명령은 일반 기업에서 요청되는 소유와 경영 분리 정도로 파악될 수 있는 수준의 규범이 아니라, 공법적이고 헌법적이며 방송에 특화된 입법자의 명령이다. 이는 객관적인 제도 측면을 강조하는 것뿐만 아니라 민주 국가의 원리와도 밀접하게 연결된다. 방송의 내적 자유는 방송의 보도 취재와 편성의 업무를 방송 편성 책임자의 일방적 결정이 아닌, 방송 종사자가 기획부터 취재, 프로그램 제작과 편성에 직간접적으로 참여하는 협업의 결과물로 이해되어야 한다. 방송의 편성, 보도, 제작은 철저한 노동 분업적 특성을 가지기 때문이다. 방송이 '분업을 통해 노동하는 다양한 기본권 주체에 의한 공동 작업 과정'인 점을 인식하고 그 조정을 위해서는 방송 사업자와 방송 제작자가 가지는 기본권의 실천적 조화론에 의해 해결하는 방안이 최선이라고 생각된다(강경근, 2005). 방송편성의 자유는 방송 주체가 특정 집단이나 세력으로부터 독립하고 외부의 간섭 없이 방송할 내용을 계획하고 취재하여 프로그램을 제작·편성·전송하는 자유이다. 방송의 자유와 독립을 법적으로 보장하고 있으며 헌법적 정당성이 부여된다. 정치 권력이나 소유주를 비롯한 자본 권력, 사회의 제 세력으로부터의 독립을 보장한다. 방송법 등은 언론의 자유 및 민주적 기본 질서의 유지·실현이라는 헌법적 가치이자 권리를 방송의 영역에서 실현하기 위한 것으로서 단순히 권리를 부여하는 것에 그치는 것이 아니라 공정한 방송을 실현할 의무 또한 부여한 것이다. 편성권이 어디에 귀속되고 행사되어야 헌법적 가치가 더 잘 구현될 수 있느냐에 초점이 맞추어져야 할 것이다(정연우, 2020). 궁극적으로 방송의 자유에 대한 기본권은 방송 사업자뿐만 아니라 방송 종사자들도 공유하는 것이다. 다만 방송의 내적 자유 보장은 제작자의 개인적인 기본권이 아니라 국민에 기여하며 봉사하는 자유의 성격이라 할 수 있다. 그러나 보수정권하에서 방송편성권이 경영진에 의해 일방적으로 운영되면서 공영방송 종사자의 내적 자유에 대한 침해가 증가하고 있다. 방송편성권의 독점적 행사는 방송법과 노동법에 위배된다. 이는 노사 갈등, 소송, 파업 등으로 이어질 수 있으며, 역사적 사례와 같이 공영방송의 신뢰도 하락으로 이어질 것이다. 방송의 자유가 경영진에 독점되면 공영방송이 정부의 홍보 수단으로 전락할 우려가 있으며, 특정 이념을 전파할 수 있는 더 큰 위험을 내포하고 있다.

## (6) KBS 「방송편성규약」 및 단체협약의 쟁점

　단체협약으로 설치된 KBS 노사 공정방송위원회는 민주화 이후 경영진의 내외부 압력에 맞서 방송 프로그램의 독립성을 유지하려는 KBS 노동조합의 노력에서 비롯된 역사적 산물이다. 실제로 내적 언론 자유를 진전시켜 온 많은 나라에서 그 중심적 추진 주체는 노동조합이었다. 특히 한국적 언론 상황에서는 저널리스트 개인이나 노사협의회 자체만으로는 방송의 내적 자유를 실현하는 것이 불가능하며, 결국 노동조합이 담당할 수밖에 없는 것으로 판단된다. 언론 조직 내부의 민주화는 직접적으로 언론 조직 내에서의 사용자와 노동자의 권력 분배에 관련된 것이지만, 그것은 언론 조직 외부에 존재하는 권력의 각종 압력으로부터의 자유를 전제로 성립한다(류한호, 2004). 한국의 공영방송 지배구조에서는 권력과 공영방송 경영진이 동일한 이해관계를 공유하며, 유착과 연합의 가능성이 존재한다. 또한, 정부 주도의 지배구조, 정권 교체에 따른 사장의 일방적인 교체, 수신료 재원의 독립성을 보장하지 않는 등 공영방송에 대한 국가의 영향력은 절대적이다. 이러한 정부에 종속된 지배구조와 권위주의적 리더십이 결합되면, 방송의 내적 자유가 경영진에 의해 침해되거나 위협받을 수 있다. 한국을 포함하여 독일, 오스트리아 등 어느 나라에서나 내적 언론 자유의 제도적 장치들은 노동조합의 장기간에 걸친 투쟁의 성과물로 얻어진 것을 상기할 필요가 있다. 독일과 같이 공영방송이 정치와 절연되고 독립성이 보장되는 민주적 조합주의 모델[20]에서 정당과 '사회적으로 중시되는 집단'이 종종 공영방송 조직과 미디어 규제 시스템에서 맡고 있는 역할이 명확하다. 또한, 언론노조와 협회에서도 드러나는데, 민주적 조합주의의 다른 최상위 조직들처럼, 방송위원회나 유사 기구에 참여할 뿐 아니라 미디어 정책 수행 과정에서도 관여되어 있다. 민주적 조합주의 국가에서 언론노조는 미디어 정책에 관한 논의에서 언론 소유주 협회와 마찬가지로 공식적인 발언권을 가지고 있다(핼린·만시니, 2009). KBS의 경우 프로그램 기획 및 제작 과정에서 경영진과 방송 제작자 간의 분쟁이 발생하면, 편성위원회에서 자체적으로 해결해 왔다. 편성위원회에서 원만한 합의가 이루어지지 않을 경우, 노사 공정방송위원회를 개최한다. 공정방송위원회에서 최종 합의에 이르지 못할 경우에는 단체협약 제27조에 따라 외부 중재위원회를 거치게 된다. 독일의 편성위원회와 다른 점은 노사 공정방송위원회를 둔다는 점이다. 독일은 편성위원회에서 타결이 되지 않으면 중재위원회를 소집해서 중재하는 과정을 거친다. 2019년 KBS 단체협약에 중재위원회를 두는 조항이 개정되었다. 그러나 방송프로그램 편성, 보도, 제작과 관련 중재위원회는 지금까지 소집한 적이 없다. 내적 자유에 대한 문제를 직능별 편성위원회나 노사 공정방송위원회를 통해 자체적으로 해결해 왔다.

---

20) 페터 카첸슈타인이 〈세계 시장의 작은 국가들〉에 제시된 분석에서 중북부 유럽의 작은 국가들은 20세기 초반에 조직화된 이익집단 간의 타협과 권력분점, 복지국가의 확장 등의 특징으로 하는 정치 모델을 채택하는 것에서 유래함. 핼린과 만시니 (2009). 미디어 시스템 형성과 진화. 김수정 등 번역

앞서 살펴본 바와 같이 KBS 노사 단체협약의 공정방송위원회는 군사정권 시절부터 정권을 홍보하거나 옹호하는 국영방송의 이미지에서 벗어나기 위한 노동조합의 투쟁의 산물이다. 특히 군사정부 시절 KBS는 정부의 뉴스를 일방적으로 전달하는 이른바 '땡전 뉴스'의 폐해로 인해 전 국민적인 수신료 납부 반대에 직면한 바 있다. 각 분야(편성, 보도, 제작, 라디오 등) 편성위원회가 방송의 내적 자유에 대한 문제를 자체적으로 해결할 수 없을 때 노동조합이 공정방송위원회를 통해 제작 책임자와 방송 종사자의 분쟁을 해결해 왔다. 공정방송위원회는 막강한 영향력을 행사하던 권위주의 정부 시절부터 방송 프로그램의 공정성과 독립성, 객관성을 유지하기 위한 노사 간 제도적 기구였다.

그러나 방송 종사자의 내적 자유를 위한 편성규약 제정이 경영진과 직능단체(기자, 피디 등)의 협의체를 넘어 노동조합과 합의한 점이 문제라는 지적이 제기됐다. 편성위원회의 목적은 노조의 이익을 대변하는 것이 아니라, 오로지 제작자의 편성에 대한 자율권을 보호하여 프로그램의 공익성을 지키는 역할과 다양한 의견이 형성될 수 있도록 돕는 것에 그 목적이 있다. 따라서 편성위원회에서 조정이나 해결이 되지 않은 사안은 공정방송위원회와는 다른 별도의 조정위원회를 구성하여 이곳에서 해결을 도모함이 타당하다는 것이다(심영섭, 2009). 노사 간 단체협약에 관한 분쟁이 발생할 경우, 회사와 노동조합이 문서로 합의한 내용이 실천되고 보장되었는지, 아니면 그러한 합의를 위반했는지 핵심 쟁점이 된다(이승선, 2009). 그러나 한국에서 내적 언론 자유 실현의 핵심적 주체가 노동조합일 수밖에 없다고 하는 이유는 한국 노동조합 조직상의 특수성에 근거를 두고 있다. 먼저 한국의 노동조합은 기업별 노동조합이라는 조직 체계상의 특성을 갖기 때문이다. 한국을 포함하여 어느 나라에서나 내적 언론 자유의 제도적 장치들은 노동조합의 장기간에 걸친 투쟁의 성과로 얻어진 결과물이라는 특징이 있다(류한호, 2004). 공영방송은 국가의 정치에 절대적인 영향을 받기 때문에 공영방송의 노사 관계가 제한된 임기를 가진 경영자와 노동자 사이가 아니라 국가와 방송 전문직 사이에서 형성된다는 것을 의미한다. 방송이 가진 정치성 때문에 국가와 직접적으로 연계되어는 안 된다. 그러나 그렇다고 하더라도 방송인이 국가에 의해 고용된 것은 아니므로 노사는 국가와 공무원의 관계도 자본주의적 고용·피고용적 관계도 될 수 없다(조항제, 2018). 이렇게 보면 공영방송의 노사는 국가로부터 위임받은 전문직으로서 "방송을 중심으로 이해와 관심을 공유하고 있는 일종의 미디어 공동체로서의 성격"(정준희, 2005)이 더 많다고 봐야 한다.

### (7) 방송의 내적 자유의 제도적 보완

2000년 1월 12일부터 시행된 방송법에 방송 보도의 공정성 확보를 위해 편성규약 체결을 규정한 제4조 제4항이 신설되었다. 방송이 방송사 경영진의 독점적 권리가 될 경우, 정부나 정치권 등 이해 세력의 영향력에 취약할 수 있어서 방송 종사자의 권리를 보장하기 위해 방송법은 「방송편성규약」 제정을 의무화하고 있다. 이러한 「방송편성규약」은 '편집-편성 규약 운동'의 발생지인 독일의 전통을 따르는 법 제정이다. 그러나 우리나라 방송법 제4조항은 독일의 방송 법규와 달리 「방송편성규약」을 제정할 때 반드시 포함되어야 할 세부적인 사항에 관해 규정하지 않고 있고, 하위법에도 명확한 규정이 없다. 이러한 이유로 일부 한국의 지상파 채널에서 제정하고 있는 편성규약은 본래 취지와 달리 편성 지침에 준하는 조항들로 구성된 '기형적 구조'를 갖고 있다(심영섭, 2009).

방송법의 「방송편성규약」 제도를 두고 경영진과 제작진의 갈등이 심화되고 있다. 문제는 회사가 공표한 「방송편성규약」을 위반했다고 하더라도 즉시 제재할 실질적인 방법이나 권한이 없다는 점이다. 특히 보수당이 집권하고 경영진이 교체되면, 프로그램 제작과 편성 전반에 대한 간섭과 개입이 노골화되면서 사측과 방송 제작자 그리고 노동조합과 경영진 간의 첨예한 갈등이 발생한다. 분야별 편성위원회와 노사 공정방송위원회를 통해 조정을 시도하지만, 사측이 회의체를 일방적으로 지연시키거나 무시하면서 제도의 실효성이 떨어진다. 조정이 이루어지지 않으면 노동조합의 파업으로 이어져 결국 공정방송의 문제를 법원의 판단에 의존하고 있다. 회사가 총선을 이유로 세월호 10주년 특집 프로그램을 불방시킨 사태가 대표적인 사례다. 「방송편성규약」 제7조(취재 및 제작 실무자의 권리와 의무) 제6항의 '취재 및 제작 실무자는 제작의 자율성에 심대한 영향을 미치는 프로그램 관련 결정에 대해서 알 권리와 시정을 요구할 권리가 있고', 「방송편성규약」제8조(편성위원회의 설치 및 운영)에 따른 편성위원회를 운영하고, 편성위원회에서 원만한 합의가 이루어지지 않으면 단체협약으로 공정방송위원회에서 협의한다. 그러나 세월호 10주년 불방 사례처럼 회사가 일방적으로 회의를 지연시키거나 회의 개최에 동의하지 않는 경우, 편성위원회와 단체협약은 구속력을 갖지 못한다. 결국, 편성규약 제도는 제작 종사자와 편성 권한을 공유하면서 합리적으로 운영하려는 경영진의 신뢰와 선의에 의지할 수밖에 없다. 그렇지 않으면 방송법 제4조와 단체협약 위반에 대해 법원 소송을 통해 다투어야 하는데, 이는 상당한 시간이 소요돼 제작자에게 일방적으로 불리한 조항이다. 공영방송 사업자의 편성과 제작 지시권이 상식과 합리성에 부합하며, 정파적이거나 권위주의적으로 운영되지 않도록 방송법의 편성규약 제도를 실질적으로 개선해야 한다.

독일과 오스트리아의 편성규약에서 다루는 갈등 사안은 주로 이슈(Issue)에 치중해 있고, 협의의 목표도 사회적 합의를 통해 문제를 절차적으로 해결하려고 노력한다. 또한, 갈등의 해결 주체도 제작자 직능단체를 중심으로 한다. 편성규약의 적용 대상도 공영방송 중심이다. 그러나 우리나라의 편성규약은 공·민영 구분 없이 모든 지상파방송 채널과 종합편성채널, 보도전문 채널에서 제정하도록 정해져 있지만, 방송사에서 갈등 사안을 다루는 것이 주로 사회적 아젠다와 직간접적으로 연관이 되어 있어서, 사회적 합의보다는 헤게모니 획득을 위한 각축장으로 비화하는 사례가 많았다(류한호, 2004). 따라서 방송법 제4조 제4

항이 실효성을 얻기 위해서는 모법 조항에 대한 개정이 필요하다. 모법에는 구체적으로 편성규약 제정의 의무 대상으로 공영방송, 자율적인 체결 대상으로 민영 지상파방송 채널과 종합편성채널, 보도전문채널을 포함할 수 있다. 방송법 제4조 제4항이 실효성을 얻기 위해서는 시행령을 통해서 구체적으로 편성규약을 제정하지 않을 때의 제재 조치 등이 포함되어야 한다(심영섭, 2010). 22대 국회에서 이훈기 의원은 방송편성규약 준수 의무를 규정하여 방송 프로그램 제작의 자율성을 보장하는 방송법 일부 개정 법률안은 대표 발의하였다(국회 의안번호 98, 2024). 공영방송 지배구조 개선과 함께 방송 제작자의 자율성을 보장하기 위해 방송법 제4조 제4항을 개정하는 법률이다.[21] 공영방송 경영진의 의도에 따라 편성규약이 유명무실해지거나 무력화되는 것을 방지하기 위해, 이러한 규정을 준수할 의무를 법률로 명확하게 규정해야 한다.

방송은 정권이 교체될 때마다 불공정 문제가 제기된다. 이러한 불공정 보도 문제를 해결하고 방송 보도의 신뢰를 회복하기 위해서는 제작자의 편성 자율성을 보장하는 편성규약 제도가 마련되어야 한다. 방송 종사자의 내적 자유를 확인하고 이를 보장하는 형성 법률로써 진지하게 검토해야 한다(헌법재판소, 2005헌마165). 언론의 공적 책임을 보다 충실히 이행하여야 할 의무가 있는 공

---

21) 개정안 ④종합 편성 또는 보도에 관한 전문 편성을 행하는 방송 사업자는 방송 프로그램제작의 자율성을 보장하기 위하여 취재 및 제작 종사자의 의견을 들어 방송편성규약을 제정 및 공표하고 이를 준수하여야 한다.

영방송의 경우, 언론의 자유가 언론기업 자체로부터도 위협받을 수 있는 오늘날의 상황에서 언론의 내적 자유를 보호할 실익이 크다. 따라서 언론기관의 자유(발행인의 언론의 자유) 보장과의 기본권 상충에 있어 조화로운 해결 방법으로서 언론의 내적 자유 보호를 위한 편성규약 및 편성위원회 제도를 입법적으로 강제하는 것이 필요하다. 이를 기본권의 상충에 대해 실제적 조화의 원칙에 근거하여 과잉 금지의 원칙에 따라 판단해 보자면, 언론의 내적 자유 확보를 통해 언론의 공적 책무 수행을 위해 마련된 편성규약 및 편성위원회 제도를 법으로 강제할 경우, 그 어떤 매체보다 언론의 공적 책임을 보다 충실히 이행하여야 할 의무가 있는 공영방송의 역할에 비추어 보건대, 비록 언론기업 경영인의 편집권을 다소 제한하기는 하나 그 제한의 정도가 언론 종사자의 편집권과의 사이에 적정한 비례를 유지하는 것은 정당하다고 할 수 있다(손승우, 2017).

## 3) 국장 임명동의제와 공영방송의 인사권

국장에게 자율성을 주는 국장 책임제를 구현할 수 있도록 보도 및 시사 담당 국장을 임명할 때는 해당국 구성원들의 동의를 전제로 한다는 제도가 국장 임명동의제다. 사실 국장 임명동의제는 공영방송 제작 현장에서는 오랫동안 화두였다. KBS 내부의 민주화라는 역사적 맥락 속에서 동료들과 함께 오래 고민하고 토론해 온 과제였다(양승동, 2023). 방송통신위원회는 언론 개혁에 대한 국민 염원에 따라 공영방송의 독립성·공정성·자율성 확보를 방송 정책의 최우선 과제로 삼아 제도 개선 방안 마련을 추진해 왔다. 여·야 정치권은 물론 방송사 사측과 종사자, 시민사회 등 의견이 다양함에 따라 사회적 논의를 위해 방송·법률·경영·회계 전문가 및 시민사회 단체 추천인사로 「방송미래발전위원회」를 구성하였다. 이를 통해 발의된 법안과 학계·시민사회 제안, 해외 사례 등을 종합 검토하고 폭넓은 국민 의견 수렴과 상임위원 간 숙의를 거쳐 정책 방안을 마련하였다. '방송의 편성·제작 자율성 제고를 위해서는 방송 현장에서 종사자의 의견이 충분히 반영될 필요가 있음에 따라 편성위원회에 ① 편성·제작의 자율성 침해, ② 편성규약의 제·개정, ③ 보도·제작·편성 간부 임명 시 종사자 의견을 반영하는 제도 마련'했다(방송통신위원회, 2018). 이처럼 방송 제작 현장의 자율성 제고와 편성위원회 설치, 편성규약의 제·개정 그리고 보도·제작·편성 간부 임명 시 종사자 의견을 반영하는 제도 혁신은 국민의 언론 개혁의 염원을 반영한 시대정신이라 할 수 있다.

KBS는 2019년 국민의 권익을 위해 봉사할 의무가 있는 편성, 취재, 제작 종사자 모두가 내외부의 압력으로부터 자율성을 보장받고 양심과 표현의 자유에 따라 방송의 편성, 취재, 제작 활동에 임할 수 있도록 규약의 제도적 실효성을 강화한 후, 종사자의 의견을 수렴하고 노사 합의를 거쳐 편성규약을 개정하였다. 이는 방송법 제4조 제4항을 의무화한 것이다. KBS 편성규약 제16조(국장 임명동의) ① 취재 및 제작 실무자의 참여권 보장을 통해 제5조가 정한 취재 및 제작의 규범이 조화롭게 이행될 수 있도록 일부 취재 및 제작 책임자에 대한 임명 동의 절차를 거친다. 그리고 ② 임명 동의 대상과 방법 등 세부 사항은 2019 단체협약에 따른다고 규정했다. 2019년 편성규약 제정 당시 통합 뉴스룸국장, 시사제작국장, 시사교양1국장이 임명 동의 대상자였는데, 2022년 편성규약과 단체협약이 개정되면서 시사교양2국장과 라디오제작국장이 추가되었다. KBS 노사의 단체협약 제29조는 임명 동의의 내용과 절차를 구체화하고 있다. 주요 내용으로 공사(KBS)는 자율과 독립, 공정성에 대한 실천 의지와 자질을 갖춘 인사가 보도와 제작을 책임질 수 있도록 주요 보도·제작 간부에 대해서는 해당 부서의 소속 조합원들에게 동의를 받고 임명해야 한다(1항). 임명 동의 투표는 교섭대표 노동조합(현재는 언론노동조합 KBS본부)이 주관하여 진행하며(3항), 투표는 직접, 비밀, 무기명 투표로 진행된다(4항). 단 투표권자는 임명 동의 대상자 소속 부서의 조합원으로 하며(5항), 투표권자 재적인원 과반수 투표, 투표자 과반수 찬성으로 대상자를 임명 동의하고, 공사(KBS)는 임명 동의를 받지 못한 대상자의 지명을 철회한다(6항)고 규정되어 있다. 임명 동의를 진행하는 해당 노동조합은 해당 조합원에게 투표 일정을 공고하고, 임명 동의 대상자에 대한 공개 질의와 임명 동의자의 해당국 운영에 대한 소신과 비전, 방송의 공정성과 독립성을 지키기 위한 의견을 청취하고 투표한다. 주요 5개 국장 임명동의제는 제작 자율성과 독립, 방송의 공정성에 대한 실천 의지와 자질을 갖춘 인물인지 내부 구성원들에게 평가하는 공정 방송을 위한 최소한의 안전장치라 할 수 있다.

박민 사장이 취임하면서 국장 임명동의제를 거치지 않고 해당 국장을 임명하려 하자, KBS 본부는 법원에 가처분 신청을 제기했다. 그러나 서울남부지법은 언론노조 KBS 본부가 '앵커, 진행자 대규모 교체와 임명 동의 없이 주요 간부 임명 시도는 단체협약 위반'이라며 제기한 단협 위반금지 가처분 신청을 각하했다. KBS는 KBS 본부가 법원에 낸 단체협약이행 가처분 신청이 각하되면서 임명동의제를 무력화하는 방향으로 급선회했다. 법원은 노조 동의를 거치지 않고 뉴스와 라디오 프로그램 진행자를 교체한 것은 위법이라는 KBS 본부의 가처분 신청에 대해 "채권자가(언론노조 KBS본부) 독자적인 활동을 하는 단체로서의 실체를 가지고 있다고 보기 부족하다"라며 당사자 능력이 없다고 봤다. 나아가 "채무자가 제작하는 방송 프로그램의 제작진, 진행자 등을 결정하거나 변경하는 것은 채무자의 인사 권한 범위 내에 있다"라고 덧붙였다(PD저널, 2024). 그러나 재판부는 임명동의제와 관련해 "그 효력 유무에 대한 다툼이 계속되고 있는 데다 현재 해당 직위 등의 임명이 예정되지 아니한 상황에서 본안 소송 이전에 시급하게 동의 없는 임명의 금지를 구할 필요가 소명되지 않았다"고 했다. KBS 사측은 "법원은 특히 설령 KBS 본부가 당사자 능력이 있다고 하더라도 임명동의제에 대하여서는 그 효력 유무에 대한 다툼이 계속되고 있다고 밝혔는데, 이는 임명동의제가 법적으로 유효하지 않을 수 있다는 점을 명시적으로 인정한 것이라는 해석이 가능하다"라고 했다. 이러한 가처분 소송 결과를 바탕으로 박민 사장은 취임 이후 5개 국장에 대한 임명 동의를 구하지 않고 2개월이 지나서야 인사 발령을 강행했다. KBS가 임명동의제 없이 국장 인사 발령을 낸 주요 주장과 이를 반박하는 노동조합의 견해는 아래와 같다. 첫째 KBS는 '임명동의제가 방송법 위반'이라고 주장했다. KBS는 "단체협약대로 임명 동의를 거치면 인사규정에서 정하지 않은 방식으로 직원을 임면하는 것으로 사장이 인사규정, 정관, 방송법을 순차적으로 위반하는 것"이라면서 "단체교섭으로 인한 사용자의 인사권이 박탈될 정도에 이르렀다면 경영권의 본질에 속한 부분을 단체교섭의 대상으로 한 것이므로 단체교섭이 무효"라고 했다. 반면 KBS본부는 "임명동의제 이행은 방송법 위반이 아닌 '방송법 준수'"라고 반박한다. 국장 임명동의제는 취재·제작 종사자 의견을 들어 「방송편성규약」을 제정·공표해야 한다는 방송법(제4조)을 근거로 만들어진 'KBS 「방송편성규약」'상 제도이며, 2019년 법률 검토·이사회 보고·경영회의 의결을 거쳐 국장 임명동의제 등을 반영한 편성규약 개정이 이뤄졌다는 것이다. KBS 편성규약은 임명 동의 대상·방법 등을 단체협약으로 정한다고 규정한다. 한편, KBS 사측은 특보에서 "(임명동의제가) 사장의 인사권을 본질적으로 침해하는 만큼 단체교섭의 대상이 될 수 없다"라며 "서울중앙지방법원은 과거 연합뉴스의 단체협약상 임명동의제가 사용자의 인사권을 지나치게 제한해서 박탈한 것이나 다름없다는 결정을 내린 바 있다"라고 주장한다. 그러면서 대법원이 지난 1994년 해고 절차 관련 사건에 대해 단체협약상 '합의'는 노조에 의견 제시 기회를 주는 취지라 해석했다고 덧붙였다. 이와 관련 KBS본부는 "임명동의제는 사용자의 인사권 박탈이 아닌 방송법과 근로기준법에 따른 '공영방송을 위한 최소한의 장치'"라고 했다. 이들은 지난해 대법원이 확정한 2012년 MBC 파업 관련 판결이 '방송 공정성 실현을 위한 제도적 장치 마련과 준수는 사용자가 단체교섭 의무를 지는 사항(의무적 교섭 사항)'이라고 판시한 대목을 인용했다. 사측이 인용한 연합뉴스 사례는 "공정방송과 단체교섭 법리를 반영하지 않은 과거의 하급심 판례에 불과하다"는 지적이다. 세 번째 이유로 KBS 사측은 "임명동의제가 사용자 경영권의 본질적 내용을 이루는 근로자의 전보·승진·발령 등 인사 사항을 대상으로 하므로 KBS 경영에 관한 최고 의결기관인 이사회 의결 절차를 거쳐야 하는데 이를 거치지 아니한 절차적 하자로 인해 유효성이 문제될 수 있다"고 주장했다. 그러면서 서울행정법원이 김의철 전 사장의 해임 효력정지 가처분 신청을 기각하면서 김 전 사장이 이사회 심의·의결·보고를 거치지 않았다고 언급한 대목을 제시했다. 이와 관련 KBS본부는 2019 편성규약 개정(안)은 초안과 구성원 의견 수렴 기간 접수된 의견은 경영진에게 보고되었고, 2019년 9월 25일 열린 제950차 정기이사회에 보고가 되었다는 것이다.

SBS, MBC, YTN, 연합뉴스, 경향신문을 비롯한 국내 많은 신문사, 방송사에서 국장 임명동의제와 비슷한 제도를 두고 있다. 대부분 '공정 방송·보도'와 '편집권 독립' 등을 위한 조건에서 노사 단체협약에 포함돼 있다. SBS 단체협약은 내용에 "보도·시사교양·편성 부문 책임자는 공정 방송 실현을 위해 방송 공정성을 저해하는 부당한 청탁과 간섭, 압력으로부터 방송 독립을 지키고, 종사자의 제작 자율성을 보장해야 할 책임과 권한이 있으며, 회사가 그 권한을 보장한다"고 내용이 명시돼 있다. 그리고 그 실천 방안 중 하나로 임명동의제를 방송사에서 처음으로 만들었다. 연합뉴스 단체협약에도 "공정 보도의 실현이 조합원의 근로조건과 밀접한 연관이 있다는 사실을 인정"하는 '편집권 독립과 공정 보도' 부분에 편집총국장, 제작국장 임면동의가 포함돼 있다. 많은 매체에서 '경영진'의 과도한 입김으로부터 공정 보도를 보장할 수 있는 최소한의 절차로 국장 임명동의제를 실시하고 있다(경향신문, 2024). 언론노조 KBS 본부는 "임명동의제를 사문화하겠다는 것은 구성원들에게 최소한의 동의조차 받지 못할 편향적 인물들로 KBS의 뉴스와 주요 프로그램을 만들어 나가겠다는 것을 공식적으로 천명하는 것"이라며 "KBS 파괴 행위를 중단하고 임명동의제를 즉각 실시하라"고 항의했다. 언론노조 KBS본부는 박민 사장은 인사청문회 당시 '임명동의제를 실시할 것인가'라는 질의에 "당연히 실시해야 한다"고 답변한 바 있다며 "인사청문회에서 위증을 한 낙하산 박민 사장에 대해 고발을 추진할 것"이라고 밝혔다(미디어스, 2024).


## (1) 방송의 자유와 독립성을 위한 공영방송의 인사권

임명동의제를 둘러싼 핵심 쟁점은 통합뉴스룸국장(보도국장)을 포함한 5개 주요 국장의 임명동의제가 사장의 인사권을 침해하는지, 아니면 방송법에 따라 편성규약을 제정하고 이를 단체협약으로 명시한 노사 합의를 준수하였는지 여부다. KBS 본부에 따르면, 단체협약 이행에 따른 임명동의제 시행은 방송법에 따라 만들어진 「편성규약」을 실천하고 방송의 자유와 독립이라는 헌법적 가치를 이행하는 것이라는 자문을 받았다고 했다. 그리고 단체협약은 사측과 노측의 사적 자치에 의해 체결된 규정이므로 사측이 경영권의 본질에 관한 침해라고 주장할 근거조차 없다는 입장이다. 더욱이 단협에 인사권 침해의 소지가 있더라도 일단 단체협약에 명시가 되어 있으면 지켜야 한다는 게 일관적인 노동법 해석이기도 하다(전국언론노동조합 KBS본부, 2023). 앞서 가처분 재판부가 "채권자(언론노조 KBS본부)가 독자적인 활동을 하는 단체로서의 실체를 가지고 있다고 보기 부족하다"며 당사자 능력이 없다고 본 판결도 논란의 대상이 될 수 있다. 2012년 MBC 노동자들이 '공정 방송'을 외치며 파업을 했을 때, 사측은 노조가 업무 방해·재물 손괴를 했다고 주장했는데, 서울남부지법(2014고합9), 서울고등법원(2014노1664), 대법원(2015도8190)은 일관되게 방송 공정성을 판단하려면 '제도적 장치가 잘 지켜졌냐'를 기준으로 판단할 수밖에 없다고 판시했다(경향신문, 2024). 서울남부지법은 "사용자가 이런 절차를 무시하고 인사권이나 경영권을 남용해 방송 제작, 편집, 송출 과정을 통제하려 한다면 단협을 위반해 근로조건을 저해하는 행위일 뿐 아니라 방송법 등 규정에서 정한 '공정 방송'의 의무를 위반한 위법행위"라고 단체협약의 주체로 노동조합을 인정했다.

경영권이란 사용자 측에서 주장하는 용어로 경영자가 자기 기업의 경영·사업·업무에 관하여 독자적으로 처리할 수 있는 권리를 의미한다. 그러나 경영권이라는 독립된 권리가 법률상 존재하는 것은 아니며, 소유권의 작용 속에 당연히 내포된 것으로 보는 것이 일반적이다. 경영권은 근로자의 근로권에 대응하는 개념은 아니다. 한편, 편성권이란 방송법상 방송 편성의 정의에 비추어 볼 때 방송되는 사항의 종류·내용·분량·시각·배열을 정하는 권한이라고 정의될 수 있다(고민수, 2010). 경영 부문에 대하여 편성 부문을 대표하는 조직을 설치해 한편으로는 경영자 측의 상대방이 되도록 함과 동시에 편집 부문 내부에서 일어나는 갈등을 해결하도록 하여야 한다는 설명이다(Hoffmann-Riem, 1974). 이와 함께 기본적으로 고용 관계로 인해 경제적으로 대등하지 못한 문제를 해결하기 위해 앞서 요구되는 조직과 그 내용을 법률로 보장하고, 이른바 '편성규약'에서 정할 수 있도록 하는 규범 형식이 반드시 마련되어야 한다고 주장한다. 이와 관련 권두섭 민주노총법률원 변호사는 "경영권에 본질적 침해가 있다면 '의무교섭 사항'이 아닐 수 있겠지만, 사측이 응해서 협약으로 체결이 되면 효력이 있다는 게 일관된 법원의 판단"이며, 또 "인사규정은 취업 규칙과 유사한 성격인데, 인사규정에 없는 내용이 단체협약에 있다면 단체협약이 적용되는 것"이라고 했다. KBS의 인사규정에 따라 사장이 인사권을 행사한다는 규정은 KBS 내부의 사규에 해당한다. 그러나 국장 임명동의제는 방송법에 따른 「방송편성규약」 제정을 통해 노사 합의로 시행되고 있다. 「방송편성규약」은 사규보다 우선하는 단체협약으로 체결된 만큼, 국장 임명동의제에 대한 KBS의 주장은 설득력이 없다.

KBS가 2019년 제정하고 공표한 「방송편성규약」 전문은 아래와 같다.

KBS는 공공서비스 미디어이자 국가 기간 방송으로서 주권자인 국민에게 위임받은 방송의 사회적 책무를 다하여 건강한 여론 형성과 민주주의 발전에 중심 역할을 수행하고자 합니다. KBS는 방송의 자유와 독립을 보장함으로써 공적 책임을 다할 수 있도록 「방송법」 제4조 4항에 따라 2001년 'KBS 「방송편성규약」'을 제정하였고 2003년에 이를 개정한 바 있습니다. 2019년 KBS는 국민의 권익을 위해 봉사할 의무가 있는 편성, 취재, 제작 종사자 모두가 내외부의 압력으로부터 자율성을 보장받고 양심과 표현의 자유에 따라 방송의 편성, 취재, 제작 활동에 임할 수 있도록 규약의 제도적 실효성을 강화한 후, 종사자의 의견을 수렴하고 노사 합의를 거쳐 편성규약을 개정하였습니다.

2019년 개정된 KBS 편성규약에서는 방송법 제4조(방송의 자유와 독립) 제4항(편성규약 공표)의 정신에 따라 방송의 공적 책무와 민주주의 발전을 위한 역할을 명시하였다. 또한, 방송의 편성, 취재, 제작 종사자의 의견을 수렴하고 노사 합의 절차를 완료했다. KBS 「방송편성규약」은 방송 프로그램의 편성, 취재, 제작 현장에서 회사와 방송 종사자들이 프로그램을 제작하기 위한 규범 역할을 한다. 그리고 편성규약에 따라 해당 위원회에서 자체적으로 분쟁을 해결할 수 없는 경우, 국장 임명동의제 대상(제16조 제2항)과 같은 조항은 노사의 단체협약으로 규정하고 있다. 방송법에 따른 「방송편성규약」이 제정되기 이전에도 KBS 노사는 단체협약의 공정 방송 조항에 따라 방송 프로그램 제작 과정에서 발생한 현안을 자율적으로 해결해 왔다. KBS 노사는 2004년부터 공정 방송 단체협약을 통해 편성, 보도, 제작, 기술, 경영 등 본부장(경영진)에 대해 1년 동안의 경영 성과를 평가하는 본부장 신임 평가제를 운영하고 있다. 본부장 신임 평가제는 공정 방송을 위한 최소한의 제도적 장치(KBS 노사 단체협약)라 할 수 있다. 본부장 신임 평가는 노동조합원의 재적 2/3 이상이 불신임을 찬성하면 본부장을 해임 조치하는 제도다. 공정방송에 대한 의지와 조직의 민주적 리더십을 발휘하지 못했다는 이유로 불신임 평가를 받은 본부장의 해임은 불문율로 지켜지고 있다. 단체협약의 본부장 신임 평가제는 제적 조합원 2/3 이상의 불신임을 요구하는 엄격한 규정임에도 불구하고 이제까지 사장의 인사권 제한이라는 논란은 없었다.

공정방송을 위한 노동조합의 투쟁은 1988년 노동조합 창립으로 거슬러 올라간다. 1987년 민주화운동의 물결을 타고 KBS 내에서 방송민주화의 요구가 터져 나오며 KBS 노조가 설립되었다. KBS 노조는 가장 먼저 5공 청산에 주력하여 정구호 사장, 본부장 전원 등의 퇴진과 청와대, 안기부 출신 3명의 특채자에 대한 면직을 요구하며 농성을 벌이다가 노사 협상이 결렬되자 1988년 8월 27일부터 무기한의 투쟁에 돌입했다. 특히 KBS 노조는 정부가 더 이상 KBS를 정권 유지의 도구로 악용하지 말 것을 주장하며 관제의 오명을 씻기 위한 투쟁을 전개했다. KBS 노조는 각 본부장 3배수 추천제, 보도국장 직선제 등의 협상안이 거부되자 8월 30일 쟁의발생 신고를 했다가 6일

만인 9월 5일 회사 측과 4개 본부장 추천제 등에 합의하게 됐다(미디어오늘, 1996). 공영방송이 정권의 홍보 도구화되는 것을 막기 위해 방송을 총괄하는 편성, 보도, 제작본부장 등 4개 본부장에 대한 추천제를 관철하였다. 이후 KBS 노사는 본부장 신임평가제에 대한 단체협약을 체결했고, 본부장 신임평가제는 20년에 걸쳐 사장의 일방적인 인사권을 견제하는 최소한의 제도적 장치로 자리 잡았다. 과거 권위주의 정부 시절 정권에 유리한 방송이나 국정 홍보 프로그램을 기획하는 일이 잦았다. 공정방송위원회는 노사 단체협약에 규정된 바와 같이 방송이 편파적이지 않도록 공정성을 유지하는 핵심적인 역할을 해왔다 본부장 신임 평가는 공영방송의 내적 자유를 구현하는 공정 방송을 위한 최소한의 견제 장치라 할 수 있다. 2019년 개정된 KBS 「방송편성규약」에서는 보도본부의 통합뉴스룸국장(보도국장), 시사제작국장 그리고 제작1본부의 시사교양2국장 등 3명이 국장 임명동의제 대상자였다. 2022년 단체협약이 개정되면서 제작1본부의 시사교양1국장과 라디오제작국장이 추가되었다. 국장 임명동의제는 소속 본부의 노동조합원이 투표의 대상자이며, 재적 과반수 투표에 투표자의 과반수 찬성으로 임명동의를 요청한다. 극단적으로 재적 노동조합원의 25%(1/4의 지지만 있으면 가능) 정도의 동의를 구하면 임명 동의를 통과할 수 있다. 국장 임명동의제는 조합원 재적의 2/3 이상이 불신임해야 해임을 건의할 수 있는 본부장 신임 평가제에 비해 훨씬 완화된 규정이다. 임명 동의 대상인 주요 국장들은 사실상 편성, 취재, 제작에서 의사 결정에 핵심적 역할을 담당한다. 통합뉴스룸(보도국장)은 매일

매일 뉴스에 대한 취재, 보도의 아이템 선정, 선거방송 등 모든 뉴스의 최종 책임자 역할을 한다. 시사제작국장은 시사 대담 토론 프로그램을 기획, 제작하고, 주요 행사 방송 제작을 총괄한다. 시사교양1국장과 시사교양2국장은 시사교양 프로그램을 기획, 제작하는 총괄 역할을 담당한다. 라디오제작국장은 매일매일의 시사정보, 교양의 라디오 프로그램을 총괄한다. 국장 임명동의제는 편성, 보도, 제작 분야에서 중요한 역할을 담당하는 국장이 공정방송을 위해 해당 국을 어떤 방식으로 운영할지에 대한 의지와 소신을 표명하고, 조합원과 소통할 수 있는 최소한의 제도적 장치라고 할 수 있다. 단체협약의 본부장 신임평가제가 유효하듯이, 방송법상 「방송편성규약」에 의거 단체협약에 규정된 국장 임명동의제는 사장의 인사권을 제한하기보다 공정한 방송을 구현하려는 공영방송의 내적 장치라 할 수 있다.

## (2) 국장 임명동의제는 공정 방송을 위한 경영진의 의지

세월호 사건과 관련하여 이정현 홍보수석이 KBS 보도국장에 전화하여 방송 내용의 변경을 요구한 판결에 대해 이정현 전 홍보수석이 제기한 방송법 제4조 제2항의 위헌소송에서 헌재는 다음과 같이 판결했다.

> 방송법 제4조 2항은 '누구든지' 간섭 행위를 해서는 안 된다고 규정하므로, 그 행위의 주체는 가리지 아니한다. 그러나 일차적으로는 국가 권력을 가리키고, 나아가 다양한 사회의 제 세력을

모두 포괄할 것이다. 여기서 다양한 사회 세력이란 정당(여당·야당)과 같은 정치 권력은 물론, 시민단체, 노동조합(언론노조 및 기타 노조), 그리고 대기업이나 광고주 등을 포함하여 방송 편성의 자유에 영향을 끼칠 만한 존재를 모두 가리킨다고 할 수 있다. 방송 편성에 관한 결정에 영향을 미칠 가능성이 아예 없는 사람의 행위라면 '간섭'이 될 여지가 없으므로, 그 행위자는 방송 편성에 관한 결정에 영향을 미칠 수 있는 지위 또는 관계에 있어야 할 것이다. 다만, 그러한 지위나 관계에 있는지 여부는 상대방이 인식할 수 있는 구체적인 사정을 기초로 객관적으로 평가하여야 한다. 그리고 간섭은 방송 편성에 관한 결정을 할 수 있는 자를 상대로 해야 할 것인 바, 그 대상에는 방송법상의 방송 편성 책임자는 물론 방송 편성에 관계하는 종사자도 포섭될 수 있을 것이다. 여기서 그 여부는 법적·형식적으로 볼 것이 아니라 실질적·구체적으로 판단하여야 하는데, 법적·형식적·최종적 결정권자만으로 제한하여 해석한다면 실질적·중간단계상의 결정권자를 통한 개입을 막을 수 없기 때문이다(헌법재판소, 2019헌바439).

방송법상 방송 편성 책임자는 편성본부장이다. 헌법재판소는 방송 편성의 최종 결정권자로 방송 편성 책임자에게만 국한하여 해석하지 않고 보도에 광범위한 권한을 갖고 뉴스 제작에 핵심적인 역할을 하는 보도국장도 편성의 주체로 인정한 것이다. 보도, 시사, 라디오 제작에 실질적 권한을 가진 국장들도 외부의 간섭에 의해 방송 프로그램에 영향을 받을 수 있다. 방송의 자유는 프로그램과 편성의 자유이며, 이를 구현하는 방송 종사자도 공유한다. 입법자는 언론기관의 내부적 자유를 위해 방송법으로 편성규약제도를 명문화해서 방송사의 내적 자유를 보호하는 것이 다양한 의견 형성을 통해 민주주의 존립·발전에 기여한다고 보았다. 실제 방송 프로그램 제작에 직접적인 영향을 미치는 구성 요소에 관한 연구에서 공영방송의 독립과 지배구조, 방송 편성, 방송 프로그램 내용에 영향을 미치는 주요 공통 요인으로 정부의 통제 및 방송사 내부의 경영진과 편성 담당자 등의 조직 인사 구조를 꼽고 있다(최은희, 2015). 즉 방송 편성의 독립권을 확보하기 위해서는 정부의 통제를 제어하고 민주적인 인사조직 구조가 구축될 수 있는 법제도와 구성원들의 실행 의지가 뒷받침되어야 한다. 따라서 「방송편성규약」과 단체협약은 방송의 내적 자유를 확보하는 기본적인 장치라 할 수 있다. 단체협약상의 국장 임명동의제는 친정부적 성향의 공영방송 경영진이 편성과 보도를 통해 공영방송을 정부의 홍보 도구로 전락시키는 것을 막을 수 있는 최소한의 내적 보호 장치라 할 수 있다. 공영방송 노사가 협의와 신뢰를 바탕으로 편성규약 제도를 이행하는 것은 방송의 공정성을 확보하고 다양한 의견을 형성하기 위한 민주적 통제 장치다. 결국 방송 종사자의 내적 자유는 결국 '모든 국민의 언론·출판의 자유'의 실질적 보장과 민주주의 실현이라는 방송의 자유 보장 목적에 부응하는 헌법적 가치라 할 수 있다(김현귀, 2014). 방송의 내적 자유를 확보하기 위해 근본적으로 언론(방송) 조직 내외부에서 가해지는 다양한 압력으로부터 자유로운 언론 활동 혹은 편집 활동을 의미하는 것이며 그것은 언론 조직 내부의 권력 분배를 통하여 언론 노동자와 사용자의 권력이 균등해진 가운데 양자의 자유롭고 자율적인 교섭을 거쳐 중요한 사안에 대하여 공동으로 결정하게 되는 것을 지향한다(류한호, 1996). 공영방송은 지배구조와 수신료 재원 확보 등 국가의 영향력에 자유롭지 못하다. 공영방송의 모든 프로그램은 국민의 기본권인 알 권리와 직접적으로 연관되어 있으므로 프로그램이 정부의 영향을 받아서는 안 된다. 이러한 원칙에 따라 방송 종사자의 의견을 들어 제정된 KBS 「방송편성규약」과 노사의 단체협약에 규정된 국장 임명동의제는 KBS가 내적 자율성을 확보하려는 노력을 정당화한다. 국민의 알권리를 대행하는 공영방송의 방송과 편성 권한이 소수에 의해 독점되어서는 안 되며, 이러한 원칙에 기초하여 국장 임명동의제는 방송의 내적 자유를 보장하는 균형과 조화의 산물이라 할 수 있다.

법원의 판결에 따르면, 방송의 공정성을 실현하기 위해 공영방송사가 공영방송 구성원들에게 근로 환경과 근무 조건을 제공할 의무가 있으며, 방송사의 단체협약이 방송사와 방송사 구성원 간의 상호 아래 방송의 공정성을 실현하기 위한 내부적인 장치를 두고 있는 것이다. 여기서 '근로 조건'은 '근로자의 근로 제공과 관련된 모든 조건'으로서 '전반적인 노동 환경에 관한 조건'을 포함하는 매우 포괄적인 개념이다. 즉 '근로 조건'에는 임금, 근로 시간, 후생 등 모든 근로자 또는 모든 사업장에서 공통적으로 인정될 수 있는 전형적인 근로 조건만 포함되는 것이 아니라, 근로자가 수행하는 업무의 내용 및 성격, 즉 직업적 특성이나 개별 사업장의 성격에 따른 특수한 사항이라 하더라도 그것이 근로자의 근로 제공과 관련하여 노사에 명시적·묵시적으로 합의되어야 할 조건이나 근로자에 대한 대우 등에 해당한다면 이 역시 근로 조건에 포함될 수 있다(고수현, 2018). 따라서 근로 조건에는 방송 종사자가 공영방송의 사회적 역할과 민주적 가치를 높이기 위해 방송의 공정성과 공익성을 실현할 수 있는 근무 환경도 당연히 포함된다. 방송법의 목적을 실현하기 위해 공영방송 노사가 자율적으로 「방송편성규약」을 제정하고, 이에 근거하여 단체협약을 체결하여 방송의 공정성 실현과 민주적 가치를 실현하는 것은 공영방송의 당연한 책무라 할 수 있다. 특히 2010년 한국방송공사 파업 사건에서 '한국방송공사는 국가기간 방송사로서 국민들로 하여금 최대한 언론의 자유를 향유하게 하고 건전하고 민주적인 여론을 형성하여 이를 국민에게 전달하는 기능을 수행해야 하는 점 등을 고려할 때 한국방송공사의 구성원들이 방송의 제작·편성·보도 과정에서 '방송의 공정성'이 문제되는 사안이 발생한 경우, 이를 논의하고 의견을 제시할 수 있는 제도적 장치의 마련을 요구하는 것은 근로 조건과 무관하지 않다'고 판시하여, 노동조합이 공정 방송을 위한 「방송편성규약」과 단체협약의 제도적 장치를 보장하는 것은 정당하다고 할 수 있다. 또한, 2012년 MBC 파업 관련 해고무효소송 판결에서 서울남부지방법원은 단체협약에 보장된 내용을 인사권이나 경영권을 남용하면 위법이라고 판결했다.

> 방송의 공정성은 방송의 결과가 아니라 그 방송의 제작과 편성 과정에서 구성원의 자유로운 의견 제시와 참여하에 민주적으로 의사 결정이 이루어졌는지 여부에 따라 판단될 수밖에 없다. 따라서 기존의 취업규칙이나 단체협약에서 방송의 위와 같은 절차적 공정성을 보장하기 위한 규정들을 두고 있는 경우, 사용자가 이러한 절차를 무시하고 인사권이나 경영권을 남용하여 방송의

제작, 편집 및 송출 과정을 통제하려 한다면, 이는 단체협약을 위반하여 근로조건을 저해하는 행위일 뿐 아니라 방송법 등 관련 제 규정에서 정한 공정방송의 의무를 위반한 위법행위에 해당하는 것이다(서울남부지방법원, 2012가합16200).

공영방송의 방송 프로그램은 경향성을 가져서는 안 되며, 국가권력을 포함한 외부로부터 독립해야 한다. 공정방송의 결과물은 공영방송 내부의 민주적 의사 결정에 따라 판단되므로 사측이 이를 위반하면 위법 행위에 해당한다. 특히 편성규약이나 노사가 합의한 단체협약에 방송의 공정성을 보장하는 규정이 있을 때, 사용자가 이러한 절차를 무시하고 인사권을 남용해서 방송을 통제하는 것은 명백하게 위법이다. 국장 임명동의제는 방송법 제4조 제4항의 정신을 수용하여 방송 사업자가 공정한 방송을 실현하기 위해 방송 종사자의 의견을 수렴하여 제정한 조항이다. 법원은 기존에 합의된 단체협약을 사용자가 지키지 않는 경우 노동조합이 협약 준수를 요구하는 행위가 단체협약의 이행을 실효적으로 확보하는 방안을 강구하기 위한 것으로서, 근로 조건의 결정에 관한 사항을 목적으로 한 쟁의 행위에 해당한다고 했다. 공영방송의 방송을 포함한 경영 행위는 국민의 여론에 중대한 영향을 미치기 때문에, 경영진이 내적 자유를 보장하려는 노력과 의지는 국민의 알 권리를 보장하고, 공론장의 대행자로서의 역할을 수행하는 데 기여한다.

## (3) 소결

이상으로 공영방송의 헌법적 성격을 바탕으로 방송 자유의 주체와 방송법의 「방송편성규약」에 의한 방송의 내적 자유의 성격, 그리고 국장 임명동의제 등 공영방송의 다양한 법적, 사회적 쟁점을 고찰하였다. 공영방송은 다양한 국민의 의사를 형성하는 민주주의 핵심 제도로서 공법인이지만 방송의 자유의 기본권 주체성을 가진다. 방송의 자유는 주관적 권리이기도 하지만 공영방송은 객관적 질서 내지 제도로 입법 형성에 의해 기본권을 보호하도록 한다. 방송의 자유는 프로그램 및 편성의 자유로 우리 방송법도 방송 편성의 자유와 독립을 위해 누구든지 방송 편성에 관해 이 법 또는 다른 법률에 의하지 아니하고는 어떠한 규제나 간섭도 할 수 없도록 명문화하고 있다. 방송의 자유 주체는 법인(공영방송)설이 다수의 판례와 학설이지만, 방송의 자유가 개인의 인격 발현이 목적이 아니라 공공의 이익을 실현하기 위한 봉사의 자유 성격으로 공영방송뿐 아니라 방송 종사자도 기본권 주체성이 인정된다. 방송 프로그램 제작의 자율성을 보장하기 위해 방송 사업자(공영방송)가 제작 종사자의 의견을 수렴하여 「방송편성규약」을 공표하도록 방송법이 제정되었다. 이는 국가, 정치권, 방송 사업자의 부당한 압력으로부터 방송 제작 종사자의 방송 자유를 보호하기 위한 것이다. 「방송편성규약」에 의해 방송 사업자의 방송 자유가 노동조합에 의해 침해될 우려가 있다는 주장도 있다. 하지만 방송의 자유 주체가 법인이나 방송 종사자 개인에게 주어진 권리가 아니라, 다양한 여론을 형성하여 민주주의 제도를 공고히 하는 헌법적 의무라는 측면에서, 「방송편성규약」은 공영방송과 제작 종사자의 조화를 통해 이루어야 한다. 자유주의적 관점(개별권적 자유권)은 방송의 자유를 주관적 공권으로 간주해서 방송 사업자의 권리를 강조한다. 그러나 공영방송 제도는 객관적 질서나 제도적 보장을 기반으로 하는 공동체주의적(제도적 자유권) 해석이 지배적이다. 공영방송의 설립 목적은 방송의 공정성과 공익을 실현하는 데 있으며, 제도적 보장을 통한 객관적 질서의 헌법적 성격이 강하기 때문이다. 편성 권한이 경영진에 독점되었을 때, 공영방송은 역사적으로 여론의 다양성이 감소, 국민의 알 권리가 침해, 민주적 체재가 위협받는 등 심각한 문제를 경험한 바 있다. 과거 군사정부 시절 소위 '땡전뉴스'라는 오명으로 국민적인 수신료 저항을 불러일으키기도 했다. 권위주의 정부가 집권할 때마다 공영방송의 내적 자유는 위협받고, 프로그램과 편성이 친정부적으로 편향될 가능성이 높다는 것을 경험했다. KBS의 정부 홍보 프로그램, 보도, 특정 이념을 조장하는 방송 등으로 인해 여론 왜곡의 위험성이 높아지고 있다. 방송 편성권이 방송 사업자(방송사)에 독점되면 이승만 전 대통령을 미화했다는 비난을 받는 다큐멘터리가 편성·방송되는 심각한 상황에까지 직면하게 된다. 이는 공영방송이 특정 이념을 확산시켜 방송의 공정성과 객관성을 훼손할 뿐만 아니라 역사 왜곡에 앞장선다는 비판으로 이어진다. 특히 이승만 다큐 방송은 프로그램 편성의 기안자도 없이, 방송 편성의 주체인 편성본부장이 직접 제작과 편집을 진행했다는 점에서, 사측에 편성권이 독점될 경우 얼마나 심각한 문제가 발생할 수 있는지를 분명하게 보여 주고 있다. 공영방송의 내적 자유가 부정되고 방송 편성권이 방송 사업자에 의해 독점될 경우, 공영방송 프로그램이 역사 왜곡이나 특정 이념 확산 등 민주주의의 근간을 훼손할 우려가 있다. 이런 맥락에서 KBS 본부노동조합이 제기한 방송법 및 방송편성규약 단체협약 위반에 대한 법원의 판결은 경영진의 편성권과 인사권을 일방적으로 인정한 잘못된 판결이다. 공영방송의 내적 자유를 인정하지 않는 법원 판결로 인해 공영방송 경영진이 방송 편성에 대한 독점적 권한을 행사하게 되어 국민의 여론을 왜곡하고 민주주의를 위협하는 더 큰 폐해를 초래할 수 있기 때문이다.

객관적 제도 성격을 중시하는 방송의 자유는 방송법상 「방송편성규약」으로 제도화되어 방송의 내적 자유가 법적으로 보장된다. 다만 방송 종사자도 자신의 견해를 방송에 투영하는 경향성을 배제해야 한다. 방송 종사자의 방송의 자유, 방송 종사자의 내적 자유는 '모든 국민의 언론·출판의 자유'의 실질적 보장과 민주주의 실현이라는 방송의 자유 보장 목적에 부응하는 헌법적 가치를 실현하는 주체로서 역시 조직 내에서 그 전문성에 기반한 자율과 독립을 인정받아야 할 주체다. 결국 「방송편성규약」은 방송의 외적 자유와 내적 자유가 충돌했을 때, 이를 제도적으로 해결할 수 있는 근거가 된다. 공영방송은 헌법에 따라 국민이 부여한 방송의 자유를 실현해야 한다. 공영방송의 방송 자유 실현은 방송사의 독점적 권리가 아니라 방송 종사자의 내적 자유와 조화를 이루어야 한다. 방송의 자유 기본권 주체로서

KBS는 방송 종사자의 내적 자유를 침해해서는 안 되며, '모든 국민의 언론·출판의 자유'의 실질적인 보장을 위해 「방송편성규약」을 조화롭게 운영해야 한다. 역사적으로, 경험적으로 볼 때 정부 주도의 지배구조가 고착된 우리 공영방송의 현실에서는 공영방송 법인이 독점하고 있는 편성권과 인사권이 정권의 홍보 수단으로 활용될 수 있는 더 큰 위험을 내포하고 있다. 이런 점에서 국민의 방송 자유 실현을 위해, 공영방송의 내적 자유를 보장하는 국장 임명동의제는 그 정당성을 갖는다.

# 6

# 공영방송 거버넌스(지배구조) 개선[22]

제도적 측면에서 거버넌스는 구조와 규칙뿐만 아니라 국가, 공공, 사적 활동들과 같이 다양한 이해 당사자의 총합이다. 거버넌스는 투명하고 효율적이며 합리적인 조직 운영을 위해 구조적으로 작동하는 '협치(協治)' 또는 '통할(統轄)' 의미를 지니고 있어 내부 감독 원리와 사회 통제 원리와 개념적으로도 밀접하다(방정배 등, 2008). 공영방송의 지배구조를 이해하기 전에 거버넌스 개념을 이해하는 것이 필요하다. 미디어 거버넌스는 광의의 개념으로 미디어 시스템을 조직하기 위한 목적으로 공식적·비공식적, 국가적·초국가적, 중앙화된·분산된 메커니즘의 총합을 말한다(Freedman, 2008). 미디어 거버넌스 개념은 방송의 운영과 책무를 구성하는 제도·비제도적 총체로 광의의 개념을 사용하며, 협의

---

의 개념은 조직 수준에서 흔히 말하는 경영위원회나 집행위원회, 이사회를 지칭하는 기업 지배구조의 개념을 사용한다(조항제, 2014). 통상 KBS 이사회와 사장의 선임과 관련된 법과 제도, 관행을 개선하고자 할 때 지배구조라는 용어를 사용한다.

  KBS 경영 전반을 감독하는 KBS 이사회는 방송통신위원회에서 선임한다. 방송통신위원회에서 KBS 이사 공모를 하고, 방송통신위원들이 복수 추천을 통해 여당 7명, 야당 4명 등 모두 11명을 추천하고, 대통령이 임명한다(방송법 제46조). 그러나 공식적으로는 공모의 형태를 띠지만, 비공식적으로는 사실상 정당의 추천으로 KBS 이사가 선임된다. KBS 이사는 각 분야의 대표성을 고려해 선임되며, 임기는 3년이고, 이사장을 포함한 모든 이사가 비상임이다. 방송법 제46조에 이사의 결격 사유를 규정하고 있으며, 공직 또는 정치권과 연관이 있거나 대통령직인수위원회에서 활동한 지 3년이 지나지 않으면 이사를 배제하는 자격 제한을 두고 있다. 형식적 법적으로는 KBS 이사 선임은 절차적 정당성을 가지고 있지만, 실질적으로는 정당의 추천으로 임명이 되기 때문에 이사회가 정당의 이익을 대변하여 정파적 대립의 장이 되었다. 그리고 방송통신위원회에서 11명의 이사를 7:4로 배분하는 규정은 명문화되지 않았고, 선임 절차도 법에 정해져 있지 않으며 정치권에서 방송통신위원들에게 추천하는 과정들이 은밀하게 이루어지고 있다. 방송통신위원회 자체가 합의제 독립기구이지만 사실상 정치권의 추천으로(대통령 2명, 국회 3명 가운데 집권당 1명, 야당 2명) 구성되고 운영된다. 방통위 상임위원은 국회의원 낙선자 또는 국회의원 출마자를 위한 경력으로 활용되기도 하여, KBS 이사회 구성은 정당과 정파의 영향에 자유롭지 못하다. KBS의 사장은 이렇게 구성된 이사회의 제청으로 대통령이 임명한다. 이 경우 사장은 국회의 인사청문을 거쳐야 한다(방송법 제50조). 이사회에서 사장은 다수결로 추천하고, 대통령이 임명하기 때문에 사실상 대통령의 의중(사실상 지명 또는 낙점)이 실린 사람이 이사회에서 추천하는 것이 관례화되었다. 경우에 따라, KBS 사장은 이사회에서 사장 추천위원회를 구성하여 외부 인사들이 참여하여 3~5배수를 추천하고 이사회가 최종 추천자를 결정하기도 하였다. 양승동, 김의철 사장의 경우 이사회가 결선에 오른 3명을 추천하고 100명의 시민자문단의 평가를 반영하여 이사회에서 최종적으로 추천된 바 있다. 이처럼 KBS 사장 추천과 임명 과정이 방송법과 이사회 운영 규정에 명확하게 규정되어 있지 않다. 이사회의 결정에 따라 이사회가 직접 추천하기도 하고, 사장 추천위원회를 거치기도 하고, 시민자문단의 평가를 통해 최종적으로 이사회의 추천을 통해 대통령이 임명한다. 대체로 보수 계열 정당이 집권하면 이사회가 사장을 직접 추천해 왔고, 진보 계열 정당이 집권하면 사장추천위원회(정연주 사장)를 거치거나, 시민배심원단(양승동 사장. 김의철 사장)의 추천을 거쳐 이사회의 정파적 대립 구도를 완화하는 모습을 보이기도 했다. 그러나 KBS 사장의 자리는 방송통신위원회에서 추천한 여당과 야당의 7:4 추천 비율에 따라 정권을 획득한 정당의 전리품처럼 인식되어 있다.

대통령이 인사권을 행사하는 방송통신위원회와 KBS 이사회의 구성 방식으로 인해 KBS 사장은 정권이 교체될 때마다 해임되는 악순환을 반복하고 있다. 2003년 정연주 사장 취임 이후 2023년 박민 사장이 취임하는 20년 동안 9명의 사장이 교체되었다. 20년 동안 임기를 마치고 퇴임한 사장은 김인규 사장과 양승동 사장뿐이다. 두 사장은 임기 중간에 정권이 교체되지 않아 정상적으로 임기가 만료되었다. 그러나 정연주 사장, 고대영 사장, 김의철 사장은 정권 교체와 함께 해임되었다. 길환영 사장은 세월호 사태와 보도에 따른 리더십 상실로 이사회에서 해임되었다. KBS는 정권이 교체될 때마다 사장이 이사회에서 해임되는 것은 당연시되고 있다. 방송법은 KBS 사장의 임기를 보장하고 있지만, 여당 주도의 이사회와 대통령에 의해 해임된 사장의 해임 가처분 신청들은 모두 사법부에 의해 기각되었다. KBS 사장의 교체는 사실상 대통령(행정부)의 의지에 달려 있다고 해도 과언이 아니다. 정치에 취약한 공영방송 지배구조는 잦은 사장 교체로 정권의 눈치를 보지 않을 수 없는 구조가 되었다. 정치가 대통령의 사장 임명권을 매개로 공영방송의 후견인임을 자처하며, '정치 후견주의'(political clientelism) 현상이 더욱 강고해지고 있다. 후견주의는 방송인에게 저널리즘과는 다른 가치(정치/권력의 가치)를 제공한다. 이런 생각에 침윤된 이들은 저널리즘의 권위와 타당성을 저널리즘 스스로가 만들고, 자신의 동료와 지켜야 할 저널리즘 준칙이 정보의 유일한 '해석의 공동체'가 된다고 생각하지 않는다(조항제, 2018). 정치가 저널리즘을 앞서는 것이다. 이들이야말로 정치 측에서 공영방송의 경영진으로 임명하는 사람들이며, 이들은 조직의 위계를 선별적으로 활용해 자신의 생각을 마치 동형을 만들 듯이 퍼뜨린다(Waisbord, 2013).

KBS 사장이 집권당이나 대통령의 전유물로 인식되면서 공영방송은 정부 여당의 눈치를 보지 않을 수 없는 정치 주도 환경으로 전락했다. 그동안 KBS 지배구조를 개선하고자 하는 많은 법안이 제기되었으나, 아직까지 입법화되지는 않았다. 최근 야당이 공영방송의 지배구조를 다양하게 구성하고 정치가 직접적으로 관여하는 것을 배제하는 공영방송 지배구조 법안에 대해서 윤석열 대통령은 거부권을 행사하며 무산되었다. 이번 편에서는 공영방송의 거버넌스(지배구조)에 대해 탐색하고, 바람직한 지배구조 개선에 대해 논의해 보고자 한다.

## 1) 다양한 공영방송 지배구조 유형

정권이 교체될 때마다 공영방송의 사장 선임은 쟁점이 되어 왔고, 이에 따라 공영방송의 지배구조 논쟁도 가속화되었다. 공영방송이 사영방송과 차별성은 갖는 것은 공공에 의한 지배구조, 즉 공적 지배구조에 있다. 공영방송의 감독위원회와 이사회를 누가 임명하는가 하는 이슈는 공영방송 지배구조와 밀접하게 관련되어 있다. 공영방송의 지배구조는 정치 제도의 다양성과 임명 절차에 의해 영향을 받으며, 이는 정치적 특성과 재정, 방송사 규제의 결과에 큰 영향을 미치기 때문에 매우 중요하다.

각 나라의 정치, 사회, 문화적 특수성으로 인해 공영방송의 운영 형태는 다양하게 나타난다. 공영방송을 공적 지배구조, 수신료와 같은 공적 재원을 바탕으로 보편적 서비스 등 공적 책무를 다하는 제도로 규정할 때 공영방송의 유형은 공적 지배구조와 재원의 형태에 따라 구분할 수 있다.

한레티는 민주 사회의 공영방송사를 정의하고 분류하기 위해 일반적인 세금 또는 수신료와 같은 특별 분담금에 의해 재정이 지원되고, 공영방송사의 최고위직은 국가 조직에 의해 임명되며, 자국민들에게 주로 방송하고, 그리고 광범위한 범위의 사회적으로 가치 있는 콘텐츠 제공을 목표로 한다고 규정했다. 이를 바탕으로 공영방송의 차이와 다양성을 이해하기 위해 지배구조를 중심으로 공영방송의 유형화를 시도했다. 한레티는 공영방송의 지배구조를 구성하는 '위원회'가 하나인지(단일 체제), 둘(이중 체제)인지에 따라, 그리고 누가 임명하는지에 따라, 즉 독립규제기구, 시민사회, 의회, 정부 등의 임명하는 주체에 따라 공영방송을 4가지 유형으로 분류했다(Hanretty, 2007). 이 네 가지 유형 중, 감독위원회와 사장이 포함된 집행위원회의 이중 체제를 가진 세 유형은 북방형, 의회형, 시민조합주의형이며, 단일 체제는 프랑스형으로 분류된다. 이중 체제의 지배구조는 정치인들이 방송사의 경영진을 직접 임명하지 않기 때문에, 일상적인 방송 프로그램 제작에 덜 관여하기 때문에, 방송사의 독립성을 증진시킬 수 있는 장점이 있다. 한레티가 분류한 공영방송 지배구조와 임명 방식에 따른 4가지 유형은 다음과 같다.

① 북방형은 길고 지속적인 사장 임기와 함께 대체로 정부에 의해 임명된 감독위원회를 가지고 있다. 광고가 아닌 수신료 재정에 의해 운영되며 정치적 콘텐츠를 감독하기 위한 자기 규제 체계를 가지고 있다.

② 의회형 공영방송사들은 의회에 의해 지명된 감독위원회를 가지고 있으며, 사장이 자주 교체되는 특징이 있다. 이들은 다양한 혼합 재정에 의해 지원되며 어떤 정도의 모니터링이 존재한다 해도 정치적으로 논쟁적인 콘텐츠를 규제하기 위한 자기 규제 체계가 빈약하다.

③ 코포라티스트형(사회조합주의) 공영방송사들은 위원회가 다양한 비율로 의회에 의해 지명되고 대부분이 시민사회가 참여하는 감독위원회를 가지고 있다. 이 유형은 광고 수입을 받아들이지만 의회형보다 수신료 재정에 더 의존한다. 법에 의지하지는 않지만 정치적으로 논쟁적인 콘텐츠에 대해 어느 정도의 자기 규제 형태를 가지고 있다.

④ 프랑스형 공영방송사들은 독립 규제기구에 임명된 단일 위원회를 가지고 있다. 수신료와 광고의 혼합 재정을 가지고 있다.

북방형에는 영국의 BBC와 일본의 NHK가 있고, 의회형의 대표적인 예로는 이탈리아의 RAI가 있다. 사회조합주의형은 독일의 ZDF가 대표적이다. 사르코지 대통령 이전의 프랑스는 예외적으로 단일 체제로 정부가 사장을 직접 임명하는 체제이다. 북방형은 자기 규제가 엄격하고 방송이 정치로부터 자율성

을 확보하고 있으며, 경영진의 재임 기간이 길어 지배구조의 독
립성이 보장된다. 의회형은 다원화된 정치 구조에서 자기 규제
가 부족하고 정치의 영향을 받기 쉽다. 경영진의 임명은 정부
또는 의회가 주도하기 때문에 경영진의 재임 기간이 다른 지배
구조 유형에 비해 짧다. 사회조합주의 형태는 다원주의를 반영
하여 자기 규제가 엄격하며, 위원회 인원이 30~40명에서 많게
는 70명에 이르는 특징을 가지고 있다. 대체로 재원은 수신료
로 운영되며, 독일의 경우 수신료 재정을 결정하는 기구는 국회
와 정부가 아닌 방송재정수요산정위원회(KEF)에서 결정한다. 공
영방송을 감독하는 위원회와 공적 재원 형태에 따른 공영방송
지배구조 유형과 특징은 [표 6-1]과 같다.

[표 6-1] 공영방송 지배구조 유형과 특징-1

| 구분 | 이중 체제(이사회-집행부) – 정치적 완충 | | |
|------|------|------|------|
| 유형 | 북방형 | 의회형 | 사회조합주의형 |
| 임명권자 | 정부 | 정부 또는 의회 | 시민사회 등 다양함 |
| 방송사 | 영국(BBC),<br>일본(NHK) | 이탈리아(RAI),<br>핀란드(YLE) | 독일(ZDF, ARD) |
| 재원 | 수신료 | 수신료 또는 국고 | 수신료+광고 |
| 재임 기간 | 길다 | 짧다 | 길다 |
| 지역 | 영국, 스칸디나비아 | 영어권 | 독일어권 |
| 기타 | 방송-정치 자율성<br>자기 규제 엄격 | 다원화된 정치 구조<br>자기 규제 부족 | 위원회 수 많음<br>다원주의,<br>자기 규제 엄격 |

* 출처 : 한레티(2007)의 자료를 바탕으로 지배구조 유형을 재구성

한편, 핼린(Hallin)과 만시니(Mancini)는 공영방송과 정치 체계의 상관관계를 통해 공영방송 지배구조를 4가지로 분류했다. 첫째, 공영방송이 의회 다수당 또는 정부에 의해 직접적으로 통제되는 정부모델(the government model)이다. 공영방송 감독기구는 정부 부처의 형태로 운영되거나, 독립된 감독기구가 존재하더라도 그 구성과 운영은 정부가 행사하는 임명에 좌우되는 지배구조를 갖는다. 둘째, 공영방송은 정치적 통제로부터 절연되어야 한다는 전통이 강력하게 발전해 있고 방송사의 구성원들에 의해 운영되는 전문 모델(the professional model)이다. 감독기구의 그 구성과 임명에 정부가 권한을 행사하나 전문성을 고려하여 임명하며 감독기구 및 방송사의 운영과 감독에 대해 자율성을 보장하는 유형이다. 셋째, 의회의 의석 비율에 따라 정당에 의해 공영방송이 통제되는 의회 모델(the parliamentary model)이다. 의회에 의해 감독기구가 구성되고 임명되기 때문에 다수당에 의해 공영방송이 통제되는 경향이 있으나 정부 모델처럼 정부에 의한 직접적인 감독이나 규제는 작동하지 않는다. 마지막으로 시민 모델(civic model)이다. 의회 모델과 유사하나 정치 세력뿐만 아니라 다양한 사회 집단이 공영방송의 통제 과정에 참여하는 모델이다(Hallin & Mancini, 2004).

한편, 험프리(Humphreys)는 정치와 공영방송 지배구조의 유형을 정리하며, 정부 모델을 '방송위의 정치', 전문 모델을 '자치 시스템', 의회 모델과 시민 모델을 '방송 안의 정치'로 표현했다. 정부 모델은 정치가 방송을 좌우하고, 전문 모델은 공영방송의 전문직이 자율적 규제로 운영하며, 시민 모델은 사회의 다양한 정치 세력을 방송에 구현하는 개념이다(Humphreys, 1996). 전문 모델은 영국의 BBC와 캐나다의 CBC가 있으며, 이들은 정부가 경영진 임명을 주도하지만, 문화적·역사적 특수성으로 인해 독립적 경영이 보장된다.

공영방송 지배구조는 그 나라의 정치 환경과 미디어 규제 시스템을 반영한다. 정치 환경이 다수제 민주주의인지 합의제 민주주의인지에 따라 공영방송의 지배구조는 달라진다. 또한, 미디어 규제 시스템이 자율적인지, 공공 서비스를 중요시하는지, 미디어의 다원성을 반영하는지에 따라 지배구조가 다르게 나타난다. 공영방송 지배구조의 정치적 병행성은 민주주의 전통, 즉 다수제 민주주의와 합의제 민주주의에서 극명한 차이를 보인다.

Hallin and Mancini(2004), Humphreys(1996) 자료를 재구성한 공영방송 지배구조 유형은 [표 6-2]와 같다.

[표 6-2] 공영방송 지배구조 유형과 특징-2

| 구분 | 정부모델 | 전문모델 | 의회모델 | 시민모델 |
|------|----------|----------|----------|----------|
| 지명권자 | 정부(다수당) | 정부 | 다수당 | 다양한 세력 참여 |
| 국가 | 프랑스, 유럽 일부 국가 | 영국, 캐나다 | 이태리, 스페인 | 독일, 북유럽 |
| 정치병행성 | 매우 높다 | 매우 낮다 | 높다 | 낮다 |
| 험프리 유형 | 방송위의 정치 | 자치 시스템 | 방송 안에 정치, 의회모델과 유사 | |
| 특징 | 독립성 취약 | 전문가 집단에 운영 | 권력 분점, 합의제 | |

* 출처: Hallin and Mancini(2004), Humphreys(1996) 자료를 재구성

다수제 민주주의는 양당제를 기반으로 하고 이기는 정당에 권력이 집중된다. 반면, 합의제 민주주의는 다당제를 통해 권력을 분산시키는 특징을 가진다. 다수제 민주주의는 정부(다수당)가 공영방송 지배구조를 구성하는 반면 합의제 민주주의 국가는 의회형, 전문 모델, 시민사회형 지배구조 형태가 일반적이다. 하나의 예외는 영국의 BBC와 캐나다의 CBC로 두 공영방송은 정부가 임명하지만, 정치와 절연이 강한 전문직 모델이라 할 수 있다(조항제, 2014). 험프리는 BBC를 전문직 모델로 분류하기도 하는데 정부가 집행기관을 임명하지만, 절차나 과정이 정부가 영향력을 쉽게 발휘할 수 없다는 자율성을 가지고 있다고 설명한다.

　　한편, 야쿠보이츠(Jakubowicz)는 나라마다 공영방송을 창조한 주요 동기를 3가지로 요약했다. 첫 번째는 영국의 BBC와 같이 가부장적 특징을 가진 나라들로, 자국의 문화적, 도덕적, 정치적 생활에 명확한 규범적 역할을 공영방송이 담당하는 경우이다. 두 번째는 민주화에 의해 공영방송으로 전환된 방식이다. 프랑스와 이탈리아처럼, 1960년대와 1970년대에 국영방송이 정부 통제하에서 독점을 유지할 수 없어 시민사회와 더 밀접하게 관련된 자치적 공영방송 조직으로 변환한 서유럽 국가들이 해당된다. 마지막은 전체주의 방식으로, 2차 세계대전 이후 독일, 스페인, 포르투갈, 그리스와 같은 나라들에서, 1989년 이후 동유럽에서 방송 시스템의 변화가 넓은 정치 변화와 일치하며, 독재 국가 또는 전체주의 국가에서 민주주의로 변화한 지역이 이에 해당된다. 이처럼 자국의 정치적, 문화적, 사회적 특징을 바탕으로 공영방송은 다양한 형태의 동기를 가지고 있다(Jakubowicz, 2007).

우리나라는 1945년 해방이 되면서 미군정이 당시 방송을 국가기구로 편입시켰다. 이후 1948년 독립과 함께 방송은 자연스럽게 민간이 아닌 국영화로 시작하게 된다. 그리고 1973년 한국방송공사법을 통해 공사로 전환되었지만, 공적으로 선임된 자율적 의사 기관이 부재했고 이외에도 출자, 운영, 예산 등 재원 및 경영 활동의 모든 측면에서 정부의 감독과 규제를 받게 되었다. 1987년 6월 항쟁 이후 방송공사법은 공영방송의 사장 선임권이 문공부에서 방송위원회가 추천한 이사회로 넘어오게 된다. KBS 이사회가 사장을 제청하고 이를 대통령이 임명하도록 개정되었으며, 이사회는 방송위원회가 추천하여 대통령이 임명하는 12인의 이사회로 구성된다(조항제, 2015). 우리나라는 독립과 유신, 민주화 과정을 거치면서 공영방송의 제도가 변화해 왔다. 그러나 유럽의 경우처럼 공영방송이 태동되고 전통이 확립된 나라와 같이 정치의 영향으로부터 떨어진 지배구조가 확립되지 못했고, 공영방송의 이념이 되는 보편성, 독립성, 다양성의 프로그램을 통한 구현이 제대로 이루어지지 않는 시기도 있었다. KBS는 제도적 자율성이 상대적으로 약해 높은 수준의 독립성과 시민사회와의 유대를 가진 '공영방송'이기보다는 이보다 낮은 수준의 '공적(소유) 방송'에 가깝다고 할 수 있다. 이 방송은 때로 문화적·사회적 가치가 높은 콘텐츠를 생산하지만 기본 목적이 정부나 정치적 기득권의 확장에 머무른다. 이보다 높은 제도 수준에서는 어느 정도 자율성을 갖지만 시민사회의 감시는 사실상 어려운 중간 수준의 방송도 있다. 모두가 이상적 의미의 '공영방송'을 목표하지만, 사실 이를 충족하는 방송은 매우 희소하다고 할 수 있다(조항제, 2023).

　한국의 공영방송 제도는 지금까지 언급했던 모든 공영방송 제도의 '혼종'으로서 존재한다. 이념적으로는 전문직 모형을 추구하며, 공영방송을 둘러싼 사회적 논의 역시 결국 공영방송의 정치적 편향성을 중심으로 진행되고 있다. 하지만 제도적으로는 정치 수용적 공영방송 체제의 일부 특성을 흡수하여 정당정치의 분립과 시민사회의 압력을 어느 정도 반영하고 있다고 판단한다. 실질적인 운영 측면에서는 해당 시기의 정치 권력을 장악하고 있는 세력의 이해가 공영방송의 지배구조와 경영 방식에 그대로 투입되어 정치적 다수파에 의한 지배를 낳는 정치 종속적 공영방송의 본질을 드러낸다. 그러나 실질적으로 KBS 지배구조는 국가로부터 자유롭지 않고, 사실상 행정부에 종속되어 있다(정준희, 2018). 사장은 교체된 정부의 주도로 이사회가 교체되며, 이사회에 의해 언제든지 해임될 수 있다. KBS 이사회를 선임하는 외부 규제기관인 방송통신위원회와 국회 역시 정파성을 띠는 것은 마찬가지이다. 방송통신위원회 위원 5명은 여야 3:2의 비율로 구성된다. 공영방송 이사진과 사장 임명 과정은 대통령 - 정부·여당 - 국회 - 방송통신위원회 - 이사회 - 사장으로 이어지는 한국 정치의 축소판이다(정영주·홍종윤·오형일, 2023). 그리고 이사회를 구성하는 비율이 명문화되어 있지 않으며, 투명한 절차에 따라 선임되지 않고 있다. KBS는 이사회 - 집행기관의 이중 체제이면서 정부에 의해 사장이 임명되어, 수신료를 주요 재원으로 하고 독립성이 있는 북방형 공영방송 지배구조와 유사하다. 그러나 KBS의 지배구조는 방송과 정치가 밀접하게 연관되어 있어 정권 교체 및 중도 퇴진으로 인해 사장의 교체 주기가 짧고, 자기 규제가 엄격하지 않은 측면에서 한레티의 북방형과 정확히 일치하지 않는다. KBS의 지배구조 유형은 제도적으로는 북방형의 기본적인 형태를 지향하고 있으나, 실제 운영에서는 정부와 집권당이 좌우하는 핼린과 만시니의 '정부 모델(the government model)'에 더 가깝다고 할 수 있다.

공영방송을 이해하기 위해서는 그 나라의 정치 구조를 이해하는 것이 필수적이다. 각국의 정치 상황과 민주주의 작동 방식이 다르기 때문에, 이러한 특수성에 따라 공영방송의 지배구조가 결정되고 특징 지어진다. 영국의 BBC, 독일의 ARD와 ZDF, 일본의 NHK 등 대표적인 공영방송들은 각국의 정치적 산물이자 사회적 타협의 산물이다. KBS는 정부 교체기마다 사장 선임 등 정부 주도의 지배구조 개선에 대한 논쟁으로 몸살을 앓아왔다. 최근 20여 년 동안 9명의 사장이 교체될 정도로 정치적 영향에 자유롭지 못했다. 취약한 지배구조는 자율성을 바탕으로 한 공적 책무 수행에 한계가 있으며, 안정적으로 수신료 재원을 확보하기가 어려워진다. 이준웅은 지난 10년간 한국 공영방송은 '공적 자율성'(public autonomy)을 확보하지 못했고, '공익'(public interest)의 수행에서 실패로 규정하면서 공영방송의 실패를 극복하기 위해 지배구조 개편 방안을 제시했다(이준웅, 2017). 정권 교체기마다 KBS 지배구조 개선은 정치권, 공영방송, 학계, 시민사회의 중요한 정치·사회적 화두가 되었다. 현대 한국 공영방송에 대한 논쟁은 공정성 논란에서 시작된 지배구조 개선의 필요성에서 비롯되었다. 지배구조 개선이 공영방송의 모든 문제를 해결할 수는 없지만, 지배구조 개선 없이는 공영방송이 독립적이고 차별화된 서비스를 제공하기 어려운 현실이다(박종원, 2018).

## 2) 정부에 의한 공영방송 지배구조의 지배

공영방송의 독립성은 지배구조의 중립화와 수신료 재원의 독립성을 근간으로 한다. KBS 지배구조는 방송법에 의해 이사회를 구성하고, KBS 사장은 이사회의 추천으로 대통령이 임명한다. KBS 사장은 KBS의 편성, 보도, 경영 등 모든 방송 및 경영에 대한 총괄적인 책임을 진다.[23] 그러나 한국의 방송법 등 공영방송 관련 법률에서는 KBS 사장에 대한 임명 규정은 있지만 해임 절차나 사유에 대한 규정은 없다. 물론 사장의 해임에 관한 규정을 별도로 두지 않은 것이 공영방송 사장의 독립성과 임기를 보장하기 위함이라는 해석도 있지만, 법원은 판례를 통해 이를 부정하고 있으며 실제 현실도 이러한 해석과는 부합하지 않는다(서울행정법원, 2008구합32317 등). 실제 방송법은 KBS 사장에게 일정한 의무과 책무를 부여하고 있으며 법원은 이러한 의무를 적

---

23) 방송법 제51조(집행기관의 직무 등) ① 사장은 공사를 대표하고, 공사의 업무를 총괄하며, 경영 성과에 대하여 책임을 진다.

절하게 이행하지 못했을 때 해임할 수 있다고 판단한다. 하지만 해임의 절차와 요건에 대해서는 끊임없는 논란이 제기되는 것이 지금의 현실이다. 2008년 정연주 사장은 이명박 정권 출범 직후 감사원이 부실 경영, 인사 전횡, 사업 위법 부당 추진을 사유로 이사회에 해임 제청을 요구함에 따라 큰 사회적 논란 속에 해임 되었다. 정연주 사장은 이후 해임처분무효 소송을 냈고, 서울행 정법원은 2009년 11월 12일 정연주 사장에 대한 해임처분을 취 소한다고 판결하였다. 이 판결은 2012년 대법원 판결로 확정되 었다(대법원 2012. 2. 23. 선고 2011두5001 판결). 길환영 사장은 2014년 세월 호 사건에 대한 김모 당시 보도국장의 발언 논란을 계기로 사회 적 비난 여론이 커지고 보도에 대한 부당한 개입 폭로가 이어지 면서 해임되었다. 노조원인 기자, PD는 물론이고 사장 자신이 임명한 보도본부장과 보도국장, 보도국 부장 전원이 길환영 사 장의 퇴진을 주장하면서 보직을 사퇴했다. 길환영 사장은 대통 령을 상대로 해임 처분 취소 소송을 제기하였으나 서울행정법 원, 서울고등법원, 대법원에서 모두 패소하였다(대법원 2016. 11. 9. 선고 2016두45578 판결). 2017년 고대영 사장은 최순실 국정 농단 사태로 인한 정권 교체 이후 전국언론노조 KBS 본부와 KBS 노동조합 의 파업과 극심한 진보, 보수 진영의 대립 속에 결국 지상파 재 허가 심사 합격 점수 미달 등의 사유로 해임되었다. 고대영 사장 이 제기한 해임처분취소 청구 소송에서 법원은 원고 패소 판결 하였다(서울행정법원 2018. 10. 26. 선고 2018구합53436 판결). 그러나 서울고등법 원과 대법원에서 최종적으로 해고 무효가 확인되었다.

2023년에 임기를 1년 이상을 앞두고 김의철 사장은 해임되었다. 김의철 사장은 해고무효확인 가처분 소송이 기각되어 항고를 진행하고 있다. 정권이 교체된 이후 사장이 강제 해임된 사례는 2008년 이명박 정부 시절 정연주 사장이 처음이며, 다음으로 2018년 문재인 정부의 고대영 사장, 그리고 2023년 윤석열 정부의 김의철 사장으로 세 번째에 해당한다. 세 번의 사장 교체는 정권 교체 이후, 방송통신위원장을 교체하여 KBS 이사를 교체한 후 여권 우위의 KBS 이사회를 구성하여 사장을 해임한 사례에 해당한다. 반면 박근혜 정부 시절 길환영 사장은 세월호 보도 개입과 간부진들의 보직 사퇴 등으로 사장의 리더십을 상실하여 여권 우위의 KBS 이사회가 길환영 사장을 해임한 경우로 앞의 경우와 성격을 달리한다.

공영방송 사장의 재임 기간 보장과 정치적 독립성은 밀접한 상관관계를 갖는다. 이탈리아 정치학자 한레티는 각 나라의 공영방송 사장의 재임 기간을 중심으로 공영방송의 독립성 정도를 측정했다. 독립성 정도는 공영방송사 사장의 재임 기간의 비율을 산정하고(TOR: Rate of Turnover), 정권 교체 직후 6개월 기준으로 사장이 바뀌었는지의 비율(VUL: Vulnerability of Index)을 나타낸다 (조항제, 2014). 최고경영자의 평균 임기가 짧은 경우, 방송사에 대한 지식 부족 등으로 인해 정치적 간섭으로부터 방어할 능력이 부족하고, 이런 경우 정치인에 대해 의존할 가능성이 높다고 보았다. 정치적 취약성 지수는 새로운 정부가 출범한 이후 최고경영자가 빠르게 공영방송사를 떠난다면 정치적으로 취약하다고 본 것이다. 공영방송 사장의 재임 기간을 바탕으로 독립성을 연구한 바에 의하면 KBS 경영 최고책임자는 BBC, NHK에 비해 정치적으로 취약하다. 새로운 정부가 출범한 뒤 8개월 이내에 KBS 사장이 교체되는 빈도는 78%에 달해 정치적으로 매우 취약한 것으로 나타났다. 이에 반해 영국 BBC는 이런 사례가 없었으며, 일본 NHK의 경우 일본 총리가 바뀐 뒤 8개월 이내에 교체된 회장은 전임자 임기 종료로 인한 것으로 없었다고 볼 수 있다(최선욱, 2021). 그러나 한레티의 VUL 지수는 재임 기간이 길지만, 친정부 체제에 순응하면 장기 집권하는 경우를 설명하기 힘들다는 분석도 있다(정용준, 2017).[24]

정연주, 길환영, 고대영 등 3명의 공영방송 사장의 해임을 둘러싼 정치, 사회적 맥락과 배경은 각기 다르다. 그러나 분명한 것은 지난 10여 년 동안 공영방송이 정치적 압력과 외부의 비판 등 많은 부침(浮沈)에 시달렸고 결과적으로 이러한 혼란이 공영방송의 공적 책무 수행에 심대한 지장을 초래했다는 사실이다. 정연주, 길환영, 고대영 사장의 해임 국면마다 논란은 사회

---

24) 24개국 중 0.7 이상인 국가가 12개 국가(스위스 SRG-SSR 0.96, 노르웨이 NRK 0.93, 핀란드 YLE 0.92, 독일 ZDF와 호주 ABC 0.91, 영국 BBC 0.89인 반면, 0.7 이하인 국가는 스페인, 포르투갈 0.57과 0.56 정도를 제외하면 불가리아, 헝가리 등 주로 동유럽 국가들이다. 이는 한레티의 지수로만 보아도 실질적인 정치적 독립성이 낮다는 것을 알 수 있다. NHK 0.87, 이탈리아 0.81이다. 한레티의 VUL 지수는 재임기간이 길지만, 친정부 체제에 순응하면 장기 집권하는 경우를 설명하기 힘들다. 가령 KBS 사장의 평균 재임기간이 3년이지만, 김대중 정부의 박권상과 노무현 정부의 정연주 사장은 5년 이상 재임하였다.

전반은 물론 정치권까지 이어졌고 공영방송 내부에서는 노동조합의 파업으로 인한 장기간의 방송 파행과 혼란이 이어졌던 점은 이러한 사실을 방증하고 있다(조항제, 2018). 실제 방송법은 공영방송 사장에게 일정한 의무과 책무를 부여하고 있으며 법원은 이러한 의무를 적절하게 이행하지 못했을 때 해임할 수 있다고 판단하고 있지만, 해임의 절차와 요건에 대해서는 끊임없는 논란이 제기되는 것이 지금의 현실이라 할 수 있다(박희봉, 2019).

## (1) 윤석열 정부의 김의철 사장 해임

김의철 사장은 양승동 사장에 이어 문재인 대통령으로부터 2021년 12월에 KBS 사장으로 임명되었다. 김의철 사장 해임건은 단순히 공영방송의 사장을 교체하는 수준을 넘어 수신료 재원의 전기료 통합 징수를 금지하는 방송법 시행령을 개정하면서 촉발되었다. 정부가 티브이 수신료 분리 징수 논의를 앞세워 '공영방송 길들이기'를 시도한다는 비판이 제기된 데 이어, 국민제안 투표 결과에 대한 신뢰도 논란이 제기되었다(한겨레신문, 2023). 이후 방통위는 방송법 시행령 개정을 거쳐 불과 한 달 만에 전기료와 통합 징수하고 있는 TV 수신료의 징수 방식을 변경하였다. 정부는 국민이 수신료 납부 사실을 명확히 인지하게 되고, 수신료에 대한 관심과 권리 의식이 높아질 것으로 기대하면서, 국민의 수신료 납부 대한 선택권을 주장하였다. 수신료는 KBS 재원의 50% 정도를 차지하는 핵심 재원이다. 수신료를 전기료와 분리 징수하게 될 경우, KBS 재원 손실의 규모는 예측하기 어렵다. 김의철 사장은 대통령실의 공세에 낮은 대응으로 일관하다가 대통령실이 방송법 시행령 개정이 임박함을 확인하고 6월 8일 기자회견을 열었다. 김의철 사장은 "대통령실의 분리 징수 추진은 공영방송의 근간을 훼손하는 중차대한 사안"이라며 "이 위중한 상황 앞에서 KBS 사장으로서 무거운 결심을 했다. 만일 전임 정권에서 사장으로 임명된 제가 문제라면 사장직을 내려놓겠다. 그러니 대통령께서는 공영방송 근간을 뒤흔드는 수신료 분리 징수 추진을 즉각 철회해 달라. 수신료 분리 징수가 철회되는 즉시 저는 자리에서 물러나겠다"라고 했다(미디어오늘, 2023). 그러나 정부는 수신료 분리 징수는 김의철 사장의 퇴임과 무관하다는 입장을 표명했다. 김의철 사장으로서는 미증유의 위기를 해결해야 하는 리더십이 시험대에 올랐다. KBS 노동조합과 방송인총연회합를 중심으로 김의철 사장의 퇴진 요구가 분출하기 시작했고, 기자협회와 PD협회 등 직능단체에서도 자체적으로 투표하여 수신료 대응 실패에 대한 김의철 사장의 퇴진을 요구하기 시작했다. 그 사이 정부는 한상혁 방송통신위원장을 해임하고, 김효재 부위원장이 위원장 대행 체제를 맡으면서 남영진 KBS 이사장은 권익위원회에서 법인카드 불법 사용 의혹으로 그리고 TV조선 재허가 심사 조작 의혹으로 윤석년 이사를 해임했다. 그리고 헌법재판관 출신의 서기석 이사와 황근 교수를 임명하여 야권 우위의 KBS 이사회를 여권 성향 우위의 구도로 재편했다. 2023년 9월 12일 KBS 이사회는 김의철 사장 해임 결의안을 통과시켰다. 김의철 사장은 임기를 1년 3개월을 앞두고 해임되었다. 김의철 사장에 대한 해임 제청 사유는 무능 방만 경영으로 인한 심각한 경영 위기 초래, 불공정 편파 방송으로 인한 대국민 신뢰 상실, 수신료 분리 징수 관련 직무유기와 리더십 상실, 편향된 인사로 인한 공적 책임 위반, 취임 당시 공약 불이행으로 인한 대내외 신뢰 상실, 법률과 규정에 위반된 임명 동의 대상 확대 및 고용안정위원회 설치 등이다. 김 전 사장 측은 방송법상 KBS 사장 임기가 3년으로 보장된 점을 들어 "임기제의 취지와 방송법이 해임에 관하여 어떠한 규정도 두지 않은 것을 고려하여 한국방송공사 (KBS) 사장에 대한 해임 사유는 매우 엄격하고 제한적으로 해석해야 한다"라는 입장을 밝혔다. 김의철 전 사장은 본인 해임 처분에 대해 13일 취소 소송을 제기하고, 14일 집행정지 가처분 신청을 하며 그 효력을 멈춰 달라고 요구했다(미디어오늘, 2023).

서울행정법원 제5행정부(재판장 김순열)는 2023년 10월 20일 결정문에서 김 전 사장이 계속 직무를 수행할 경우 "방송에 대한 사회적 신뢰뿐만 아니라 KBS가 수행하는 공적 업무의 공정성과 이에 대한 국민의 신뢰가 저해될 위험이 발생할 수 있을 것"으로 보인다면서 "임기가 보장된 신청인이 입게 되는 손해와 위와 같은 공익을 서로 비교하였을 때 전자를 희생하더라도 후자를 옹호하여야 할 필요가 조금이나마 크다고 인정된다"라고 했다. 또한, 서울행정법원 재판부는 "해임 처분 당시 KBS의 기자와 PD, 간부들 상당수가 전국언론노동조합(KBS본부) 출신이고 신청인이 취임한 이후 임명된 통합뉴스룸 국장(보도국장) 2명이 모두

위 조합의 위원장 출신인 것으로 보인다"라는 점을 문제 삼았다. 재판부는 "KBS는 방송의 목적과 공적 책임, 방송의 공정성과 공익성을 실현하여야 할 공적 책임이 있으므로 KBS 사장은 인사권 행사에 있어 위와 같은 공적 책임의 실현 가능성을 충분히 고려하여야 하고, 이를 위해서는 균형 있는 인적 구성을 통해 다양한 정치적 의견, 신념 등이 폭넓게 방송에 반영될 수 있도록 하여야 한다"라며 "위와 같은 점을 간과하여 인사권을 행사함으로써 KBS 주요 보직의 인적 구성이 특정 집단에 편중되는 형태가 되었고, 이로 인해 공영방송의 공정성에 대한 국민의 신뢰가 저해될 위험이 발생할 가능성이 있다"라고 했다. 또한, 재판부는 노사가 단체협약으로 합의한 주요 간부 임명동의제 확대가 '사장이 상위 직위로의 승격 임용을 한다'는 KBS 인사규정(제17조)에 저촉되고, 내부 규정에 따라 이사회 심의·의결로 이뤄졌어야 한다고 판단하기도 했다. 관련 부서에 소속된 조합원 과반 투표, 투표자 과반 찬성을 요건으로 하는 임명동의제 대상이 기존 3명(보도국장·시사제작국장·시사교양2국장)에서 5명(보도국장·시사제작국장·시사교양2국장·라디오제작국장·시사교양1국장)으로 확대된 것을 말한다. 아울러 재판부는 "각 해임 사유에 관하여 상당한 다툼의 여지가 있어 보이나 그 처분 사유가 그 자체로 이유 없거나 기록에 나타난 제반 자료를 토대로 볼 때 '처분 사유가 인정되지 않음'이 분명하거나 적어도 일부 처분 사유에 타당성·합리성이 인정되지 않는다고 볼만한 사정들이 상당수 발견된다고 보기는 어렵다"라고 가처분 기각 이유를 밝혔다(미디어오늘, 2023). 가처분 기각 판결문을 요약하면, 김의철 사장의 임기 보장보다 국민의 신뢰를 저해할 위험이 더 크다는 점이 강조되었다. 또한, 특정 노조 출신을 연달아 통합뉴스룸국장(보도국장)으로 임명함으로써 특정 집단에 편중된 인사가 이루어져 공정성을 저해할 우려가 있다는 점이 지적되었다. 그리고 단체협상에서 사장의 인사권에 해당하는 임명동의제를 통해 해당 국장을 3명에서 시사2국장, 라디오제작국장 등 2명을 추가로 임명한 것이 인사규정에 저촉된다는 점이 문제가 되었다.

그러나 재판부는 공익의 이익 형량을 비교할 때, 임기가 보장된 신청인이 입게 되는 손해와 국민 신뢰 저하라는 공익을 비교했다. 김의철 사장 개인 차원의 임기 보장이라는 공익이 아니라 공영방송 사장의 독립성 차원의 공익과 비교해야 법리적으로 이익 형량의 비교가 적절하다고 할 수 있다. 또한, 국장 임명동의제를 확대하는 것이 인사규정에 저촉된다는 재판부의 판단은, 방송법의 「방송편성규약」 제정(방송법 제4조 제4항)의 정신을 단체협약으로 명시하여 공정 방송을 제도적으로 강화하고 방송의 내적 자유를 확대하려는 정신을 부정한 판결로, 향후 논란이 될 것으로 예상된다. 경향신문은 김의철 사장 해임을 기각한 재판부의 판단에 대해, 임명동의제 확대가 인사규정에 저촉된다는 논리의 문제점을 지적하며, 노사가 자율적으로 합의한 단체협약이 언론의 공공성 확보를 위한 투쟁의 역사성을 부정했다고 비판했다.

언론노조 KBS본부는 KBS 내 다수 노조다. 더군다나 기자나 PD들 중 대다수가 가입한 노조다. 기자·PD 직종의 간부 '상당수'가

본부노조 출신인 것은 어쩌면 당연한 결과 아닐까? 주요 간부 임명동의제 확대가 인사규정에 저촉된다는 논리도 합리적이지 않다. 인사규정상 사장에게 권한이 귀속된다고 해도 사장이 단체협약을 통해 관련 직군 종사자의 의견을 들어 그 권한을 행사하겠다고 합의한 것이다. 정권이 언론을 장악해 강요한 것도 아니고, 노사가 자발적 협의를 통해 결정한 사항이다. 법원이 자율적으로 협의한 사안까지 규율해야 하는 것인지 의문이다. 더군다나 법원은 언론의 공공성 확보 투쟁의 역사성을 부인했다. 1980년대까지 쿠데타 독재 정권들은 공영방송 사장을 일방적으로 임명했다. 하지만 1987년 민주화 이후 낙하산 사장 임명에 반대하는 내부 구성원의 저항이 있었다. 언론 민주화 투쟁이다. 사장 임명이 중요한 것은 언론 보도의 공공성을 좌우할 주요 간부의 임명 권한이 사장에게 있었기 때문이다. 따라서 사장이 누가 되든 부당한 인사에 이견을 제시할 수 있는 내부 자율성(내적 자유)을 확보하는 것이 언론 공공성 보장의 핵심 의제가 된 것이다. 임명동의제는 그 성과이다. 더군다나 김의철 사장은 이미 존재하는 것을 확대한 것에 불과하다. 오히려 다른 언론사에도 권장되어야 할 사안을 인사규정 위반이라고 판결한 것은, 언론의 공공성에 역행하는 판결이라 역사에 기록될 것이다(경향신문, 2023).

또한, 재판부의 판결은 특정 집단에 편중된 인사가 공정성을 저해했거나 국민의 신뢰를 잃었다는 판결은 정확한 자료와 근거도 없는 판결이라 할 수 있다. 재판부가 공영방송 사장의 해임을 판단할 때, 공영방송의 독립성을 유지하는 관점보다는 정부의 기득권을 인정하고 대통령의 인사권을 존중하는 정치적 헤게모니의 관점에서 판단한 것이 아닌가 하는 문제점이 지적된다.

## (2) KBS 사장 해임 무효 가처분 판결의 문제점

KBS 사장의 해임과 관련한 법원의 판단은 해임 무효 가처분 소송에서는 행정부(대통령)의 인사권을 인정하여 모두 해임 무효 가처분 신청을 기각했다. 정연주 사장의 경우 해임 무효 가처분의 논리는 '회복할 수 없는 손해가 있다고 볼 수 없다'라며, '현재 제출된 자료를 볼 때 해임권자(대통령)의 해임이 위법하다고 단정할 수 없는 상태'(서울행정법원, 2008구합32317)를 이유로 가처분을 기각했다. 고대영 사장의 경우, "해임 처분으로 인해 고 전 사장에게 회복하기 어려운 손해가 발생할 우려가 있어 이를 예방하기 위해 긴급한 필요가 있다고 인정되지 않는다"(서울행정법원, 2018아10316)며 고 전 사장의 효력 정지 신청을 기각했다. 김의철 사장의 해임 무효 가처분 판결은 좀 더 구체적으로 '임기가 보장된 신청인이 입게 되는 손해와 위와 같은 공익을 서로 비교하였을 때, 전자를 희생하더라도 후자를 옹호하여야 할 필요가 조금이나마 크다고 인정된다'(서울행정법원, 2023아12736)라고 했다. 특히 김의철 사장의 경우, 판결문에서 노사가 방송법에 따른 「방송편성규약」을 단체협약으로 제정한 것을 해임 사유로 든 것은 방송법 정신과 방송의 내적 자유를 부정한 판결이라 논란이 예상된다. 정부로부터 독립성과 공정성을 확보해야 하는 공영방송 사장의 해임에 대한 가처분 소송은 더욱 신중해야 한다. 이제까지 해임 가처분 소송에 대한 행정법원의 판단은 해임 처분을 당한 사장 개인이 대통령을 상대로 하는 관점에서 판단하는 경향이 있었다. 사장의 해고 무효 가처분 소송에서 '개인의 회복할 수 없는 손해가 크지 않다'라는 시각의 판단은 KBS 사장 해임을 공영방송 제도의 설립 취지와 목적에 맞는 사회적 제도 측면의 판단이라기보다 KBS 사장 개인의 명예를 회복하는 차원의 판결에 치우친 점이 있다는 비판이 제기될 수 있다. 이러한 해임 무효 소송의 가처분 판단이 지속되는 한 어떠한 정부라도 권력기관을 동원해서 KBS 사장을 우선 해임하고자 하는 유혹에서 벗어나기 어려울 것이다. 정연주 사장, 고대영 사장은 본안 소송에서는 해임 과정의 절차적 문제점과 공영방송 사장 임기 보장의 중요성으로 의해 대법원에서 해임무효 소송에서 승소했다. 공영방송을 독립적이고 자율적이며 공정하게 운영하기 위해서는 사장 해임 무효 가처분 소송에서 사장 해임에 대해 보다 엄격한 판단이 내려져야 한다. 독일과 같이 합리적·법적 권위가 발전한 국가에서는 다른 기구와 마찬가지로 미디어 관련 기구가 정부와 정당, 특히 정치인의 통제로부터 상대적으로 자유로우며, 명확한 법과 절차에 따라 운영된다(핼린과 만시니, 2009). 정권이 교체될 때 KBS 사장을 교체하기 위해 합의제 기구인 방통위원장을 교체하고, 다시 KBS 이사를 교체한 후 교체된 이사회에서 KBS 사장을 해임하는 과정들이 정권과 권력의 개입 없이는 불가능한 계획들이다. 이 과정에서 검찰, 감사원, 국세청, 국민권익위원회 등 막강한 권력기관이 KBS 사장 해임에 개입하게 된다. 행정법원이 가처분 소송에서 해임 무효를 기각하는 판단은 대통령의 인사권을 인정한 것이지만, 결국 정권을 잡은 집권당이 권력 기구를 동원해서 KBS 사장 해임되는 것은 관례가 되었다. 정권이 교체되면 KBS 사장을 무리하게 교체해도 문제가 없다는 잘못된 판례가 만들어진 것인데, 이는 자칫 공영방송이 정권의 홍보 도구로 전락할 수 있는 심각한 문제를 야기할 수 있다.

 공영방송 지배구조가 정부(정권)에 의해 좌우되면서 KBS는 정부의 눈치를 보지 않을 수 없으며, 친정부적인 인사가 사장으로 임명되면서 방송 프로그램이 정부의 영향을 받게 된다. 이는 경영진이 방송 프로그램의 편성, 보도, 제작에 지나치게 간섭하면서 방송 제작자의 방송의 자유를 침해할 수 있으며, 이러한 상황은 경영진과 제작자 간의 갈등으로 이어진다. 결국 공정방송을 수호하기 위해 노동조합이 파업까지 해야 하는 악순환이 반복되고 있다. 그동안 많은 공영방송 지배구조 개선 입법안이 제출되었지만 아무런 성과를 거두지 못했다. 야당 주도로 국회를 통과한 공영방송 지배구조 3법도 윤석열 대통령의 법안 거부권 행사로 무산되는 과정을 되풀이하고 있다. 정권이 사실상 장악하고 있는 공영방송 지배구조는 반드시 개선되어야 한다. 공영방송의 독립적 운영과 자율성 확대는 국민에게 공정한 여론을 형성하는 최소한의 제도적 장치라 할 수 있다. 법원이 KBS 사장의 임명권과 함께 해임권까지 인정한 상황에서 해임 관련 규정의 부재는 자칫 정권의 공영방송 개입에 대한 통로를 열어 놓아 공영방송의 독립성을 심각하게 훼손할 우려마저 있다. 따라서 어떤 형식으로든 KBS 사장의 해임 관련 규정 마련이 시급하다. KBS 사장이 중대한 경영상의 과실이나 공적 가치를 심각히 훼손했다면 당연히 책임을 져야 할 것이다. 그러나 그 기준과 절차는 이해할 만한 것이어야 한다. 그리고 그 기준과 절차는 많은 사회적 갈등과 파업 등으로 인한 공영방송의 기능 저하, 신뢰도 추락이라는 유무형의 비용을 치른 뒤 법원의 판결을 통해 사후적으로 확인되는 것이 아니라 해임 제도의 개선을 통해 사전에 그 과정과 절차가 예상할 수 있어야 한다(박희봉, 2019).

## 3) 정치 중립적 지배구조 개선

공영방송 지배구조 개선은 해묵은 과제다. 거버넌스는 다양한 이해 당사자들이 다른 형태의 네트워크와 토론의 장을 통해 조정되는 과정이라 할 수 있다. 거버넌스는 공공 영역에서 집합적인 문제를 해결해 나가는 과정이며, 통치를 만들어 가는 제도와 기구들이라기보다 이 과정에서 참여자들 사이의 상호작용이라 할 수 있다. 특히 복잡한 경제 정책, 미디어 정책의 분야에서 국가 중심의 역할을 감소하게 되고 사적 영역과 시민사회 등 다양한 이해 세력이 정책 결정 과정에 참여하게 된다. 이러한 환경에서 공공 부문에 대한 운영 방식의 전면적인 재검토가 필요하여, 거버넌스라는 협치의 개념이 등장하게 된다(Peters & Pierre, 1998). 점차적으로 사회가 다원화되고 민주화되면서 국가 차원의 규제와 통치가 줄어들게 된다. 최근 한국의 '공영방송'으로 지칭되는 주요 방송사들이 공영방송에 요구되는 기본적인 역할과 공적 책무를 그동안 제대로 수행하지 못했으며, 그렇게 된 가장 큰 원인이 바로 잘못된 지배구조 때문이었다(강상현, 2013). 특히 그러한 지적은 공영방송의 이사진 구성과 사장 임명 문제에

집중되었다. KBS 이사회 선임과 사장 임명 절차, 그리고 이사회를 구성하는 방식 등 KBS의 지배구조에 대한 문제는 우리 사회의 가장 논쟁적인 사안이 되었다. 그러나 정권이 교체될 때마다 공영방송 KBS의 이사회 선임과 사장을 임명하는 방식을 두고 정치권은 지속적인 논의가 있었지만, 지배구조를 개선하는 제도 변화는 이루어지지 않았다. 우리나라의 정치 구조는 대통령제와 양당제를 근간으로 오랜 기간 지속되어 왔다. 이른바 승자독식의 문화로 공영방송 지배구조도 예외는 아니었다. '다수결에 따른 승자독식 권력 독점'이 민주적 통제의 원리라고 이해되는 나라에서 공영방송 이사회 구성 및 운영이 타협적이고 협의적으로 운영될 것을 기대할 수 없는 현실적 어려움이 존재한다(이준웅, 2017). 공영방송 KBS 지배구조가 국가 거버넌스, 정치권력의 독점으로 공론장 기능을 상실하면서 시청자의 신뢰는 하락했다. 공영방송의 지배구조를 전환하려면, 정치 구조가 양당제에서 다당제로 변화하거나, 제왕적 대통령제의 권력 구조에 변화가 필요하다. 다당제는 양당제보다 공영방송 이사회 구성이 다양해진다는 것을 의미한다. 또한, 대통령 중심제에서는 행정부의 권력을 제어할 수 있는 엄격한 삼권 분립이 확립되어야 한다. 그 나라의 정치 체계와 공영방송의 지배구조가 쌍둥이 모형임을 고려할 때 정치 구조의 변화는 공영방송 지배구조 변화를 예고한다. 한국적 정치 상황에서 공영방송이 정치의 과도한 영향을 받는 현실을 고려할 경우 정치와 완전하게 단절하기는 어려운 현실이다. 이러한 정치적 현실을 고려하면 KBS 지배구조 개선에 대한 새로운 접근과 모델이 필요하다.

## (1) KBS 지배구조 개선 방안

윤석열 대통령이 2023년 12월 1일 방송3법(방송법·방송문화진흥회법·한국교육방송공사법 개정안)에 대한 재의요구권(거부권)을 행사했다. 이는 더불어민주당·정의당 등 야당 주도로 지난 9일 노란봉투법과 방송3법이 국회 본회의를 통과한 지 22일 만이다(경향신문, 2023). 그러나 대통령이 방송3법에 대한 거부권을 행사한 이유는 설명하지 않았다. 2024년 22대 국회에서 야 7당은 가장 먼저 공영방송 지배구조를 개선하는 방송3법을 통과시켰다. 여당은 공영방송을 권력의 잡은 전리품으로 인식하고 야당은 공영방송이 도구화되는 것을 견제하는 입장이 반복되면서, 공영방송 지배구조 개선을 위한 정치적 합의는 이루어지지 않고 있다. 물론 민주당이 여당일 때 공영방송의 지배구조 개선을 위한 여러 차례의 노력과 시도가 있었지만, 방송법 개정에 무관심했던 문재인 정부의 책임 또한 적지 않다. 공영방송과 미디어 정책에 대한 무관심, 그리고 공영방송 지배구조 개선이 절실했던 상황에서 실기한 점을 반면교사로 삼아야 한다. 공영방송 지배구조를 개선하는 방송3법은 여당과 야당의 공수 교대에 따라 정치적 유불리가 달라진다. 정권은 5년 또는 10년 단위로 교체되는데, 언제까지 이런 기형적인 공영방송 제도를 유지하며 전리품을 주장해야 할 것인지, 정치권의 결단이 절실하다.

공영방송 KBS는 정치의 논리, 즉 국가 거버넌스에 의해 좌우되었다. 이후에는 상업 미디어 기업의 발달로 공적 서비스가 위축되고 지배구조에 대한 정치권의 과도한 간섭과 전문직 직업 윤리의 부재로 공영방송은 정체성 위기에 직면해 있다. 그리고 시민사회는 조직화되지 않아 국가와 시장의 영향력을 견제하는 거버넌스 측면에는 취약했다. 정치와 공영방송의 관계에서 대체로 승자가 권력을 독식하는 다수주의, 양당제, 대통령제 나라에서 모범적인 공영방송의 사례를 찾기 쉽지 않다. 해외 공영방송 지배구조 유형에서 보았듯이 권력이 집중되는 다수제 민주주의에서 공영방송은 정부의 지배를 받기가 쉽지만, 영국처럼 자유주의가 발전한 곳에서는 정치와 방송을 분리하고 방송에 전문직주의를 배양시킨 BBC가 모범적이라 할 수 있다(조항제, 2014). 합의제 민주주의 국가에서 정치 병행성이 낮고 전문직 정도가 높은 지배구조 모델은 시민(조합) 모델로 독일과 북유럽의 공영방송이 대표적인 모델이다. 정치 병행성이 완화된 모델은 전문직 모델 또는 정치 사회 문화 등 다양한 세력이 참여하는 시민 조합 모델로 정치와 거리를 두면서 고도의 전문직주의 문화를 추구하는 것이 특징이라 할 수 있다. 민주적이지만 여전히 높은 수준의 정치적 병렬성(여당 우위의 대통령제 통치 구조를 그대로 공영방송에 이식한, 가령 여당 7명과 야당 4명의 현 KBS 이사회 구조를 말함)을 보이는 국가에서는 자율성 보장, 공영방송의 전문화, 정부와 공영방송 경영진의 상호 신뢰를 위한 작업이 필요하다(Donders, 2021). 그러나 공영방송 지배구조 개선 논의 과정을 살펴보면, 여야가 유사한 내용의 법률안들을 반복적으로 발의해 놓고도 매번 집권 정당의 영향력 행사를 막으려는 야당과 영향력을 유지하려는 여당과의 힘겨루기 양상으로 흘러갔다. 여야가 바뀌면 공수가 전환되는 등 각 정당이 '영향력 행사를 위해 선임이 활용되어서는 안 된다'는 원칙을 전혀 고려하지 않은 행태를 보였다. 공영방송의 정치적 독립을 보장하는 논의에 오히려 과도한 정파성이 개입되면서, 국회 스스로가 정파 지향적 탈정치성의 구현이라는 모순적 상황에 빠졌다(정영주·홍종윤, 2019).

그동안 KBS 이사의 추천을 방통위가 주도했는데 여야의 이사 추천 비율(기존 여당 7명, 야당 4명)은 법률로 규정되지 않았다. KBS 이사 선임은 정치권에 의해 추천된 방송통신위원회 위원과 정치권의 은밀한 추천으로 이루어지는 불투명한 방식이었다. 최근 야7당에 의해 제안된 독일식 평의회 형태의 지배구조 개선 방안은 KBS 이사회의 추천 방식과 추천 주체를 명문화해서 구체성을 띠고 있다. 야 7당이 추진하는 공영방송 지배구조 개선에 대해 일각에서는 직능 연합회 등의 진보 성향의 단체가 주도할 것이라는 우려와 함께, 공영방송 시청자위원회 추천의 정당성을 의문시하는 주장도 있다. 한편, KBS 사장은 경영에 책임을 지는 위치에 있기 때문에, 다수가 협치를 통해 의사결정을 하는 제도는 의사결정의 비효율성을 초래하고 책임 경영의 경계가 모호해질 수 있다는 우려도 제기된다. 그러나 정치적 후견주의를 기본으로 하는 KBS 지배구조의 난맥상을 돌이켜볼 때 다수당의 일방적 의사 결정에서 벗어나 협치를 통해서 정책과 운영을 결정하는 면에서 진일보한 측면이 있다. 현재의 소수 이사회를 전문성(법률, 재무, 방송 현업, 미디어 전문가, 방송미디어 기술)과 다원적 대표성(지역, 직능, 종교, 사회적 약자 등)을 강화시킨 다수 이사회로 가야 한다(윤석민,

2011). 공영방송의 다양한 이해 당사자와 전문가들이 참여하는 이사회를 통해 다양성을 강화하고, 전문직주의를 지향하는 공영방송 지배구조를 통해 정치적 후견주의를 탈피해야 한다. 공영방송 지배구조에 법적 제도적 장치가 중요한 것은 사실이지만, 더 효과적인 것은 공영방송 감독위원회의 임명 과정의 투명성과 정치적 문화 그리고 공영방송을 장악하려는 어떤 정당도 관용하지 않는 비평적 여론이 필요하다(Wagne & Berg, 2015). 공영방송 거버넌스의 문제를 보다 큰 다원적 틀에서 바라보아야 한다. 공영방송의 정치적 거버넌스 문제는 중요하다. 일반적으로 우리 사회가 다원화되면서 공영방송을 둘러싼 이해 갈등은 정치의 영역을 넘어 시장·세대·지역·직능·종교·젠더 등 다차원적으로 발생하고 있다. 이러한 상황에서 공영방송 문제는 사장 및 주요 포스트의 보직자 몇몇을 교체하는 정치적 거버넌스 문제를 넘어 보다 다원적인 공영방송 지배구조 정립 문제로 접근해야 한다. 방송 거버넌스 문제는 승자독식이 아닌 정치적 절충의 문제로 바라보아야 한다(윤석민, 2023).

현행 방송법은 제1조(목적)에 '방송의 자유와 독립 보장'을 명시해 놓고 있다. 언론의 자유를 보장한 헌법 정신에 비춰 보면 지극히 당연하다. 그러나 현실은 딴판이다. 정치권은 공영방송을 선거 승리의 전리품쯤으로 여긴다. 정권이 교체될 때마다 공수를 교대해 가며 '공영방송 쟁탈전'을 벌인다. 온갖 트집을 잡아 '남의 편' 이사들을 솎아내고 그 자리에 '내 편' 이사를 앉힌 뒤 수적 우위를 앞세워 공영방송 사장을 갈아치우는 일이 반복된다. '친윤 낙하산' 박민 사장 체제의 한국방송(KBS)은 방송 장악의 종착점이 어디인지 여실히 드러낸다(한겨레 사설, 2024). 윤석열 정부는 정권을 잡고 공영방송을 전리품으로 활용하려는 의도가 아니면 민주당 등 야7당이 주도하는 방송3법 개정안에 최소한의 대안을 제시해야 한다. 그러나 국민의힘 등 여당과 정부는 방송3법이 특정 직능단체가 특정 정파(좌파)의 소속이 다수를 차지한다는 프레임(KBS 전격시사, 2024)으로 일관해 왔다. 국민의힘은 이 법안에 대해 '민주당의 공영방송 영구 장악법'이라며 벌써 거부권 운운한다. 학회와 직능단체, 시청자위원들이 죄다 '친민주당'이라는 건가. 국민의힘은 억지 주장만 되풀이할게 아니라 대안부터 내놓아야 한다(한겨레 사설, 2024). 합의제 기구인 방송통신위원회가 대통령이 추천한 2인의 체제로 KBS와 방송문화진흥회 등 공영방송의 이사 선임을 강행하면서 법적 논란이 지속되고 있다. 또한, 정권에 불리한 보도에 대해 방심위가 심의 제재를 남발하고 있지만, 대부분 행정 소송에서 징계의 부당함이 인정되고 있다. 이러한 상황을 볼 때, 윤석열 정부가 방송을 이용하고 장악하려는 의도가 있다고 의심하지 않을 수 없다. 따라서 그동안 정치(여당)가 과도하게 개입하여 문제가 된 공영방송의 지배구조를 개선하고자 하는 방송3법의 개정은 민주 국가에서 방송을 장악해서는 안 된다는 방향성에서 절대적으로 옳다. 하지만 현재의 공영방송 둘러싼 정치적 갈등과 혼란을 목도하면서도, 공영방송 지배구조의 문제점을 전혀 인식하지 않고, 현 공영방송 지배구조를 고착시키겠다는 시도는 정부 여당이 공영방송을 대선 승리의 전리품으로 여기는 발상에 지나지 않는다. 21대 국회에서 국민 5만 명의 청원으로 국회를 통과한 방송3법은 대통령의 재의 요구권에 의해 무력화되었다. 22대 국회에서도 방송3법이 야 7당의 주도로 국회를 통과되었지만, 대통령은 또다시 거부권을 행사했다. 정부 여당은 반대를 위한 반대가 아닌, 우리 사회와 민주주의에서 방송의 독립성을 보장해서 공영방송이 제대로 된 역할을 위해 건설적이고 책임 있는 자세로 대안을 제시해야 한다.

공영방송 제도가 발달한 유럽의 경우 공영방송의 거버넌스에 정치 세력이 전부가 아닌 일부로 참여하면서 거버넌스가 안정화되어 있다. 거버넌스가 안정화되어 있고, 공적 책무가 명확한 공영방송은 가구당 수신료 납부 금액이 높다. 공영방송의 미래 지향적 지배구조를 개선하는 원칙으로, 공영방송에 영향력이 미미했던 시민사회의 성장과 참여를 통해 미디어 거버넌스의 균형을 잡는 것이 중요하다. 공영방송에 대한 정치적 영향을 견제하고 유료 미디어 기업의 성장으로 인한 상업적 서비스의 확대를 제어하기 위해서는 시민사회의 참여가 요구된다. 국가－시장·시민사회의 삼분할 미디어 거버넌스가 작동하기 위해서는 시민사회의 성장을 기본 전제로 하기 때문에 시민사회의 조직화와 참여는 공영방송 제도에 영향을 미치게 된다. 현재 우리나라 공영방송 지배구조는 국가 거버넌스, 정치가 독점하고 있다. 그러나 민주주의가 발달하고 안정적인 정치 구조를 가진 선진 공영방송의 지배구조는 정치에서 공공 영역(시민사회)으로 이전하여 정치의 영향을 최소화하고 있다. 공영방송 지배구조에 정치가 개입하는 것을 완전히 차단할 수도 없고, 공영방송 이념에 따르면 그럴 수도 없다. 하지만 공영방송은 정치를 배제하는 것이 아니라 다원적인 이해관계자의 통제 의도를 정치적으로 조정하고 중계하는 과정이어야 한다. 공영방송 감독위원회의 임명은 완벽한 체계가 없고, 최종적으로는 법적 안전장치만큼이나 정치적 문화에 의해 영향을 받기가 쉽다. 이런 선택의 성공 조건은 강력하고 잘 조직화 된 시민사회 조직과 정당으로부터 식민화되지 않은 제도가 존재할 때 가능하다(조항제, 2015).

## (2) 방송통신위원회(규제기관)가 협치로 운영되어야

방송통신위원회 위원과 KBS 이사회 임명 절차 개선이 필요하다. 현재 KBS 이사회는 방송통신위원회 자체 회의를 통해 선임되며 방송통신위원회도 여당 3명, 야당 2명의 비율로 구성되어 있어 정치 구조를 벗어나지 못하는 한계가 있다. 방송통신위원회 상임위원들이 KBS 이사를 지명하는 방식인데, 이러한 방식은 이사 임명 과정에서 전문성과 공직에 대한 결격 사유를 검증하기가 어려운 구조다. KBS 이사회 선임은 가능한 공개적 절차에 의해 선정되어야 하며, 이사 직무를 수행할 수 있는 전문성과 공직의 결격 사유에 대해 검증 절차가 마련되어야 한다. 그리고 공영방송의 지배구조가 다양한 이해 세력의 협치를 기반으로 하려면 규제기관인 방송통신위원회 구성도 집권당이 과반을 차지하는 형식을 탈피해야 한다. 규제기관이 협치로 운영되어야 공영방송도 협치의 형태로 갈 수 있는 것이다. 최근 윤석열 정부에서 다수당 중심의 2인 체재 방송통신위원회가 KBS, 방송문화진흥회 이사의 해임을 주도하고, 민감한 방송 정책을 추진하는 것에 대한 제도적 변화와 조치가 필요하다. 특히 다원화된 연결망 사회에서 미디어를 규제하는 국가 행정 조직은 자신의 공론장을 형성하여야 한다.

공영방송 지배구조의 진일보를 위해서는 정치 권력을 잡은 집권당과 정치권의 대승적인 양보와 타협이 필요하다. 그러나 여전히 공영방송을 정권의 전리품이나 홍보 도구로 인식하는 한 정치적 양보와 타협은 요원하다. 공영방송 지배구조 개선을 위해 정치를 벗어나 국민과 전문가 집단의 논의와 토론을 통해 결정하는 공론화 방식을 고려해 볼 필요가 있다. 공론화 모델은 우리 사회의 갈등적 현안 중 하나인 공영방송 지배구조 개선 논의를 전문가 집단과 국민참여단의 숙의민주주의로 해결할 수 있는 대안이 될 수 있다. 이제까지 공영방송 지배구조 결정 방식은 정치권(국회)이 협상을 통한 방식이었는데, 국회가 공영방송 지배구조 개선에 대해 전문가 집단과 국민 참여단의 숙의 과정에서 도출된 결정을 수용하는 정치적 결단이 필요하다. 공영방송 지배구조를 독점하고 있는 정치권을 견제하기 위해 시민사회의 참여와 전문가 집단의 활발한 연구와 관심이 요구된다. 간혹 정부가 프로그램에 정치적 영향을 주려는 시도가 있을 경우, 공공의 분노를 집중시키거나 그런 방식으로 통제를 추구하는 세력에 정치적 상처를 줄 수 있어야 한다. 지난 20여

년 동안 공영방송 지배구조를 개선하기 위한 많은 방안과 논쟁이 이어져 왔지만, 방송위에 정치가 자리 잡은 우리나라는 공영방송 제도 개혁을 이루어 내지 못했다. 공영방송이 공공 서비스 미디어로 나아가기 위해서 정치 독점에서 벗어나, 독일과 북유럽의 공영방송처럼 국가와 시장을 견제하는 시민사회가 참여하고 학계, 법률, 기술 등 미디어 전문가 집단이 참여하는 시민참여와 전문가주의 지배구조 모델의 전환이 요구된다.

# 7

## 공영방송의 독립성 보장을 위한 수신료

정치가 안정되고 협치가 발달한 민주주의 체계의 공영방송은 정부, 의회, 시민사회 등 다양한 이해 세력들이 참여하여 공영방송 제도가 안정화되어 있다. 스위스, 독일, 북유럽, 영국 등 공영방송의 거버넌스가 비교적 안정적인 나라들이 수신료 금액도 높은 편이다. 반면 민주화 정도가 낮거나 정치가 대립적인 동구 유럽이나 남부 유럽은 수신료 제도 개선에 어려움을 겪는다. 우리나라와 달리 전기회사에 병합해서 수신료를 징수하는 나라가 증가하고 있다는 것도 특징이다. 현재의 미디어 환경은 텔레비전 시청을 넘어 다양한 장치로 미디어를 소비하는 형태로 변화하고 있어, 텔레비전 수신료와 관련된 방송법이나 방송법 시행령이 현실을 반영하지 못하는 측면이 있다. 이제까지 수신료와 관련된 방송법과 방송법 시행령에 대한 제도 개선 논의는 거의 이루어지지 않았다. 수신료 인상이 의미하는 정치적인 민감성으로 인해 수신료 제도 개선에 대한 사회적 합의는 물론, 국회에서 수신료 논의는 금기시되곤 하였다. 수신료 제도를 개선하기 위해 수신료 개념을 재정의하거나, 전기료와 통합 징수에 대한 논의 자체가 43년간 동결된 수신료 인상 논의를 촉발할 수 있는 민감성을 갖고 있기 때문이다. 공영방송의 지배구조와 재원은 공영방송의 독립성을 보장하는 핵심이기 때문에 시행령 개정의 권한인 행정부 소관이라기보다 사회적 합의의 주체인 국회의 영역에 속한다. 공영방송의 거버넌스, 공영방송의 수신료 폐지 그리고 수신료 통합 징수 제도를 폐지하는 것은 공영방송의 독립성과 밀접하게 연관되어 있어 행정부의 시행령 개정만으로 공영방송의 존립을 결정하는 것은 헌법과 방송법 정신에 부합하지 않는다. 낡은 수신료 개념과 제도를 혁신하고 공영방송 제도를 현대화하기 위해 국민을 비롯한 다양한 이해 당사자들이 공론화 과정을 거치고 의견을 모아 공영방송의 독립성을 보장하는 것은 정부의 역할이다. 사회적 합의는 정부, 국회, 공영방송, 학계, 시민단체, 국민 등 공영방송의 다양한 이해 세력이 숙의와 협치를 통해 만들어 가야 한다. 대통령제와 양당제 국가의 공영방송은 정치 후견주의와 정파적으로 대립적인 측면이 존재한다. 그래서 협치를 바탕으로 거버넌스 구성에 후견주의를 최소화하고, 공영방송의 존속 발전을 위해 재원의 안정화를 도모하는 것이 절실하다. 기본권 제한은 일반적으로 법률 유보의 형식으로 입법자의 권한이다. 정부에 의한 수신료 징수 제도의 변화는 안정된 수신료 재원을 보장하지 않게 되고, 수신료 재원이 보장되지 않으면 방송 프로그램의 제작에 영향을 미쳐 KBS의 방송의 자유를 침해하게 된다.

결국 수신료 징수제도의 변화는 방송의 자유 기본권을 침해할 우려가 있으며, 이러한 경우 법률 유보의 원칙이 적용되어야 한다. 그러나 헌법재판소는 KBS가 제기한 방송법 시행령 개정 위헌 소송을 기각하면서, KBS의 수신료 재원이 축소되면서 방송의 자유 기본권 침해 논란이 예상된다. 이번 편에서는 공영방송의 운영 재원으로서 수신료의 성격을 검토하고, 전기료와의 통합 징수를 금지한 방송법 시행령에 대해 헌법재판소에 제기된 수신료 위헌 소송을 논의해 보고자 한다.

## 1) 텔레비전 방송 수신료의 성격

1946년 최초 공영방송인 영국 BBC에서 텔레비전 수신 면허 (television licence) 제도가 시작되었다. 수신료는 공영방송의 가장 적합한 자금 조달 방안으로 오랫동안 꼽혀 왔다. 안정적인 재원을 바탕으로 정부 의제 대신 시청자의 욕구에 부응해야 하는 공영방송의 과제와도 맥이 닿아 있다. 공영방송은 대체로 국민이 균등하게 납부하는 수신료를 재원으로 운영된다. 수신료는 텔레비전을 보유한 가구에서 균등하게 납부하는데 징수에 대한 저항이 발생하지만, 재원 측면에서는 안정성이 높은 장점이 있다. 그리고 수신료 재원에 대한 안정적인 예측이 가능하며, 수신료 부담자가 국민 중 상당수 해당하기 때문에 모든 시청자가 운영에 참여하고 있다는 의식을 가지게 해 주는 장점이 있다(노기영·권재웅·이종관, 2008). 본질적으로, 가정은 텔레비전 또는 라디오 장치

(한국은 텔레비전에 국한)를 소유할 때 고정 수신료를 지급한다. 그 고정 수신료는 보통 공영방송에서 독립한 단체에 의해 징수되며, 그 돈은 전액 또는 공영방송에 상당 부분 이전된다. 이탈리아, 포르투갈과 같은 일부 국가는 우리나라와 같이 전기요금 고지서를 통해 면허료를 징수한다. 수신료 제도는 공영방송에 들어가는 돈을 정부가 직접 통제할 수 없도록 하는 장점이 있어 공영방송 옹호론자들과 학자들이 선호하는 제도다. 수신료는 정부의 의존도를 낮추고 공영방송의 독립성을 보호한다.

결국 공영방송의 주요 운영 재원이면서, 독립성을 보장하는 것이 수신료 제도다. 현행 방송법 제56조(재원) 공사의 경비는 제64조에 따른 텔레비전 방송 수신료로 충당하되, 목적 업무의 적정한 수행을 위하여 필요한 경우에는 방송광고 수입 등 대통령령으로 정하는 수입으로 충당할 수 있다. 1981년 2,500원으로 책정된 수신료는 우리나라 경제력과 외국의 수신료 금액에 비해 낮고 43년간 동결되었다는 측면에서 인상의 당위성을 가지고 있다. 그러나 공영방송의 수신료 현실화에 대해 정치권, 학계, 시민단체에서도 그 필요성을 인정하고 있지만, 수신료 인상 시도와 실패가 반복되어 온 이유는 공영방송의 정치적 독립성에 대한 불신을 포함하여, 공영방송의 공적 책무 수행에 대한 부정적인 평가에 기반한다고 볼 수 있다(이상훈, 2014). 공영방송 수신료 문제는 대표적인 미디어 정책 난제로서 세 가지 특징을 가지고 있다. 첫째, 상당히 오래된 논쟁 이슈라는 점, 둘째, 해법이 쉽지 않다는 점, 셋째, 과거 청산이 필요한 부분이 있다는 점이다(정인숙,

2013). 영국과 같이 공영방송에 대한 신뢰도가 높은 나라에서도 일정 금액 수준 이상이 되면 수신료에 대한 지급 의사가 떨어진다. 공영방송의 역사가 짧고 법적 제도적 안정성이 부족한 우리나라에서 공영방송의 신뢰도와 사회적 합의에 기반해 수신료 인상을 기대하기가 쉽지 않다. 공영방송에 대한 경쟁 매체의 반대, 정파적 인식, 불공정 방송에 대한 논란 등 수신료 인상을 어렵게 하는 여러 요인이 존재했다. 그리고 국민의 공감과 여론의 지지가 없는 상태에서 수신료 인상에 대한 정치적 합의는 더욱 어려워졌다. 수용자와 공영방송 간의 신뢰를 바탕으로 한 관계 형성이 어려워졌으며, 여기에 수용자의 지급 의지 요소가 더해져 수신료 인상 등 주요 사안에 대한 합의 도출이 어려워졌다. 이러한 맥락에서 다매체 다채널 환경에서 공영방송이 정체성을 유지하고, 성공적으로 번영하기 위해 시청자와 신뢰를 기반으로 공중과 관계를 맺는 것이 중요하다(김찬석·이완수·최명일, 2013).

한 국가에 여러 개의 공영방송을 갖고 있는 독일과 프랑스는 수신료와 광고가 주요 재원이며, 한 국가에 한 개의 공영방송을 갖고 있는 영국과 일본도 운영 재원의 대부분을 수신료로 충당한다. 공영방송 경영에 있어서 광고료와 수신료의 비중은 공영방송 체제의 특성이나 공영방송에 대한 사회적 합의에 따라 상이성을 갖는다(김찬석·이완수, 2010). 공영방송 운영 재원은 수신료, 광고, 콘텐츠 수입 등으로 구성된다. 1998년 헌법재판소는 텔레비전 수신료의 법적 성격을 공영방송 사업이라는 특정한 공익 사업의 경비 조달에 충당하기 위하여 수상기를 소지한 특정 집단에 부과하는 특별분담금으로 판시하였다. 수신료는 방송의 대가가 아니라 공영방송을 운영하기 위한 특수한 분담금의 성격이다(정연우, 2010). 수신료의 납부는 단순한 비용 지급이 아니라 시청자가 스스로 방송에 참여하는 상징적 행위가 되며, 반대로 공영방송은 수신료처럼 안정적이고 예측이 가능한 재원이 있어야 자신의 임무를 쉽게 달성할 수 있다(조항제, 2013). 나라마다 수신료 재원의 성격이 다르지만, 독일의 6차 방송 판결은 수신료에 대해 방송의 자유와 프로그램의 자유를 강조하고 있다. 이 판결에 따르면, 헌법이 보장하는 방송의 자유는 공영방송이 헌법상 부여된 임무를 원활히 수행할 수 있도록 재정적 조건을 포함하며, 그렇지 않으면 프로그램에 대한 국가의 영향력을 배제할 수 없다고 하였다. 수신료에 의한 재정은 프로그램 형성에 대한 정치적인 영향을 미칠 가능성이 있는 반면에 광고 수입은 상업적인 이해에 따르는 영향력을 가져다 줄 것이기 때문에 재판부는 "수신료 + 광고 수입" 형태의 혼합 재정이 가장 유리하다고 판단했다(정윤식, 2007). 영국의 BBC는 10년마다 왕실과 칙허장을 개정하며, 그 과정에서 수신료 금액을 명시한다. 이러한 주기적인 개정은 새로운 기술 도입에 따라 수신료 재원을 탄력적으로 인상할 수 있게 한다. 영국에서 텔레비전 수신 면허료는 텔레비전 방송을 수신할 수 있는 장치를 지닌 모든 가구에 대해 수신 면허를 발급해 주는 대가로 징수하는 면허세이다. 따라서 적합한 면허 없이 텔레비전 수신기를 설치하거나 사용하는 행위는 불법 행위로 간주되며 BBC는 강제적인 집행권을 갖는다. 우리나라 수신료는 특별 부담금으로 방송법 제64조에 따라 텔레비전 수신하기 위하여 텔레비전 수상기를 소지한 자는 텔레비전 방송 수신료를 납부하여 한국방송공사의 재원(방송법 제56조)으로 충당하도록 법제화되어 있다.

수신료는 안정된 재원이므로 공영방송의 편성이나 제작이 꾸준하게 자기 흐름을 유지할 수 있도록 돕고 공영방송이 자기 흐름을 유지하면서 시청자·대중에 가깝게 만드는 재원으로, 공영방송에 대한 참여 욕구를 자극하고 스스로 주인임을 느끼게 만드는 재원이다(조항제, 2014). 공영방송과 수신료는 불가분의 관계로 국민의 수신료 납부를 통해 공영방송이 좋은 프로그램을 제공해야 하는 의무를 가지게 된다. 따라서 수신료 인상 과정은 공영방송이 그동안 수행해 온 공적 책무에 대해 시청자들의 평가를 받는 과정이고, 수신료 인상액은 공적 책무의 확대와 연계되어 있다. 공영방송의 재원이 수신료보다 광고 재원에 의존하게 되면 상업방송과 시청률 경쟁을 통해 선정적이고 상업적인 프로그램 제작에 의존하게 된다. 또한, 광고를 의식하게 되어 공영방송의 공적 책무인 소수와 약자를 위한 프로그램에 소홀할 수밖에 없으며 다양성과 품질에서도 위축되는 결과를 초래할 수 있다. 수신료 수입을 주된 재원으로 하는 공영방송은 광고주와 자본으로부터 비교적 독립되어 비판적이고 공적인 프로그램들을 제작할 수 있다. 또한, 광고 재원으로부터 자유로워지면 시청률 경쟁에 내몰리지 않고 품격 높은 프로그램을 제작할 수 있다(박종원·김광호, 2016). 그러나 수신료 제도의 많은 장점에도 불구하고 수신료 인상은 정치의 이해관계로 현실적 수준에 맞는 탄력적인 인상이 어려운 단점이 있다. 지난 1981년 이래 지금까지 2,500원으로 동결되고 있는 우리나라가 그 대표적인 예다(강명현, 2012).

　시청자는 수신료 납부 의무를 가지며 공영방송이 제공하는 공적인 서비스를 누릴 수 있는 권리를 가지고 있다. 그러나 수신료 인상이 번번이 실패하는 것은 공영방송을 바라보는, 또는 기대하는 수준과 시각이 정당, 이익 집단, 시민단체, 시청자 등의 견해가 매우 다르기 때문이며, 특히 한국 사회에서 보수와 진보의 갈등 구조와 깊이 연계되어 있기 때문이다(정윤식, 2007). 공영방송 공적 재원 정상화 논의가 잘 이루어지지 못한 가장 큰 이유는 그동안 정치권 이해 득실에 따라 수신료 문제를 다루었기 때문이다. 야당 때는 결사적으로 반대하다가 집권하면 수신료 인상을 추진하는 '이율배반적 정치적 소모전'이 반복되어 왔다(황근, 2015). 수신료에 의한 재원 조달은 공영방송으로 하여금 시청률이나 광고의 수주와는 무관하게 대상이나 의사의 다양성이라는 측면에서 헌법상의 요구 사항에 부응하는 프로그램을 공급할 수 있는 여건을 마련해 준다. 방송 재원의 확보는 방송의 자유를 행사하기 위한 기본적 전제조건 중의 하나이다. 수신료 재원의 독립성은 공영방송사의 운영과 발전을 위한 재정 확충 방식이 국가 또는 특정 단체의 재정적인 지원으로부터의 독립되어야 하고 안정적인 제도(예를 들어 TV 수신료의 징수, 재정 운영에 대한 독자성과 국가의 감독권으로부터의 독립)를 통해 방송사가 운영되어야 하는 것을 의미한다(최우정, 2023).

## 2) 텔레비전 방송 수신료 통합 징수 제도

방송법 제56조<sub>(재원)</sub> 공사<sub>(KBS)</sub>의 경비는 제64조<sub>(텔레비전 수상기의 등</sub> <sub>록과 수신료 납부)</sub>[25]에 따른 텔레비전 방송 수신료로 충당하되, 목적 업무의 적정한 수행을 위하여 필요한 경우에는 방송광고 수입 등 대통령령으로 정하는 수입으로 충당할 수 있다. 공사의 공적 책무를 수행하기 위한 주요 재원으로 수신료가 명시되어 있으며, 수신료 납부는 의무로 규정되어 있다. 1963년 최초 수신료는 100원으로 책정되었다. 1974년에는 500원, 1980년에는 800원이던 수신료가 컬러 TV가 도입된 1981년에는 무려 3배 인상되어 2,500원이 되었다. 1973년 KBS는 정부의 출자금으로 한국방송공사로 전환되었으며, 당시 수신료 금액은 공보처 장관의 승인으로 결정되는 구조였기 때문에 이러한 파격적인 인상이 가능했다. 1981년 이후 수신료 금액은 2,500원으로 동결되었고, 1994년 전기요금과 통합 징수되고 있다. 연도별 수신료 금액 인상 추이는 [표 7-1]과 같다.

[표 7-1] **수신료 금액 변동 내역표(KBS 내부 자료)**

| 수신료 금액 변동 내역 | | | | | | | |
|---|---|---|---|---|---|---|---|
| 1963년 | 1964년 | 1965년 | 1969년 | 1974년 | 1979년 | 1980년 | 1981년이후<br>(컬러TV) |
| 100원 | 150원 | 200원 | 300원 | 500원 | 600원 | 800원 | 2,500원 |

---

25) 제64조(텔레비전 수상기의 등록과 수신료 납부) 텔레비전 방송을 수신하기 위하여 텔레비전 수상기(이하 "수상기"라 한다)를 소지한 자는대통령령으로 정하는 바에 따라 공사에 그 수상기를 등록하고 텔레비전 방송 수신료(이하 "受信料"라 한다)를 납부하여야 한다. 다만, 대통령령으로 정하는 수상기에 대하여는 그 등록을 면제하거나 수신료의 전부 또는 일부를 감면할 수 있다.〈개정 2020. 6. 9.〉

전기료 통합 징수는 1994년 당시 공보처의 수신료 징수 제도 개선 차원으로 시작되었다. 1986년부터 불공정 보도로 인한 전국적 수신료 납부 거부 운동이 일어나면서, 1994년 당시 징수율이 53%에 불과했고, 미납 누적액이 4,100억 원에 달했다. 수신료의 공평 징수가 어려웠으며, 미납 시 강제할 수 있는 수단이 없는 사실상 실효성이 없는 징수 제도였다. 수신료 징수를 한전에 위탁하는 정책은 1993년 문민정부 출범 후 행정쇄신위의 혁신 과제 일환으로 추진되었다. 공보처는 1994년 임시국회에 수신료 제도 개선 방향을 보고하고 공청회, 세미나 등을 통해 각계의 여론을 수렴하였다. 그리고 범정부 차원에서 수신료 및 통합 공과금 제도 개선 방안을 협의하여 1994년 10월 1일 시행하게 되었다. TV 수신료를 전기요금에 병과하여 징수하면서 당시 약 596억 원에 이르는 1TV 광고 방송을 완전 폐지하였다. 그리고 저소득층 및 난시청 지역 등의 수신료 면제 폭을 확대하여 난시청 가구는 당시 53만 가구 감면에서 106만 가구로 면제가 확대되었다. 또한, 생활보호대상자 등 저소득층과 월 50Kwh 이하의 전기 사용 가구에 수신료 면제를 확대하였다. 이로써 수신료 면제 가구는 72만 가구에서 136만 가구로 확대되었다. 그리고 당시 KBS 수신료를 징수하는 약 2,700명 정도의 징수 인력이 한전으로 이관되었다(KBS, 1993). 정부의 수신료 전기병합 제도 개선 조치들은 방송법 제66조(수신료등의 징수), 제67조(수상기 등록 및 징수의 위탁) 등 입법으로 구체화하였다.

수신료 통합 징수는 징수의 효율성을 증대하고 공평하게 징수하는 효과를 거두었다. 수신료 위탁 징수 이전 1993년 수상기 등록 대수는 1,043만 대로 등록률이 80% 미만이었으나, 1인 가구의 확대와 수신료 징수 체계의 안정화로 2022년에는 수상기 등록 대수가 2,299만 대로 증가하였고, 등록률은 97%에 도달했다. 53%에 불과하던 수신료 납부율은 2022년에는 사실상 100%에 이르러, 수상기 소지자가 공평하게 납부할 수 있는 제도로 정착되었다. 통합 징수 이전인 1993년의 수신료 수입이 2,022억 원이었으나, 2022년에는 6,934억 원으로 증가하여 수신료 통합 징수 제도는 KBS의 안정적인 재원 조달에 크게 기여하였다. 자연스럽게 총 징수 비용과 위탁 징수 비용도 감소하였다. 통합 징수에 따른 수신료 징수 체계의 효율성은 아래 표와 같다.

[표 7-2] 수신료 징수 위탁 전후 수신료 수입 등 지표(KBS 내부 자료)

| 구분 | 위탁징수 이전 (1993년) | 위탁징수 직후 (1995년) | 최근 (2022년) | 증감 (1993년 대비) |
|---|---|---|---|---|
| 수신료 수입 | 2,022억원 | 3,685억원 | 6,934억원 | +4,912억원 |
| 수상기 등록 대수 (가정용 등록률) | 1,043만대 (79.8%) | 1,452만대 (95.2%) | 2,299만대 (97.0%) | +1,256만대 (+17.2%p) |
| 납부율 | 52.6% | 95.5% | 100% | +47.5%p |
| 총 징수비용 (위탁징수비용) | 717억원 (436억원) | 399억원 (190억원) | 660억원 (467억원) | -57억원 |
| 총 징수비용률 (위탁징수비용률) | 35.5% (24.1%) | 10.8% (5.2%) | 9.52% (6.73%) | -26.0%p |

그러나 전기요금과 통합하여 징수하는 수신료는 강제 징수 방식이므로 자발적 납부가 아니라는 이유로, 국민의 재산권을 침해한다는 여러 소송이 제기되었다. 한전을 통한 수신료 통합 징수는 아파트 등 공동주택과 개별주택으로 구분되어 징수되고 있다. 아파트 등 공동주택의 수신료 징수는 아파트 관리사무소에서 청구하는 관리비 명세서에 'TV 수신료' 항목으로 전기료와 함께 월 2,500원씩 통합 징수하고 있다. 수신료 징수 위탁을 받은 한전은 공동주택과 '기본공급약관'을 맺고(제82조, 전기요금 이외 부담금 등의 병기 청구)[26] 수신료 징수 업무를 대행하고 있다. 한전이 대행하는 수신료 징수 업무는 수상기 등록 권고 및 수신료 징수 업무(청구 및 수납), 주택용 및 기타 저압 고객 수상기 실사 업무, 기타 수신료 관련 민원 및 현장 관리, 자료 처리, 환불 업무 등이다(한전, 2023). 수신료 징수의 수수료는 징수액의 6.15%로 2012년 이후 동결되어 있다. 2022년 징수액이 6,934억 원이었으며, 이에 따른 징수 수수료는 467억 원에 해당한다. KBS와 한전 간의 수신료 징수 위탁 계약은 3년 단위로 갱신되며, 2022년 1월에 체결된 계약은 2024년 12월에 만료된다.

공동주택의 경우 한전이 아파트 관리사무소와 약정을 맺고 수신료 납부를 대행하는 과정은 다음과 같다. 한전과 KBS의 TV 수신료 징수 업무 위·수탁 운영 약정서에 의하면, 가정용(주

---

26) 기본공급약관 제82조(전기요금 이외 부담금 등의 병기 청구) 한전은 다음 각 호에 정하는 부담금 등을 전기요금과 함께 청구할 수 있으며, 업무 처리는 별도로 정하는 바에 따릅니다.
1. 전력산업기반기금  2. 방송법 제64조에 따른 TV 수신료

택용)의 수상기 등록과 징수 업무 그리고 수신료 징수를 위한 실사 업무와 민원 등 사실상 한전이 수신료 징수를 총괄하고 있으며, 이에 대한 징수 수수료를 받고 있다. 한편, KBS는 가정용이 아닌 대규모 공장, 빌딩, 호텔, 상가 등의 고객 수상기 실사와 관리 업무를 담당하고 있다.[27] KBS는 종합 및 단일 계약 아파트에 대한 수신료 징수 대행 계약 체결권을 한전에 위임하고 있다. 따라서 공동주택의 경우, 한국전력이 아파트와 전기 공급 계약을 맺고 아파트가 사용한 고압 및 저압의 전기요금을 징수하면서 TV 수신료 금액도 일괄적으로 해당 아파트로부터 이체받는 시스템을 운영하고 있다. 이 단계를 도식화하면 아래와 같은 복잡한 과정을 거친다.

- KBS ↔ 한전: KBS는 한전에 수신료 징수 업무를 위탁하고, 한전은 이에 대한 징수 대행 수수료(6.15%)를 받는다.

- 한전 ↔ 공동주택: 한전은 공동주택과 기본 공급 약관을 체결한다. 이 약관에 따라 한전은 전기 검침을 공동주택 관리사무소에 위탁하고, 검침에 따른 수수료를 지급한다.

---

27) 제4조(자원관리) ①한전은 가정용(주택용) 및 기타 저압고객 수상기(가정용 이외의 수상기를 말한다) 자원을 관리하고, KBS는 대규모 공장, 빌딩, 호텔, 상가 등의 고압 고객 수상기 실사 및 관리 업무를 담당한다.
②KBS는 종합 및 단일계약 아파트에 대한 수신료 징수대행계약 체결권을 한전에 위임하며, 동 계약의 조건에 관해서는 KBS와 한전이 별도 협의한 바에 따른다.

- 공동주택 ↔ 개별 아파트: 공동주택(아파트)은 관리비에 전기
요금과 수신료 2,500원을 포함하여 징수한다. 개별 아파
트는 관리비에 포함된 수신료 2,500원을 아파트 관리사무
소에 납부한다.

- 공동주택 ↔ 한전: 공동주택은 한전에 전기요금과 함께 수
신료를 선납한다.

한전은 공동주택과 전기 공급 계약을 체결하며, 이때 아파트
관리사무소는 아파트의 고압 및 저압 전기 사용에 대한 전기
검침을 대행한다. 한전은 전기 사용 검침과 TV 수신료를 일괄
적으로 납부하는 비용으로 아파트에 가구당 350원의 징수 대
행 수수료를 지급한다. 공동주택의 아파트 관리사무소는 각 가
구당 월 2,500원에 해당하는 수신료를 한전에 일괄적으로 선
납부하고, 한전은 전기 검침 수수료와 수신료 납부에 대한 징
수 대행 수수료를 아파트에 지급하는 구조다. 한전은 아파트에
서 납부받은 수신료 가운데 총 6.15%(가구당 약 154원)의 징수 수수
료를 제외한 금액을 KBS에 납부하고 있다. 공동주택의 수신료
징수는 한전과 아파트의 전기 공급 계약에 의해 이루어지고 있
으며, 만약 한전이 KBS와 수신료 징수 계약을 해지할 경우 전
국적으로 18,700단지(한국부동산정보원, 2024) 이상의 아파트의 동의
가 없으면 KBS가 직접 아파트 세대별 가구에 수신료를 징수해
야 한다. 통합 징수 시스템하에서는 아파트 관리사무소가 개별
가구의 수신료를 일괄 징수하고, 아파트 관리사무소는 한전에

수신료를 선납부하는 시스템이다.

　이러한 복잡한 수신료 징수 체계를 고려할 때, 향후 KBS가 수신료를 직접 징수하려면 상당한 비용이 소요될 것으로 예상된다. 또한, 수신료 미납 세대나 체납 세대에 대해 수신료를 징수하기 위한 가구별 정보가 부족하기 때문에, 공동주택의 수신료 개별 징수가 정착되기까지는 상당한 시간이 걸릴 수 있다. 1994년부터 29년 동안 수신료 징수를 대행해 온 한국전력에서는 통합 징수 시스템의 안정화로 매년 400억 원 이상의 고정적인 수입이 발생하여 일방적으로 계약을 해지하거나 특별히 해지할 사유는 없었다. 그러나 한전은 국제적인 에너지 생산 단가의 상승으로 막대한 적자를 겪고 있어(한겨레신문, 2023), 전기요금 인상이 시급한 상황이었다. 한전은 정부(산업통상자원부)의 영향력이 절대적인 공기업이기 때문에, 방송법 시행령 개정에 따라 KBS와 수신료 위·수탁 계약을 변경하는 협상을 지속해 오고 있다. 29년 동안 한국전력이 전적으로 위·수탁해 온 수신료 징수 체계가 방송법 시행령 개정으로 인해 KBS가 직접 수신료를 징수하게 되었다. 정부는 신속한 수신료 분리 징수를 압박하고 있지만, KBS와 한전, 그리고 한전과 공동주택 간의 수신료 분리 징수에 대한 적절한 해법이 마련되지 않아 여전히 혼선이 지속되고 있다.

## 3) 수신료에 대한 헌법재판소의 결정과 의미

　　최초 수신료의 법적 성격과 관련된 결정은 헌법재판소에서 이루어졌다. 구 한국방송공사법에 의하면 수신료의 결정은 이사회가 심의·결정하고, 공사가 공보처 장관의 승인을 얻어 이를 부과·징수해 왔다.[28] 청구인은 헌법소원을 제기하면서 해당 법이 위헌이므로 1994년부터 전기료와 통합 징수된 수신료를 반환해 달라고 요청했다(헌법재판소, 98헌바70). 이어서 헌법재판소에 제기된 소송은 '텔레비전방송수신료부과처분' 소송이었다. 청구인들은 KBS로부터 수신료 징수 위탁을 받은 한전에서 2005년 6월분 수신료 2,500원을 부과하는 처분을 받았다. 이에 청구인들은 한전을 상대로 서울행정법원에 '텔레비전방송수신료부과처분'의 취소를 구하는 행정소송을 제기하는 한편, 그 재판을 계속하면서 텔레비전 수상기를 소지한 자는 대통령령으로 정하는 바에 따라 수신료를 납부해야 하는 방송법 제64조, 수신료 징수 업무를 공사가 지정하는 자에게 위탁할 수 있는 방송법 제67조 제2항에 대하여 위헌법률심판제청신청을 하였으나 위헌법률심판제청신청은 모두 기각되었다. 이에 청구인들은 헌법소원을 제기하였다(헌법재판소, 2006헌바70). 이후 '공존 사회를 모색하는 지식연대회의'는 2005년 11월 한국전력공사를 상대로 KBS 수신료를 통합 징수할 권한이 없음을 확인하는 '방송수신

---

28) 구 한국방송공사법 제36조(수신료의 결정) ①수신료의 금액은 이사회가 심의·결정하고, 공사가 공보처장관의 승인을 얻어 이를 부과·징수한다.

료징수권한부존재' 확인 소송을 인천지법에 제출하였으나 청구가 기각됐다. KBS 수신료 징수 방식은 수신료를 전기요금 고지서에 통합해 징수하는 방식을 채택하고 있어 시민의 선택의 자유를 부당하게 제한하는 것으로, KBS 수신료의 전기요금 통합 징수는 위법이라는 주장에 대해 인천지방법원은 '수신료는 수상기를 소지한 특정 집단에 대해 부과하는 금전적 부담이고 이들과 공영방송 사업을 위한 특별 부담금에 해당한다며, 수신료 부담으로 분리 고지를 요청할 경우 정당한 사유가 있다면 수신료를 면제하고 있고 공익적 서비스 실현, 공영방송의 안정적 재원 확보 등 수신료의 효율적 징수를 통해 얻는 이익이 더 크다'<sup>(인천지방법원, 2005가합16863)</sup>며 청구를 기각했다. 그러자 원고들은 서울고등법원<sup>(민사부)</sup>에 항고했고, 서울고등법원은 원고의 청구를 모두 기각했다<sup>(서울고등법원, 2006나89895)</sup>. 그러나 대법원 민사3부는 수신료의 법적 성격, 피고 참가인의 수신료 강제 징수권의 내용 등에 비추어 보면 수신료 부과 행위는 공권력의 행사에 해당하므로, 한전이 KBS로부터 수신료 징수 업무를 위탁받아 자신의 고유 업무와 관련된 고지 행위와 결합하여 수신료를 징수할 권한이 있는지 여부를 다투는 소송은 민사소송이 아니라 공법상의 법률 관계를 대상으로 하는 것으로 행정소송법 제3조 제2호에 규정된 당사자 소송에 의하여야 하기 때문에 원심은 행정처분 또는 공법상 당사자 소송에 관한 법리를 오해하여 전속 관할 규정을 위반한 것으로 원고 패소 판결한 원심을 파기하고 사건을 서울행정법원으로 돌려보냈다. 이에 원고들은 법률유보원칙 위배, 과잉금지원칙 위배, 위임 한계를 이탈했다며 헌법소원을 제기하였다(서울행정법원 2008구합31208판결, 대법원 2007다25261 판결).

　수신료 납부자가 헌법재판소에 제기한 헌법소원과 행정법원
에 제기한 수신료 소송의 판결을 종합하면 아래와 같다.

　첫째, 수신료는 '공영방송 사업이라는 특정한 공익사업의 경
비 조달에 충당하기 위하여 수상기를 소지한 특정 집단에 대
하여 부과되는 특별 부담금'으로 수신료 징수는 조세법률주의
를 위반하지 않는다(헌재, 98헌바70).

　둘째, 수신료는 국민 기본권 실현과 방송 자유의 기본권 측
면에서 그리고 국민의 재산권에 대한 제한을 가하는 행정 작용
으로, 그중 수신료의 금액은 수신료 납부 의무자의 범위, 수신
료의 징수 절차와 함께 수신료 부과·징수에 있어서 본질적인
부분은 입법자(국회)가 결정하여야 하는 법률 유보 원칙을 명확
히 했다. 공영방송의 방송 자유 측면에서 수신료의 금액과 징
수 주체 등 본질적인 부분이 행정부에 귀속되어서는 아니하고,
국민의 재산권에 제한을 가하는 행정 작용으로 입법자가 결정
해야 한다. 이러한 법 정신에 따라 한국방송공사가 수신료의
징수 업무를 지정한 자에게 위탁할 수 있도록 하는 방송법 제
67조 제2항은 법률 유보에 위반하지 않는다(헌재, 98헌바70).

　셋째, 비록 한국방송공사법 제36조 제1항은 위헌이지만,
KBS 재원에 수신료가 차지하는 비중이 절대적이기 때문에 헌

법불합치 결정을 통해 국회에서 새로운 입법이 이루어질 때까지 그 효력을 지속하도록 했다(헌재, 98헌바70).

넷째, 수신료 납부 의무자의 범위에 관하여 방송법 제64조는 "텔레비전 방송을 수신하기 위하여 수상기를 소지한 자는… … 수신료를 납부하여야 한다"라고 규정하고 있는바, 이는 누구라도 수신료 납부 의무자의 범위를 잘 알 수 있는 명확한 규정이므로 위 조항은 헌법 제75조에 규정된 포괄위임금지의 원칙에 위반되지 않는다(헌재, 2006헌바70).

다섯째, 텔레비전 방송을 수신하기 위하여 텔레비전 수상기를 소지한 자에게 수신료를 납부하게 하는 방송법 제64조(텔레비전 수상기의 등록과 수신료 납부)는 수상기 소지자의 재산을 과도하게 침해하는 과잉금지원칙에 해당하지 않는다. 방송법 제64조는 과잉금지원칙에 대해 목적의 정당성, 방법의 적정성, 피해의 최소성과 법익의 균형성을 충족했다고 판단했다(헌재, 2006헌바70).

여섯째, 방송법 제67조 제2항에 의해 한전에 징수를 위탁하고 방송법 시행령 제43조 제2항에 의해 수신료를 전기요금과 통합 고지 징수하는 것은 방송법의 모법을 위반하지 않은 법률유보원칙에 반하지 않는다(헌재, 2006헌바70).

일곱째, 지정받은 자(한전)가 수신료를 징수할 때 고유 업무(전기요금)와 관련된 고지 행위와 결합할(전기료와 통합징수) 수 있는 방송법 시행령 제43조 제2항은 당연한 사항을 규정한 것에 불과하여 모법의 위임 없이 시행령에서 이를 규정하였다고 하여 그 자체로 바로 모법 위반이라고는 할 수 없다(헌재, 2006헌바70).

여덟째, 수신료가 체납되었을 때 수신료 체납을 이유로 전기공급(단전 조치)을 거부하는 것은 허용되지 않는다(대법원, 2007다25261).

수신료와 관련된 헌재와 법원의 판결을 종합해 보면 KBS 재원으로서 수신료 제도의 안정을 통해 공영방송의 공적 역할을 보장하려는 목적이 있다. 헌법재판소 판결(2006헌바70)과 서울행정법원(서울행정법원 2009. 1.8. 선고 2008구합31208) 판결의 핵심은 수신료 결합 고지가 공영방송의 유지·발전을 위해 효율적이고 공평한 징수를 가능하게 하여 목적과 방법의 정당성을 인정받았으며, 이는 시행령으로 가능하고 법률 유보에 해당하지 않으며, 국민의 기본권을 침해하지 않는다는 점이다. 일견 헌재의 판결과 행정법원의 판결은 결합 고지에 대한 방송법 시행령 개정이 정부에 위임된 것이며, 기본권 침해가 되지 않아서 정부가 개정한 방송법 시행령 제43조 제2항은 적법하다고 생각할 수 있다. 그러나 수신료 통합징수 제도가 국민의 기본권을 침해하지 않고, 의회유보가 아니라 시행령으로 가능하다는 두 판결의 대전제는 헌법과 방송법의 취지와 공영방송의 재원을 보장하는 모법의 정신에 따라 방송법 시행령으로 수신료 납부의 결합 고지를 위임한 것이라 할 수 있다. 헌재의 결정과 대법원의 수신료에 대한 판결은 일관되게 방송의 자유를 실현하고 공영방송의 독립성과 공익적 목적을 달성하기 위한 것이다. 이는 공영방송의 독립성과 수신료 제도의 존속과 발전을 보장하는 취지와 법 정신에 입각한 판결이라 할 수 있다. 개인의 기본권 제한보다 공영방송의 공익적 목적 달성을 위해 수신료 제도를 인정한 것이라 할 수 있다. 즉 방송법 시행령 제43조 제2항에 관한 기존의 두 판결은 방송의 자유의 기본권과 독립성을 구현하기 위해 수신료 제도를 보장하는 헌법과 방송법의 정신을 반영한 결과라 할 수 있다. 헌법재판소와 행정법원의 판결을 종합하면, 방송 자유의 기본권을 가진 공영방송의 중요성과 그 독립성, 존속 및 발전을 보장하기 위해 수신료 징수 제도를 인정한 것이다. 수신료 결합고지 행위는 국민의 기본권을 침해하는 것이 아니라, 오히려 기본권의 주체로서 국민 기본권을 실현해야 하는 공영방송과 수신료 제도를 헌법적으로 보장하는 수단이라 할 수 있다. 이러한 판결은 정부 주도로 일방적으로 개정된 방송법 시행령 제43조 제2항이 헌법재판소 위헌 소송에서 방송의 자유를 침해하는지에 대한 중요한 쟁점이 된다. 그리고 수신료를 납부하지 않았을 경우 단전 조치와 관련해 한전은 KBS로부터 수신료 징수만 위임받았을 뿐, 강제 징수는 위임받지 않았기 때문에 수신료 체납을 이유로 전기 공급을 거부할 수는 없으며, 전기료와 수신료를 강제로 통합 징수할 수 없다는 것도 중요한 의미를 가진다.

사실 수신료와 관련된 텔레비전 수상기의 등록과 수신료 납부, 수신료의 징수 관련 법은 구 한국방송공사법에서 이어져 왔다. 1981년 1월 시행된 수신료와 관련된 수상기의 등록과 수신료 납부하는 방송법 제64조, 수신료 징수를 위탁할 수 있는 방송법 67조, 수신료를 징수하고 체납 시 추징금을 징수할 수 있는 방송법 제66조 등도 구 한국방송공사법에서 유래한다. 5 공화국 시절 친정부적 방송으로 인해 전국적인 '수신료 납부 거부 운동'이 일어나기도 했다. 공영방송의 공정성과 다양성의 방송 가치가 훼손될 경우 국민들은 수신료 납부 거부 행동을 통해 저항하기도 했다. 1994년에 수신료를 전기료와 통합 징수할 수 있는 근거가 마련되었지만, 강제 징수로 인한 수신료와 관련된 개인들의 불만과 민원은 헌법소원으로 제기되었다. 헌재와 법원은 공영방송 제도의 안정성 측면과 재원의 보장, 공평 징수와 징수의 효율성 등의 측면에서 수신료를 공영방송의 공적 사업에 필요한 재원으로 인정했다. 공영방송의 방송의 자유와 제도적 안정화를 위해, 국민의 기본권을 실현하기 위한 공적 재원으로서 수신료는 헌법재판소에서 정당성을 인정받았다. 하지만 수신료 관련 방송법과 시행령은 수신료의 현대적인 의미로 재정비될 필요가 있다. 수신료와 전기요금의 통합 징수 체계에 대한 납부자들의 불만과 제도적 불안정은 여전히 존재한다. 또한, 새로운 매체의 급성장으로 수상기 소지자가 지상파 방송을 직접 수신하지 않는 환경에서 수신료의 의미는 새롭게 정리될 필요가 있다. 한전에 통합 징수되는 수신료 징수 체계는 시행령 개정으로 금지되어, KBS와 징수 당사자인 한전은 수신료를 분리 징수해야 한다. 1994년부터 시행된 수신료 전기 통합 징수 체계는 공영방송 재원의 근간이었다. 수신료 징수 체계는 하루 아침에 이루진 제도가 아니기 때문에 수신료 분리 징수가 시작되면 수신료 납부 가구와 수신료를 대행하는 현장에서 상당한 혼선이 있을 것으로 예상된다. 수신료 징수 체계의 변화는 KBS 재원의 대폭적인 감소로 이어져, 편성 등 방송 프로그램 제작에 상당한 영향을 미치고 있다. 수신료 통합 징수를 금지하는 헌법재판소의 결정으로 수신료 제도 개선은 불가피해졌다. 방송의 자유 측면에서, 국민의 기본권을 실현할 수 있는 안정적이고 합리적인 수신료의 개념과 제도 개선이 절실히 요구된다. 사회적 논의를 통해 수신료 제도를 보완하고, 새로운 미디어 환경에 맞는 현대적인 수신료 체계를 마련하는 것이 필요하다.

## 4) 독일 연방헌법재판소의 방송 수신료에 대한 판례와 의미

우리나라 헌법 체계는 독일 연방헌법에서 기초하고 있다. 기본권 침해를 다루는 헌법재판소도 독일 연방헌법재판소의 판례나 기본권 이론을 차용하고 있다. 독일은 방송의 자유가 방송 질서의 유지·발전에서 매우 중요하게 인식되어, 헌법에 기초한 방송 자유의 관점에서 정당성이 부여되거나 새로운 질서를 수용하는 과정을 거쳐 왔다. 특히 독일 방송 법리, 정책, 제도 등에 있어서 연방헌법재판소에 의한 일련의 방송 판결(Fernseh-Urteil)은 구심점 역할을 수행해 왔다(김진웅, 1998). 독일에서는 헌법이 보장하는 방송의 자유의 내용이 판례로서 확립되어 있고 그것이 방송에 관한 모든 법률 제정의 기준이 되고 있다. 반면에 우리는 헌법이 보장하고 있는 방송의 자유의 내용이 아쉽게도 헌법재판소에 의해 판례로 확립되지 못했다(이욱한, 2004). 독일은 헌법상 방송의 자유는 국민에 대하여 기본적인 방송을 공급하는 공영방송에 대하여 그 기능에 적합한 재원 조달을 보장하고 있기 때문에, 방송 수신료에 대한 사항은 방송 정책의 문제가 아니라 헌법상 방송의 자유에서 도출되는 헌법의 문제로 인식하고 있다. 독일의 공영방송 제도의 거버넌스는 20~77인이 참여하는 방송평의회 방식이다. 독일 방송 정책은 제70조 연방정부와 주정부의 분권 정책을 통해 잘 드러난다. 연방정부와 주정부의 고유한 입법 권한 분할을 통해 연방정부와 주정부의 정책 관할 분야를 나누고 있다. 주정부는 고유 권한인 방송 정책의 실무 지침을 마련하기 위해서 주별로 지역적인 특수성을 살린 주 방송법(Landesmediengesetz)을 제정하고 있다. 연방 차원의 일관성을 위하여 독일은 연방 방송법에 준하는 16개 주 사이에 방송 협정(Rundfunkstaatsvertrag)을 체결하여 적용하고 있다(박주연, 2011). 우리나라와 같이 공영방송과 민영방송의 이원적 시스템이며 공영방송의 재원은 수신료로 운영한다. 방송 국가 협정은 공영방송의 재정 운영 실태조사와 재원 소요에 대한 심의를 위해 연방 차원의 16개 주 공동 기구를 설치하도록 규정하고 있는데, 이에 따라 방송텔레미디어국가협정 제1부 제2장 제13조는 이러한 업무를 수행하기 위해 방송재정수요조사심의위원회(KEF, Kommission zur Überprüfung und Ermittlung des Finanzbedarfs der Rundfunkanstalten)를 설치하도록 했다. KEF는 정부와 국회 등 정치 세력으로부터 독립되고 전문가로 구성된다. 공영방송의 수신료는 KEF에서 산정을 해서 수신료를 결정하면 16개 주정부에서 승인한다.

 텔레비전 수신료에 관한 헌법적 문제는 이미 1990년대 초반에 독일에서 논의된 바가 있다. 방송의 자유는 무엇보다도 프로그램의 자유를 의미한다. 공영방송의 수신료는 방송 프로그램의 자율성과 중립성을 보장해 준다. 공영방송의 독립은 재정적인 측면에서도 국가로부터 독립적인 방식으로 운영되어야 한다. 정부와 입법자가 재원 조달에 제한을 가하는 방식으로 공영방송 프로그램에 대해 영향력을 행사한다면 헌법에서 보장하고 있는 방송의 자유를 침해할 수 있기 때문이다(김태수, 2006). 공영방송이 수행하는 방송의 기획, 제작, 편성 그리고 전송은 단지 인적 요소에 의해서만 이루어지는 것이 아니라 이를 실질적으로 뒷받침하는 재정적인 지원 없이는 불가능하다. 공영방송에 있어 인적 지배구조와 물적 지배구조가 국가로부터 독립되어 공영방송의 자율성과 독립성을 확보하는 것은 공영방송 설립의 전제 조건이다(최우정, 2023). 수신료에 의한 재원 조달은 공영방송으로 하여금 시청률이나 광고의 수주와는 무관하게 대상이나 의사의 다양성이라는 측면에서 헌법상의 요구 사항에 부응하는 프로그램을 공급할 수 있는 여건을 마련해 준다. 수신료에 의한 재원 조달은 공영방송이 공·민영 이원적 방송 체제에서 방송 프로그램으로 그 기능을 흠결 없이 수행하는 것과, 주민에 대한 기본적 방송 공급을 담보하는 것에서 그 정당성을 갖는다(전정환, 2004).

## (1) 공영방송 방송 수신료, 방송의 자유를 보장해야

독일 연방헌법재판소는 방송의 자유를 보장하기 위해 수신료 재원을 보장해야 한다는 결정을 내렸다. 방송 자유의 헌법상의 보장은 공영방송이 헌법상 의무 지워진 임무를 원활히 수행할 수 있는 재정적인 조건을 포함하고 있다. 독일 연방헌법재판소 결정문에서 판시하는 바와 같이 국민의 의사 형성에 영향을 미치고 이러한 자유에 기여해야 하는 방송의 목적 구속성 때문에 수신료에 의한 공영방송의 재원 지원은 헌법적 정당성이 부여된다(권형둔, 2005). 방송의 자유는 프로그램의 자유다. 방송 프로그램의 제작 편성 과정에 대한 재정적 보장은 방송의 자유를 보호하기 위한 구성 요소가 된다(독일 연방헌법재판소). 수신료 결정은 프로그램 방향이나 방송 정책 특히 방송의 이원적 제도를 위한 어떠한 목적에도 이용되어서는 안 된다. 오히려 수신료 결정은 공영방송 프로그램의 자유와 재정적인 지원의 밀접한 관계에서 결정되어야 한다. 그러므로 수신료 결정에 있어서 입법자에게 자유로운 영향력을 허락하는 것은 아니다(곽상진, 2009). 이는 제도적 자유권의 물적 보장 조건으로 수신료의 정당성을 인정한 판결이다(김진웅, 2004). 왜냐하면 수신료는 방송 자유를 제도적 차원에서 보호하기 위한 사전적 조치 중 핵심적 사항에 속하는 것으로 평가되고 있기 때문이다. 연방헌법재판소 5차 판결에서 '프로그램의 재원을 확보한다는 것은 방송 자유 보호의 구성 요소이다. 공영방송의 활동에 대한 재원을 조달하도록 전체적으로 보아 충분하게 보장하는 것'(독일 연방헌법재판소)을 명확히 했다. 더구나 공영·

민영방송 이원적 체제에서도 이를 보장해야 한다고 보는데, 그 이유는 공영방송이 과업(기본 서비스 공급)을 수행하고 외부 영향력을 배제하기 위한 하나의 방안이기 때문이다(김진웅, 2004). 공영방송은 헌법상의 요구 사항에 부응하는 프로그램을 공급할 수 있는 의견의 다양성이라는 측면에서 헌법상의 요구에 부응하는 프로그램을 공급할 수 있는 여건을 마련해 준다. 수신료에 의한 재원 조달은 공영방송이 이원적 체계하에서 프로그램을 통하여 부여된 기능을 수행하는 것과 시청자에 대한 기본적 공급을 담보하는 것에서 그 정당성을 갖는다(독일 연방헌법재판소).

공영방송은 국가나 사회적 세력들로부터 독립된 지위에 있으므로, 국가 재정이나 광고에 의한 상업적 재원이 아닌 방법으로 운영되어야 한다. 이것이 재원의 독립성이고 수신료가 필요한 이유다. 공영방송의 본질적인 기능을 확보하기 위하여 수신료 재정은 필수적이고 그 정당성을 갖는다(독일 연방헌법재판소). 그동안 우리나라에서 공영방송 수신료가 동결되어 온 사실에서 충분히 알 수 있다. 즉 공영방송의 편향성을 이유로 국회에서 수신료를 증액시키지 않은 사실 그 자체는, 국회가 국가기관으로서 공영방송에 정치적인 영향력을 행사한 것이라고 할 수 있다. 그것은 곧 수신료 결정 과정에서 발휘되는 정치력이, 공영방송의 프로그램 내용에 반영될 수 있도록 하려는 것이기 때문이다(곽상진, 2009).

## (2) 수신료의 결정은 입법자의 소관

연방헌법재판소 제6차 TV 방송 판결은 중요한 의미를 지닌다.

헌법 제5조 1항 2문은 입법자에게 헌법상 보호의 대상이 되는 프로그램의 공급을 위해 충분한 재원을 조달하도록 의무를 부과하고 있다. 그렇지 아니할 경우 프로그램에 대한 국가의 영향력 행사를 금지하는 방송 자유는 재원 조달에 관한 국가의 자의적 조치에 의해 크게 훼손될 수 있다. 그렇다고 해서 기본권 보호가 재원 조달의 개별적인 방안에까지 미치는 것은 아니나, 방송이 헌법상 임무를 수행할 수 있도록 재정적인 측면에서도 조치하는 것은 매우 중요하다. …어떤 종류의 재원 조달 형태를 채택하는가 하는 것은 원칙적으로 입법자가 정치적으로 결정할 사항이다 (독일 연방헌법재판소).

재원 조달을 보장하는 것도 헌법상 방송의 자유를 보호하기 위한 조치임을 명확히 하는 하나의 사례이다. 하지만 구체적인 재원 조달 방안에 대해서는 헌법적 차원의 보호 대상이 아니라 입법자가 결정할 사항임을 확인하여 수신료에 의한 재원 보장이 헌법적 차원에서 요청되는 것은 아니라는 견해를 피력하고 있다고 할 수 있다. 그리고 제도적 차원에서 재원 보장의 언급은 공영방송과 연관되어 있다고 보고 있다(김진웅, 2004). 특히 5차 판결에서 구체적으로 제시되었다. "프로그램의 재원을 확보한다는 것은 방송 자유 보호의 구성 요소이다. …공영방송의 활동에 대한 재원을 조달하도록 전체적으로 보아 충분하게 보장하는 것이다".

독일 연방헌법재판소의 결정에 따르면 방송의 운영을 위해 어떤 종류의 재원 조달 형태를 채택하는가 하는 것도 원칙적으로 입법자가 정책적으로 결정할 사항이다. 방송 질서를 결정하는 경우와 마찬가지로 이 경우에도 입법자는 자유로운 여론 형성에 기여하는 방송의 기능이 위협받지 않도록 하여야 한다는 제한을 받는다. 방송의 자유는 프로그램의 자유이며, 공영방송 운영의 물적 인적 독립성을 전제로 한다. 물적 독립성은 방송 수신료 재정의 독립성과 보장을 의미한다. 헌법상 방송의 자유는 프로그램의 선정, 내용, 편성에 대한 직접적인 영향력은 물론 프로그램의 자유를 간접적으로 훼손할 수 있는 영향력 행사로부터도 보호를 제공한다(독일 연방헌법재판소). 그러나 프로그램의 자유와 재원 확보 사이의 긴밀한 연관관계는 또한 수신료를 확정할 때 입법자의 자유에 맡기는 것을 금지한다. 이렇게 하지 않을 경우 입법자는 재원 조달에 제한을 가하는 방식으로 프로그램에 대해 영향력을 행사할 수 있는데, 이는 헌법이 금지하고 있기 때문이다(전정환, 2004).

## (3) 공영방송의 존립 및 발전 보장과 재정보장청구권

민영방송을 허용하는 공영·민영 이원적 방송 체제에서 공영방송이 시장의 영향에서 좌우되지 않도록 공영방송에 조치들이 필요했다. 제4차 TV 방송 판결에서 연방헌법재판소는 민영방송과의 경쟁 체제에서 다양한 서로 다른 의견을 방송하기 위하여 헌법이 요구하는 포괄적인 정보는 필수 불가결한 "기본적 공급 (Grundversorgung)"으로서 공영방송사가 담당해야 해야 한다고 결정했다. 이 판결에서 '기본적 공급'은 원칙적으로 국민 전체를 위한 프로그램으로서 그것은 전형적인 방송 임무를 광범위하고 완전한 폭으로 정보를 제공하고, 헌법적인 요구에 따라 의견의 다양성이 보장되도록 배려해야만 한다(독일 연방헌법재판소). 제6차 TV 방송 판결에서는 입법권자가 이원적 방송 체제를 결정하면, 입법권자는 공영방송에 필요한 기술적, 조직적, 인적 그리고 재정적인 조건들을 보장해 주어 국민의 기본적 공급을 확보해 줄 의무가 있다는 것이다. 따라서 공영방송을 프로그램적, 재정적 그리고 기술적 관점에서 현재의 상태에 국한시키는 것은 이러한 보장에 합치되지 않는다. 오히려 지금과 같은 조건의 양립 체제 하에서는 공영방송이 현재의 상태가 아니라 앞으로의 발전을 보장해 주어야만 기본적 공급이라는 과제를 수행할 수 있다(독일 연방헌법재판소). 이로써 공영방송은 확고한 재정적 지원하에 기본적 정보 제공이라는 과제를 수행할 수 있는 길이 열렸다(이욱한, 2004).

이후 재원의 보장과 관련하여 독일 연방헌법재판소는 제7차 방송 판결에서 입법자는 공영방송의 기능 수행을 위해 공영방송의 방송의 자유를 존중해야 한다는 것을 명확히 했다. 따라서 입법자는 공영방송사가 임무를 수행하는 데 필요한 재정 지원을 제공할 의무가 있다. 그렇지 않으면 방송의 자유를 규정하는 기본법에 위반할 수 있다. 기본법 제5조 제1항 제2문에 규정된 방송의 자유를 위해 입법자는 공영방송사의 자금 조달을 보장하는 의무를 지고 공영방송사는 그의 공적 의무를 수행하는 데 필요한 수단을 가지는 것은 공영방송사의 권리라고(독일 연방헌법 재판소) 명시하여 공영방송의 재정보장청구권을 명시했다.

국가는 포괄적으로 이해해야 할 방송의 자유를 보장하는 주체로서 필수적인 존재이지만, 다른 한편으로는 국가의 대표자는 그만큼 방송의 자유를 국가의 이해관계에 종속시킬 위험을 안고 있다. 국가가 의사소통 매체에 대하여 간섭하지 못하게 하는 것은, 의사소통의 기본권이 세웠던 목표이며 보도에 대한 국가의 통제로부터 방어하는 것을 오늘날도 이 기본권의 가장 중요한 적용 영역이다(전정환, 2004). 이와 같은 보호는 방송을 직접 조종하거나 모종의 응징 조치를 가한다는 따위의 명백한 위험에 관련되는데 그치지 아니한다. 보호는 오히려 국가기관이 프로그램에 대한 영향력을 행사하거나, 방송 종사자에 압력을 가하는 등 보다 간접적인 영향력을 행사하는 것도 포괄해야 한다. 국가는 수신료 재원 조달을 담당하는 역할을 하기 때문이다(독일 연방헌법재판소).

## (4) 공영방송 수신료 재원 조달의 범위

방송에 관한 주간국가조약은 공영방송의 적정한 재원 조달에 관한 원칙을 규정하고 있다. 주간국가조약 제10조는 재원의 조달은 공영방송이 헌법에 합당하게 그리고 법률에 따라 자신의 과업을 수행할 수 있도록 그 여건을 확보해 준다. 이로써 특히 공영방송의 존속과 발전을 보장해야 한다고 규정하고 있다. 주도적인 재원의 조달은 방송 수신료로 하며(제11조), 필요한 재원 수요 규모의 조사(제12조)를 할 때 몇 가지 원칙을 제시하고 있다. △현재 존재하는 라디오 방송과 텔레비전 방송 등의 프로그램이 경쟁력을 지닌 상태에서 지속될 수 있도록 하며, △새로운 방송 기술이 열어가는 가능성에 참여할 수 있게 하며, △매체 영역에서 드는 경비의 일반적인 추세와 특수한 추세 등을 감안하고, △광고 수입과 기타 수입의 흐름을 타야 한다는 것이다. 독일 연방헌법재판소는 특히 민영방송 프로그램에 의한 방송 공급의 확대 과정에서 입법자는 방송이 자신의 고전적 임무를 여전히 충족할 수 있도록 보장해야 하며, 이 고전적 임무에는 어떤 의사나 의도의 형성에 대한 역할과 함께, 오락과 정보 제공은 물론이고 문화적 책임까지 포함된다(독일 연방헌법재판소). 물론 공영방송의 모든 프로그램에 대하여 재원 조달이 보장되는 것은 아니다. 공영방송의 재정청구권은 방송의 고전적 책무의 달성을 위해서 필요로 하지 않은 프로그램의 실현에까지는 미치지 않는다. 따라서 공영방송의 프로그램 자율을 존중하기 위해서는 수신료를 확정할 때 프로그램 중립성의 원칙과 재원 조달 보장에 대한 필요성의 기준을 절차에 의해 확보해야 한다(전정환, 2004). 방송 수신료의 징수는 반드시 공영방송이 헌법적인 과제를 수행하는 경우에만 정당화되며 공영방송이 기본적 정보 제공이라는 헌법적 과제를 수행하지 못하고 민영방송과 같이 시청률에 의존하는 프로그램을 방송하는 경우, 방송 수신료 징수는 위헌이라는 점을 재확인했다(이욱한, 2004).

## (5) 민주주의를 위한 부담금으로서 방송 기여금(수신료)

공영방송 재원의 성격상 수신료는 상당히 안정적인 수익원인데 반해, 광고는 변동성이 크고 공공보조금은 정치적 영향권에 열려 있다. 독립성은 공영방송의 핵심 가치인데 수신료 제도는 공영방송사를 정부에 더 의존하게 만드는 위험을 감수하는 보조금 시스템과 비교하여 더 확실성을 제공한다. 독일은 2013년 수상기에 수신료를 부과하는 수신료 제도를 폐지하고, 사실상 세금 성격이지만, 모든 가구에 부과하는 가구세 성격의 방송 부담금 제도를 도입하였다. 미디어 기술의 발달로 더 이상 텔레비전 수상기에 수신료를 부과하는 정당성이 사라지고 있어, 오랜 기간 논의 끝에 가구당 방송 기여금을 납부하는 제도로 전환하였다. 2018년 제15차 TV 방송 판결에서 연방헌법재판소는 지금까지의 공영방송의 통합적 기능 관점에서 방송 기여금을 민주주의를 위한 부담금(Demokratieabgebe)으로 파악하였다. 종전까지는 공영방송의 독립과 자율성을 위해서 공영방송의 기본권을 중심으로 설명했지만, 이 결정에서는 방송이라는 것이 현대 사회에서 대중 매체로서의 표준으로 인정하면서 방송 기여금의 정당성을 인정하였다. 또한, 보통의 언론매체들은 공영방송과 같은 내용상으로 '질과 다양성' 보장하지 못한다는 데서 공영방송 방송 기여금의 정당성을 찾았다. 또 더 나아가 새롭게 등장하는 매체들이 각자에게 유리한 알고리즘을 통해 내용을 조정하여 사실에 입각한 다양한 정보를 제공하지 못한다는 측면에서 새로운 언론사에 대한 다양성 확보를 위해 방송 기여금은 정당성을 가진다고 하였다(Gersdorf & Paal, 2021).

　이상으로 독일 연방헌법재판소의 TV 방송 판결의 내용을 정리하였다. 연방헌법재판소 판결에 나타난 공영방송과 수신료의 성격은 다음과 같이 요약될 수 있다. 독일은 기본법에 방송의 자유를 명시하고 있다. 그리고 공·민영 이원적 방송 체제에서 공영방송은 기본적 공급의 의무를 담당한다. 따라서 헌법상 방송의 자유는 국민에 대하여 기본적인 방송을 공급하는 공영방송에 대하여 그 기능에 적합한 재원 조달을 보장해야 한다. 그래서 방송 수신료에 대한 사항은 방송 정책의 문제가 아니라 헌법상 방송의 자유에서 도출되는 헌법의 문제로 인식하고 있다. 방송의 자유는 프로그램의 자유이며, 공영방송 운영의 물적 인적 독립성을 전제로 한다. 물적 독립성은 방송 수신료 재정의 독립성과 보장을 의미한다. 헌법상 방송의 자유는 프로그램의 선정, 내용, 편성에 대한 직접적인 영향력은 물론 프로그램의 자유를 간접적으로 훼손할 수 있는 영향력 행사로부터도 보호를 제공한다. 그리고 방송의 운영을 위해 어떤 종류의 재원 조달 형태를 채택하는가 하는 것도 원칙적으로 입법자가 정책적으로 결정할 사항이다. 방송 질서를 결정하는 경우와 마찬가지로 이 경우에도 입법자는 자유로운 여론 형성에 기여하는 방송의 기능이 위협받지 않도록 하여야 한다는 제한을 받는다. 최근 미디어 환경 변화에 따라 수신료의 성격이 방송 부담금으로 변화하면서 연방헌법재판소는 지금까지의 공영방송의 통합적 기능 관점에서 방송 기여금을 민주주의를 위한 부담금

(Demokratieabgebe)으로 설정했다. 이는 종전까지는 공영방송의 독립과 자율성을 위해서 공영방송의 기본권을 중심으로 설명했지만, 이 결정에서는 방송이라는 것이 현대 사회에서 대중 매체로서의 표준으로 인정하면서 방송 기여금의 정당성을 인정하였다. 또한, 보통의 언론매체들은 공영방송과 같은 내용상으로 '질과 다양성' 보장하지 못한다는 데서 방송 기여금의 정당성을 부여하고 있다.

## 5) 수신료 통합 징수 금지 방송법 시행령 개정 위헌 소송

2023년 3월, 대통령실이 수신료 분리 징수에 대한 국민 여론조사를 시작으로 방통위는 수신료를 전기료와 통합 징수하는 것을 금지하는 방송법 시행령 제43조 제2항을 7월에 시행하였다. KBS는 방송법 시행령 개정 이후 즉시 헌법재판소에 방송법 시행령 개정을 멈춰 달라는 가처분 신청과 함께 헌법소원을 제기하였다. 수신료는 KBS 재원의 약 50% 정도를 차지하는 핵심적 재원이다. 헌법소원의 쟁점은 공영방송의 주재원인 수신료 징수 체계를 정부의 방송법 시행령 개정으로 변경할 수 있는가다. 텔레비전 수신료를 분리 고지하는 방송법 시행령 개정의 위법성을 판단하기 위해 헌법과 방송법에 명시된 그리고 헌법재판소가 결정한 공영방송과 수신료의 헌법적 성격을 이해하는 것이 필요하다.

## (1) 방송의 자유와 수신료 재원 보장의 헌법적 의미

이제까지 논의해 온 공영방송의 방송 자유와 수신료의 헌법적 성격 등을 바탕으로 방송법 시행령 개정 헌법소원의 법적 논리를 요약하면 아래와 같다. 우선 헌법 제21[29]조 제1항에서 "모든 국민은 언론·출판의 자유와 집회·결사의 자유를 가진다"고 규정하였다. 헌법에 보장되는 언론·출판의 자유에는 방송의 자유가 포함된다(헌법재판소, 91헌바17). 입법자(국회)는 자유민주주의를 기본 원리로 하는 헌법의 요청에 따라 국민의 다양한 의견을 반영하고 국가 권력이나 사회 세력으로부터 독립된 방송을 실현할 수 있도록 광범위한 입법 형성 재량을 갖고 방송 체제의 선택을 비롯하여, 방송의 설립 및 운영에 관한 조직적, 절차적 규율과 방송 운영 주체의 지위에 관하여 실체적인 규율을 행할 수 있다(헌법재판소, 2002헌바49). 이른바 의회유보원칙이다. 또한, 텔레비전 방송은 언론 자유와 민주주의의 실현에 있어 불가결의 요소이고 여론의 형성에 결정적인 영향력을 행사하며, 정치적·사회적 민주주의의 발전에도 중요한 영향을 미친다. 이러한 공사가 공영방송사로서 공적 기능을 제대로 수행하면서도 아울러 언론 자유의 주체로서 방송의 자유를 제대로 향유하기 위하여서는 그 재원 조달의 문제가 결정적으로 중요한 의미를 지닌다(헌법재판소, 98헌바70). 헌법, 방송법과 헌법재판소의 결정에 의하면 한국방송

---

29) 제21조 ①모든 국민은 언론·출판의 자유와 집회·결사의 자유를 가진다.
　　③통신·방송의 시설 기준과 신문의 기능을 보장하기 위하여 필요한 사항은 법률로 정한다.

공사(KBS)는 법적 성격에 따라 국가와 사회의 모든 세력으로부터 독립해 국민의 사적·공적 의사 형성을 위해 방송의 헌법적 기능을 수행해야 한다. 따라서 이러한 방송의 헌법적 기능의 수행은 공사의 인적 및 물적 독립이 전제되어야 한다(전상현, 2018).

기본권인 방송의 자유 실현을 위해 헌법 제21조 제3항으로 방송의 시설 기준에 필요한 사항을 규정하고 있다. 이러한 헌법의 취지에 따라 입법자는 방송법 내에 제4장 한국방송공사를 별도로 규정하고 있다. 방송법 한국방송공사 조항의 제43조 제1항은 "공정하고 건전한 방송 문화를 정착시키고 국내외 방송을 효율적으로 실시하기 위하여 국가 기간 방송으로서 한국방송공사를 설립한다"고 규정하고 있다. 한국방송공사는 국가 기간방송으로서 방송면에서 주권자인 국민 그 자체이며, 국민을 대변하는 1차적 국가기관이라고 할 수 있다. 즉 주권자 집단의 일반의지의 집결과 표현·행사의 주체이며, 국가적 정체성을 확립할 수 있다(문재완, 2013). 또한, 방송법은 공적 지배구조 구성(방송법 제46조, 이사회의 설치 및 운영 등), 공사의 공적 책임(방송법, 제44조)과 공사의 재원(방송법, 제56조)을 수신료로 충당하도록 명시하고 있다. 그리고 헌재의 결정에 따라 수신료 금액의 결정(방송법 제65조)과 수신료 납부 의무자의 범위(방송법 제64조), 수신료 징수 절차(방송법 제66조) 등과 함께 수신료에 관한 본질적이고 중요한 사항은 입법자인 국회가 스스로 결정하도록 하고 있다(헌법재판소, 98헌바70). 그리고 수신료를 납부하는 고지 행위 등 세부적인 방송법 시행령(제43조 2항)으로 규정하고 있다.

공영방송은 방송(언론)의 자유라는 헌법적 가치를 가진다. 방송의 자유는 국가로부터 자유이며, 정치적 압력으로부터 자유로워야 하고, 이를 위해 수신료 재원과 같은 물적 토대의 독립성이 보장되어야 한다. 방송 재원의 확보는 방송의 자유를 행사하기 위한 기본적 전제조건이다. 공영방송에 기본권으로 부여된 프로그램 형성 권한이 국가의 재원 확보에 종속되면 국가의 영향으로부터 자유로울 수 없다. 방송이 정부의 재원 지원에 의존하면 정부의 홍보 도구로 전락할 위험이 있으며, 정부가 수신료 재원을 좌우하게 되면 공영방송의 언론 기능은 국가의 영향력에 취약해질 수밖에 없다. 그래서 수신료의 금액, 수신료 징수 체계 등 핵심적인 역할은 입법자가 정하도록 의회에 유보된 사항이다. 공영방송이 그 방송 프로그램에 관한 자유를 누리고 국가나 정치적 영향력, 특정 사회 세력으로부터 자유롭기 위하여서는 적정한 재정적 토대를 확립하지 아니하면 안 되기 때문이다(헌법재판소, 98헌바70). 방송 수신료는 단순히 공영방송을 운영하는 자금 조달의 수단에 머무르지 아니하고, 공영방송이 방송의 자유를 실현하는 데 있어 필수적인 요소가 된다. 즉 미디어가 본연의 기능을 이행할 수 있도록 안정적인 재원을 보장하는 것이야말로 방송의 자유 보호에 핵심적인 요소가 되는 것이다. 방송법도 공영방송의 수신료 재원의 중요성을 인식하여 텔레비전 방송 수신료로 충당할 것을 요구하고 있다(권형둔, 2005). 방송법 제56조는 '공사의 경비는 텔레비전 수신료로 충당하되, 목적 업무의 적정한 수행을 위하여 필요한 경우에는 방송 광고 수입 등 대통령령으로 정하는 수입으로 충당할 수 있다'고 규정하고 있다.

한국방송공사(공영방송)는 헌법 제21조 제1항과 제3항에 의해 방송 자유의 측면에서나 국민기본권 실현 측면에서 헌법적 가치를 가지며(헌재, 98헌바70), 수신료 재원(방송법 제56조) 재원을 통해 방송의 자유와 국민기본권을 실현하도록 보장하고 있다. 공법인인 동시에 영조물법인이다. 국가로부터 독립된 주체가 방송을 담당하게 함으로써 국가의 간섭과 통제로부터 언론의 자유와 표현의 자유를 보호하는 제도로서 헌법적 기능을 가진다. 방송의 자유를 실현하고 공론장 역할을 하는 공영방송은 민주주의의 핵심 구성 요소라 할 수 있다. 헌법 제21조 제3항은 "통신·방송의 시설 기준과 신문의 기능을 보장하기 위하여 필요한 사항은 법률로 정한다."는 규정을 두고 있다. 여기에서 "방송의 시설 기준"은 설립을 위한 시설 기준만 의미하는 것이 아니고, 입법자에게 공영방송의 재원 및 절차법적 보장을 해야 할 의무까지 포함하는 의미라고 해석해야 한다. 따라서 헌법 제21조 제3항은 방송 수신료에 관한 입법자의 절차법적 보장 의무를 규정한 헌법상 근거 규정이라고 볼 수 있다(김태수, 2006). 방송의 자유 기본 원칙은 공영방송의 재원을 조달하는 경우에도 준수되어야 한다. 방송법 시행령 제43조 제2항 개정이 헌법상 방송의 자유를 실질적으로 보장하기 위해 필요한 조치인지, 수신료 재원의 보장이 방송 자유의 객관적 보장 영역으로서 필수적 요소인지가 헌법재판소 위헌 소송의 쟁점이 될 수 있다. 그리고 시행령 개정으로 인한 수신료 징수 체계의 변화가 KBS 재원의 감소로 이어져 이러한 영향이 방송의 자유와 방송 프로그램의 자유에 미치는 영향도 중요한 쟁점이라 할 수 있다.

## (2) 방송법 시행령 개정 경과 사항

정부의 수신료를 통합 징수를 금지하는 방송법 시행령 개정이 2023년 7월 11일 국무회의에 개정안이 의결되고 대통령 재가가 거쳐 개정안이 공포되었다. 2023년 3월 9일 대통령실은 국민제안을 통해 TV 수신료와 전기요금 통합 징수를 개선하는 방안에 대해 국민의 의견을 수렴하였다. 한 달 동안 진행된 수신료 분리 징수에 대한 대통령실 의견 수렴에서 추천 의견은 56,226건, 비추천은 2,025건으로 나타났다. 그러나 대통령실이 '국민제안' 누리집을 통해 티브이(TV) 수신료 징수 방식에 관한 의견을 모으는 과정에서, 동일인의 중복 투표(어뷰징)가 가능한 것으로 드러나 의견 수렴의 신뢰성에 대한 문제가 제기되기도 하였다. 이러한 국민 의견을 바탕으로 대통령실은 6월 5일 '국민제안심사위원회 논의에 따라 방송통신위원회와 산업통상자원부에 수신료 분리 징수를 위한 관계 법령 개정 및 후속 조치 이행 방안, 국민 눈높이에 맞는 공영방송의 위상과 공적 책임 이행 보장 방안 등을 마련하도록 권고하기로 했다'며 수신료 분리 징수를 공식 추진하기로 했다. 6월 14일 주무기관인 방통위는 분리 징수를 위한 방송법 시행령 개정안을 접수하고 6월 16일부터 26일까지 시행령 개정안 입법 예고했다. 이어 7월 5일 방통위는 개정안을 의결하고, 7월 6일 차관회의에서 개정안을 가결했다. 이후 7월 11일 국무회의에서 개정안이 공포되었다. 국무회의에서 한덕수 총리는 "수신료 분리 징수는 현재의 납부 방식에 문제가 있다는 국민의 목소리에서부터 시작됐다"며 "이를 통해 수신료 납부 사실을 명확히 인지하게 되고, 수신료에 대한 관심과 권리 의식이 높아질 것으로 기대된다"라고 말했다. 방통위가 방송법 시행령 개정안 의안을 접수한 후 한 달도 되지 않아 방송법 시행령 개정이 공포되었다. 1994년부터 시행되어 온 수신료 통합 징수가 정부의 개정안에 의해 한 달 만에 개정된 것이다. 통상 입법 예고 기간이 40일에 비해 이번 개정안은 단 10일로 단축이 되었다. 방통위는 입법 예고 기간을 10일로 잡은 배경에 대해 "수신료 납부 방식은 국민의 권리와 직결되는 것인 만큼 신속한 국민의 권리 보호를 고려한 조처로 이해해 달라"는 취지의 원론적인 이야기만 되풀이하였다. 이 과정에서 방통위는 이해 당사자인 KBS의 의견을 제대로 수렴하지 않았다. 그리고 국민 대부분에게 영향을 미치고, 공영방송 제도의 근간을 뒤흔들 수 있는 정책을 통과시키면서도, 이러한 정책으로 가장 큰 영향을 받게 되는 청구인을 비롯한 국민의 의견을 수렴하는 절차도 제대로 거치지 않았다. 방통위는 2020년과 2021년에 수신료 분리 징수를 주요 골자로 하는 방송법 개정안에 대하여 "현행 유지가 필요하다"라는 입장을 고수해 왔기 때문에 갑작스러운 방송법 시행령 개정의 사유를 설명하지 못했다. 또한, 김효재 방통위원장 직무대행은 2023년 7월 5일 이 사건 심판 대상 조항을 심의·의결한 직후 언론에 배포한 입장문을 통해 시행령 개정 의도를 ① 시행령 개정령안이 시행될 경우 수신료를 자발적으로 낼 국민이 거의 없을 것이며, ② 청구인의 공정성 문제, 방만 경영 문제가 해결되어야 하는바, 수신료 분리 징수는 문제 해결의 단초를 제공할 바탕이 될 것이라고 강조하여 수신료 분리 징수가 국민 불편 해소가 아니라 방송에 대한 정부의 불만과 방만 경영의 해소라고 주장해 더욱 논란이 되었다. KBS가 정파적이라는 정치 권력의 인식은 대단히 모호하고, 대부분 주관적이며, KBS가 방만하다는 비판 역시 마찬가지다. 자신의 주관적 경험, 자주 만나는 사람의 평가, 살아 온 공간의 정치 풍경에 근거해 마주한 KBS의 단면일 뿐 여기에 구체적인 근거는 없다. 그렇다고 KBS가 공정하고 윤리적이며 효율적이라고 주장하는 건 아니다. 다만 KBS가 가지고 있는 편향성, 윤리성, 방만의 문제는 정확히 한국 사회가 가지고 있는 정치적 문제의 연장선이지 이보다 더하지 않는다는 것이다. 극단적으로 편향적이지도, 극단적으로 비윤리적이거나 극단적으로 방만하지 않다는 거다(정영주·홍종윤·오형일, 2023). KBS는 7월 12일 헌법재판소에 방송법 시행령 제43조 제2항 개정은 헌법 제21조 제1항 방송의 자유와 헌법 제15조[30] 직업 수행의 자유(영업의 자유)가 침해되었다며 헌법소원심판을 제기하였다.

### (3) 방송법 시행령 개정 이후 혼란과 재정 위기에 봉착한 KBS

수신료 분리 징수 시행령 개정이 공포되자, KBS 내부에서는 사장 퇴진을 요구하는 목소리가 분출하기 시작했다. 보수 노조 성향의 KBS노동조합은 민노총 중심의 인사와 불공정 방송으

---

30) 제15조 모든 국민은 직업 선택의 자유를 가진다.

로 인해 수신료 분리 징수가 촉발되었다고 주장하면서, 사장을 비롯한 경영진과 이사진의 총사퇴를 주장했다. 반면 진보 성향의 언론노동조합 KBS 본부는 정권에 의한 공영방송 장악으로 규정하고 방송법 시행령 개정을 무력화하는 투쟁을 선언했다. "정부는 '국민의 선택권'을 말하지만, 수신료는 내지 않을 수 없으며 국민의 납부 불편만 가중될 뿐이다. KBS는 근간인 재원이 흔들려 재난 방송과 한민족 방송 등 공적 책무를 수행하는 데 차질을 빚을 수 있다. 징수를 위탁받은 한전은 수신료 징수율은 낮아지고 징수 비용을 올라갈 것이다. 수신료와 관련한 누구도 이득을 보지 않는다. 그 피해는 시청자, 국민에게 오롯이 돌아갈 뿐이다. 그럼에도 불구하고 추진된 폭압적인 수신료 분리 징수는 공영방송 장악임을 우리는 똑똑히 알고 있다. 경영진을 바꿔서 비판 언론을 장악할 수 없다면, 차라리 영향력을 축소시키겠다는 것이다. 정부와 여당은 자신들이 듣기 싫은 소식은 '가짜 뉴스'라고 딱지를 붙이고, 선동이라고 폄훼해 왔다. 그러면서 비판 언론을 끊임없이 길들이려 해왔다. 수신료 분리 징수 역시 공영방송 KBS를 길들이려는 획책에 다름 아니다"(언론노동조합 KBS본부, 2023)며 반발했다. 전국언론노조 KBS 본부는 7월 25일 EBS 지부와 함께 수신료 분리 고지 시행령에 대한 가처분 인용을 촉구하는 시민들의 탄원서를 헌법재판소에 접수했다. 약 3만 2천 명의 기명 서명을 받아 탄원서를 제출하며, 방송법 시행령 개정에 대한 위헌 소송의 조속한 결정을 요구했다. 탄원서 접수에 참여한 박유준 EBS 지부장은 "(현정권은) 본인들에게 비판적인 언론에 대해 재정을 압박해 가면서 다루고자 한다"고 주장하며, 이어 "수신료가 없으면 공영방송은 제대로 된 역할을 할 수 없다"며 "헌법재판소의 결정만이 지금이(현 정부의) 잘못된 시도를 막아낼 수 있다. 국민들을 위한 판단을 내려달라"라고 촉구했다.

수신료 분리 징수로 인해 KBS 내부의 혼란이 가속화되었고 기자, PD, 기술, 경영 등 각각의 직능별로 사장 퇴진의 찬반을 묻는 투표를 진행할 정도로 경영진의 리더십은 무너졌다. 정부의 일사천리 방송법 시행령 개정은 재원의 붕괴로 인한 대량 해고의 우려와 공포감을 불러일으켜 KBS 내부의 혼란을 초래했고, 결국 사장 퇴진 요구의 기폭제 역할을 했다. 정부의 수신료 분리 징수 시행령에 따라 한전과 KBS는 수신료 분리 징수 협의를 시작했다. 수신료 통합 징수를 금지하는 방송법 시행령 개정 이후 KBS의 재원 조달이 어려워지면서 프로그램 제작비 감소 등 다양한 문제점들이 나타나기 시작했다. 그리고 한전과 KBS 간의 분리 징수 협상에서 여러 가지 복잡한 문제들이 도출되었다.

첫째, 방송법 시행령 개정 공표 이후 실제 수신료 징수율은 감소하여 재원의 직접적인 영향을 미치고 있다. 통합 징수를 금지하는 방송법 시행령 개정이 공표된 이후 수신료 수입은 전기료에 통합 징수가 시작된 1994년 이후 처음으로 감소했다. 1996년부터 2022년까지 27년 동안 매년 평균 127억 이상 증가한 수신료 수입이 2023년에는 83억 원이 감소했다. 2022년 6,984억

원이었던 수신료 수입이 방송법 시행령 개정이 공표된 7월 이후 실질적으로 영향이 나타나는 8월 수입분부터 12월까지 20억 원 이상이 감소하기 시작했다. 수신료 징수액이 증가하는 직접적인 사유는 1인 가구의 증가와 전기료 통합 징수로 인한 징수 체계의 효율성 때문이다. 분리 징수가 시행되기 전이지만 정부가 시행령 개정 과정에서 수신료 납부 선택권을 주장하면서 분리 징수를 신청한 가구들의 미납으로 인해 수신료 수입이 감소했다. 향후 분리 징수가 가시화되면 수신료 수입은 더 큰 폭으로 감소할 것으로 예상된다. 전기에 통합 징수되는 수신료 징수율은 사실상 100%에 달하는 징수 제도였으나, 2023년 7월 정부가 방송법 시행령 개정을 공표한 이후 2023년 8월부터 납부율을 감소하고 있다. 시행령 개정으로 분리 징수가 본격화되지 않았지만, 시행령 공표 이후 한전과 KBS가 분석한 자료에 의하면 한전에 수신료를 분리 납부 신청한 가구는 약 34만 가구에 해당하며, 이 중 수신료를 개별 납부한 가구는 5% 미만에 불과하다. 2023년도 KBS 수신료 수입은 7,020억 원을 예상했지만, 실제 수입은 6,851억 원으로 통합 징수 제도 시행 이후 처음으로 수신료 수입이 감소했다. KBS는 수신료 분리 징수가 본격화되면 최소 수신료 금액은 30% 이상 삭감될 것으로 예상한다. 수신료 통합 징수 이후 연도별 수신료 수입은 [표 7-3]과 같다.

[표 7-3] **KBS 연도별 수신료 수입과 증감액** 단위 : 억 원

| 연도 | 실적 | 실적 증감액 | 비고 |
|---|---|---|---|
| 1994년 | 2,171 | 149 | |
| 1995년 | 3,609 | 1,438 | 1994년 10월<br>통합 징수 개시 |
| 1996년 | 3,785 | 100 | |
| 1997년 | 3,985 | 200 | |
| 1998년 | 4,171 | 162 | |
| 1999년 | 4,330 | 183 | 헌법재판소 수신료<br>헌법불합치 결정 |
| 2000년 | 4,472 | 142 | |
| 2001년 | 4,688 | 215 | |
| 2002년 | 4,820 | 132 | |
| 2003년 | 4,997 | 177 | |
| 2004년 | 5,134 | 137 | |
| 2005년 | 5,246 | 112 | |
| 2006년 | 5,304 | 58 | |
| 2007년 | 5,372 | 67 | |
| 2008년 | 5,468 | 96 | |
| 2009년 | 5,575 | 107 | |
| 2010년 | 5,689 | 114 | |
| 2011년 | 5,779 | 89 | |
| 2012년 | 5,851 | 73 | |
| 2013년 | 5,961 | 109 | |
| 2014년 | 6,080 | 119 | |
| 2015년 | 6,258 | 178 | |
| 2016년 | 6,333 | 75 | |
| 2017년 | 6,462 | 119 | |

| | | | |
|---|---|---|---|
| 2018년 | 6,595 | 178 | |
| 2019년 | 6,705 | 75 | |
| 2020년 | 6,790 | 129 | |
| 2021년 | 6,863 | 139 | |
| 2022년 | 6,934 | 110 | |
| 1996년 – 2022년 증감액 평균 | | +125.7 | |
| 2023년 | 6,851 | -83 | 7월 시행령 공표 8월부터 실질적 감소 |

※ KBS 연감 및 방송통신위원회 자료 참고

둘째, 작년 시행령 공표 이후 공동주택의 수신료 미납 가구에 대한 정보가 부재한 상황에서, 향후 본격적인 수신료 분리징수 시에 수신료 미납 가구에 대한 정보를 파악하기 어렵다는 문제가 발생하고 있다. 공동주택은 단체로 수신료를 납부하기 때문에 2023년 8월 이후 수신료 미납 가구에 대한 정보가 부재하며, 수신료 미납을 독촉할 수 있는 근거나 자료가 부실한 상황이다. 공동주택에서 한전과 아파트사무소 간의 수신료 단체 납부를 개별 가구로 전환하기 위해 물리적 시간과 정교한 징수 시스템이 만들어져야 한다.

셋째, KBS는 수신료 재원의 급감을 예상하여 2024년 예산을 공사 역사상 처음으로 적자 편성하여 의결했다. 수신료 수입 감소로 인한 적자 편성은 KBS에서 처음 있는 초유의 상황이라 할 수 있다. 2024년 예산안을 작년보다 2,807억 원을 삭감한 1

조 2,450억 원의 수입예산을 편성했다. 수신료 수입이 2023년 7,020억 원으로 2024년은 2,745억 원이 축소되어 4,407억 원의 예산을 편성했다. 이에 방송 프로그램 제작 예산은 2023년 8,426억 원에서 591억 원이 삭감된 7,835억 원의 예산을 편성했다(KBS 예산안). 수신료 징수 제도의 변화는 재방송 편성의 증가와 기존의 프로그램을 축소하는 등 KBS 방송 프로그램 기능의 축소로 나타나고 있다. 이러한 현실을 바탕으로 KBS 이사회는 2024년 처음으로 -2,807억 원의 적자 예산을 편성했다. KBS 2024년 손익 예산은 [표. 7-4]와 같다.

[표 7-4] 2024년 KBS 손익예산 (단위: 억 원)

| 구분 | 2024년 예산 | 2023년 예산 | 증감 |
|---|---|---|---|
| 수입 | 12,450 | 15,257 | -2,807 |
| 비용 | 13,881 | 15,254 | -1,373 |
| 당기손익 | -1,431 | 3 | -1,434 |
| 사업손익 | -1,624 | -232 | -1,3392 |

※ KBS 이사회(2024)

넷째, KBS는 수신료가 분리 징수되면 수입의 급감으로 2년 내 자본 잠식이 우려된다고 밝혔다. 수신료 분리 징수 시 수신료 수입 결손 30%에 이를 것으로 가정해도 2024년에는 3,400억 원의 적자가 예상된다는 것이다. 수신료 담당 인력은 현재 전국 사업지사 소속 직원 163명에서 최소 416명으로 확대가 불가피하다(KBS사보, 2023). 이에 대한 대응으로 2024년 1월 15일 자로 직원 120여 명을 수신료 담당 인력으로 지사에 파견 발령을 냈다. 그러나 대부분 방송 제작을 담당해 온 인력들로 원하지 않는 강제 발령으로 비판이 제기되기도 하였다.

다섯째, 재원의 부족은 KBS가 재난 주관 방송사로서 역할을 수행하는 데 큰 영향을 미치고 있다. 특히 자본과 시설 투자에 어려움을 겪으면서 재난 방송 수행에 차질이 예상된다. 20년 이상 노후된 재난 방송 중계차 구매가 취소되었다. 재난 방송용 헬기를 매각하는 등 국가 재난 방송 주관사로서의 재난 방송을 충실하게 수행할 수 없는 상황에 내몰리게 되었다. KBS는 방송통신발전기본법 제40조의2(재난방송의 주관방송)[31]에 의해 재난 방송 주관사로 지정되어 있다. 그리고 동법 ③제1항에 따른 주관 방송사는 다음 각 호의 조치를 취하여야 하는데, 재난 방송 등을 위한 인적·물적·기술적 기반을 마련해야 한다. 재난 방송용 헬기를 매각할 정도로 KBS는 방송법에 부여되고 방송통신발전기본법에 의해 지정된 재난 방송 주관사로의 기능과 역할을 포기하는 상황에 이르렀다. 수신료 재원의 감소와 예산 부족으로 방송을 통한 공적 기능 실현이 어렵게 되었다. KBS 이사회는 2024년 종합예산(안)에 유형자산 처분 이익으로 헬기 매각을 결정하였다. KBS 노동조합은 헬기 매각은 재난 방송 공적 책무를 수행할 KBS의 핵심 자산의 매각으로, '언제 어디서 일어날지 모르는 재난 재해 상황에서 재난 주관 방송사인 KBS는 즉

---

31) 제40조의2(재난 방송 등의 주관 방송사) ①과학기술정보통신부장관 및 방송통신위원회는 「방송법」 제43조에 따른 한국방송공사를 재난 방송 등의 주관 방송사로 지정한다.

각적으로 방송용 헬기를 타고 취재를 시행, 국민에게 알려야 한다',며 헬기 매각에 대해 성명을 발표했다(KBS 노동조합, 2024). 전국언론노동조합 KBS본부도 "재난 주관 방송사로 재난 상황에서는 초기 신속한 대응이 매우 중요하며, 이러한 긴밀한 보도는 인명 구조 등 재난 피해를 최소화하고, 시청자들에게 안전 지침을 제공하는 데 큰 역할을 해왔다"며 헬기 매각을 원점에서 재검토하라는 성명을 발표했다(전국언론노동조합 KBS본부, 2024).

여섯째, 한전이 수신료를 분리 징수할 경우, 징수 수수료는 대폭 상승할 것으로 예상된다. 약 2,300만 가구에 해당하는 가정용(주택용) 및 일반용 수신료를 분리 징수 시 한전은 2021년 기준 419억 원의 징수 수수료 금액이 2,269억 원으로 증가할 것으로 예상한다. TV 수신료를 별도로 징수할 경우 대수당 우편료가 약 430원, 청구서 제작에 150원, 수납 수수료가 100원이 추가로 들 것으로 예상되며, 추가 비용으로 대수당 약 680원이 소요될 것으로 보인다. 수신료 분리징수 자체로 약 1,850억 원의 재원이 추가로 소요된다는 것이다. 여기에는 청구서 제작 발송비 외의 전산 처리 비용과 분리 징수를 위한 별도의 추가적인 인력과 시스템 구축비용은 제외된 것이어서, 수신료 징수 수수료는 이보다 증가할 것이다. KBS가 수신료를 직접 징수할 경우, 당시 한전으로 이관된 약 2,700명 정도의 별도 수신료 징수 인력을 충원해야 할 수 있다. 이는 대규모 인건비 상승으로 이어져 KBS 재무 상황은 더욱 악화될 것이다.

일곱째, 수신료를 분리 징수할 경우, 공동주택을 포함한 개별 가구의 수신료 납부자들에게 상당한 혼선이 야기되고 있다. 특히 아파트와 같은 공동주택의 경우, 수신료 징수에 대한 민원이 폭증하여 아파트 관리사무소에서 수신료 징수를 대행하지 않겠다고 선언했다. 대한아파트주택관리사협회(이하 대주관)는 관리사무소가 전기료와 분리된 수신료의 수납을 대행할 법적 권한이 없으며, 공동주택관리법 및 시행령은 관리주체가 입주자 등을 대행해 전기료, 가스료 등을 수납할 수 있도록 규정하고 있는데 TV 수신료는 포함돼 있지 않다는 견해다(한국아파트신문, 2023). 입주자들은 정부 발표로 인해 수신료 민원을 관리사무소에 접수하고 있고, 관리사무소는 의무 없는 일을 떠맡게 돼 권한도 없는 민원에 시달리고 있다. 방송법 시행령 개정 과정에서 방송통신위원회(방통위)는 아파트 단지 상황에 대해 아무런 검토도 하지 않았다. '작은 아파트에서도 새로운 사안을 시행할 때 최소한의 준비 기간을 갖는다'라고 비판을 제기하였다(미디어스, 2024). 정부는 수신료 납부 선택권을 주장하지만, 현장은 수신료 징수의 주체가 명확하지 않아 국민을 불편하게 한다는 목소리가 커지고 있다.

방송법 시행령 개정 이후, 한전은 KBS와 수신료 분리 징수에 대해 지속적으로 협의하고 있지만, 아파트 관리사무소와 한전, KBS 간의 분리 징수를 둘러싼 혼선은 여전히 계속되고 있다. 2023년 12월 박민 KBS 사장은 신년사에서 관련 계획을 밝힌 가운데, KBS 수신료국도 같은 달 5일 사보에서 "이르면

2024년 2월부터 일반 주택과 영업장은 별도의 수신료 고지서가 개별 가구로 발송될 예정"이라고 밝혔다(미디어오늘, 2024). KBS는 줄곧 2월부터 수신료 분리 고지·징수를 시행하겠다고 밝혀왔다. 그러나 KBS는 2024년 2월과 4월에 분리 징수를 예고했다가 준비 부족으로 2번을 연기하면서, 수신료 징수 현장의 혼란은 지속되고 있다. 급기야 한전은 2024.4.17.일자로 'TV 수신료 징수 업무 위·수탁 계약 업무 종료 알림'이라는 문서를 KBS 보내면서 2024년 말 계약이 종료되면 더 이상 수신료 징수 업무를 맡지 않겠다고 선언했다. 한편 국토교통부는 아파트 관리 사무소가 TV 수신료를 납부 대행할 수 있는 근거를 마련한 공동주택관리법 시행령 개정안을 5월 13일 입법 예고하고 6월 4일 개정되었다. 개정안은 관리주체가 입주자 등을 대행해 납부할 수 있는 사용료의 유형에 텔레비전 방송 수신료가 추가되었다. 또 그에 따라 관리주체가 공개해야 하는 관리비 명세 내역에 방송 수신료가 포함됐다.[32] 국토교통부는 "한국전력공사가 전기료와 결합해 관리주체를 통해 징수해 온 방송 수신료를 지난해 7월 12일 개정된 방송법 시행령으로 전기료와 분리해 징수해야 하게 됨에 따라 공동주택 거주자의 납부 편의를 위해 방송 수신료를 관리주체가 납부 대행할 수 있는 법령상 근거를 마련하고자 한다"고 개정 이유를 밝혔다. KBS도 사보를 통해 텔레비전 수신료를 아파트 관리비에 포함해서 걷을 수 있는 법

---

32) 공동주택관리법 시행령 제23조(관리비 등) ③ 법 제23조 제3항에서 "대통령령으로 정하는 사용료 등"이란 다음 각 호의 사용료 등을 말한다. 〈개정 2024. 6. 11.〉

10. 「방송법」 제64조에 따른 텔레비전 방송 수신료

률적 근거가 마련된 것으로 평가했다. 그러나 관리 현장에서는 TV 수신료 관련 방송법 시행령 개정 이후 관리주체가 TV 수신료를 납부 대행해야 하는 근거가 법령에 없다며 수신료 부과·징수 및 납부 업무를 관리사무소에 전가하고 있는 한전과 KBS 등에 불만의 목소리를 내왔다(아파트관리신문, 2024). 정부가 수신료 분리 징수 시행 10개월가량 만에 '납부 선택권' 보장을 내세운 수신료 분리 고지·징수 시행령과, '납부 편의'를 위한 (관리비) 통합 고지·징수 시행령을 연이어 내놓은 것은 방송법 시행령 개정 10개월이 되도록 수신료 분리 징수가 정착하지 못하고 있는 현실에서 비롯한다. 한편 한국방송은 분리 납부에 따른 미납 규모와 이에 대한 징수 책임이 어디에 있는지를 묻는 한겨레의 질의에 "분리 납부 신청 가구의 수신료 납부율은 현재 확인하기 어렵지만 (노조의) 수납률이 5%라는 주장은 사실과 다르다"며 "징수 책임의 주체는 수신료 미납이 발생한 사유나 원인에 따라 달라질 수 있다"고 답변했다. 수신료 분리 고지·징수에 따른 준비가 충분하지 않은 상태에서 이를 강행할 경우 공영방송 재원 건전성이 취약해질 수 있다는 지적에 대해서는 "본격적인 분리 고지 전환 이후에도 비용 절감과 수납률 유지를 위한 이메일 및 모바일 청구 전환, 자동이체 등록 유도, 미납자에 대한 효율적인 관리 방안 등을 마련해 수신료의 안정적 운영을 도모하겠다"고 덧붙였다(한겨레신문, 2024). 그러나 아파트 관리사무소가 공동주택의 수신료 납부를 대행할 경우, 수신료 징수 수수료가 증가할 우려가 있으며, 전기료와 통합 징수에 비해 수신료 징수액이 감소할 것이 예상된다. 그리고 전체 가구의 약 40%에 해당하는 개인주택의 경우 KBS가 수신료를 직접 징수해야 한다. 결국 수신료 징수액은 낮아지고, 징수 수수료는 증가해서 수신료 전체 재원이 감소할 것이다. 수신료 분리 징수 시행령 개정은 KBS 지배구조를 교체하고, 내부를 분열시키고, 방송 프로그램 예산이 축소되고, 인력들이 퇴사하고 신규 인력 충원은 중단되는 등 방송 제작 인력의 부족으로 이어지고 있다. 그리고 방송의 품질을 유지하고 좌우할 신규 투자가 중단되거나 헬기와 같은 기존의 핵심적 자산을 매각하는 등 KBS의 내부는 재원 축소로 인해 많은 어려움을 겪고 있다. 본격적인 수신료 분리 징수는 KBS의 재원 조달을 심각하게 와해시킬 것이다.

## 6) 헌법재판소 수신료 위헌소송 결정의 문제점 분석

정부는 2023년 7월 11일 방송법 시행령 제43조 제2항을 "지정받은 자(한전)가 수신료를 징수하는 때에는 지정받은 자의 고유 업무와 관련된 고지행위와 결합하여 이를 행하여서는 아니 된다"로 개정했다. 방송법 시행령 개정 전후 비교표는 [표 7-5]와 같다.

[표 7-5] 방송법 시행령 제43조 제2항 개정 전후 비교

| 현 행 | 개 정 안 |
|---|---|
| 제43조(수신료의 납부통지) ①생략<br>② 지정받은 자가 수신료를 징수한 때에는 지정받은 자의 고유 업무와 관련된 고지행위와 결합하여 이를 행할 수 있다. | 제43조(수신료의 납부통지) ① (현행과 같음)<br>②_____여 이를 행하여서는 아니 된다. |

KBS는 △시행령 개정은 공영방송의 재원 토대를 무너뜨려 방송의 자유가 침해되었다는 점, △법률의 위임이나 법률 근거 없이 법률로 정해야 할 사항을 규율하고 있어 법률유보원칙에 위반하고 있으며, △방송통신위원회는 공개적 토론이나 상충하는 이해관계의 조정 절차를 거치지 않은 채 합리적인 근거 없이 통합 징수제를 폐지하는 시행령 개정안을 마련하여 과잉금지원칙에 위반한 점, △1994년부터 국가에 의해 약 30년 동안 유지되어 온 제도가 방송통신위원회가 아무런 객관적인 근거 없이 공개적 토론이나 상충하는 이해관계를 조정하지 않고 시행령을 개정해 KBS는 막대한 손해를 입고 공적 책무를 수행할 수 없어 신뢰보호원칙을 위반한 점, △입법 예고 기간을 단축(통상 40일에서 10일)하고, 방통위가 5인 체제에서 여당 중심의 2인 체제로 중요 안건을 처리하여 행정규제기본법상의 적법 절차의 원칙을 위반한 점 등 시행령 개정의 위헌성을 제기하였다(KBS, 2023).

2024년 5월 30일, 헌법재판소는 KBS가 제기한 방송법 시행령 개정 공고 취소에 대해 최종 결정(2023헌마820)을 선고했다. 헌법재판소는 재판관 6:3의 의견으로, 한국방송공사로부터 수신료 징수 업무를 위탁받은 자가 수신료를 징수할 때 그 고유 업무와 관련된 고지행위와 결합하여 이를 행사하여서는 안 된다고 규정한 방송법 시행령 제43조 제2항은 청구인의 방송의 자유를 침해하지 아니하므로 심판청구를 기각하고, 위 시행령 조항 개정 과정에서의 입법 예고 기간 단축에 관한 심판청구는 각하한다는 결정을 선고하였다(헌법재판소, 2023헌마820).

앞서 '방송의 자유(4장)' 편에서 검토한 바와 같이 공영방송의 방송의 자유는 프로그램의 자유(헌법재판소, 2019헌바439)이고, 국가는 공영방송의 물적 토대를 보장해야 한다. 수신료는 방송의 내적·외적 독립성 보장과 함께 공영방송이 공적 책무를 충실히 수행할 수 있도록 보장하는 핵심 장치의 하나이다. 수신료는 KBS가 공영방송으로서 자본 권력이나 정치 권력으로부터 독립성을 얻기 위한 가장 기초적인 물적 자산이다(정연우, 2015). 방송의 자유 기본 원칙은 공영방송의 재원을 조달하는 경우에도 준수되어야 한다. 이번 위헌 소송에서 쟁점이 되는 것은 방송법 시행령 제43조 제2항 개정 조치가 헌법상 방송의 자유를 실질적으로 보장하기 위한 조치인지, 아니면 방송의 자유를 제한하는 조치인지 여부이다. 또한, 시행령 개정으로 인한 수신료 징수 체계의 변화가 KBS 재원의 감소로 이어져, 이 영향이 방송의 자유와 방송 프로그램의 자유에 어떤 영향을 미치는지가 중요한 쟁점이 된다. 기존의 방송 수신료 위헌 소송이 개인들의 재산권 침해 여부를 다루었다면, KBS가 제기한 이번 위헌 소송은 공영방송의 방송 자유 기본권 침해 여부를 다루고 있다. 이 글에서는 헌법재판소의 수신료 위헌 소송 결정에 대한 법리적 쟁점과 그 결정의 문제점을 분석하고자 한다.

## (1) 법률유보원칙 위배 여부의 판단

헌법 제37조 제2항은 국민의 모든 자유와 권리는 국가 안전 보장·질서 유지 또는 공공복리를 위하여 필요한 경우에 한하여 '법률로써' 제한할 수 있도록 명시한다. 국민의 권리를 제한하거나 국민에게 의무를 부과하는 법규 사항에 법률유보원칙이 일차적으로 적용된다(국회 법제실, 2020). 여기서 기본권 제한에 관한 법률유보원칙은 '법률 또는 법률에 근거한 제한'을 요청하는 것이다. 기본권 제한의 형식이 반드시 법률의 형식일 필요는 없더라도 법률에 근거를 두면서 헌법 제75조가 요구하는 위임의 구체성과 명확성을 구비하여야 위임 입법에 의한 기본권 제한이 가능하다(헌법재판소, 2003헌마289). 그런데 입법자가 형식적 법률로 스스로 규율하여야 하는 사항이 어떤 것인가는 일률적으로 획정할 수 없고 구체적 사례에서 관련된 이익 내지 가치의 중요성, 규제 내지 침해의 정도와 방법 등을 고려하여 개별적으로 결정할 수 있을 뿐이나, 적어도 헌법상 보장된 국민의 자유나 권리를 제한할 때에는 그 제한의 본질적인 사항에 관한 입법자가 법률로써 스스로 규율하여야 할 것이다(헌법재판소, 98헌바70 등). 행정부가 시행령 개정으로 수신료 징수 제도를 변경하여 공영방송의 방송의 자유나 권리를 제한할 때는 그 제한의 본질적인 사항을 법률에 근거하고 규율해야 한다. 이번 수신료 위헌소송은 핵심 쟁점은 수신료 통합 징수를 금지하는 시행령 조치가 KBS의 헌법상 보장된 방송의 자유를 침해하는지 여부이다. 이를 판단하기 위해서는 기본권 제한에 대한 법률유보원칙을 일차적으로 검토해야 한다.

헌법재판소는 기존 수신료 결정에서 '수신료의 금액은 입법자가 스스로 결정하여야 할 사항이다' 그리고 '수신료는 국민의 재산권 보장의 측면에서나 공사에게 보장된 방송 자유의 측면에서나 국민의 기본권 실현에 관련된 영역에 속하는 것이고, 수신료금액의 결정은 납부의무자의 범위, 징수 절차 등과 함께 수신료에 관한 본질적이고도 중요한 사항이므로, 수신료 금액의 결정은 입법자인 국회가 스스로 행하여야 할 것이다'(헌재 1999. 5. 27. 98헌바70; 헌재 2008. 2. 28. 2006헌바70 참조)고 했다. 대의민주주의에서 국민의 기본권 보호와 관련된 사항 중 가장 본질적이고 핵심적인 사항은 의회 스스로 입법해야 하고 하위 법령으로의 위임 입법이 금지된다(최우정, 2023). 흔히 이를 의회유보원칙이라 한다. 이번 사건은 공영방송의 방송의 자유 측면에서 수신료의 본질적이고 중요한 성격을 국회가 결정해야 하며, 행정부가 시행령 개정으로 공영방송의 수신료 징수제도를 변경함으로써 그 물적 토대에 영향을 미치는지가 핵심 쟁점이다.

### - 시행령 개정의 법률유보원칙에 대한 헌재의 결정(다수)

헌법재판소는 재판관 다수(6인) 의견으로 '수신료의 부과·징수에 관한 본질적인 요소들은 방송법에 모두 규정되어 있어', '수신료를 전기료와 통합 징수를 금지하는 방송법 시행령은 법률유보원칙에 위반하지 않는다'고 결정했다. 헌법재판소는 시행령 개정이 법률유보원칙을 위반하지 않았다는 법리로 기존의 헌재 2006헌마70의 결정을 그대로 인용했다.

방송법은 한국방송공사가 지정하는 자 등에게 징수 업무를 위탁할 수 있도록 규정하고 있고(방송법 제67조 제1항, 제2항), 방송법 시행령에서는 징수 업무를 위탁받은 자는 자신의 고유 업무와 관련된 고지행위와 결합하여 징수 업무를 할 수 있는 것으로 규정하고 있다(방송법 시행령 제43조 제2항). 수신료의 금액, 납부 의무자의 범위, 징수 절차에 관하여 방송법에 기본적인 내용이 규정되어 있는 이상 징수 업무를 한국방송공사가 직접 수행할 것인지 제3자에게 위탁할 것인지, 위탁한다면 누구에게 위탁하도록 할 것인지, 위탁받은 자가 자신의 고유 업무와 결합하여 징수 업무를 할 수 있는지는 징수 업무 처리의 효율성 등을 감안하여 결정할 수 있는 사항으로서 국민의 기본권 제한에 관한 본질적인 사항이 아니라 할 것이다(2006헌마70).

헌재는 과거 개인들이 동 시행령(제43조 제2항)이 개인의 재산권을 침해하고, 법률유보원칙에 어긋난다며 제기한 수신료 헌재소송(헌재 2006헌바70)의 결정 내용을 그대로 인용했다. 그러면서 헌재는 '위 판시 내용은 현재도 그대로 유효하여 수신료의 부과·징수에 관한 본질적인 요소들은 방송법에 모두 규정되어 있음을 인정할 수 있다. 나아가, 심판 대상 조항은 수신료의 구체적인 고지 방법에 관한 규정인 바, 이는 수신료의 부과·징수에 관한 본질적인 요소로서 법률에 직접 규정할 사항이 아니므로 이를 법률에서 직접 정하지 않았다고 하여 의회유보원칙에 위반된다고 볼 수 없다'(2023헌마820)고 결정했다.

## - 헌재의 법률유보원칙 결정의 문제점

기존의 방송 수신료 위헌소송(2006헌바70)은 수신료 통합 징수를 방송법 시행령으로 위임한 규정이 국민(개인)의 기본권(재산권)을 과도하게 침해하는가를 다투는 소송이었다. 즉 2006헌바70 사건은 '방송법 시행령 제43조 제2항에 의하여 한국전력공사가 전기요금에 결합하거나 병기하여 수신료를 징수하는 것이 재산권을 과도하게 침해하고, 법률유보원칙과 평등원칙에 어긋나며 인간의 존엄과 가치 및 행복 추구권, 헌법에 열거하지 아니한 권리로서 자기결정권, 일반적 행동자유권, 소비자행동권 등의 본질적 내용을 침해한다고 하여 그 위헌을 확인하는 소송'이었다 (헌법재판소, 2006헌바70). 이 결정에서 헌재는 통합 징수를 위임한 시행령 제43조 제2항은 국민의 기본권을 제한하는 본질적인 사항이 아니어서 법률유보원칙을 위반하지 않았다고 결정했다.

그러나 KBS가 제기한 수신료 위헌소송은 정부의 수신료 분리 징수 조치로 인해 영조물법인 KBS의 방송의 자유에 대한 기본권 침해 여부를 판단하는 소송이다. 공영방송은 공적 주체에 의해 설립되고 공적 재원으로 운영되므로 기본권 수범자 지위를 갖지만, 동시에 국가와는 구별되는 독립된 존재로서 언론기관의 기능을 수행한다는 점에서 기본권의 주체성을 가진다. 헌법, 방송법과 헌법재판소의 결정에 따라 한국방송공사(KBS)는 국가와 사회의 모든 세력으로부터 독립해 국민의 사적·공적 의사 형성을 위해 방송의 헌법적 기능을 수행해야 한다. 따라서 이러한 방송의 헌법적 기능의 수행은 공사의 인적 및 물적 독립이 전제되어야 한다(전상현, 2018). KBS는 정부의 시행령 개정으로 공영방송의 재원 토대가 무너져 방송의 자유가 침해되었다는 점, 법률의 위임이나 법률에 근거없이 법률로 정해야 할 사항을 규율하고 있어 법률유보원칙을 위반하였다는 점 등을 들어 위헌소송을 제기하였다. 공영방송은 방송(언론)의 자유라는 헌법적 가치를 가진다. 방송의 자유는 국가로부터 자유이며, 정치적 압력으로부터 자유로워야 하고 이는 수신료 재원과 같은 물적 토대의 독립성이 보장되어야 한다. 수신료 재원의 확보는 방송의 자유를 행사하기 위한 기본적 전제조건이다. 공영방송의 기본권으로 부여된 프로그램 형성 권한이 국가에 의해 재원 확보가 종속되면 국가의 영향으로부터 자유로울 수 없기 때문이다. 그래서 수신료의 금액, 수신료 징수 체계 등 핵심적인 역할은 입법자가 정하도록 의회에 유보된 사항이다. 공영방송이 그 방송 프로그램에 관한 자유를 누리고 국가나 정치적 영향력, 특정 사회 세력으로부터 자유롭기 위하여서는 적정한 재정적 토대를 확립하지 아니하면 안 되기 때문이다(헌법재판소, 98헌바70). 방송 수신료는 단순히 공영방송을 운영하는 자금 조달의 수단에 머무르지 아니하고, 공영방송이 방송의 자유를 실현하는 데 있어 필수적인 요소가 된다. 즉 미디어가 본연의 기능을 이행할 수 있도록 안정적인 재원을 보장하는 것이야말로 방송의 자유 보호에 핵심적인 요소가 되는 것이다(권형둔, 2005). 공영방송의 재원 확보가 정부의 시행령 조치에 좌우된다면, 방송의 자유가 침해될 수 있다. 따라서 이번 수신료 위헌소송에서는 공영방송의 방송 운영의 자유라는 기본권 보장의 측면에서 법률유보원칙이 적용되어야 한다.

동일한 방송법 시행령 제43조 제2항의 법률유보원칙 위반을 다투는 소송이지만 이전 위헌소송은 '국민의 재산권 침해' 여부를 판단하는 소송이었다. 반면, KBS가 제기한 소송은 방송의 자유 주체로서 KBS의 기본권인 방송의 자유 침해 여부를 판단하는 위헌소송이다. 따라서 이번 소송은 법률유보원칙 위반을 적용함에 있어 국민 기본권(재산권) 침해 여부를 다루는 과거 수신료 위헌소송과는 완전히 성격이 다르다. 그러나 헌법재판소는 KBS가 제기한 '공영방송의 방송의 자유' 기본권 침해 여부에 대해, '국민의 재산권 제한에 관한 본질적인 사항'이 아니라는 과거 헌재의 법률유보원칙을 그대로 인용하는 오류를 범했다. 법률유보원칙 위반을 적용함에 있어 수신료 납부 의무를 부담하는 '국민의 재산권 침해' 여부가 아니라 KBS가 제기한 '공영방송의 방송의 자유' 기본권 침해 측면에서 법리를 판단했어야 했다.

헌법에 의하여 일정한 제도가 보장되면 입법부는 당해 제도를 설정·유지할 의무를 지게 되며 그 제도를 법률로써 폐지하거나 훼손할 수 없음은 물론 비록 내용을 제한하더라도 그 본질적 내용을 침해할 수 없다(헌법재판소, 95헌바48). 공영방송 제도의 전형적이고 본질적인 부분을 제외하고는 입법을 통해 구체적인 내용을 형성할 수 있고, 입법을 통해 공영방송 제도의 존속을 침해하는 입법 형성은 하지 못한다는 것을 의미한다. 법률유보원칙은 공영방송의 방송의 자유를 제한할 경우 법률에 의해서만 가능하며, 입법이라도 공영방송의 존립을 위협하는 입법 형성은 제한된다. 국가로부터의 방송의 독립이란 방송사가 국가의 직접·간접적인 영향력으로부터 독립되어 정치적인 영향으로부터 벗어나는 것을 의미한다. 즉 방송사를 국가가 직접 운영하거나 독립된 법인으로 운영되는 공영방송사에 국가가 특정한 영향력을 행사해서는 안 된다는 것이다. 국가의 영향력으로부터 자유는 직접적인 국가기관만이 아니라 국가의 정책과 집권을 담당하는 제도인 정당의 영향으로부터도 자유로워야 한다는 것을 의미한다. 국가로부터의 물적 독립은 방송사의 운영 재원이 국가의 예산에 의해 운영되어 실질적인 국가의 지배하에 놓이게 되는 것을 방지한다는 의미다(최우정, 2023). 따라서 행정부의 시행령 개정으로 수신료 징수 체계를 제한하는 조치는 공영방송의 방송의 자유를 침해하여 법률유보원칙을 위반한다.

이러한 논리는 이 결정에서 소수 의견을 낸 재판관의 결정에 명백히 나타난다. 재판관 김기영, 문형배, 이미선은 법률유보원칙 위반 여부에 반대 의견(소수 의견)을 제시했다. 재판관 소수 의견은 다수 결정의 문제점을 지적했다.

헌재 2008. 2. 28. 2006헌바70 결정은 수신료 징수 업무를 청구인이 직접 수행할 것인지 제3자에게 위탁할 것인지, 위탁한다면 누구에게 위탁하도록 할 것인지, 위탁받은 자가 자신의 고유업무와 결합하여 징수 업무를 할 수 있는지는 국민의 기본권 제한에 관한 본질적인 사항이 아니라고 판단하였다. 위 결정의 취지는 수신료의 구체적인 징수 방법에 관한 사항은 수신료 납부

의무를 부담하는 국민의 재산권 제한에 관한 본질적인 사항이 아니어서 이를 반드시 법률로 규율하지 않더라도 의회유보원칙에 위반되지 않는다는 것이다. 따라서 시행령인 심판 대상 조항에 의해 청구인의 방송 운영의 자유를 제한하는 것이 기본권 제한에 관한 법률유보원칙을 준수한 것인지 여부가 문제되는 이 사건에 위 법리를 그대로 적용할 것은 아니다. 심판 대상 조항은 법률유보원칙을 위반하여 청구인(KBS)의 방송 운영의 자유를 침해한다(2023헌마820).

또한, 재판관 소수 의견은 방송법 시행령 개정이 법률유보원칙을 위반했다고 적시했다.

심판 대상 조항은 청구인이 지정한 자가 수신료를 징수하는 때에는 그의 고유 업무와 관련된 고지행위와 결합하여 이를 행하여서는 안 된다고 규정하여 통합징수를 금지하고 있다. 청구인(KBS)이 그 지정한 자(한국전력)를 통하여 수신료를 징수하는 경우에 있어 그 징수 방법을 제한함으로써 청구인이 방송사를 운영하는 데 필요한 재무 관련 사항을 규제하는 것으로, 청구인의 방송 운영의 자유를 제한한다. 방송법은 청구인의 수신료 징수 업무의 위탁을 허용하면서, 청구인이 수탁자로 지정할 수 있는 자의 범위나 징수 업무 위탁 시 구체적인 징수 방법 등을 제한하는 규정을 두고 있지 않고, 그러한 사항을 하위 법령이 정하도록 위임하는 규정도 두고 있지 아니하다. 그럼에도 심판 대상 조항이 청구인으로부터 징수 업무를 위탁받은 자가 수신료를 징수하는 경우에 통합 징수라는 특정의 징수 방법을 금지하는 것은 법률의 근거 없이 청구인의 기본권을 제한하는 것이다(2023헌마820).

방송법 제67조 제2항은 '공사가 지정하는 자에게 수상기의 등록 업무 및 수신료의 징수 업무를 위탁할 수 있다'고 규정하고 있다. 그러나 방송법과 방송법 시행령은 수신료 징수를 위탁받은 징수업체의 고유 업무와 결합하여 수신료 징수를 금지하는 규정을 위임하지 않고 있다. 법률에서 징수에 관한 금지 사항을 위임하고 있지 않음에도 불구하고 시행령에서 방송 수신료의 징수를 수탁받은 자가 자신의 고유 업무와 관련된 고지 행위와 결합하여 수신료를 고지·징수할 수 없도록 규정하고 있다. 시행령은 법률의 내용을 기술적, 행정적으로 세부적인 사항을 규정하기 위해 인정되는 법규범이다. 따라서 그 스스로가 독자적으로 법률의 내용과 배치되는 내용을 규정할 수 없다(최우정, 2023).

수신료 통합 징수를 금지하는 방송법 시행령 개정은 위탁받은 징수 업체의 수신료 징수 방법을 제한하여 KBS 수신료 재원을 제한할 수 있는 행정 입법이다. 또한 시행령 제43조 제2항 개정은 '지정받은 자가 수신료를 징수한 때에는 지정받은 자의 고유 업무와 관련된 고지행위와 결합하여 이를 행하여서는 아니 된다'며, 수신료 징수를 지정받은 모든 위탁받은 징수 주체에게 고유 업무와 결합해서 수신료 징수를 금지하는 제한 명령이다. 이 시행령은 KBS가 수신료 징수 업무를 위탁하더라도 위탁받은 징수 업체의 고유업무와 결합해서 수신료를 고지·징수할 수 없도록 강제한다. 가령 기존과 같이 한전에 위탁할 경우 전기료와 통합고지를 할 수 없으며, 가스공사에 위탁할 경우 고유 업무인 도시가스 요금과 통합고지 할 수 없도록 수신료 징수 방법을 강제한다. 시행령 개정은 KBS가 수신료를 징수할 위탁 업체를 선정하고 징수 방법을 강제하는 강력한 조치로, 이는 KBS의 수신료 징수액에 영향을 미칠 수밖에 없다. 결국 공영방송의 수신료 재원은 정부의 시행령 조치에 좌우된다. 방송법 시행령 제43조 제2항의 개정은 법률에 근거하지 않아 방송의 자유를 침해하며, 이는 법률유보원칙을 위반했다. 그러나 헌법재판소 재판관 다수는 법률유보의 원칙을 적용함에 있어서 공영방송의 방송자유 기본권 침해에 관한 법리를 적용하지 않고, 기존의 국민의 재산권 침해 여부를 다루는 법리를 답습했다. 따라서 방송의 자유 침해 여부와 법률유보원칙의 위반에 대해서는 헌재의 소수 재판관이 제기한 법리가 더욱 타당하다.

헌법재판소가 방송의 자유 기본권 침해에 대해 법률유보원칙을 위반하지 않는다는 결정은 1999년(98헌바70)의 헌재 결정을 스스로 부정한 것이다. 헌재는 '공영방송사로서 다양한 의견과 정보를 균형 있고 공정하게 방송하는 공적 기능을 수행하면서도 아울러 언론 자유의 주체로서 방송의 자유를 향유하기 위하여서는 국가권력 및 특정한 사회 세력으로부터 그 독립성이 보장되어야 한다. 공영방송사의 독립성은 그 조직 구성과 재원 조달 측면에서 관철되어야 하는 바, 특히 재원 조달과 관련하여서는 청구인이 그 방송프로그램에 관한 자유를 누리고 국가나 정치적 영향력, 특정 사회 세력으로부터 자유로울 수 있도록 적정한 재정적 토대가 확립되어야 한다'(헌재 1999. 5. 27. 98헌바70 참조)고 했다. 공영방송의 방송 자유는 특히 정부로부터 독립되어야 하고 재원이 보장되어야 한다. 방송의 자유는 국민의 사적·공적 의사 형성을 통해 우리 사회의 민주적 기본 질서 형성에 기여하는 방송사의 기본권으로, 우리 헌법의 기본원리인 민주주의 원리를 실현하는 핵심적 기능을 수행하는 기본권이기 때문이다. 방송의 자유 보장을 위해서는 입법자도 방송의 존속 및 발전 보장을 위한 긍정적 방향으로의 입법 형성 의무를 부담하고 있음에도 불구하고, 행정부가 시행령을 통해 공영방송의 물적 기반을 훼손함으로써 기본 공급 의무를 정상적으로 수행할 수 없도록 만드는 것은 명백히 자의적이고 위헌적인 공권력의 행사(행정입법)다(최우정, 2023). 헌재는 이번 결정에서 공영방송의 방송의 자유의 기본권 주체성과 공영방송이 국가로부터 독립되어야 한다는 헌법적 원리를 도외시했다. 결국 정부의 시행령 개정이 KBS의 방송의 자유를 침해했음에도 불구하고, 헌재는 공영방송 수신료의 헌법적 기능과 역할을 전혀 고려하지 않은 결정을 내린 것이다.

## (2) 입법 재량의 한계 일탈 여부의 판단

헌법재판소는 심판대상 조항에 대한 입법재량의 한계를 판단하기 위해 다음과 같은 기준을 제시했다.

> 공영방송에 관한 규정의 경우, 앞서 살펴본 바와 같이 공영방송의 책무인 헌법상 민주주의 원리, 알 권리, 인간다운 생활을 할 권리 등을 실현하는 객관적 규범 질서를 형성하여 방송의 기능과 자유를 보장할 수 있는지 여부가 입법 재량의 한계를 판단하는

기준이 된다. 공영방송이 이러한 기능을 수행하기 위하여는 국가 및 특정 사회 세력으로부터 그 조직 및 재원이 독립되어야 한다. 심판 대상 조항은 방송법에서 규정하고 있는 수신료의 부과·징수와 관련하여, 수신료 납부통지에 관한 절차적 사항을 구체화하고 있는 바, 심판 대상 조항이 정하는 절차가 입법 재량의 한계를 준수하였는지 여부는, 그 내용이 청구인이 공영방송의 헌법적 기능을 수행하기 위하여 필요한 재정적 독립성을 침해하는지 여부에 따라 판단하여야 한다. 즉 심판 대상 조항에 따른 수신료의 징수 방법으로 인하여 청구인이 적정한 재정적 독립성을 유지할 수 없는 정도에 이른다면, 심판 대상 조항은 입법 재량의 한계를 일탈하였다고 볼 수 있을 것이다(2023헌마820).

헌법재판소가 제시한 입법 재량의 한계 일탈 기준에 대한 법리 적용의 문제점은 다음과 같다.

① 시행령 개정에 따른 수신료 징수 금액의 변동 유무의 판단

**- 헌재의 결정**

헌재는 방송법 시행령 개정은 단지 통합 고지를 금지하는 규정으로 '수신료의 금액이나 납부의무자, 미납이나 연체 시 추징금이나 가산금의 금액을 변경하는 것은 아니다. 따라서 심판 대상 조항으로 인하여 청구인이 징수할 수 있는 수신료의 금액이나 범위가 달라지지 않는다. 이 점에서 심판 대상 조항이 규범적으로 청구인의 수신료 징수 범위에 어떠한 영향을 끼친다

고 볼 수 없다'고 했다. 그리고 방통위가 주장한 국민의 수신료 『납부선택권』을 '방송법상 수상기를 보유한 자의 수신료 납부 의무가 면제되는 것은 아니고 수신료 납부의무자가 수신료의 납부 여부를 선택할 수 있다고 보기는 어렵다'라며 국민의 수신료 납부 의무를 설명했다. 즉 시행령 개정 조치가 있더라도 수신료 징수 범위가 동일하고, 수신료 미납자에 대해 추징금이나 가산금을 추징할 수 있다는 근거로 KBS의 수신료 총 징수 금액은 변동이 없다고 판단했다.

### - 수신료 징수금액에 대한 헌재 결정의 문제점

앞서 통합 징수를 금지하는 방송법 시행령 개정 KBS 재원의 문제점을 살펴보았다(표7-3 참조). 본격적으로 수신료 분리 징수 제도를 시행하지 않았음에도 방송법 시행령이 개정된 2023년 7월 이후부터 KBS의 수신료 재원은 감소하기 시작했다. 통합 징수 제도가 도입된 1994년 이후 제도 시행에 따라 일시적으로 징수액이 증가한 1995년을 제외하고, 1996년부터 수신료 징수 금액은 연평균 약 125.7억 원 정도 순증하였다. 그러나 2023년 수신료 분리 징수 시행령 개정 이후 수신료 징수액은 처음으로 83억 원 감소했다. 수신료 통합 징수 제도 이후와 분리 징수 시행령 이후의 수신료 재원 증감 추이를 요약하면 [표 7-6]과 같다.

[표 7-6] 수신료 통합 징수 이후와 분리 징수 시행령 개정 이후 징수액 비교

| 연도 | 실적 | 증감액 | 비고 |
|---|---|---|---|
| 1994년 | 2,171 | 149 | |
| 1995년 | 3,609 | 1,438 | 1994년 10월 통합 징수로 일시적 증가 |
| 1996년~2022년 증감액 평균 | | +125.7 | |
| 2023년 | 6,851 | -83 | 7월 시행령 공표, 8월부터 실질적 감소 |

KBS 내부 자료

특히, KBS는 2024년 7월부터 본격적으로 수신료 분리 징수를 시행하면서, 8월에 분리 징수의 영향을 받은 수신료 징수 금액이 이전보다 상당히 감소했다. 2021년 8월 수신료 징수 금액은 579억 원이었고, 2022년 8월에는 583억 원에 달했다. 그러나 수신료 통합징수가 금지된 2023년 8월에는 561억 원으로 감소했으며, 본격적인 분리 징수가 시행된 2024년 8월에는 494억 원으로 더욱 줄어들었다. 결국 수신료 분리 징수로 인해 2022년에 561억 원이었던 수신료 수입이 약 15.3%[(561-494)/561] 감소했다. 이를 연 단위로 추정하면, 2023년 6,851억 원의 수신료 수입에서 2025년은 약 1,046억 원이 감소할 것으로 예상되어, 심각한 재원 위기를 초래할 수 있다. 15.3%의 수신료 수입 감소는 수신료 분리 징수를 시행한 첫 달의 실적이며, 향후 수신료 수입이 지속적으로 감소할 우려가 있어 그 심각성은 더욱 커지고 있다. 이러한 수치는 2024년 예산 편성 예측보다 감소한 것이지만, 수신료 수입의 15% 감소는 상당한 규모의 재원 감소를 의미한다.

본격적인 수신료 분리징수 이후 수신료 감소 추이는 [표 7-7]과 같다.

[표 7-7] **수신료 통합 징수 이후와 분리 징수 시행령 개정 이후 징수액 비교**

| 연도 | 월 수신료 수입 | 증감 | 특이 사항 |
|---|---|---|---|
| 2021. 8월 | 579억 | | |
| 2022. 8월 | 583억 | + 4억 | 정상적 비율의 수신료 증가분 |
| 2023. 8월 | 561억 | −24억 | 방송법시행령 개정 이후 |
| 2024. 8월 | 494억 | −67억 | 본격적인 수신료 분리징수 이후 |

※ 연도별/월별 KBS 수신료 징수 현황자료 참고

그리고 더욱 심각한 문제는 방송법 시행령 개정 이후(2023년 7월 이후) 약 34만 가구가 수신료 분리 징수를 신청하였는데 이 가운데 5%만이 수신료를 납부했다. 본격적으로 분리 징수 제도가 시행되면 어느 정도가 수신료를 자율적으로 납부할지 예측하기 어려운 상황이다. 특히 공동주택의 경우 아파트 관리사무소에서 한전으로 일괄 수신료를 납부해왔기 때문에 한전도 공동주택의 가구별 개인정보를 확보하지 못하는 문제점을 갖고 있다. 한국전력도 수신료를 납부하지 않은 가구에 대해 가구별 (동호수별) 수신료 체납 상황만 알 수 있다. 수신료 미납자가 주소지를 이전하면 미납자에 대한 개인정보를 확인할 수 없어 수신료 체납에 대한 가산금을 추징하기는 어려운 실정이다. 헌법재판소의 '시행령 개정에 대한 수신료 금액의 변동'에 문제가 없다는 판단은 수신료 징수 현장의 현실과 전혀 부합하지 않는다. 방송법 시행령 개정으로 KBS의 수신료 징수 금액은 감소하고 있으며 이미 영향을 받고 있다. 시행령 개정에 따른 수신료 징수 금액의 변동 유무에 대한 헌재의 결정은 KBS가 제시한 자료를 전혀 반영하지 않은 결정이다. '수신료 징수 금액의 변동 유무'에 대해 헌재가 제시한 근거는 비논리적이고 비과학적이며, 단지 시행령 개정으로 수신료 징수 금액의 변동에는 문제가 없을 것이라는 예측에 의존한 판결이라 할 수 있다.

② 청구인(KBS)의 재정적 손실 여부의 판단

**- 헌재의 결정**

헌재는 청구인의 재정전 손실 여부의 판단에 대해 다음과 같은 판단 근거를 제시했다. 헌재는 수신료 체납으로 인한 한전의 단전 조치의 문제를 언급했다.

> 한국전력공사가 수신료 체납을 이유로 전기 공급을 거부하는 것은 허용되지 않음에도 불구하고 실무상 전기요금과 수신료가 통합 고지된 결과 통합 고지액 중 수신료에 해당하는 금원이 체납되더라도 전기 공급이 거부되는 경우가 발생할 가능성도 있었다. 종전과 달리 수신료를 전기요금과 분리하여 고지·징수할 경우, 미납되는 수신료가 증가할 것이라는 우려가 있을 수 있다.

헌재는 청구인의 재정적 손실 여부를 판단하면서, 국세 체납 처분 수단이 있지만 개인의 일상생활에 필수적인 전기요금을 결합 징수할 필요성은 없다고 판단했다.

그러나 미납 및 수신료에 대하여 방송법은 이미 추징금 및 가산금의 징수를 가능하게 하고, 국세 체납 처분의 예에 의하여 이를 징수할 수 있도록 하여 강제 수단을 마련하고 있다(방송법 제66조).[33] 이러한 강제 수단에도 불구하고 수신료를 납부하지 않을 가능성을 완전히 차단하기 위하여 나아가 개인의 일상생활에 필수적인 전기의 사용요금에 이를 결합하여 징수하는 것이 반드시 필요하다고 보기 어렵다.

그리고 다양한 방법으로 수신료를 징수할 수 있어 수신료와 통합 징수를 금지하는 조치가 과거와 같이 회귀한다고 단정하기 어렵다는 이유를 들었다.

전기요금과 수신료를 통합하여 징수하기 시작한 1994년 이전에는 수신료의 수납률이 상당히 낮았고 징수 비용도 높았다는 점을 근거로 청구인의 재정적 손실이 클 것이라는 우려도 있다. 그러나 지난 30년간 수신료 통합 징수 시행을 통하여 수상기 등록 세대에 대한 정보가 확보된 점, 정보통신 기술의 발달로 각종 요금의 고지 및 납부 방법이 전산화·다양화된 점, 공영방송에 관한 사회적 인식의 변화가 있는 점, 방송법 제67조 제3항 및 같은 법 시행령 제48조에서 징수 업무 위탁수수료의 상한을 정하고 있는 점 등을 고려하면, 현재 전기요금과 수신료를 분리하여 징수한다고 하여 그 수납률이나 징수 비용 등이 전기요금과 수신료의 통합 징수가 실시되기 전의 상황으로 곧바로 회귀된다고 단정하기 어렵다.

---

33) 방송법 제66조(수신료 등의 징수) ③공사는 제65조의 수신료와 제1항 및 제2항의 가산금 또는 추징금을 징수할 때 체납이 있는 경우에는 방송통신위원회의 승인을 얻어 국세체납처분의 예에 의하여 이를 징수할 수 있다.

## - 헌재 결정의 문제점

[방송수신료통합징수권한부존재] 확인 소송(서울행정법원 2008구합 31208판결, 대법원 2007다25261 판결)에서, 우리 법원은 수신료가 체납되었을 때 수신료 체납을 이유로 전기 공급(단전 조치)을 거부하는 것은 허용되지 않는다고 판단했다. 대법원은 '한전은 KBS로부터 수신료 징수만 위임받았을 뿐, 강제 징수는 위임받지 않아서 수신료 체납을 이유로 전기 공급을 거부할 수는 없다'고 판결하였다. 대법원 판결에 따라 수신료 납부를 거부하거나 수신료 미납을 이유로 단전한 사례는 없고 단전 조치를 할 수도 없다. 그러나 헌법재판소의 이번 결정은 대법원 판결에 따라 한전이 수신료 미납으로 단전 조치를 할 수 없으며, 실제로 단전한 사례가 없음을 인식하지 못했다. 결국 '수신료 미납 시 단전을 우려하여 개인의 생활에 필수적인 전기의 사용 요금에 수신료를 징수하는 것이 반드시 필요하다고 보기 어렵다는 것'은 내용은 사실에 부합하지 않고 헌법재판소의 예측에 불과한 논리다.

그리고 수신료 통합 징수 제도 이후에는 체납 사례가 존재하지 않으며, 오히려 수신료 통합 징수 제도 이전에 수신료 미납으로 인하여 수신료 체납 처분 사례가 있었다. 특히 통합 징수 이전 1990년 12월부터 1992년 6월 사이에 15,522건을 체납 처분하였다(KBS, 수신료 위헌 헌법소원심판 청구서, 2023). 연도별 수신료 체납 처분 사례는 [표 7-8]과 같다.

[표 7-8] **연도별 수신료 체납 처분 사례 (단위: 천 원)**

| 기 간 | 체납 건수 | 체납 금액 | 비고 |
|---|---|---|---|
| 1982 | 3,535 | 49,944 | 관할 세무서 의뢰 |
| 1983 | 5,255 | 76,875 | |
| 1984 | 2,707 | 51,694 | |
| 1985 | 1,198 | 25,221 | |
| 1986~1989.11. | – | – | 체납 처분 미실시 (문공부 불승인) |
| 1989.12. | 192 | 111,690 | 문공부 승인 |
| 1990.12.~1992.6. | 15,522 | 1,414,301 | 공보처 승인 |

KBS (2023). 수신료 체납 처분 연도별 사례

수신료 통합 징수는 공영방송 운영 부담금으로서 텔레비전 방송을 수신하기 위하여 텔레비전 수상기를 소지한 자는 수신료를 납부해서(방송법 제64조) 공평한 징수를 담보하는 장치였다. 헌법재판소는 수신료가 분리 징수될 경우 과거와 같이 수신료 체납 처분이 증가할 가능성을 간과하고 있다. 현행 방송법 제66조 제3항에 따르면,[34] 수신료 미납부 시에는 방송법의 체납 처분 절차에 따라 압류, 공매 등 강제 징수가 불가피할 경우 KBS는 다수의 국민을 상대로 수신료 납부를 강제하기 위해 소송을 벌여야 하는 상황이 발생할 수도 있다. 수신료를 분리징수할 경우, 수신료를 자율적으로 납부하지 않은 가구로 인해 수신료 체납처분은 증가할 것이다. 수신료 분리징수 조치는 결국 사회

---

34) 제66조(수신료 등의 징수) ③공사는 제65조의 수신료와 제1항 및 제2항의 가산금 또는 추징금을 징수할 때 체납이 있는 경우에는 방송통신위원회의 승인을 얻어 국세체납처분의 예에 의하여 이를 징수할 수 있다. 〈개정 2008. 2. 29., 2020. 6. 9.〉

적 갈등을 초래할 우려가 있다. 앞서 작년 방송법 시행령 개정 이후 34만 가구가 수신료 분리 징수를 신청하고 이 가운데 5%만 수신료를 납부했다. 그리고 통합 징수 제도 추진의 경과에서 살펴보았듯이 공동주택의 경우 아파트 관리사무소는 공동주택의 수신료를 일괄적으로 한전에 납부하고 있기 때문에, 수신료 미납자의 동호수는 파악할 수 있지만 아파트의 가구별 개인정보를 확인할 수 없다. 30년 동안 구조화된 통합 징수 제도를 일시에 해체하여 새로운 징수 체계를 마련하라는 결정은 상당한 시일과 비용이 소요되는 현실을 간과한 결정이다. 수신료 통합 징수가 금지되면, 분리 징수로 인해 수신료 납부율을 낮아지고, 가구별 수상기 소지자의 개인별 정보를 확보할 수 없어 KBS의 재원 축소는 불가피하다. 또한 헌재가 '한전의 단전 조치의 가능성으로 전기 사용 요금에 수신료를 결합 징수하는 것이 반드시 필요하다고 보기 어렵다'는 견해는 대법원 결정과 단전 조치가 없는 사례를 자의적으로 해석했다. 수신료 결합 징수의 문제점으로 한전의 단전 조치 가능성을 언급한 것은 대법원 판례나 단전의 사례가 없다는 것을 인식하지 못한 결정이다. 따라서 헌재가 결정한 KBS의 재정적 손실 여부에 관한 판단은 사실에 기반하지 않아 논리적 근거가 부족하며, 합리적 논증이라 할 수 없다.

③ 통합 징수 금지의 필요성

## - 헌재의 결정

헌재는 통합 징수 금지의 필요성으로 수신료 과오납의 문제를 제기하였다.

수신료와 전기요금의 통합 징수 방식은 1994년에 도입되어 약 30년간 유지되어 오면서 공영방송의 재원에 기여한 측면이 있으나, 전기요금에 수신료가 합산되어 있는 사실을 정확하게 인지하지 못하여 수신료를 과오납하는 경우가 점차 증가하였다. 특히 영업양수도, 건물 매입, 리모델링, 이사 등의 사유로 수상기 소지 여부 또는 그 개수에 변경이 생겼음에도 수신료 납부 여부 및 금액에 관한 확인이 늦어져 부지불식간에 수신료를 잘못 납부하는 사례가 빈번하였다. 기록에 따르면, 2022년도 기준으로 수상기 미소지자 수신료 민원 접수 건수는 59,017건에 달하고, 이 중 환불 건수는 38,391건, 총 환불 금액은 8억 원을 넘었다. 심판 대상 조항은 수신료를 전기요금과 분리하여 고지·징수하도록 함으로써 수신료의 징수 여부와 그 금액을 명확하게 인지하고 납부할 수 있도록 하고, 잘못 고지된 경우 이를 바로 인지하여 대처할 수 있도록 하기 위하여 도입되었는 바, 수신료 납부의무가 없는 자의 과오납을 예방할 수 있는 적합한 수단이 된다고 할 것이다. 수신료 통합 징수로 인한 수납의 편리성, 징수 비용의 절약 등을 고려할 때, 수신료 통합 징수 제도가 효율적이라고 평가할 여지가 있으나, 통합 징수의 부작용으로 나타나는 부당한 수신료의 징수나 과오납으로 인한 불편을 고려하여 이를 택하지 않는다고 하여 그 자체로 헌법에 위반된다고 단정할 수 없다. 전기요금과 수신료를 통합하여 징수하는 방법만이 가장 효율적인 징수 방법이라고 볼 수 없고, 특히 수신료 과오납의 방지라는 공익을 고려할 때 이러한 공익의 달성을 위해 다른 방식의 수신료 징수를 고안하는 것도 허용된다고 할 것이다.

그러면서 수신료 과오납으로 방지라는 공익을 공영방송의 방송의 자유와 이익 형량을 비교했다.

### - 헌재 결정의 문제점

헌재가 제시한 수신료의 과오납 사례는 통합 징수로 인해 발생하는 사례가 아니라 개인이나 공동주택의 수상기 소지자가 주소지를 이전하면서(이사 등) 수상기 소지에 대한 개인정보를 확보할 수 없어 발생하는 문제다. 방송법 시행령 제40조(등록변경신고)[35]에 따라 수상기 소지자는 전·출입 시 수상기 등록 변경 신고를 해야 한다. 전·출입 시 수상기 등록 변경 신고를 하지 않을 경우 TV 수상기를 소지한 것으로 인식되어 수상기를 소지하지 않은 전입자에게 수신료가 부과되어 과오납금이 발생하게 된다. 그리고 수상기 소지자의 자발적인 수상기 등록(의무조항)이 이루어지지 않기 때문에, 수상기 소지 여부를 확인하기 위해 각 세대 또는 특정 건물을 출입하는 것은 현실적으로 가능하지

---

35) 제40조(등록변경신고) ①제38조의 규정에 의하여 수상기를 등록한 자(이하 "수상기등록자"라 한다)가 수상기의 설치 장소 및 소지 대수의 변경 등 수상기 등록사항을 변경한 때에는 2주일 내에 공사 또는 지정받은 자에게 그 변경 사항을 신고하여야 한다.

않은 문제점이 있다. 그래서 수상기 등록 변경 신고 업무는 제도적 보완이 필요한 사안이다(KBS 수신료 제도 관련 방송법령 개정 및 제도 개선(안), 2014). 따라서 헌재가 수신료 과오납의 문제를 수신료 통합징수를 금지하는 시행령 개정의 필요성으로 제시한 점은 잘못된 논증이다. 수신료를 전기료와 분리 징수하더라도 개인들이 주소지를 이전하면서 수상기 등록 변경 신고가 이루어지지 않으면, 수신료 고지를 위해 수상기 소지 여부를 개별적으로 확인해야 한다. 이 과정에서 수신료 과오납과 민원의 문제는 수신료 통합 징수 제도 무관하게 발생한다. 공동주택의 수신료를 일괄 징수해 온 한국전력도 공동주택의 가구별 개인정보와 수상기 소지 여부를 확인하기 어렵다. 따라서 수신료 과오납의 문제를 수신료 통합 징수의 원인으로 적시한 것은 사실에 부합하지 않은 논증이다. 주소지 이전으로 인한 수신료 과오납에 대해서는 민원이 발생하면 당연히 수신료를 환급해 주고 있어 수신료 과오납의 문제는 수신료 통합 징수를 금지할 정도의 사회적 문제가 되지 않는다. KBS는 수신료 과오납의 문제와 거주지 이전에 따른 수신료 등록 변경 신고 문제를 해결하기 위해 2014년 이후 방통위와 지속적인 협의를 했지만, 제도 보완은 이루어지지 않았다. 수상기 소지자의 거주지 이전에 따른 전국민의 개인정보를 확보하는 현실적인 문제가 있었기 때문이다. 통합 징수로 인한 과오납과 같은 제도적 문제는 수신료 통합징수 자체의 근본적인 문제가 아니라, 제도적 보완을 통해서 충분히 해결할 수 있는 사항이라 할 수 있다.

헌법재판소는 주소지 이전에 따라 불가피한 수신료 과오납의 방지라는 공익을 통합 징수의 문제로 확대 해석하여 공영방송의 방송 자유의 공익과 이익 형량을 비교하는 잘못된 논거를 제시했다. 이러한 헌재의 '통합 징수 금지 필요성'에 대한 법리 해석과 결정은 합리적이지 않다. 헌법재판관 소수 의견도 '공익은 반드시 수신료 분리 징수를 강제함으로써만 달성될 수 있는 것도 아니다. 현행의 수신료 통합 징수 제도를 유지하면서도 전기요금 고지서에 방송법 제64조의 수신료 납부 의무, 같은 법 시행령 제38조 내지 제46조에서 정한 수상기의 등록, 등록 면제, 등록 변경 신고 및 등록 말소, 수신료의 면제 및 감액, 과오납금의 처리 등에 대한 안내 문구를 상세히 기재하거나, 위 내용들에 대하여 사회관계망서비스(SNS) 등 다양한 매체를 활용하여 국민들에게 널리 알리는 방법 등을 통하여도 위와 같은 공익을 달성할 수 있다. 게다가 TV 수상기를 보유한 대부분의 가구의 경우 통합 징수가 분리 징수에 비해서 훨씬 편리하므로, 심판 대상 조항과 같이 분리 징수를 강제할 것이 아니라 국민들이 분리 징수 여부를 선택할 수 있게 하는 것만으로도 얼마든지 위와 같은 공익을 달성할 수 있다'며 공익 이익 형량의 문제점을 적시했다. 헌재가 수신료 통합 징수를 금지하는 필요성으로 제시한 수신료 과오납의 문제는 통합 징수 제도에서 발생하는 근본적인 원인이라 할 수 없다. 따라서 수신료 과오납의 문제로 수신료 징수 방법의 변경을 고려하라는 헌재의 논리는 타당하지 않으며 과장된 해석이라 할 수 있다.

④ 수신료 외의 수입

**- 헌재의 결정**

헌법재판소는 수신료 통합 징수의 공익적 측면을 인정하면서도, 수신료 분리 징수의 조치로 발생하는 재원의 감소를 광고나 프로그램 판매 수익 또는 정부 보조금으로 충당하거나 국회의 수신료 인상 고려 등 재원 보완 방안을 적시했다.

1994년 수신료와 전기요금의 통합 징수를 실시하면서, 청구인은 그 전까지 수신료 징수의 어려움에서 벗어나 획기적으로 개선된 수신료 징수율과 비용 절감의 혜택을 누릴 수 있었고, 이는 수신료 동결, KBS 1TV 광고 폐지, 취약층 수신료 면제 확대 등 공익적 업무를 확대하는 데 도움이 된 점은 인정할 수 있다. 그러나 심판 대상 조항의 도입으로 인하여 수신료를 더 이상 전기요금과 통합하여 징수하지 않을 경우, 청구인의 주장과 같이 수신료 수입이 일정 부분 감소된다고 하더라도, 방송법에 따라 청구인은 수신료 외에도 방송광고 수입이나 방송 프로그램 판매 수익, 정부 보조금 등을 통하여 그 재정을 보충할 수 있다(방송법 제56조, 동법 시행령 제36조). 다만, 수신료 외의 방송광고 수입이나 국가 보조금의 비율이 증가할수록 사인이나 국가에 의한 영향력이 증가하여 공영방송의 독립성이 훼손될 우려가 있는 점에서 향후 수신료에 의한 재원이 충분하지 않을 경우, 공론화 및 여론의 수렴을 통하여 입법부가 수신료를 증액하거나 징수 범위 등을 개선하는 등의 방안을 고려할 필요가 있다.

## - 헌재 결정의 문제점

방송법 제56조는 KBS의 주재원을 수신료 수입으로 충당하고 보조 재원을 광고 수입 등을 활용하도록 했다. KBS의 주재원은 수신료이고 그 외의 재원은 보조 재원이다. KBS가 상업 재원이나 정부 재원에 의존하게 되면 기업이나 국가에 의한 영향력이 증가하여 공영방송의 독립성이 훼손될 우려가 있기 때문이다. 매체의 다양화로 지상파 방송의 광고 수입은 20년 전의 1/3 수준으로 하락했다. 2002년 KBS 광고 수입은 7,352억 원을 기록했는데, 2022년의 광고 수입은 2,642억 원으로 감소했다(방송통신위원회). 프로그램 판매 수익도 더 이상 확대되지 않아서 KBS는 사실상 수신료 재원에 의존하고 있다.

분리 징수로 KBS 재원의 문제가 발생할 경우 방송법에 명시된 수신료 재원의 이외 광고 수입이나 기타 수입의 충당하라는 것은 미디어의 현실 상황과 전혀 부합하지 않는다. 더구나 수신료 분리 징수로 인한 KBS 재원 부족의 문제를 국회에서 수신료 인상을 고려할 필요가 있다는 논리는 헌법재판소 스스로 시행령 개정 조치로 인해 KBS 재원이 감소할 것임을 인정한 것이다. 시행령 개정으로 인한 KBS 재원 부족을 국회 수신료 인상으로 해결하라는 헌법재판소의 판결은 무책임한 논리라 할 수 있다. 헌법재판소의 잘못된 결정에 대한 책임을 국민에게 전가하고 국회에 맡기는 것이다. 결국 헌법재판소는 통합 징수를 금지하는 방송법 시행령 개정 조치가 KBS의 수신료 재원 조달을 어렵게 할 수 있다는 점을 인정하면서도, 시행령 개정이 법률유보원칙에 위배되지 않고, 방송의 자유 기본권을 침해하지 않는다는 모순된 결정을 내린 셈이다.


## (3) 헌재 기각 결정에 대한 소결

방송법 시행령 개정은 2023년 3월 9일 용산 대통령실의 국민 제안 형식으로 추진되었다. 수신료 제도의 당사자인 KBS와 한 번의 상의와 협의도 없이 일방적으로 추진되었다. 2023년 6월 14일 주무기관인 방통위는 분리 징수를 위한 방송법 시행령 개정안을 접수하고 6월 16일부터 26일까지 시행령 개정안 입법 예고했다. 이어 7월 5일 방통위는 개정안을 의결하고, 7월 6일 차관회의에서 개정안을 가결했다. 이후 7월 11일 국무회의에서 개정안이 공포되었다. 29년 된 수신료 통합 징수 제도를 시행령으로 개정하는데 불과 4달 정도밖에 걸리지 않았다. 이 과정에서 여당 추천 2인 체재의 방통위가 일방적 결정하고 규제개혁위원회를 생략한 점 등 시행령 개정 과정에서 많은 문제점이 있었다. 공영방송의 수신료 징수제도를 개선하려는 대통령실과 관련 부처는 시행령으로 직접적으로 피해를 보는 당사자인 KBS와 어떤 상의도 하지 않았으며, 협의도 받아들이지 않았다. 시행령 개정 일련의 절차와 내용은 대통령실(국가)이 공영방송 재원을 통제하여 사장을 교체하려는 시도를 넘어, 공영방송 체제를 와해시키려는 의도를 의심할 수밖에 없는 조치들이었다.

그러나 헌재는 KBS가 제기한 수신료 위헌소송에 대해 방송법 시행령 개정이 방송의 자유를 침해하지 않았고, 법률유보원칙을 위반하지 않았다고 결정했다. 헌재의 이러한 결정은 공영방송의 방송의 자유에 대한 이해가 부족하거나 이를 의도적으로 외면하여 일방적으로 정부에 유리한 결정을 내린 것으로 판단된다. 특히 공영방송의 방송의 자유 기본권 침해 여부를 판단함에 있어 국민의 재산권 침해 여부를 판단하는 기존 논리를 답습한 것은 잘못된 법리 적용이다. 구 방송법 시행령 제43조 제2항에 대한 헌재 2008. 2. 28. 2006헌바70의 결정은 KBS가 한국전력에게 시행령으로 수신료 통합 징수를 위탁하는 것이 국민의 기본권을 제한하는 본질적인 사항이 아니기 때문에 법률유보원칙을 위반하지 않았다고 결정했다. 당시 이러한 결정의 취지는 '수신료의 구체적인 징수 방법에 관한 사항은 수신료 납부 의무를 부담하는 국민의 재산권 제한에 관한 본질적인 사항이 아니어서 이를 반드시 법률로 규율하지 않더라도 의회유보원칙에 위반되지 않는다는 것이다'(재판관 소수 의견). 헌법재판소는 공영방송의 방송의 자유에 대한 기본권침해 여부를 판단할 때, 수신료 통합징수는 국민의 기본권을 제한하지 않으므로 수신료 징수에 관한 본질적인 사항을 시행령으로 가능(법률유보원칙)하다는 기존의 논리를 적용했다. 그리고 방송법은 KBS가 한전에 수신료 징수 업무를 위탁할 때 구체적인 징수 방법 등을 제한하는 규정을 두지 않는다. 그러한 사항을 방송법 시행령에 정하도록 위임하지 않기 때문에 통합 징수를 금지하는 방송법 시행령 개정 조항은 법률에 근거 없이 KBS의 방송의 자유를 제한하는 것이다. 따라서 재판관 3인이 제기한 '심판 대상 조항은 법률유보원칙을 위반하여 청구인의 방송 운영의 자유를 침해한다'는 의견이 더욱 타당한 법리 적용이라 할 수 있다.

　또한, 헌재는 방송법 시행령 개정이 입법 재량의 한계를 일탈하지 않았다고 주장했지만, 이 법리는 사실과 전혀 부합하지 않으며 많은 논리적 모순을 가지고 있다. 첫째, 시행령 개정에 따라 수신료 징수 금액이 변동하지 않는다는 것은 사실과 다르다. 통합 징수 이후 연평균 약 125억 원 정도 순증하던 수신료 금액은 2023년 처음으로 83억 원 하락했다. 그리고 방송법 시행령 개정 이후 약 34만 가구가 분리 징수를 신청했으나, 이 중 5%만이 수신료를 납부하고 있다. 본격적인 분리 징수가 실현되면 수신료 재원은 더욱 감소할 것이며 체납자는 점차 증가할 것이다. 헌재는 KBS가 제시한 수신료 감소의 경제적 예측과 근거를 전혀 수용하지 않았다. 특히, KBS는 2024년 7월부터 본격적으로 수신료 분리 징수를 시행하면서, 8월에 분리 징수의 영향을 받은 수신료 징수 금액이 이전보다 상당히 감소했다. 2022년 8월에는 583억 원에 수신료 수입은 본격적인 분리 징수가 시행된 2024년 8월에는 494억 원으로 더욱 줄어들었다. 결국 수신료 분리 징수로 인해 2022년에 561억 원이었던 수신료 수입이 약 15.3%[(561−494)/561] 감소했다. 이를 연 단위로 추정하면, 2023년 6,851억 원의 수신료 수입에서 2025년은 약 1,046억 원이 감소할 것으로 예상되어, 심각한 재원 위기를 초래할 수 있다. 15.3%의 수신료 수입 감소는 수신료 분리 징수를 시행한 첫 달의 실적이며, 향후 수신료 수입이 지속적으로 감소할 우려가 있어 그 심각성은 더욱 커지고 있다. 둘째, 통합 징수로 인해 수신료 미납 시 단전 조치가 시행될 수 있다는 가능성과 우려가 있어 개인의 일상생활에 필수적인 전기 사용 요금에 수신료를 결합하여 징수하는 것이 반드시 필요하지 않다는 논리는 대법원 2007다25261 판결과 정면으로 배치되는 주장이다. 대법원 판결에 따라 수신료 납부 거부 시 또는 수신료 미납을 이유로 단전한 사례는 없고, 단전 조치를 할 수도 없다. 또한 수신료 미납으로 국세 체납 처분의 강제 수단(방송법 제66조)을 마련할 수 있다는 지적은 통합 징수 이후 수신료 체납 처분 사례가 없었고, 통합 징수 이전에 오히려 체납 처분이 다수의 사례가 존재하는 것을 왜곡하고 있다. 셋째, 헌재는 수신료 통합 징수 금지의 필요성으로 수신료 과오납의 문제를 제기했지만, 이는 통합 징수의 직접적인 문제는 아니다. 수신료 과오납의 사례나 수신료 민원 접수의 증가는 통합 징수로 인해 발생하는 사례나 민원이 아니라, 수상기 소지자가 주소지를 이전하면서 수상기 소지의 불명확성이나 수상기 소지자의 개인정보를 확인하지 못해 발생하는 문제다. 통합 징수로 인한 과오납의 제도적 문제는 통합 징수로 인한 근본적인 문제가 아니라, 제도적 보완을 통해서 충분히 해결할 수 있는 문제다. 주소지 이전에 따라 불가피하게 발생하는 수신료 과오납의 방지라는 공익을 통합징수의 문제로 확대 해석했다. 따라서 수신료 과오납 방지의 공익을 공영방송의 방송 자유의 공익과 이익 형량을 비교하는 것은 타당한 논증이라 할 수 없다. 넷째, 분리 징수 조치로 KBS가 수신료 재원이 부족할 경우 수신료 인상을 고려하라는 주문은 역설적으로 헌재 스스로 분리 징수를 할 경우 KBS 재원이 부족할 수 있다는 점을 인정한 셈이다. 결국 헌재가 통합 징수를 금지하는 시행령 개정이 입법 재량의 한계를 일탈하지 않았다는 법리는 모두 잘못된 예시이거나, 현실을 전혀 반영하지 않거나, 헌재의 잘못된 결정을 국민과 국회에 전가하는 것이다.

30년 동안 공영방송의 재원을 안정적으로 조달할 수 있는 제도를 일시에 금지하는 형태, 특히 행정부가 수신료 재원에 직접적으로 간섭하는 시행령 조치는 공영방송의 방송의 자유를 침해한다. 그리고 행정부의 조치로 재원의 영향을 받는 공영방송은 정부의 눈치를 보게 되고 결국 정부의 홍보도구로 전락할 위험이 있다. 헌재는 공영방송 수신료와 관련된 1999년 결정에서(98헌마70) 위헌[36]을 시정하기 위해 국회에서 새로운 입법이 이루어질 때까지 기존 제도를 유지하는 결정을 내리며, 공영방송의 재정 안정의 토대를 마련했다. 그러나 이번 헌법재판소의 결정은 공영방송의 안정적인 재원 조달에 심대한 영향을 미치고, 우리 사회의 민주적 기본 질서 형성에 기여하는 공영방송의 방송 운영의 자유를 침해한다. 방송 자유의 기본권 주체인 공영방송의 재원을 보장하는 수신료 영역은 행정부 소관이 아니고 입법권자의 영역이다. 따라서 방송법 시행령 제43조 제2항은

---

36) 공보처장관이 결정하는 구 한국방송공사법 제36조 1항 등은 위헌으로 수신료 금액의 결정은 입법자(의회)가 결정하여야 한다는 것이다(의회유보의 원칙).

행정부의 자의적인 결정에 의해 공영방송의 기본 공급 의무를 형해화한 것이므로 헌법상 공영방송의 기본권인 방송의 자유를 명백하게 침해한 것이다(최우정, 2023).

  헌법재판소는 행정부에 의한 공영방송의 수신료 징수 체계를 변경하는 조치에 대해 비논리적 근거와 예측을 바탕으로 한 논증으로 정부의 주장에 힘을 실어 주었다. 헌법재판소의 이번 결정은 법리적, 논리적 근거에 의한 결정이라기보다 정부와 공영방송의 헤게모니 차원의 정치적 결정이라는 의심을 피할 수 없다. 공영방송의 방송 자유의 기본권 보호보다 정부의 조치와 권위를 인정하기 위해 잘못된 법리(공영방송 방송의 자유 기본권 침해 여부에 국민 재산권 침해 여부의 법률유보원칙을 그대로 적용)를 적용한 것으로 판단되기 때문이다. 또한 시행령 조치로 수신료 재원이 감소한다는 예상이나, 통합 금지의 필요성으로 과오납의 문제를 제기한 것은 과학적이고 합리적 논증이 아니라 예측에 불과한 것이기 때문이다.

  정권 교체로 사장 해임이라는 지배구조 개입에 이어 재원마저 정부에 종속되면서 더 이상 공영방송의 독립성과 위상을 유지할 수 없게 되었다. 사법부와 헌법재판소가 공영방송의 존립과 근간을 위태롭게 하는 결정을 잇달아 내렸기 때문이다. 방송(언론)의 자유는 현대 민주주의 국가의 존립과 발전에 필수 불가결한 기본권이며, 그렇기 때문에 자유민주주의 국가의 헌법에서는 이를 최대한으로 보장해야 한다(허영, 2015). 이번 헌법재판소의 수신료 위헌 기각 결정은 방송의 자유인 필수 기본권을 제한

함은 물론, 공영방송의 존립을 위태롭게 하여 향후 논란이 불가피해 보인다. 공영방송은 국가 권력뿐 아니라 사회의 제세력으로부터 독립적으로 운영되어야 한다. 그러나 정부의 시행령 개정으로 수신료 징수 체계가 언제든지 변경될 수 있어, 공영방송 KBS는 정치적으로는 국가 권력(행정부)에, 경제적으로는 대기업 등 자본(광고)에 의존할 수밖에 없게 되었다. 이로 인해 공영방송으로서의 재정 독립성의 제도적 기반은 무너졌다고 할 수 있다. 이번 수신료 위헌소송이 공영방송의 존립과 관련된 중차대한 결정임에도 불구하고, 헌법재판소는 법률유보원칙에 대해 잘못된 법리를 적용했고, 공개 변론 절차도 없이 공영방송에게 일방적으로 불리한 결정을 내렸다. 수신료 시행령 개정 과정이 절차적 하자와 내용에서 심각한 문제를 갖고 있음에도, 정부(국가)의 행정 입법을 일방적으로 인정함으로써 공영방송의 존립은 와해될 위기에 처했다. 국가 권력으로부터 국민과 공영방송의 핵심적인 기본권(방송의 자유)를 지켜야 하는 헌법재판소가 기득권 국가의 행정 체계를 인정하는 모순적 결정을 내린 것이다. 수신료 징수 체계가 정부의 시행령에 의해 좌우되는 순간 공영방송의 저널리즘이 마음에 들지 않는 어떤 정부라도 수신료 징수체계를 원하는 대로 변경할 수 있기 때문이다. 이로 인해 공영방송은 정부의 눈치를 보고, 정부 재정에 의존하는 국영방송의 형태로 변질될 수도 있다. 방송의 자유를 침해하고 공영방송의 존립 자체를 부정하는 헌재의 시행령 합헌 결정은 역사적으로 공영방송 제도를 와해시키는 잘못된 결정으로 기록될 것이다.

## - 헌법재판소는 공동체 질서 회복과 법의 일관성을 유지해야

헌법재판은 일종의 사법 작용으로서 정치적 과정에 비해 논리적이고 체계적인 방법론에 입각하여 규범의 의미를 밝혀내는 과정이다. 이 과정에서 헌법재판소는 엄격하게 절차법에 규정된 방식으로 증거를 조사하고 상반되는 양 입장을 설득시킬 수 있는 합리적인 논증을 수행함으로써 문제된 규범과 사건의 의미를 밝혀냄으로써 사건을 종국적으로 해결하는 작업을 수행한다. 이를 통해 헌법재판 과정은 사회구성원들로 하여금 공동체를 묶어주는 것이 무엇인지에 대해 성찰하고 공동체의 질서가 회복되는 모습을 보여줄 수 있다(윤정인·김선택, 2015). 그러나 헌재의 수신료 분리 징수 합헌 결정은 공영방송의 방송의 자유 기본권 침해 여부를 판단함에 있어, 이전 헌재가 결정한 국민 재산권(기본권) 침해에 관한 잘못된 법률유보원칙의 법리를 그대로 적용했다. 또한 수신료 재원의 감소를 판단함에 있어, 실증적 데이터가 아닌 임의적 판단에 의존했다. 아울러 수신료 통합 금지의 필요성으로 수신료 과오납의 문제를 방송 자유의 공익 이익 형량과 비교하는 오류를 범했다. 헌법재판소는 수신료 위헌소송에서 절차법에 규정된 방식으로 증거를 조사하지 않았고 합리적 논증을 제시하지 못했다. 이러한 결정은 민주국가 존립과 발전에 필수 불가결한 공영방송의 기능과 제도를 부정하는 결과를 초래한다. 또한 수신료 징수 체계에 대한 대안이나 유예 기간도 마련되지 않아, 분리징수가 수신료 납부자들에게 불편을 초래할 수 있다. 아울러 수신료 체납으로 인해 체납

처분이 발생하면 KBS와 체납 처분을 담당하는 방통위는 수신료 미납자와 빈번한 소송으로 인해 사회적 혼란과 갈등의 중심에 서게 된다.

헌법재판소의 기능은 법의 일관성을 유지한다는 의미를 갖는다. 헌법재판의 과정에서 법이 중요하다고 선언할 수 있는 권위는 손상되지 않으면서, 기본권 보호 측면에서 사법부의 자기 통제라는 과제를 담당한다(위르겐 하버마스, 2007). 국민의 의사 형성과 문화를 담당하는 공영방송의 재원이 정부의 시행령으로 좌우되면 국가의 행정 권력에 의해 공영방송의 방송 자유 기본권이 침해된다. 헌법재판소는 공영방송의 방송 자유를 고려한 기존 결정을 존중하지 않음으로써 법의 일관성을 유지하지 못했다. 헌법재판소의 결정에 따라 행정부에 의해 공영방송의 재원 독립성은 상실되고, 방송의 자유도 보장받을 수 없게 되었다. 헌법재판소는 최고 규범인 헌법에 대한 침해를 보호하는 헌법 보호 기능을 수행함으로써 헌법의 규범적 효력을 지키는 것을 의미한다. 이는 국가 권력이 남용되거나 악용되는 것으로부터 헌법을 보호한다(최선, 2017). 그러나 헌법재판소는 민주주의 국가에서 국가에 종속되지 않아야 하는 공영방송의 역할과 의미를 지나치게 축소하여 방송의 자유 기본권을 침해하는 결정을 내렸다. 공영방송은 언제나 정치적 정파적 논쟁의 장이었지만, 기본권 해석의 최후 보루인 헌법재판소마저 기본권을 보호하는 법리를 우선하기보다 정부와 공영방송 사이에서 정치적 결정에 의존하지 않았나 하는 의문이 남는다. 수신료 위헌 소송 관련

헌법재판소의 결정은 정치적 영향력에 의한 것으로 평가 절하하고 승복하지 않는 빌미를 제공한다는 점에서 문제가 될 수 있다. 실제 주요 이슈에 대한 헌법재판소의 결정에 동의하지 않는 사람들은 이념과 정파에 관계없이 헌법재판소가 "정치적 결정"을 했다고(최선, 2015) 비판하기도 한다. 국가에 의해 공영방송의 방송운영의 자유 기본권이 침해될 때, 헌재가 이를 보호하지 못하고 정부의 논리를 우선시한다면 '정치적 결정'이라는 문제를 제기하지 않을 수 없기 때문이다. TV 방송이 올바르게 운영되고 방송의 자유가 잘 보장되는 독일은 수십 년에 걸쳐 만들어지고 다듬어진 독일 연방헌법재판소의 TV 방송 판결이 있기에 가능했다. 독일은 헌법이 보장하는 방송의 자유의 내용이 판례로서 확립되어 있고 그것이 방송에 관한 모든 법률 제정의 기준이 되고 있다(이욱한, 2005).

전기료와 통합 징수된 수신료 제도는 징수의 편리성과 효율성으로 공영방송 재원의 안정화에 기여했다. 그러나 수신료 납부의 존재를 인식하지 못하거나, OTT 시대에 KBS를 보지 않거나, 다른 매체와 차별성이 없다는 불만이 존재한 것도 사실이다. 수신료 제도는 매체의 다양화와 수신료 납부자의 수신 환경을 반영하지 못하는 현실적 한계를 가지고 있었다. 수신료 과오납의 문제라든가, 전기료에 통합된 수신료 징수가 납부자에게 현실적 불만과 민원을 초래하기도 했다. 그리고 미디어 시청은 더 이상 텔레비전 수상기를 통해서만 시청하지 않을 정도로 다양화되었다. 텔레비전 수상기 소지자에게 수신료를 부과하는 현재의 수신료 개념은 변화하는 미디어 소비 환경을 제대로 반영하지 못하고 있다. 이번 헌법재판소의 결정은 기본권 해석에서 과거의 법리에만 머물러, 미디어 환경 변화에 따른 새로운 수신료 개념의 방향을 제시하지 못한 점이 아쉬움을 준다. 수신료 제도는 공영방송을 독립적으로 운영할 수 있는 핵심적인 제도다. 공영방송은 우리 사회의 중요한 공적 자산이며, 민주주의 발전과 함께한 공적 제도다. 그러나 헌법재판소는 수신료 위헌소송 최종 결정 이전에 이해당사자들에 대한 공개 변론을 진행하지 않았다. KBS와 한국전력, 방송통신위원회 그리고 수신료 관련 전문가의 의견을 수렴하지 않았다. 헌재의 수신료 위헌소송에 대한 최종 결정은 절차적인 면에서, 내용적인 면에서 많은 아쉬움을 남겼다. 헌법재판소가 수신료 시행령 개정과 관련된 위헌소송에서 일방적으로 정부의 손을 들어 주어 공영방송의 방송 자유는 더욱 위태롭게 되었다. 독립된 사법부는 정부의 권력 행사가 법에 따르도록 하고 헌법이 부여한 권력의 한계를 넘거나 기본권을 훼손하거나 민주적 과정을 위협하면 이를 견제해야 한다(Gloppen Siri, Roberto Gargarella, & Elin Skaar, 2004; 박종민, 2022 재인용).

공영방송은 사회적 합의에 기반한 제도이며, 공영방송의 사회적 책임과 역할을 새롭게 규정하고 수신료의 성격을 논의하는 것은 입법자의 영역이다. 따라서 공영방송이 공영미디어로 진화하고 공영방송의 헌법적 위상을 제고하기 위해, 공론의 장에서 입법의 형식으로 수신료의 법적 성격을 규정하기 위한 제도 개선이 조속히 이루어져야 한다.

# 8

# 국민과 함께 공영방송 KBS 새롭게 정립하기

## 1) 공영방송의 현실과 이상

　KBS가 무너지고 있다. 사장은 정권이 교체될 때마다 대통령에 의해 해임되고, KBS의 재정적 기반이 되는 수신료 징수 제도는 행정부의 시행령 개정으로 영향을 받게 되었다. 공영방송이 독립적으로 운영될 수 있도록 KBS 사장의 임기가 보장되어야 한다. 그리고 수신료는 법적으로 해결하기보다 협치와 정책의 영역에서 공론과 사회적 합의를 통해 조정이 이루어졌어야 했다. 정권 교체 이후 KBS 사장 임기는 사법부의 판결에 의존하고 있으며, 사실상 대통령의 의도대로 KBS 사장이 해임되고 있다. 헌법재판소의 수신료 결정으로 공영방송의 재정은 정부에 의존하게 되면서, 공영방송은 존립의 위기에 처하게 되었다. KBS 내부는 사장 교체 후 극심한 내홍을 겪고 있다. 이전 사장 체제에서 임명한 본부장, 국장, 부장 등 모든 임원과 간부들이 교체되었고, 사장 퇴진에 기여한 공로에 따라 논공행상 차원의 인사가 이루어졌다. 임원과 간부의 인사는 전문성과 공익에 봉사하는 자세를 우선하기보다 정파적 이해를 같이하는 집단의 승자독식의 형태로 진행되고 있다. 새로운 사장은 이전 집행부의 흔적을 지우듯 뉴스 앵커를 교체하고 기존의 프로그램을 폐지한다. 이 과정에서 제작진의 방송의 내적 자유가 위협받기도 한다. 정부 주도로 이사회를 교체하고 코드에 맞는 사장을 임명해서, 공영방송의 프로그램을 폐지하거나 최소한의 내적 자유가 유지되어야 하는 「방송편성규약」이 무력화되는 과정이 반복되고 있다. 구성원의 동의 없이 보도 및 시사 관련 국장이 임명되면서 '국장 임명동의제'는 무력화되었고, 잦은 편성규약 위반으로 노사의 갈등이 심화되고 있다. KBS는 방송 프로그램과 관련해서 방송 제작자와 회사가 분야별 편성위원회와 단체협약의 공정방송위원회 등을 통해 신뢰와 협력을 바탕으로 자율적으로 해결할 수 있는 제도적 장치를 마련하고 있다. 그러나 KBS 노사는 소송을 통해 방송 자유 침해와 편성규약 위반을 다투고 있다. KBS 내부는 노조가 정파적으로 나누어졌고, 정치적 후견주의에 의존하고 있으며, 정권이 교체될 때마다 정치권과 정파적으로 이해를 같이 한다(경우에 따라 정파의 이익을 대변하기도 한다). 정치적 후견주의는 오히려 강화되었고, 노동조합은 4개로 나누어져 내부 노선 투쟁이 격화되면서 공영방송이 지향해야 하는 공익 목표를 상실했다. 프로그램의 신뢰도와 경쟁력도 하락하고, 내부의 창의성도 사라지면서 국민을 위한 공적 프로그램 제작 기능도 상실하고 있다. 국민의 신뢰를 잃은 공영방송은 총체적 위기에 처해 있다. 영조물법인을 통해 방송의 자유를 보장하여 국민의 다양한 여론 형성에 기여하는 공영방송의 역할과 존립 자체가 위협받고 있다. KBS 내부는 정체성을 잃고, 풍랑이 몰아치는 망망대해에서 길을 잃은 난파선과 같다. 하지만 이 난파선은 안전한 등대를 찾지 못한 채 공포와 혼란에 휩싸여 있다. 공영방송은 방송의 자유를 실현하여 국민의 알 권리를 충족시키고, 국민의 목소리를 대변하며, 권력에 대한 비판과 감시를 통해 방송 주권을 실현하는 방송기관이다. 그러나 한국 공영방송은 지배구조가 정부에 지나치게 종속되고, 재원도 정부의 조치에 의존할 수밖에 없어 헌법과 방송법에 보장된 공적 제도로서 위상은 무너졌다. 공영방송은 이상과 현실이 너무 다른 제도가 되었다.

그러나 상업적 언론이 만연한 지금의 미디어 환경 속에서 공영방송이 민주주의가 필요로 하는 언론의 기능을 수행할 조건에 가장 근접해 있으며, 사회가 그런 책무를 요구하기에 가장 적합한 언론 형태임은 분명하다. 공영방송 본연의 기능을 수행하는 데 가장 본질적인 조건인 독립성을 보장하고, 상업적 이해에서 벗어날 수 있도록 사회적 자원을 제공해야 한다(김서중, 2022). 인터넷이 범람하고 모든 사람이 정보를 어디서나 접근할 수 있는 시대에, 사상의 시장에 의존해 정보와 여론 형성 역할을 미디어 시장에만 의존할 수는 없다. 개인화되고 양극화되고 분절화되는 시대에 사회가 안정하게 발전하기 위해서는 사회적 약자의 의견도 표현되고 소통되는 수단이 보장되어야 한다. 갈등을 해소할 수 있는 해법 추구 모색에 기여하고, 시민들의 종합적 사고 능력을 함양시키고, 사회적 소수자·약자의 목소리를 전달하여 다양성의 공존에 기여하고, 민주적 공론장을 제공하는 언론(방송)의 존재가 필요하다. 그것이 공영방송의 역할이다(KBS, 2020). 따라서 공영방송은 민주주의의 공론장 역할을 수행하며, 사회적 약자를 대변하고 국민의 다양한 의견 형성을 위해 새롭게 설계되어야 한다. 기존 공영방송 제도를 단순히 보완하는 개념을 넘어 재건축 수준으로 거듭나야 한다. 현대 민주주의 국가에서 방송은 국민의 다양한 여론을 형성하고, 공정한 선거를 통해 민의에 따라 정부를 교체하는 민주주의 운영 발전에 필수 불가결한 요소다. 그래서 헌법은 언론(방송)의 자유를 보장하며, 공영방송은 방송법으로 제도화되어 독립적이고 공정한 방송을 통해 여론의 다양성을 실현하는 것을 목적으로 한다. 공영방송의 헌법적 가치를 구현하고, 우리 민주주의 사회를 진전시키기 위해 공영방송의 존립은 공허하고 외로운 외침으로 그쳐서는 안 된다.

KBS 내부의 혁신은 노사가 신뢰를 바탕으로 저널리즘과 프로그램 제작의 자율성을 확보하는 것이 핵심이다. 방송 제작자와 KBS(회사) 간의 프로그램을 둘러싼 갈등과 헤게모니 싸움은 공영방송의 신뢰도를 떨어뜨린다. 헌법의 공동체주의적 해석은 방송의 자유를 개개인의 인권 보장뿐 아니라 민주적 기본 질서와 여론 형성을 동시에 보장하는 객관적 제도로 해석한다. 방송의 자유가 실현하는 객관적 법질서 측면을 강조하는데, 이는 방송의 자유의 범위를 개인의 자유권적 기본권에서 더욱 확장한 것이다. 방송의 자유는 소수에 독점된 특권이 아니라 다수의 기본권(Freiheit und Gebundenheit, 1983)이라는 것도 이런 점을 강조한 것이다(이욱한, 2017). 공영방송사가 국가로부터 독립되어야 하고, 자치적인 위상을 가져야 하는 것도 바로 이 기본권의 주체성에서 기인한 것이다(독일 연방헌법재판소). 즉 헌법상 언론·출판의 자유는 언론사라는 조직의 자유보다는 언론사 구성원의 자유이며, 나아가 국민 전체의 자유다. 이를 위해 공영방송은 그 구성원들과 모든 국민이 언론·출판의 자유가 최대한 실현될 수 있도록 내부 조직부터 민주적이어야 한다. 이러한 점에서 방송사의 편성권은 방송사업자와 방송 종사자의 공동 권리로 이해되어야 한다. 방송의 민주적 기능을 보장하기 위해서는 자유 언론 제도의 보장이 필수적이며, 이는 자유로운 취재와 보도를 전제로 하기 때문에 내부적 자유가 인정되어야 한다. 또한 객관적 질서 또는 제도적 자유는 개개인의 권리 신장보다 민주 사회 유지의 기여하는 기능을 우선시한다. 언론 조직의 자유는 언론 조직 자체의 존속과 번영을 위해서도 필요하지만, 근본적으로 일반 국민의 정보 수집과 의견 형성을 원활하게 함으로써 민주주의를 실현할 수 있도록 하는 데 그 정당성의 근거를 둔다. 따라서 언론 조직 내부에서 갈등하는 경영진(경영부분)과 방송 종사자의 방송 프로그램(편집부분)의 주장 또는 갈등 가운데 방송 종사자의 주장에 대하여 더 많은 정당성이 주어지기 때문에 방송의 전파력으로 인해 방송의 공정성을 최우선으로 해야 하는 공영방송 방송 종사자의 내적 방송의 자유가 더 중요하다(류한호, 2004). 그래서 공적 여론을 형성하고 공정성과 다양성을 중시하는 공영방송의 내적 자유는 두텁게 보장되어야 한다. 최근 판례들도 방송법에 규정된 방송의 자유는 방송사업자뿐만 아니라 구성원들에 의해 실현되는 것으로 규정하고 있다(서울고등법원, 2014나11910). 방송법은 방송사업자와 방송 편성 책임자를 분리하고, 방송 편성 책임자의 자율적 방송 편성을 보장한다. 또한, 취재 및 제작 종사자의 의견을 들어 「방송편성규약」을 정하도록 한 방송법 제4조와 그 밖의 관련 법규의 취지에 따라, 방송사업자와 방송 편성 책임자뿐 아니라 방송의 취재, 제작, 편성에 관여하는 기자, 피디 등 방송 종사자들도 방송의 자유를 공유하게 된다. 그러나 최근 KBS 본부노동조합이 제기한 방송법 및 노동법 위반에 대한 판결은, 공영방송 편성과 제작에서 방송사업자와 방송 종사자가 권리를 공유하는 내적 자유의 정신을 전혀 고려하지 않은 결정이다. 이는 방송법 제4조의 편성규약 제도와 이를 반영한 노사 간 단체협약, 방송 종사자를 방송 자유의 주체로 인정한 기존 판례에 어긋난다. 편성규약을 무력화하는 노동 관련 당국과 법원의 결정은 편성규약을 둘러싼 노사 갈등을 더욱 심화시킬 것이다. 또한, 편성규약을 둘러싼 노사의 대립과 방송 종사자의 의견을 무시하는 경영진의 독주는 공영방송에 대한 신뢰 하락으로 이어진다. 방송 자유가 방송법인에 독점되면, 공영방송이 정부의 홍보 도구로 전락할 우려가 있기 때문이다.

또한, 국가는 공영방송의 방송 자유 실현을 위해 거버넌스의 독립성과 물적 토대를 제도적으로 보장해야 한다. 공영방송은 정치에 절대적으로 영향을 받으며, 거버넌스가 안정적이지 못한 공영방송은 수신료 재원이 위협받게 된다. 진통을 겪었지만, 대부분의 유럽 공영방송들은 수신료 문제를 해결하고, 공영 '미디어'로의 확대·재편되는 길을 정착시키고 있다. 방송정책의 패러다임 전환에 비교적 확실하게 적응하는 모습을 보인다(조항제, 2021). 한국 공영방송을 둘러싼 외부 환경의 압력은 무엇보다 '정치적'인 것에 의해 생성됐다. 한국의 공영방송은 하필 여타의 변동, 즉 기술, 경제, 문화의 변동이 한꺼번에 맞물려 급격한 소용돌이를 이룰 때 정치적인 고질적인 문제에 더 집중적으로 노출되었다는 것이 불행이었다(정준희, 2021). 공영방송의 운명은 정치 중립적 거버넌스로 나아갈 것인지, 정치 종속적 거버넌스로 남을 것인지, 그리고 독립적 수신료 재원을 확보할 것인지 아니면 축소되고 영향력 없는 공영방송으로 남을 것인지의 갈림길에 서 있다.

미디어 환경이 변화함에 따라, 수상기에 수신료를 부과하는 기존의 수신료 제도는 현대적 공영방송의 개념과 재원의 성격을 반영하지 못하는 측면이 있다. 전기와 통합된 수신료 징수 제도는 그 특성상 한번 시행하면 되돌릴 수 없는 불가역적 성격을 가진다. 그러나 헌법재판소는 정부의 시행령 개정에 따라 전기료와 분리 징수하는 수신료 위헌소송에서 공영방송의 방송의 자유 기본권보다 정부의 논리를 우선하였다. 공영방송의 물적 토대를 보장하지 않음으로써 공영방송의 저널리즘은 정부에 더욱 의존할 수밖에 없다. 이렇게 정부에 의존하는 공영방송은 정권의 홍보 도구로 전락할 우려가 크다. 국민의 알 권리를 충족시키고 다양한 공적 의견을 형성하여 민주주의 발전에 기여하는 공영방송은 존립이 위태롭게 되었다. 과거 수신료 위헌소송 심판에서도 헌재는 수신료 금액, 수신료 징수 체계 등 본질적인 사항은 국회에 유보(헌법재판소, 98헌바70)된 성격을 명확히 하였고, 공영방송에서 수신료가 차지하는 비중이 절대적인 것을 고려하여 국회에서 새로운 제도를 만들 때까지 기존의 수신료 제도를 유지하도록 했다. 그러나 이번 헌법재판소의 결정은 공영방송의 재원을 보장하기보다 방송의 자유를 침해하는 결과를 초래했다. 전기료에 통합 징수되는 수신료 징수 제도가 전혀 문제가 없는 제도는 아니지만, 이를 개선하기보다 정부가 자의적으로 수신료 징수 제도를 변경할 수 있도록 한 것이다. 헌법재판소는 수신료 위헌 결정에서 국회에서 새로운 수신료 제도를 만들거나 개선할 때까지 공영방송의 존립을 위해 기존 제도를 유지하는 결정을 내렸어야 했다. 이는 행정부에 의해 공영방송의 기본권이 침해될 경우, 이를 보호하는 것이 헌법재판소의 역할이기 때문이다. 그리고 유럽 공영방송이 낡은 수상기 개념을 벗어나 가계 분담금(가구세) 및 소득 연계형 등의 현대적 개념으로 수신료 제도를 정립한 것처럼, 헌법재판소가 현대화된 수신료 제도를 마련할 기틀을 제공했어야 한다는 아쉬움이 남는다.

미디어 환경에 대응하는 플랫폼과 콘텐츠 제작자로서 임무를 수행하는 공영방송은 정파성을 최소화하고 국민으로부터 다시 신뢰를 회복해야 한다. 이는 지속 가능한 공영미디어를 구현하기 위한 선행 작업이다. 독립성을 보장하는 거버넌스를 바탕으로 적절한 재원을 확보하는 것이 필수적이며, 공영미디어 활동에 대한 설명 책임과 고도의 전문성으로 운영되는 전문직주의가 안착되어야 한다(Donders, 2021). 진화하는 공영미디어로 발전하기 위해서는 사회적 합의와 공영방송 내부의 노력이 선행되어야 한다. 좋은 사회(good society)를 구현하기 위해서는 좋은 미디어와 좋은 언론이 반드시 필요하다는 것, 공영방송이 기간 미디어(core media)로서 역할과 책임을 제대로 수행해 낼 때 전체 미디어 환경의 다양성과 질적 제고가 가능하다는 것, 그리고 공영방송 구성원들이 스스로의 역할과 책임의 막중함을 자각하고 책임과 어카운터빌리티의 이행 수준을 제고하고자 노력할 때 기간 미디어로서의 권위와 사회적 신뢰가 회복될 수 있다(정수영, 2019). 특히 당면 위기 극복과 현실에 맞는 역할 수행을 위한 사회적 논의 과정의 중심에 서 있는 것이 다름 아닌 '공영방송 자신'이다(정수영, 2012). 지금은 공영방송의 존립과 생존이 위협받는 가장 위기의 시기이지만, 동시에 공영방송이 새로운 제도적 기반을 마련할 기회이기도 하다. 역설적으로 윤석열 정부에 의해 공영방송 지배구조, 수신료 제도, 방송의 자유 기본권 침해 등 모든 제도적 문제점이 드러나면서 공영방송 제도를 개선할 수 있는 환경이 마련되고 있다.

## 2) 내부 혁신으로 KBS 새롭게 시작하기

### (1) 국민에 봉사하는 공영방송의 임무와 공적 목표 정립

공영방송이 지속 가능하기 위해서는 공영방송만의 정체성을 명확히 확립해야 한다. 그러나 KBS 내부는 공영방송이 추구해야 할 공동의 목표 의식이 부족한 상황이다. 잦은 사장 교체(20년 동안 9번의 사장 교체)로 인해 KBS 지배구조는 불안정하다. 역대 사장들이 짧은 임기 동안 자신의 경험과 철학을 바탕으로 공영방송을 운영하면서 공영방송의 정체성이 상실됐다. 이러한 불안정성으로 KBS는 외부의 정치적 상황에 쉽게 좌지우지되며, 국민과 공익에 봉사하는 정신보다 내부적 이기주의, 직종 이기주의, 개인 이기주의에 매몰되곤 했다. 공영방송은 왜 존재하며, 국민에게 어떤 공적 서비스를 제공해야 하는가? 이를 위해 공영방송은 어떤 조직의 사명과 조직 형태, 조직 운영 방식을 가져야 하는가? 공영방송 경영의 원리와 철학은 무엇인가? 그리고 이러한 공적 목표와 서비스, 경영 철학에 대해 진정으로 공감하는 국민은 얼마나 될까? 공영방송 스스로 이러한 질문에 대해 진지하게 고민하고 성찰할 필요가 있다.

국민이 동의할 수 있는 KBS만의 정체성을 명확히 확립해야 한다. 사장이 교체될 때마다 일회성의 경영 철학이 아니라 공영방송이 지향하고 추구해야 할 공적 목표가 필요하다. 이러한 목표는 선언적인 문구에 그치지 않고, 누구나 쉽게 이해하고 공감할 수 있는 내용으로 공영방송 존립의 기초가 되어야 한다. 방향성을 잃은 공영방송은 망망대해에서 등대를 찾지 못하는 난파선과 같다. KBS 내부는 공영방송의 정체성을 확립하고, 공동의 목표 의식을 갖추는 것이 우선되어야 한다. 이는 망망대해에서 풍랑을 만났을 때 KBS라는 배를 안전하게 항구로 이끌게 하는 지도와 나침반 역할을 할 것이다. KBS는 '공영방송 50년, 국민의 KBS로 거듭나겠습니다'라는 중장기 슬로건을 내걸고 5대 핵심 비전으로 개방·신뢰·안전·품질·다양성을 제시하였다(KBS 홈페이지, 2024). 그리고 KBS는 2015년 공사 창립 42주년을 맞아 세계적인 공영방송으로 거듭나기 위한 새로운 미션과 비전을 선포했다. '가장 신뢰받는 창조적 미디어'라는 미션과 'TV를 넘어! 세계를 열광시킨다'는 비전을 발표했다. 그리고 핵심 가치로 '우리의 중심에는 시청자가 있다'는 슬로건 아래, 공정·혁신·열정·소통의 4대 가치를 제시했다. KBS의 미션과 비전 그리고 핵심 가치들이 다소 추상적인 개념들이다. 한편 BBC는 칙허장과 협정서에 BBC의 목적, 임무, 공적 목표를 제시하는데, BBC의 역할을 누구나 이해하기 쉽다(2장 공영방송의 정체성과 정치적 후견주의 참고). BBC 공적 목표들은 굉장히 구체적이며, BBC 구성원들이 임무와 공적 목표들을 쉽게 이해하고 임무와 공적 목표의 달성을 위해 어떠한 방식으로 국민에 봉사해야 하는지 명확하게 정립되어 있다. 그리고 BBC 구성원들은 이러한 BBC 정신을 내재화하여 사장이 교체되더라도 프로그램 제작에 있어 제작자와 책임자가 전문성과 자율성을 바탕으로 내부의 혼란과 갈등을 최소화하고 있다. 그러나 KBS의 미션, 비전, 핵심 가치들은 선언적이며 구체성이 부족해, 직원들이 공영방송의 정체성과 공공의 이익을 위한 목표를 명확히 이해하지 못하는 문제가 있다. 이로 인해 KBS 구성원들이 공익에 봉사하는 정신과 마음가짐을 충분히 내재화하지 못한 상태다. 그리고 사장의 임기가 짧고, 신임 사장이 공영방송의 정체성과 공적 목표를 충분히 이해하지 못할 경우, KBS 경영이 개인의 가치관과 경험에 의존할 수밖에 없는 한계가 있었다. 사장이 교체될 때마다 KBS의 경영은 공영방송의 확립된 공적 목표를 실현하는 방식이 아니라 개인적 가치관과 리더십 스타일에 의존하게 된다. KBS의 미션, 임무 그리고 공적 목표가 일관성 있게 정립되어 있지 않아, 국민에게 일관되고 품격 있는 공적 서비스를 제공하는 데 어려움이 있다. KBS의 일관성이 부족한 저널리즘으로 인해 국민은 KBS를 정파적으로 인식할 수 있으며, 결과적으로 신뢰도가 하락할 우려가 있다. 따라서 KBS 구성원들이 공익에 봉사하는 정신과 공적 목표를 정립하는 것이 우선되어야 한다. 이러한 임무와 공적 목표들은 국민이 쉽게 이해하고 공감할 수 있어야 하며, 프로그램을 통해 명확하게 인식될 수 있어야 한다. 신임 사장도 공영방송의 정체성과 공적 목표의 프레임에 기초하여 KBS의 방송과 경영의 일관성을 유지해야 한다. 공영방송의 공적 목표가 명확해야 공영방송의 경영이 사장 개인의 경험과 가치관에 의존하지 않고 확립된 경영 프레임 - 웍 (Framework) 안에서 일관성을 유지할 수 있다. KBS 저널리즘과 프로그램 제작의 일관성은 결국 KBS의 브랜드 신뢰도를 향상시키는 핵심적 요소라 할 수 있다. 조직이 어려운 시기나 정체성의 혼란이 올 때, 공익에 봉사하는 내재화된 공영방송의 정신(DNA)이 살아 있고, 구성원 공동으로 추구하는 목표가 있다면, 위기의 순간에 구성원들이 힘을 모아서 올바른 방향으로 위기를 극복할 수 있을 것이다.

## (2) 정치와 거리 두기 문화

공영방송의 방송의 자유는 봉사하는 자유다. 공영방송에 부여된 공적 책무를 완수하기 위한 공영방송인의 마음가짐과 정신이 무엇보다 중요하다. 정파적 이해를 대변하지 않고 국민과 공익을 위해 봉사해야 한다. 사적 이익과 조직 이기주의를 버리고 공익에 봉사하는 공영방송인이 되어야 한다. 이를 위해서는 다음과 같은 내부 혁신이 필요하다. 공영방송 스스로 정치와 거리 두기를 통해 정치 후견주의를 종식시키기 위해 최우선적으로 노력해야 한다. 공영방송 거버넌스에 영향을 주는 것은 정치, 시장, 시민 사회(공공), 공영방송 자신으로(McQuail, 2003) 정치권이 공영방송의 독립성을 보장하려는 의지와 함께 공영미디어 스스로가 독립성을 지키기 위한 정신이 우선되어야 한다. KBS는 정치적 후견주의를 배척하고 정치와 거리 두기를 통해 조직적 전문직이 아닌 직업적 전문직 모델을 지향해야 한다. 전문직주의의 핵심은 불편부당한 프로그램을 제작하고자 하는 공영방송의 기풍과 품질의 탁월함을 추구하는 정신에 있다. 전문직주의가 중요한 것은 공영방송 내부 조직이 어떤 철학을 가지고 국가, 시장, 시민 사회와 조화를 이루며 국민이 인정할 수 있는 공영방송의 문화를 만들어 가야 하기 때문이다(박종원, 2022). KBS 가 국민께 듣는 공론조사에 참여한 시민들은 KBS가 추가 수 행해야 할 과업으로 '조직의 정치 중립성 확립'을 가장 높은 순 위로 제시한 바 있다(KBS, 2021). 결국 공정하고 불편부당한 프로 그램 제작을 위해 정치와 거리 두기를 기본으로 정파적 시각을 엄격히 배제해야 한다. 사회와 공익에 봉사하는 정신과 높은 수 준의 책임 의식을 갖는 직업적 전문직주의 문화로 국민의 신뢰 를 확보해야 한다. 이를 위해 공공서비스 미디어 구성원들은 공 익에 봉사할 수 있는 조직 문화를 만들어야 한다. 이러한 조직 문화는 이념과 정파성을 배제하고 국민과 공익에 봉사하는 문 화를 의미하며, 공론장 역할을 수행하고, 신뢰할 수 있는 프로 그램을 제공하는 사회적 책무를 완수하는 조직문화를 말한다 (박종원, 2020). 정치와 공영방송은 불가근불가원의 관계를 유지되 어야 한다.

그리고 공영미디어가 지속 가능하기 위해서는 시청자에 대한 이해가 더욱 중요해졌다. PSM(공영미디어)이 오랫동안 대중적이며 지 속 가능한 상태를 유지하려면 젊은 시청자들에게 도달하고 그들 과 관계를 구축하는 것이 가장 중요하다. 모든 세대 중 특히 젊은 세대가 텔레비전 시청이 감소하고 있기 때문에, 젊은 시청층의 확 대를 위해 다양한 플랫폼과 콘텐츠를 개발하고 제공해야 한다. 이를 위해서 PSM 조직은 완전한 멀티미디어 조직으로 전환하기 위해 과감한 혁신을 수용해야 한다. 공영방송 조직은 수직적 관 료 체계에서 벗어나 혁신을 수용할 수 있는 유연한 수평적 체계로 전환해야 한다. 그리고 PSM 조직을 '네트워크화가 일어나는 사회(수용자와 미디어 환경 전반의 파편화와 디지털화가 동시에 진행되는 사회)'와 지속적으로 연결하여 신뢰(Trust)를 바탕으로, 공영미디어의 사회적 효용을 높여가는 메커니즘을 구축하는 것이 중요하다(EBU, 2014).

### (3) 국민의 공론장 형성을 위해 공영방송 내부의 공론장이 우선되어야

방송 편성과 프로그램 및 보도를 둘러싼 일방통행식 경영과 노사의 갈등을 바라보는 국민은 이러한 갈등적 경영 행위가 공익을 실현하기보다 정치적 후견주의, 정파의 이익을 대변하는 것으로 인식할 수 있다. KBS 스스로가 생산물인 방송 제작에 대해 내부의 다양한 의견조차 담지 못한다면, 국민의 시각은 부정적일 수밖에 없을 것이다. KBS가 신뢰를 쌓기 위해서는 노사의 신뢰가 우선되어야 하며, 방송 책임자와 방송 제작자 사이에 신뢰가 있어야 한다. KBS 스스로가 신뢰할 수 없다면 국민들도 KBS를 신뢰하지 않을 것이다. 경영진은 방송법의 「방송편성규약」에 따라 상호 신뢰를 바탕으로 국민에 봉사하는 자유로서 방송의 편성과 보도 및 제작이 불편부당하지 않도록 공정성과 다양성을 실현해야 할 책임이 있다. KBS 노사는 정파의 이익을 대변하는 집단이 아니라 국민으로부터 신탁받은 방송의 자유를 실현하기 위해 전문성을 바탕으로 서로 신뢰할 수 있어야 한다. 방송 책임자와 방송 제작자의 상호 존중을 통해 헌법과 방송법에 부여된 「편성규약제도」를 조화롭게 운용해야 한다. 헌법상 기본권으로서의 방송의 자유는, 무엇보다도 방송이라는 대중적인 매체를 통하여 국민이 자신의 의사를 표현할 수 있는 기본적인 권리를 보장하는 것이다(방송위원회, 2006). 공영방송은 방송의 공정성, 객관성, 다양성을 기반으로 공적 의견을 형성하고, 방송 프로그램을 통해 헌법의 원리를 실현해야 한다. 현재의 일방통행식 권위주의적인 경영 방식은 노사 간 불신만 쌓이게 하며, 방송은 정파적으로 흐를 수 있어 결국 국민의 신뢰를 얻을 수 없다. 조화로운 노사 관계와 서로 신뢰하고 존중하는 방송 제작 문화를 만들어 국민을 위한 방송으로 진정 다시 태어날 때, 국민의 신뢰를 얻을 수 있다. 헌법적 원리와 방송법 정신을 바탕으로 편성규약을 운영할 때 방송 책임자와 방송 제작자는 집단지성을 발휘할 수 있다. 공영방송 경영의 책임은 사장을 비롯한 경영진에게 있다. 「방송편성규약」을 조화롭게 운영하는 것도 경영진의 리더십과 경영 능력에 달려 있다. 위계적인 조직 문화에서는 언로가 막히고 창의성이 사라진 조직에서 공정하고 차별화된 프로그램을 생산하기에는 한계가 있다. 방송 책임자와 방송 제작자는 역할과 책임의 한계를 이해하고 치열한 고민과 상의(BBC 제작 가이드라인은 제작 책임자와 제작자의 의무적 '상의'를 기본으로 한다)를 통해 KBS가 신뢰받는 집단이 되도록 노력해야 한다.

공영방송은 여론을 조성하는 사회생활의 영역이면서 모든 시민에게 접근이 허용되는 공론장으로 개인이 대화와 토론을 통해 형성하는 공적 집합체다. 그리고 공영방송은 민주 사회의 유지 발전에 필수적인 여론 형성 기능을 담당하는 역할로 국민의 방송 자유를 실현해야 한다. 공론장의 원칙은 공개적이어야 하며, 누구나 동등하게 공론장에 참여할 수 있어야 한다. 공론장은 참여자 사이에 아무런 제한이나 강제 없이 이성에 기초한 숙고와 합리적 비판적 토의를 통해 집합적 의사를 모으는 공간이다. 따라서 공영방송 내부의 방송 종사자들의 참여에 대한 제한이 없고 다양한 의견을 주제로 다양한 여론을 제기할 수 있어야 한다. 공영방송은 스스로 내부의 다양한 의견을 경청하고 여론을 수용할 수 있어야 하며, 권위적이지 않아야 한다. 공영방송이 공론장을 대행하기 위해서는, 다양성을 바탕으로 여론을 형성하고, 여론이 진리와 정의에 도달하기 위해서는 도덕적이고 합리적이어야 한다. 공영방송은 국민의 다양한 여론을 형성하기 위해 공영방송 내부에서 배제적이지 않고, 다양한 참여를 보장함은 물론 공영방송 자신이 공론장을 형성해야 한다(하버마스, 1987). 공영방송의 내적 자유는 스스로 공론장을 형성하여 국민의 공적 의견을 형성하는 헌법적 원리를 반영한다. 방송법의 「편성규약제도」는 국민의 공론장 형성을 위해 내적 자유의 정당성을 제공한다. 방송법인에 기본권 주체로서 지위를 인정하는 이유는 국민의 방송 자유 보장이라는 공익을 위한 것이다. 따라서 방송사업자의 편성의 자유는 국민의 방송의 자유를 보장하는 공익이 전제가 될 때 정당한 권리를 가진다. 방송은 민주적 의사 형성에 봉사하는 자유로서, 방송사업자의 권리도 공론장을 대리하는 봉사의 자유로서, 공개적이고 다양성을 보장하며 숙의할 수 있는 내적 자유가 있을 때 합법적이며 존중받을 수 있다. 방송의 자유가 방송법인에만 독점될 수 없는 이유는 공영방송이 국민의 공론장을 형성하기 위해서 공영방송 내부뿐만 아니라 모든 국민이 접근할 수 있는 공론장으로 기능해야 하기 때문이다. 이는 다양한 논의를 바탕으로 숙의된 여론을 형성하고 전달해야 하는 공론장의 원칙과 공영방송의 헌법적 원리에 따른 것이다. KBS가 국민의 공론장 역할을 하기 위해서는 경영 방식이 권위적이지 않아야 하고, 수평적인 의사 체계를 바탕으로 내부의 다양성을 존중할 수 있어야 한다.

## (4) 가장 신뢰할 수 있는 정보 제공자의 역할

정치와 거리 두기 문화 그리고 노사의 편성규약에 대한 신뢰와 존중이 우선되면, KBS는 가장 신뢰할 수 있는 정보 제공자가 되어야 한다. 우리 사회는 정파성이 강화되고 진보와 보수의 이념 대립이 격화되고 있다. 갈등을 해소할 수 있는 해법을 모색하고, 시민들의 종합적 사고 능력을 함양시키고, 사회적 소수자와 약자의 목소리를 전달하여 다양성의 공존에 기여하고, 민주적 공론장을 제공하는 언론의 존재가 필요하며, 이것을 해소하는 역할을 하는 것이 공영방송이다. 공영방송은 민주 사회 소통의 기간 매체이며 문화 정체성의 보루다. 공영방송은 민주 사회의 주체인 시민과 그 시민의 가치를 중심에 놓고 프로그램, 경영, 기술 혁신을 통해 신뢰할 수 있는 고품질의 프로그램을 제공하여 다양성이 공존할 수 있는 사회 형성에 기여해야 한다. KBS는 신뢰할 수 있는 정보 제공자로서 역할을 담당해야 한다. 현재 한국 사회는 이념, 정파성 등 갈등이 극대화된 사회로 민주주의적 논의가 가능한 공론장의 구축을 위해 공영미디어는 가장 신뢰할 수 있는 정보 제공자가 되어야 한다(KBS, 2020). 공영미디어의 민주주의적 기능과 시민권 확장을 위해서 가장 중요한 핵심 책무는 신뢰할 수 있는 정보의 제공이며 이는 국민이 수신료를 흔쾌히 지불할 수 있는 가장 큰 원동력이기 때문이다. 시청자위원회와 학계 및 공론조사위원회의 조사에 의하면, 공영방송의 핵심 공적 책무는 공영방송은 신뢰할 수 있는 매체가 되어야 한다는 것이다. 독보적 저널리즘 신뢰 구축(KBS, 2020), 독보적 저널리즘 구현(정영주·오형일·홍종윤, 2023) 등의 슬로건이 공영방송의 핵심적인 공적 책무를 뒷받침한다. 그리고 적극적 콘텐츠 제공자로서 공영미디어는 서비스의 품질을 통해 다른 서비스와 차별되어야 하며, 사회문화적 시민권 강화를 위해 정체성과 다양성을 함양해야 한다. 공영방송은 특히 혁신이 압박받는 국제 미디어 시장에서 창의적인 서비스를 제공하고 실험을 위한 안전한 항구를 제공해야 한다(Cunningham, 2009). 공영방송은 시사 문제 등에 대해 최대한 객관적이고 중립적이며 공정하게 보도해야 하며, 정치적이고 상업적인 이해관계에서 벗어나 균형 있게 보도하고 사회의 다양한 시각을 반영해야 한다.

## 3) 국민과 함께 공영방송 KBS 새롭게 시작하기

수신료를 납부하는 국민이 공영방송 KBS의 주인이다. 그동안 공영방송의 지배구조나 수신료 제도 개선에 국민의 참여는 극히 제한적이었다. 공영방송 제도는 정치 주도에서 국민 주도로 혁신되어야 한다. 어카운터빌리티(설명 책임)의 대상도 국민이어야 한다. 공영방송은 객관적 제도로서 기본권 보장을 위해 입법자가 적극적으로 법률을 형성해야 한다. 그러나 거버넌스(지배구조) 개선을 위한 수많은 법안과 제안이 있었지만, 여당과 야당은 자신들의 정치적 셈법에 따라 단 하나의 법안도 합의하지 못했다. 수신료는 43년간 동결되어 있으며, 안정적으로 수신료 재원을 조달해 온 전기료 통합 징수 제도마저 시행령으로 와해되었다. 공영방송의 개혁을 위해 내부의 혁신도 절실했지만, 공영방송 제도를 형성하는 입법자(정치)의 일방적 무관심과 방치 그리고 정부의 수신료 재원 조치가 현재의 공영방송 제도를 형성하는 데 큰 영향을 미쳤다. 공영방송의 제도 개선은 1987년 체제를 벗어나지 못하고 있다. 한 치의 진전도 없는 셈이다. 공영방송은 먼저 제도가 정비되어야 한다. 한국 방송법에는 공영방송이란 개념이 없다. 한국방송공사법이나 방송문화진흥회법 같은 일종의 조직법만 있을 뿐이다. 만약 법이 제대로 정비됐다면 지금 같은 사태는 벌어지지 않았을 수도 있다. 여기에는 사실 정치의 책임이 가장 크다. 정치야말로 눈앞의 이익을 위해 공영방송을 어려움에 빠뜨린 주범이기 때문이다. 둘째는 공영방송의 저변을 마련하려는 이해관계자들의 노력이다. 특히 공영방송 구성원들의 공익에 대한 남다른 각오를 들어야 할 것이다. 권력이나 돈을 마냥 무시할 수는 없지만, 이에 대한 경계를 늦추지 말아야 수신료라는 귀중한 대가를 얻을 수 있다(조항제, 2023). 이러한 시각을 바탕으로 국민과 함께 공영방송을 살리기 위한 선결과제와 우리 사회가 함께 노력해야 할 사항은 고민해 보고자 한다.

## (1) 정치 중립적 거버넌스

정치에 장악된 공영방송의 최우선 과제는 정치 중립적 지배구조를 만드는 것이다. 공영방송의 최우선 기능은 정치세력과 상업 세력으로부터의 독립이기 때문이다. 정당 정치화된 관료 체제를 가진 국가는 정당 정치화된 공영방송을 가질 확률이 높다(Hanretty, 2009). 결국 정부는 공영방송을 통제하는데 관심을 가지며, 공영방송의 지나친 정치적 개입은 공영방송의 신뢰도를 떨어뜨린다. 우선 공영방송의 지배구조를 이루는 방송통신위원회의 위원, 공영방송 이사 그리고 공영방송 사장의 선임과 해임 요건을 강화해야 한다. 정부의 정치적 개입에 의한 방송통신위원회와 KBS의 지배구조 개편은 공영방송의 독립성을 저해한다. 공영방송의 다양한 이해당사자와 전문가들이 참여하는 이사회를 통해 다양성을 강화하고, 전문직주의를 지향하는 공영방송 지배구조를 구축하여 정치적 후견주의를 벗어날 수 있도록 제도적 보완이 이루어져야 한다. 공영방송은 대통령제 승자독식의 전리품이 아니라 우리 사회의 공적 여론 형성에 기여할 수 있도록 중립적 지배구조를 갖추어야 한다. 그리고 공영방송 거버넌스의 문제를 보다 큰 다원적 틀에서 바라보아야 한다. 일반적으로 우리 사회가 다원화되면서 공영방송을 둘러싼 이해 갈등은 정치의 영역을 넘어 시장·세대·지역·직능·종교·젠더 등 다차원적으로 발생하고 있다. 이러한 상황에서 공영방송 문제는 사장 및 주요 포스트의 보직자 몇몇을 교체하는 정치적 거버넌스 문제를 넘어 보다 다원적인 공영방송 지배구조 정립 문제로 접근해야 한다. 방송 거버넌스 문제는 승자독식이 아닌 정치적 절충의 문제로 바라보아야 한다(윤석민, 2023).

그리고 사장 해임에 대한 가처분을 기각하는 요건도 엄격히 해야 한다. 정부로부터 독립성과 공정성을 확보해야 하는 공영방송 사장의 해임에 대한 가처분 소송은 신중한 판결이 요구된다. 이제까지 해임 가처분 소송에 대한 행정법원의 판단은 해임 처분을 제기한 사장 개인이 대통령을 상대로 하는 관점에서 판단하는 경향이 있었다. 사장의 해고무효 가처분 소송에서 '개인의 회복할 수 없는 손해가 크지 않다'는 법원의 판단은 재고되어야 한다. KBS 사장의 해임과 관련된 법원의 판단은 공영방송 제도의 취지와 목적에 맞게 독립성을 중시하는 판단이라기보다 사장 개인의 명예를 회복하는 차원의 판결에 치우친 점이 있기 때문이다. 이러한 해임 무효소송의 가처분 판단이 지속되는 한 어떠한 정부도 권력기관을 동원해서 사장을 우선 해임하고자 하는 유혹에서 벗어날 수 없을 것이다. 정권 교체에 따라 관행이 된 KBS 사장의 해임무효 가처분 판결은 KBS의 독립성을 확보하는 방향으로 사법적 판단이 전환되어야 한다. 엄격한 사장 해임의 가처분 기준이 확립되면 어느 정부든지 여론의 비판을 무릅쓰고 KBS사장 해임을 무리하게 추진하지 않을 것이다.

## (2) 국민 참여 확대와 설명 책임의 실행

공영미디어는 시민권과 '정치 과정의 건강과 그에 따른 공공 담론의 질에 대한 책임'에 초점을 맞춘 프로젝트이기 때문에 정치 및 상업 세력으로부터 독립하는 것이 핵심이다(Hesmondhalgh & Lobato, 2019). 공영미디어 거버넌스는 정치적 독립과 시민과의 상호작용을 위해 시민 사회 프로젝트로서 국민의 참여가 필수적이다. 공영방송 전문직주의는 자칫 엘리트주의적 시각으로 흐를 수 있다. 엘리트주의 시각은 외부와의 교류를 차단에서 그들만의 울타리에 안주하는 위험성을 내포하고 있다. 공영방송이 정치 후견주의를 탈피하고 전문직주의를 추구하되, 공영방송의 주인인 국민과 원활한 소통을 이루어야 한다. 정치를 견제하는 것은 주권자인 국민과 시민 사회이다. 공영방송 거버넌스 구조에 민권 강화와 국민의 참여를 촉진하는 시대정신을 적극적으로 반영해야 한다. 국민의 참여가 보장될 때 공영방송의 규제는 민주적인 미디어 거버넌스 요구를 충족시키며, 공영방송 지배구조에 다양한 이해 세력이 참여하여 공개성을 높이게 되면 정치권의 영향을 최소화할 수 있다(박종원, 2018). 공영방송은 방송의 자유를 누리는 만큼 언론으로서 방송으로서 사회적 책임을 완수해야 한다. 공적 재원을 지원받는 공영방송은 특정한 책임이 부여되며, 이러한 책임과 관련해서 자신의 행위에 대해 사회에 보고할 의무, 즉 책무성을 지니도록 요구된다. 공영방송은 사회에 직접적으로 책무성을 지닌 미디어 조직 유형이기 때문에(김동규·김춘식·최경진, 2010), 국민에 대해 설명 책임을 다해야 한다. 국민과 직접적인 소통과 지속적인 의견 수렴은 공영방송 리빌딩의 핵심 사안이다(정영주·오형일·홍종윤, 2023). 공영방송은 공익에 따라 행동하고 국민이 신뢰할 수 있도록 책임을 다해야 한다. 공영방송은 민주주의에 대해 응답하기 위해 국민 참여를 확대해야 한다(De Haan & Bardoel, 2011).

앞서 편성규약과 관련한 노사의 갈등에 대해 설명 책임(어카운터빌리티)의 정신으로 국민에게 설명하고 이해를 구해야 한다. 프로그램의 편성, 제작, 보도 관련 쟁점이 발생할 경우 제작진과의 충분한 협의 과정을 거쳐야 하며 그럼에도 불가피하게 프로그램의 제작이 중단된다면, 그 과정을 시청자에게 충분히 설명할 수 있어야 한다. 이러한 설명 책임이 전제되어야 KBS는 국민의 신뢰를 확보할 수 있다. 공영방송은 국민으로부터 방송의 자유를 위임받은 대리자로서, 공정하고 다양한 의사 형성을 전달해야 하며, 편성과 보도, 제작과 관련된 책임자들의 결정을 국민에게 충분하게 설명할 수 있어야 한다. 국민에게 위임받은 편성권과 제작의 권한을 주어진 규정 내에서 충실히 이행한다면 문제가 되지 않는다. 진정한 공영방송은 시민 사회의 주요 영역 가운데 하나이며 공론장의 역할을 자임한다. 정부나 의회, 정당과 밀접히 관계 맺고 시장과는 경쟁도 하고 보완도 하지만, 이들에 의해 좌우되지는 않는 독립성과 자율성을 가진다. 이런 공영방송을 위해 국민은 수신료를 낸다(조항제, 2023).

공영방송은 폐쇄적인 내부 의사 결정에서 벗어나 국민에게 적극적으로 설명하는 어카운터빌리티를 실행하도록 국민의 참여를 확대해야 한다. 어카운터빌리티에서 방송 자유는 외부의 간섭과 통제로부터의 소극적 자유가 아니라 국민이 위임한 사회적 책무를 이행하는 데 비중을 두고 있다. 미디어 주권자인 국민이 위임한 권한과 책무를 전문직 미디어 종사자가 실행하면서 그 내용과 과정을 설명하고 동의와 신뢰를 구축해 가는 체계이다. 미디어 내부에서 어떻게 이행해 갈 것인지를 구성원들의 논의와 설명을 통해서 동의와 합의를 구축해 가는 것이다(정연우, 2020). 설명 책임은 시민 참여와 상호작용 메커니즘을 통해 매스-미디어 스스로가 책임을 실현하고 품질을 향상하기 위한 수단이자 과정이다. 그리고 일방적 커뮤니케이션을 상호 커뮤니케이션 흐름으로 재건하기 위한 기본 조건이기도 하다. 방송의 자유를 침해하는 '외부의 간섭이나 개입'과 '공중에 위한 감시와 평가'를 명확히 구분해야 하며, 정부 권력을 포함한 외부의 '부당한' 개입과 간섭을 방지하기 위해서는 어커운터빌리티를 매개로 미디어와 공중이 상호 협력 관계를 구축해야 한다(정수영, 2018).

공영방송은 정치, 경제적 독립성과 매우 밀접하게 연관이 되어 있기 때문에 설명 책임은 국민의 참여를 정당화해서 은밀하게 결정되는 공영방송의 지배구조에 문제를 제기할 수 있다. 어카운터빌리티는 공공의 참여를 확대하고 공공서비스의 질적 개선에 기여하면서 기존의 공영방송보다 더 큰 민주적 합법성을 보장한다. 따라서 공영방송은 경영뿐만 아니라 방송 제작 과정에서도 투명성과 공개성 원칙을 제시하여 국민이 언제든지 공영방송의 정보에 접근할 수 있어야 한다. 수신료 사용뿐 아니라 편성규약도 설명 책임의 입장에서 국민에게 결정 과정과 배경을 당당하게 설명할 수 있어야 한다. 어카운터빌리티를 동반한 적극적 자유가 요구되는 이유는 공영방송의 투명하고 합리적인 거버넌스를 확립하고 안정적인 재원 구조를 구축하기 위해서는 시민의 납득과 동의, 지지와 연대, 협력을 구할 수 있는 신뢰 네트워크 구축이 선행되어야 한다는 인식에서 기인한다(정연우, 2020). 공영방송의 거버넌스와 시청자위원회 운영 등 국민의 참여를 더욱 확대하여 정치권의 부당한 간섭을 감시하고, 국민이 주도하는 공영방송으로 새롭게 태어나야 한다.


### (3) 수신료 개념 재정립 및 재원 안정화

전기료와 통합 징수되는 수신료 제도는 수명을 다했다. 정부의 시행령 개정으로 징수 체계가 변경된 것도 문제지만 OTT 시대에는 더 이상 텔레비전 수상기에 수신료를 부과하는 개념을 유지하기 어렵다. 미디어 환경 변화에 맞게 수신료 개념을 혁신해야 한다. 북유럽과 독일 등 선진 공영방송들은 가구세 개념으로 수신료 개념을 전환했다. 독일은 2013년 수상기에 수신료를 부과하는 수신료 제도를 폐지하고, 사실상 세금 성격이지만, 모든 가구에 부과하는 가구세 성격의 방송 부담금 제도를 도입하였다. 미디어 기술의 발달로 더 이상 텔레비전 수상기에 수신료를 부과하는 정당성이 사라지면서, 오랜 논의 끝에 가구당 방송 기여금을 납부하는 제도로 전환하였다. 공영방송이 국민의 의견 형성을 담당하는 공론장 역할로 필요하다는 전제하에 수신료 제도는 새롭게 정립되어야 한다. 합리적인 공공서비스 제공 비용 산정에 기반한 기기 독립적 수신료 제도가 필요하다(Donders & Raats, 2020). 정부로부터 독립적인 관계를 유지하기 위해 보다 안정적인 재정 지원이 필요하며 그리고 모든 종류의 상업적 실험에 참여해야 한다는 압박감에서 벗어나서 대중의 신뢰를 받을 수 있도록 재원을 보장받아야 한다.

공영방송사로서 공적 기능을 제대로 수행하면서도 아울러 언론자유의 주체로서 방송의 자유를 제대로 향유하기 위하여서는 그 재원 조달의 문제가 결정적으로 중요한 의미를 지닌다(헌법재판소, 98헌바70). 공영방송의 존속 발전까지는 아니더라도, 최소한 물가 인상분에 해당하는 공적 재원의 인상이 필요하다. 현재 공영방송의 비효율성, 차별성 없는 프로그램과 상업적인 편성 등은 결국 공적 재원을 충족하지 못한 결과인 것을 부인하기는 어렵다. 그러나 수신료라는 단어가 던지는 폭발성, 민감성으로 인해 수신료 제도개선에 대한 사회적 합의는커녕 국회에서 논의는 금기시되곤 하였다. 수신료 제도를 논의한다는 자체가 수신료 인상을 전제하거나, 전기료와 통합징수에 대한 논의를 비롯한 수신료 개념과 징수 제도개선 자체가 43년간 동결된 수신료 인상의 논의를 촉발할 수 있는 민감성을 갖고 있기 때문이다. 공영방송의 지배구조 개선이나 수신료 제도의 변화는 민주주의 국가에서는 사회적 합의의 영역이다. 공영방송의 지배구조와 재원은 공영방송의 독립성을 보장하는 핵심이기 때문에 공영방송 제도 개선은 행정부 소관이라기보다 사회적 합의의 주체인 국회의 영역이라 할 수 있다. 낡은 개념의 수신료 제도를 혁신하고 공영방송 제도를 현대화하기 위해 국민을 비롯한 다양한 이해 당사자들이 공론화 과정을 통해 의견을 모으고 공영방송의 독립성을 보장하는 것은 민주 국가에서 국가와 정치의 역할이다.

## 4) 결론 및 제언

이상으로 공영방송을 정당화하는 공론장 이론과 헌법의 기본권인 방송 자유의 성격을 탐색하였다. 법적 이론적 토대를 바탕으로 방송의 내적 자유를 검토하였다. 또한 정부의 방송법 시행령 개정에 따른 헌법재판소의 수신료 위헌소송 결정의 문제점들을 분석하였다. 낡은 공영방송의 이념과 제도를 허물고 국민과 함께 공영방송을 살리기 위한 방안을 제안하였다. 공영방송은 국민이 주인인 방송이다. 공영방송은 국민의 참여를 바탕으로 민주적 의견을 형성해서 민주주의 토대를 굳건히 할 수 있는 공적 제도다. 그러나 공영방송은 정치 후견주의가 고착되고, 정부의 지나친 간섭이 일상화되었으며, 내부의 정파성으로 인해 국민의 신뢰를 상실했다. KBS가 국민의 신뢰를 상실한 원인을 다양한 요소가 있겠지만, 특히 내부의 노선 투쟁과 후견주의를 통해 승자가 독식해 온 인사 시스템의 문제를 거론하지 않을 수 없다. 정권 교체 후 신임 KBS 사장이 임원과 주요 간부를 발탁할 때, 간부의 임명 기준이 투쟁에서 승리한 세력의 전유물로 인식해서는 안 된다. 공영방송은 다양성을 바탕으로 공정한 방송을 실현해야 하는 공적 기관이다. 공영방송은 이념의 다양성을 포용하고, 직종의 이기주의를 배척하며, 지역의 다양성을 존중하고, 세대의 조화를 이루어야 한다. 마차의 네 바퀴가 균형을 이루어야 잘 달릴 수 있듯이, 공영방송의 경영은 내부에서 건전한 견제와 균형이 이루어지는 시스템이어야 한다. 이념과 직종, 그리고 특정 지역과 학연에 편중된 조직과 인사는 공영방송의 다양성을 훼손하며, 공영방송이 추구해야 할 공적 목표를 달성하기 어렵게 만든다. 따라서 임원과 간부의 선정 기준은 보수와 진보의 이념적 가치나 투쟁의 성과보다 전문성과 공익을 위해 헌신해 온 경력이 중요시되어야 한다. 이를 위해 공정한 인사 시스템을 마련하고 정착시켜야 한다. 정파적이지 않으며, 묵묵히 공영방송의 공익을 위해 헌신해 온 전문가들을 등용해서 후견주의를 최소화해야 한다. 객관적이고 공정한 인사 시스템을 바탕으로 정치적 영향력에서 벗어나, 공영방송 본연의 역할을 충실히 수행할 수 있도록 해야 한다.

공영방송 제도는 다양한 이해 세력들의 역사적 산물이며 나라마다 다른 역사적 배경과 정치·문화적 환경에서 성장해 온 제도다. 현대 사회에서도 여전히 민주주의를 굳건히 할 수 있는 유용한 공적 제도다. 그러나 공영방송은 공사 창립 50주년에 존립의 위기를 맞고 있다. 정부의 수신료 방송법 시행령 개정 조치와 헌재의 결정으로 공영방송은 더 이상 수신료 재원을 보장받을 수 없게 되었다. 윤석열 정부의 언론(미디어) 정책과 수신료 통제라는 강력한 정치적 조치에 따라 공영방송은 기존의 경로를 이탈하게 되었고, 공영방송 제도 변화는 불가피해졌다. 공영방송이 역사적 제도주의 이론에 의해 기존 제도의 경로(방송법의 지배구조와 수신료 인상 등 제도가 변하지 않음)가 유지되었다면, 공영방송의 지배구조 개선을 위한 방송법과 수신료 통합 징수 금지 등의 외생 변수는 공영방송 제도 변화를 추동하고 있다. 야당이 추진하는 방송3법 통과 등 정치적 외생 변수는 제도적 위기에 직면한 공영방송이 새로운 공영방송 체제를 구축할 수 있는 기회다.

우선 공영방송의 미션과 목표는 국민이 동의할 수 있도록 명확하게 설정되어야 한다. 이러한 공적 목표들은 사장이 교체될 때마다 바뀌는 일회성의 경영 철학이 아니라, 조직의 지속적인 실천을 통해 뒷받침되어야 한다. 공영방송은 국민의 공론장을 형성하는 역할을 담당하기 때문에, KBS 노사는 공론장의 이념을 바탕으로 조화롭게 운영되어야 한다. 또한 사회적 합의를 통해 공영방송의 개념과 토대를 새롭게 해야 한다. 이 사회적 합의는 공론의 장에서 국민이 주도하고 국민이 참여할 수 있는 공영방송 제도를 의미한다. 공영방송은 스스로 신뢰를 회복하고, 낮은 자세로 국민에게 공영방송의 정당성과 필요성을 입증해야 한다. 대통령제와 양당제 국가의 공영방송은 대립적이고 갈등적인 측면이 여전히 존재한다. 정치권은 협치를 바탕으로 거버넌스의 후견주의를 최소화하고, 공영방송의 존속 발전을 위해 재원의 안정화를 도모해야 한다. 민주 사회에서 제도에 대한 불만과 개혁에 대한 요구가 항상 존재한다. 민주주의가 성숙한 나라일수록 제도적 보완과 혁신을 위해 다양한 이해당사자들이 공개적이고 숙의를 통해 사회적 합의를 이끌어 가는 과정을 중시한다. 현재의 방송통신위원회 - KBS 거버넌스의 문제점은 대통령제와 다수제 정치 구조의 병행성에 따른 결과물이다. 규제기관이 협치로 운영되어야 공영방송의 거버넌스도 협치의 형태로 발전할 수 있다. 다원화된 연결망 사회에서 미디어를 규제하는 국가 행정 조직은 자신의 공론장을 형성하여야 한다(하버마스, 1987).

민주 국가에서 미디어와 공영방송은 민주주의를 구현하는 핵심이기 때문에 미디어 정책을 담당하는 기관은 독립적으로 협치의 정신으로 운영되어야 한다. 사회적 합의의 산물인 공영방송의 거버넌스와 수신료 제도 개선은 행정부의 소관이라기보다 입법자(국회)의 영역이다. 공영방송 제도를 혁신하기 위해서는 정치가 대립과 분열보다는 협치로 나아가야 한다. 우리 사회는 대통령제하에서 여야의 협치가 사라지고 사안마다 정쟁화되면서 점차 대립적인 사회로 가고 있다. 보수와 진보의 이념에 따라 논쟁이 되는 사안은 극단적으로 대립하기도 한다. 공영방송과 수신료도 보수와 진보의 이념 논쟁에 자유로울 수 없다. 공영방송 스스로 엄격하게 정파성을 배제하고 정치와 거리 두기를 통해 불편부당한 방송을 제공하기 위해 노력했는지 뒤돌아봐야 한다. 공영방송은 정치적 후견주의를 제어하기 위해 국민

참여를 바탕으로 하는 거버넌스의 혁신, 정치와 거리 두기로 공익에 봉사하는 직업적 전문직주의 조직 문화를 만들어야 한다. 이를 위해 공영방송 내부의 지속적인 혁신이 필요하다. 공영방송은 민주주의를 공고화하고 공론장과 같은 공적 기능을 담보할 수 있는 비전을 제시해야 한다. 지금과 같이 정권이 교체될 때마다 노동조합이 양분되어 정치적 후견주의를 수용하는 형식을 과감하게 버려야 한다. 방송 자유의 기본권을 바탕으로 국민기본권을 실현해야 하는 공영방송은 헌법이 부여한 공적 가치를 구현해야 한다. 공정한 뉴스를 전달하는 공론장으로서의 역할과 점차 시장화되는 미디어 영역에서 재난 방송, 지역 방송과 같은 공적 가치를 구현해야 하는 책임은 여전하다. 공영방송은 극단화된 사회에서 미디어로서 중심적 역할을 위해 자기 혁신을 지속해야 한다. 정치권, 학계, 시민단체 등 공영미디어의 이해당사자들은 민주주의 핵심 구성요소로 지속 가능한 공영방송을 위해 공론장에서 협치를 바탕으로 공영방송 제도를 새롭게 설계해야 한다. 공영방송의 주요 목적은 국민, 사회 및 민주주의의 복지에 기여하는 것으로, 시장의 실패를 뛰어넘는 민주주의 작동 원리로서 국민이 중심이 되어야 한다. 국민은 민주주의 사회를 구성하는 기초로서, 공영방송은 민주주의와 그 가치를 충족하는 핵심 제도와 기관으로서 다시 태어나야 한다. 공영방송은 수신료를 납부하는 국민이 주인이며, 국민과 함께 공영방송은 새롭게 태어나야 한다.

끝.

# 참고문헌

## 1장. 언론(방송)의 자유가 위협받는 한국

1. 한겨레신문 (2023). 한겨레 사설 칼럼. 외신에도 뭇매 맞는 윤석열 정부의 '언론 탄압' https://www.hani.co.kr/arti/opinion/column/1120686.html
2. 민주연구원 정책브리핑, (2024.3.22.) 한국 민주주의 경고등 켜졌다. [2024-6호]
3. JTBC (2024.4.23.). '대통령 비속어 논란' 언급했던 미 인권보고서 "한국 언론자유 침해" 지적
4. 오마이뉴스 (2024.4.23.). '방송사 중징계 제동 건 법원', '방통위 소송 폭탄' 불가피
5. 미디어오늘, (2024.4.24.). 김건희 모녀 23억 원이 뭐길래?. 방송 나왔다 하면 중징계
6. 미디어스 (2024.5.3.). 한국 언론자유지수 62위, 이명박·박근혜 정부 시절 회귀. https://www.mediaus.co.kr/news/articleView.html?idxno=308707
7. 박용상 (2011). 언론의 자유. 박영사
8. 허영 (2015). 한국헌법론, 박영사
9. 지성우 (2017). 공영방송의 내부적 자유와 공정성에 관한 연구. 미국헌법학회 미국헌법연구소 제28권 제2호
10. 이욱한 (2017). 방송의 자유에 관한 헌법적 문제점. 안암법학회, 안암법학 25
11. 김진웅 (1998). 독일 연방헌법재판소의 언론자유수호 역할, 〈저널리즘 비평〉, 1998. Vol 24.
12. 전상현 (2018). 공영방송의 지위와 기능에 관한 헌법적 고찰. 한국공법학회, 공법연구 제45권 제4호.
13. 서울남부지방법원 (2014). 2012가합3891 판결 [손해배상(기)]
14. 헌법재판소 (1992). 90헌가23 결정. [정기간행물의등록등에관한법률제7조제1항의위헌심판]
15. 강경근 (2005). 편집권과 언론의 내적 자유에 관한 법적 검토. 언론중재 가을호
16. 허영 (2008). 『한국헌법론』 개정4판, 박영사
17. 김진웅 (2011). 방송자유와 공영방송, 도서출판 차송.
18. 김명식 (2005). 방송의 자유의 제한 구조에 관한 소고. 성균관대학교 비교법학연구. 성균관법학 제17권 제3호
19. 독일 연방헌법재판소. BVerfGE 7, 198/204; BVerfGE 50, 290/337
20. 곽상진 (1999). 방송의 자유와 이원적 방송체계_독일의 제도를 중심으로. 한양대학교 대학원 박사학위 논문
21. 헌법재판소 (2001). 2000헌바43 52(병합) 결정문; BVerfGE 57, 320; BVerfGE 7, 204.

## 2장. 공영방송 정체성과 정치적 후견주의

22. 김평호 (2019). 미디어 발명의 사회사, 도서출판 삼인.
23. Sykes Committee (1923).
24. Crawford Committee (1925).
25. 제임스 큐란·진 시튼 (1997). 미디어와 권력 제3판: 서경주 역, 방송문화진흥총서 20, 한울 아카데미.
26. 최우정 (2023). 공영방송의 헌법적 지위와 방송법 시행령 제43조 제2항의 위법성
27. 이제영 (2012). 방송규제와 공영성, 시간의 물레
28. 강형철 (2004). 공영방송론: 한국의 사회 변동과 공영방송, 나남출판
29. 데니스 맥퀘일 (2013), 커뮤니케이션 이론 제5판, 양승찬·이강형 공역, 나남
30. 방정배 등 (2008). 방송통신융합시대 공영방송 규제 제도화 방안 : 거버넌스 및 책무성 시스템 논의를 중심으로, 방송통신위원회
31. 정영주 (2019). 한국 공영방송 관련 법 개정 논의 과정의 특성과 정책적 함의: KBS 관련 개정법률안을 중심으로, 방송문화연구 31(2), 69-112
32. 김진웅 (2011). 방송 자유와 공영방송, 도서출판 차송
33. Scannell, P. (1990). Public Service Broadcasting and Modern Public Life, Media, Culture and Society,

No. 11, 1990, 137. 김해식, 공영방송의 독립성과 정체성 확보 방안, 방송문화연구, KBS, 1998년, 3 재인용.

34. 윤석민 (2002). 21세기 방송환경 변화와 새로운 방송이념, 방송연구, 2002

35. Ofcom (2004). Ofcom review of public service television broadcasting. Phase 1 - Is television special? London

36. 데니스 맥퀘일 (2013). 커뮤니케이션 이론 제5판, 양승찬·이강형 공역, 나남

37. 정준희 (2018). 21세기 한국의 공영방송 : 플랫폼.

38. Syvertsen, T. (2003). Challenges to Public Television in the Era of Convergence and Commercialization, TELEVISION & NEW MEDIA Vol. 4 No. 2, May 2003

39. Trappel, J. (2014). Taking the public service remit forward across the digital boundary, RIPE@2014, Public Service Media across Boundaries

40. Bardoel, J. and D'Haenens, L. (2008). 'Reinventing Public Service Broadcasting in Europe: Prospects, Promises and Problems', Media, Culture & Society, 30(3): 337-355.

41. 박홍원 (2012). 공론장의 이론적 진화_다원적 민주주의에 대한 함의. 언론과 사회. 2012/11. 성곡언론문화재단

42. KBS (2020). KBS 미래특별위원회 보고서.

43. 최우정 (2023). 공영방송의 헌법적 지위와 방송법 시행령 제43조 제2항의 위법성

44. 윤석민·홍종윤·오형일 (2012). 멀티 플랫폼 시대, 방송의 공익성과 공영방송의 역할, 방송문화연구 제 24권 2호 p7-35, 한국방송

45. Donders, K., Pauwels, C. and Loisen, J. (2012). Introduction: All or nothing? From public service broadcasting to public service media, to public service 'anything? International Journal of Media and Cultural Politics, 8(1), 3-12.

46. Garnham, N. (1990). Capitalism and Communication: Global Culture and the Economics of Information. London: Sage.

47. Bardoel, J. and D'Haenens, L. (2008). 'Reinventing Public Service Broadcasting in Europe: Prospects, Promises and Problems', Media, Culture & Society, 30(3): 337-355.

48. Van den Bulck, H. (2001). Public service television and national identity as a project of modernity: The example of Flemish television. Media, Culture & Society, 23(1), 53-69.

49. Horsti, K. and Hultén, G. (2011). Directing diversity: Managing cultural diversity media policies in Finnish and Swedish public service broadcasting. International Journal of Cultural Studies, 14(2), 209-227.

50. Cunningham, S. (2009). Reinventing television: The work of the 'innovation' unit. In G. Turner and J. Tay (eds), Television Studies After TV: Understanding Television in the Post-Broadcast Era (pp. 83-92). London: Routledge.

51. Council of Europe (2009). Recommendation 1878 on The Funding of Public Service Broadcasting.

52. Baldi, P. (2007). Media accountability in Europe: A fragmented picture. In P. Baldi and U. Hascbrink (eds), Broadcasters and Citizens in Europe: Trends in Media Accountability and Viewer Participation (pp. 17-32). Bristol: Intellect.

53. KBS 방송문화연구소 (2017). BBC 칙허장, 협정서 번역

54. 방송법

55. KBS (2020). KBS 미래특별위원회 보고서.

56. KBS (2021). 수신료 인상안, KBS 이사회 보고

57. Jakubowicz, K (2000). Introduction of PSB as Part of Media System Change in Central and Eastern Europe, European Journal of Communication, Vol 19(1): 53-74

58. 강형철 (2004). 공영방송론: 한국의 사회 변동과 공영방송, 나남출판

59. 필립 M. 나폴리 (2022). 소셜미디어와 공익(가짜뉴스 시대의 미디어 정책); 백영민, 한나래

60. 독일 연방헌법재판소. BVerfGE 83, 238, 297 f

61. 곽상진 (1999). 방송의 자유와 이원적 방송체계_독일의 제도를 중심으로. 한양대학교 대학원 박사학위 논문

62. 곽상진 (2009). 국가권력과 방송. 헌법학연구 제15권 제2호

63. 박진우 (2022). 한국 민주주의와 언론의 자유 - 여론의 다양성 확보 측면을 중심으로. 강원대학교 비교법학연구소, 강원법학69Œ, (2022. 11) 43-73½

64. 미디어오늘 (2022). 미디어오늘 2022. 8. 23일 기사, 지역 공영방송의 역할.
http://www.mediatoday.co.kr/news/articleView.html?idxno=305514

65. 조항제 (2014). 한국 공영방송의 정체성. 컬처룩

66. 조항제 (2021). 공영방송의 이해: 한국 공영방송의 발전 과정과 정체성, 한울 아카데미

67. 하연섭 (2011). 제도분석(이론과 쟁점) 2판, 다산출판사, 2011

68. 조항제 (2023). 한국언론학회토론회·한국방송학회, [언론의 자유와 민주적 방송제도 구축을 위한 우리의 과제] 특별
세미나 발제문

69. 정준희 (2018). 시민사회의 확장을 통한 정치적 후견주의의 제거-민주적 공고화 맥락에서의 한국 공영방송 거버넌
스 개혁, 언론정보연구, 55(1) 56~118위한 우리의 과제] 특별세미나 발제문

70. 한국기자연합회 (2023). 격월간 [방송기자] 9,10월호 Vol74. 편집자노트, 공영방송의 위기, 민주주의의 위기

71. 대통령실 국민제안 보고서 (2023). TV수신료 징수 방식 개선 관련 국민참여 토론 결과.
https://www.epeople.go.kr/nep/withpeople/PrplRptstView.npaid?allTwcvNttSn=587195

72. 데니스 맥퀘일 (2013). 매스 커뮤니케이션 이론 제5판, 나남. 양승찬, 이강형 공역

73. 김서중 (2022). 공영방송 위기의 침탈감, 제도개혁으로 풀어내야. 황해문화 2022 가을.

74. 조항제 (2023). 공영방송 반세기, 선 자리와 갈 길. 방송문화연구 제35권 1호.

## 3장. 공영방송을 정당화하는 이론

75. Baldwin, R. and Cave, M. (1999). Understanding Regulation; Theory, Strategy and Practice; Oxford
University Press.

76. Brown, A. (1996), Economics, Public Service, Broadcasting, and Social Values, The Journal of Media
Economics, 9(1)

77. Donders, K. (2012) Public Service Media and Policy in Europe. Palgrave Macmillan. DOI :
10.1057/9780230349650 (edition 2011).

78. Donders, K. (2021). Public Service Media in Europe, Routledge Research In Media Law, 2021

79. 박종원 (2022). 공공서비스미디어의 정체성 및 정당성 연구, KBS 공영미디어연구소

80. Francis. J. G. (1993). The Politics and Regulation, The Comparative Perspective. Cambridge, MA:
Blackwell Publishers.

81. 윤석민(2002), 21세기 방송환경 변화와 새로운 방송이념, 방송연구, 2002

82. 최송화 (2002) 공익론; 공법적 탐구, 서울대학교출판부

83. E. Nowak (2014), Autonomy and Regulatory Frameworks of Public Service Media in the Triangle of
Politics, the Public and Economy: A Comparative Approach, Reuters Institution for the Study of
Journalism, pp1~20, 2014.

84. Blumler, J. (1992). Public service broadcasting before the commercial deluge. In J. G. Blumler (Ed.),
Television and the public interest: Vulnerable values in West European Broadcasting (pp.7~21).
London, Newbury Park, New Delhi: SAGE.

85. 최영묵 (1997). 방송 공익성에 관한 연구, 커뮤니케이션북스.

86. 박종민 (2020). 정책 철학적 '공익' 개념의 다양성 : '방송공영성'의 개념 분석적 관점 vs. 시대 변화적 관점 고찰. 사
회과학연구 제46권 제2호

87. McEachen & Al-Arayed (1984). Discerning the public interest. Administration & Society, 15(4), 439-
454

88. Cass, R.A. (1981). Revolution in the wasteland; Value and diversity in televition. Charlottesville;
University of Virginia Press.

89. 윤상길 (2019). 한국 방송정책 가치규범의 '과거와 미래 사이' 가치규범의 작동양식에 대한 시론(試論)적인 역사적
접근. 〈한국언론학보〉, 63권 1호, 253-285.

90. Cochran, C. E. (1974). Political science and public interest. Journal of Political, 36(2)

91. Held, V. (1978). The Public Interest and Individual Interests, New York: Basic Books.

92. 배용수 (2006). 규제정책론, 도서출판 대영문화사

93. Syvertsen, T. (1999). The many uses of the public service concept. Nordicom Review, 20(1), 5~12.

94. 필립 M. 나폴리 (2022). 소셜미디어와 공익(가짜뉴스 시대의 미디어 정책); 백영민, 한나래

95. 김진웅 (2008). 공영방송의 상업화에 대한 연구, 커뮤니케이션 연구, 제16권 3호 pp 31-51

96. Krasnow, E, D, & Goodman, J, N. (1998). The "public interest standard: The search for the Holy Grail. Federal Communications Law Journal, 50(3)

97. 김광호 (2011). 우리나라 공영방송사 책무 평가, 미래미디어연구소

98. 이상우 (2006). 공익과 경쟁 융합 환경에서 공익성에 대한 경제학적 분석, 사이버커뮤니케이션 학보, 사이버커뮤니케이션 학보, 17, pp77-114

99. Blumler, J. G. (1998). "Wrestling with public interest in organized communications" in K. Brants, J. Hermes and L. van Zoonen(eds), The media in Question, London: Sage.

100. 김진웅 (2003). 방송 공익성의 철학적, 제도적 분석, 방송과 커뮤니케이션 12, p6-31, 문화방송

101. 김동진 (1986).《방송의 공익성에 관한 연구》연세대학교 대학원 신문방송학과 박사학위논문.

102. Ofcom (2004). Ofcom review of public service television broadcasting. Phase 1 - Is television special? London, Ofcom.

103. Hanretty, C. (2009). The Political Independence of Public Service Broadcasters, EUROPEAN UNIVERSITY INSTITUTE, Department of Political and Social Sciences.

104. 하버마스 (1989). 공론장의 구조 변동; 부르조아 사회의 한 범주에 관한 연구, 한승완 역(2001), 나남 출판.

105. 박홍원 (2012). 공론장의 이론적 진화-다원적 민주주의에 대한 함의, 언론과 사회, 2012.11, p179-229, 성곡언론 문화재단

106. Peter Lunt & Sonia Livingstone (2013). Media studies' fascination with the concept of the public sphere: critical reflections and emerging debates, Media, Culture and Society, 35 (1). pp. 87-96.

107. Gripsrud, J. (2007). Television and the European Public Sphere, European Journal of Communication Copyright © 2007 SAGE Publications, Vol 22(4): 479-492.Media, democracy and the public sphere, Media and Glocal Change.

108. Syvertsen, T. (2000). The Many Uses of the "Public Service" Concept.

109. 하버마스(1989), 공론장의 구조 변동; 부르조아 사회의 한 범주에 관한 연구, 한승완 역(2001), 나남 출판.

110. Heap (2005). Television in a digitala ge: What role for public service broadcasting?, Economic Policy, Vol 20. Issue 41.

111. Petros Iosifidis (2011). THE PUBLIC SPHERE, SOCIAL NETWORKS AND PUBLIC SERVICE MEDIA, SERVICE MEDIA, Information, Communication & Society, 14:5, 619-637.

112. Dahlgren, Peter (1995). Television and the Public Sphere. London: Sage.

113. Sondergaard, H (1999). Some Reflection on Public Service Broadcasting, Nordicom Review(1), pp 21-28.

114. Petros Iosifidis (2011). THE PUBLIC SPHERE, SOCIAL NETWORKS AND PUBLIC SERVICE MEDIA, SERVICE MEDIA, Information, Communication & Society, 14:5, 619-637.

115. Harrison, J. (2001). Defining European Public Service Broadcasting, European Journal of Communication, vol 16(4), 477-504.

116. 정용준(2015), BBC의 공론장 모델에 대한 역사적 평가, 방송통신연구, 2015.07, p165-184, 한국방송학회.

117. 핼린과 만시니 (2009). 미디어 시스템 형성과 진화, 김수정 역, 한국언론재단, 2009

118. Born. G. (2003). From Reithian Ethic to Managerial Discourse Accountability and Audit at the BBC Georgina Born. Published online: 07 Nov 2014.

119. Daws (2014). Broadcasting and the public sphere: Problematising citizens, consumers and neoliberalism. Media, Culture & Society, 2014. journals.sagepub.com.

120. Granham, N (1986). The Media and the Public Sphere, Communicating Politics, Leicester: Leicester University Press

121. James Deane (2004). A. Brown(1996), Economics, Public Service Broadcasting, and Social Values, The Journal of Media Economics, Vol 9(1), pp 3-15, 1996.

122. Bardoel, J. & Lowe, G. F. (2007). From Public Service Broadcasting to Public Service Media.; The Core Challenge, RIPE@2007.

123. 정영주·홍종윤 (2021). 공영방송의 이해. 공영방송 거버넌스와 책무, 한울 아카데미.

124. 허찬행 (2015). 미디어 제도 연구, 커뮤니케이션이해 총서, 커뮤니케이션북스.

125. 하연섭 (2011), 제도 분석 이론과 쟁점 제2판, 다산출판사.

126. Hall & C. R. Talyer (1996). Political science and The three new institutionalisms. Political Study 44(4).

127. 조항제 (2021). 공영방송의 이해: 한국 공영방송의 발전 과정과 정체성, 한울 아카데미.

128. 허찬행 (2019). 공영방송 제도화 과정의 재탐색 법제화 과정을 중심으로. 한국언론정보학보, 95.

129. 박종민 (2020). 정책 철학적 '공익' 개념의 다양성 : '방송공영성'의 개념 분석적 관점 vs. 시대 변화적 관점 고찰. 사회과학연구 제46권 제2호.

130. 정영주 (2015). 공영방송 제도 정립을 위한 현행 방송법의 한계와 입법 과제 고찰 : 판례분석을 중심으로, 언론과 법, 2015.

131. 박종원 (2022). 공공서비스미디어의 정체성 및 정당성 연구, KBS 공영미디어연구소.

132. 정용준 (2022). 네트워크 사회와 공영방송; MBC의 미디어 공론장 모델을 중심으로. 방송통신연구 2022년 봄호.

133. 강형철 (2016). 융합미디어와 공익, 나남신서 1885, 나남.

## 4장. 공영방송의 헌법적 성격과 지위

134. 김명식 (2005). 방송의 자유의 제한에 관한 소고. 성균관법학 제17권 제3호.

135. 헌법재판소 (1993). 91헌바17. [음반에관한법률 제3조 등에 대한 헌법소원]

136. 헌법재판소 (2001). 2000헌바43. [구유선방송관리법제22조제2항제6호중제15조제1항제1호부분위헌소원,구유선방송관리법제22조제2항제8호중제17조제4호부분위헌소원]

137. 권영성 (2010). 개정판 헌법학원론. 법문사.

138. 정연우 (2018). 방송편성권에 관한 법리적 쟁점 연구. 정치커뮤니케이션연구 통권 49호.

139. 김현귀 (2014). 헌법상 방송의 자유의 비판적 재해석. 연세대학교 대학원 법학과 박사학위 논문.

140. 이욱한 (2017). 방송의 자유에 관한 헌법적 문제점. 안암법학회, 안암법학 25.

141. 최우정 (2010). 헌법상 방송의 자유보장을 위한 현행 방송심의제도의 문제점과 개선방향. 공법학연구 제14권 제2호.

142. 한수경 (2015). 방송과 공정성; 방송의 지배구조와 방송의 공정성 훼손, 정치와평론 제17호.

143. 독일 연방헌법재판소. BVerfGE 60, 53(66).

144. 박선영 (2003). 21세기 정보화 사회에 있어서 방송의 자유와 기능. 언론과 법 제2호.

145. 정종섭 (1991). 법인의 기본권에 관한 연구 서설, 헌법논총 제2집, 헌법재판소.

146. 전상현 (2018). 공영방송의 지위와 기능에 관한 헌법적 고찰. 한국공법학회, 공법연구 제45권 제4호.

147. 김철수 (2001). 헌법학개론; 권영성 (2010). 헌법학원론, 법문사. 헌재 1992.10.1. 92헌마68 등 병합.

148. 김철수 (2001). 헌법학개론. 박영사

149. Vgl. BVerfGE 59,231(254);74,297(317);75,192(196f.);78,101;81,12;87,181;87,334.

150. 독일연방헌법재판소, BVerfGE 31, 314, 322.

151. Hertmut Maurer, a.a.O., §23, Rdnr., 50: 곽상진 (1999). 방송의 자유와 이원적 방송체계_독일의 제도를 중심으로. 한양대학교 대학원 박사학위 논문.

152. 헌법재판소 (2013). 2012헌마271. [방송광고판매대행등에 관한 법률 제5조 제2항 위헌확인].

153. 김현귀 (2014). 헌법상 방송의 자유의 비판적 재해석. 연세대학교 대학원 법학과 박사학위 논문.

154. 곽상진 (1999). 방송의 자유와 이원적 방송체계_독일의 제도를 중심으로. 한양대학교 대학원 박사학위 논문.

155. Chr. Starck, in : v.Mangoldt/Klein/Starck, GG, Bd. 1, Art. 5 Abse. 1, 2, Rdnr. 87.

156. Walter Rudolf, in: Erichsen/Martens(Hrsg.), VerwR AT, §56, Rdnr. 7f.

157. 방송위원회 (2006). 멀티미디어 시대에 대비한 헌법 개정에 있어 헌법상 방송의 자유에 대한 새로운 해석. 곽상진 등. 방송위원회 자유 2006-09.

158. 심영섭 (2009). 「방송편성규약」과 경향성 보호 : 독일의 「방송편성규약」을 중심으로. 언론과 법 제8권 제1호.

159. 김진웅 (2007). 신문의 자유와 방송의 자유; 언론자유의 이원성을 중심으로. 언론과학연구 제7권 제2호.

160. 헌법재판소 (2006). 2005헌마165. [신문등의자유와기능보장에관한법률제16조등위헌확인등] 결정문

161. 독일 연방헌법재판소. BVerfGe 20, 162(174f).

162. 서울중앙지방법원 (2020). 2019노50 판결 [방송법 위반, 위헌심판 제청]

163. Hoffman-Reim, 1979. Rundfunkfreiheit durch Rundfunkorganisation. Anmerkungen des Radio Bremen-Gesetzes, Fam/Berlin. 김진웅, 2011. 방송자유와 공영방송. 도서출판 차송.

164. 최우정 (2012). 방송사의 지배구조와 프로그램 편성권의 문제. 언론과 법, 제11권 제1호.

165. 박용상 (2013). 언론의 자유. 박영사

166. 문재완 (2010). 방송의 공적 책임과 방송편성권의 주체. 한국공법학회 공법연구 제39집 제1호.

167. 김현귀 (2014). 헌법상 방송의 자유의 비판적 재해석. 연세대학교 대학원 법학과 박사학위 논문.

168. 최우정 (2023). 공영방송의 헌법적 지위와 방송법 시행령 제43조 제2항의 위법성.

169. 헌법재판소 (2001). 2000헌바43. [구유선방송관리법제22조제2항제6호중제15조제1항제1호부분위헌소원,구유선방송관리법제22조제2항제8호중제17조제4호부분위헌소원]

170. P. Napoli (2022). 소셜미디어와 공익; 가짜뉴스 시대의 미디어 정책. 백영민 역. 한나래.

171. 김명식 (2005). 방송의 자유의 제한 구조에 대한 소고. 성균관법학 제17권 제3호.

172. Kull, Verschüttung und Ausgrabung der Rundfunkfreiheit, AfP 1971 S. 98, 102;Rudolf, Über die Zulässigkeit privaten Rundfunks, 1971 S. 21. 박용상 재인용.

173. Scholz, Medienfreiheit und Publikumsfreiheit, in Festschrift Löffler, 1980, S. 358, 박용상 재인용

174. 박용상 (2001). 편집권 논의의 법적 조명. 헌법 논총, 제12집.

175. 헌법재판소 (2007). 2004헌마290, 경고 및 관계자 경고 처분취소, 판례집 19권 2집 611.

176. 최우정 (2004). 헌법상 개념으로서의 방송; 독일에서의 논의를 한국적 수용을 중심으로. 한국비교공법학회, 공법학연구 제5권 제3호.

177. 허영 (2015). 「한국헌법론」, 박영사, 2015.

178. 류한호 (2004). 언론의 자유와 민주주의. 커뮤니케이션북스.

179. 손승우 (2017). 언론의 내적 자유 보호에 관한 연구; 매체의 특성과 매체별 보호 범위. 서울대학교 법학대학원 석사논문.

180. Loeffer, M. (1968). Presserecht Kommentar BandII. Die Landespress gesetze der Bundesrepublik Deutshland, Buck's Verlag, Muenchen. 김진웅 2011. 방송자유와 공영방송. 도서출판 차송.

181. 헌법재판소 (2001). 2000헌바43. [구유선방송관리법제22조제2항제6호중제15조제1항제1호부분위헌소원,구유선방송관리법제22조제2항제8호중제17조제4호부분위헌소원]

182. 장영수 (2011). 헌법학, 홍문사(2011); 전광석 (2011) 한국헌법론, 집현재.

183. 독일 연방헌법재판소 BVerfGE 8, 104/112; BVerfGE 20, 56/88.

184. Bodo Pieroth & Bernhard Schlink, Grundrechte-StaatsrechtII(18. Aufl.), Heidelberg, (2002). S.139f.; Michael Sachs, Verfassungsrecht II-Grundrechte(2. Aufl.), Berlin, 2002, S.299ff.

185. Ruck, a.a.O. S, 546. 박용상 재인용. 2003. 방송의 자유의 보호와 그 형성. 헌법논총 14집.

186. Weiland, 1984. Die Freiheit Des Rundfanks, Berlin. 김진웅 (2011). 방송자유와 공영방송. 도서출판 차송.

187. 정연우 (2020). 방송의 어카운터빌리티와 내적 자유의 제도화에 관한 연구. 미디어와 인격권 제6권 제1호.

188. 박용상 (2003). 방송의 자유의 보호와 그 형성. 헌법논총 14집.

189. Peter Badura, Rundfunkfreiheit und Finanzautonomie, Frankfurt a.M. 1986, S. 38.

190. 독일연방헌법재판소, BVerfGE 57, 295(320); 90, 60 (88). 박용상 재인용 2003. 방송의 자유의 보호와 그 형성. 헌법논총 14집.

191. 헌법재판소 (2001). 2000헌바43. [구유선방송관리법제22조제2항제6호중제15조제1항제1호부분위헌소원,구유선방송관리법제22조제2항제8호중제17조제4호부분위헌소원]

192. 박용상 (2010). 방송의 자유와 방송편성에 관한 법적 규율. 언론과 법 제9권 제2호.

193. 독일연방헌법재판소, BVerfGE 57, 295, 320 ; 73, 118, 152 ; 74, 297, 323 ; 83, 238, 296 ; 87,

194. 독일연방헌법재판소, BVerfGE 83, 315; 김진웅 (2004). 독일 방송자유 수용에 관한 연구. 한국언론학보, 제48권 4호.

195. 핼린·만시니 (2009). 미디어 시스템의 형성과 진화; 정치-미디어 3모델, 김수정 등 역, 한국언론재단

196. 독일연방헌법재판소, BVerfGE, 87, 181, 197 f.

197. 곽상진 (2009). 국가권력과 방송. 헌법학연구 제15권 제2호.

198. BVerfGE 73, 118 (152); 최우정 (2023). 공영방송의 헌법적 지위와 방송법 시행령 제43조 제2항의 위법성.

199. 바렌트 (1998). 세계의 방송법. 한울아카데미. 김진웅, 2011. 방송자유와 공영방송, 도서출판 차송

200. 독일연방헌법재판소, BVerfGE 12, 205, 261 ; 31, 314 ; 35, 79, 120 ff. ; 57, 259, 320.

201. 독일연방헌법재판소, BVerfGE 12, 205/260; BVerfGE 31, 314/326; BVerfGE 35, 202/222f.; BVerfGE 57, 295/319; BVerfGE 83, 238/295; BVerfGE 87, 181/197. 김명식 (2005). 재인용. 방송의 자유의 제한구조에 대한 소고. 성균관법학 제17권 제3호.

202. 독일연방헌법재판소, BVerfGE 57, 295/321.

203. 헌법재판소 (2021.8.31.). 2019헌바439 전원재판부 결정 [방송법 제4조 제2항 위헌소송]

204. 권영성 (2010). 헌법학원론, 법문사 487-490면.

205. 헌법재판소 (1997). 95헌바48 헌재결정문.

206. C. Degenhart, Bonner Kommentar, Art. 5 abs. 1 u. 2, 2005 Aufl., Rn. 55.

207. 헌법재판소 (1997.4.24.). 95헌바48 전원재판부 [구지방공원법제2조제3항제2호나목등위헌소원]

208. Vgl. BVerfGE 87, 181 [201], 전정환 (2004). 방송수신료의 헌법적 문제. 법학연구 17편, 한국법학회.

209. 헌법재판소 (2021). 2019헌바439 전원재판부 결정

210. 서울남부지방법원 (2014.1.23.). 2012가합3891 판결문

211. BVerfGE 83, 238 (299f). 최우정 (2023). 공영방송의 헌법적 지위와 방송법 시행령 제43조 제2항의 위법성

212. 독일연방헌법재판소, BVerfGE 73, 118 (155f.)

213. Hoffman-Reim (1979). Rundfunkfreiheit durch Rundfunkorganisation. Anmerkungen des Radio Bremen-Gesetzes, Fam/Berlin. 김진웅, 2011. 방송자유와 공영방송. 도서출판 차송.

214. 허영 (2015). 「한국헌법론」, 박영사, 2015; 조소영, 2006. 신문법상 편집권의 자유와 독립에 대한 헌법적 평가. 법과사회이론학회 법과 사회 30권.

215. 최우정 (2010). 방송관련 법영역에서의 입법자의 입법형성재량의 한계. 언론과 법 제9권 제2호.

## 5장. 방송의 자유 주체와 방송 종사자의 내적 자유

216. 박선영 (2001). 언론기관의 자유, 헌법학연구 제7권 제3호(2001. 10), 한국헌법학회.

217. Hoffman-Reim (1979). Rundfunkfreiheit durch Rundfunkorganisation. Anmerkungen des Radio Bremen-Gesetzes, Fam/Berlin. 김진웅, 2011. 방송자유와 공영방송. 도서출판 차송.

218. KBS (2020). KBS 방송 제작 가이드라인.

219. Günter Herrmann, Fernsehen und Hörfunk in der Verfassung der Bundesrepublik Deutschland, J. C. B. Mohr Tübingen (1976), S. 142ff.

220. Bethge, a.a.O. S. 676; BVerfGE 87, 181 (197). 박용상 재인용; 표현의 자유, 현암사.

221. 지성우 (2017). 공영방송의 내부적 자유와 공정성에 관한 연구. 미국헌법학회 미국헌법연구소 제28권 제2호.

222. 박지순 (2017). 방송의 공공성과 쟁의행위의 정당성. 경영법률 제27집 제2호.

223. 조항제 (2018). 한국 공영방송 노동조합의 자율성 투쟁; 반후견주의와 전문직주의 노조주의. 언론정보연구 55권 2호, 서울대학교 언론정보연구소.

224. 고수현 (2018). 방송의 공정성과 근로조건. 법학논총 제35집 제4호.

225. 박용상 (2010). 방송의 자유와 방송편성에 관한 법적 규율, 언론과 법 제9권 제2호.

226. 박지순 (2017). 방송의 공공성과 쟁의행위의 정당성. 경영법률 제27집 제2호.

227. 허영 2015. 「한국헌법론」, 박영사, 2015; 조소영, 신문법상 편집권의 자유와 독립에 대한 헌법적 평가, 181면.

228. 서울고등법원 (1994. 9. 27.). 선고 92나35846.

229. 최은희 (2015). KBS 보도 및 편성 책임 주체에 관한 연구. 한국콘텐츠학회논문지 '15 Vol. 15 No. 2.

230. 정연우 (2020). 방송의 어카운터빌리티와 내적 자유의 제도화에 관한 연구. 미디어와 인격권 제6권 제1호.

231. Vgl. Starck, a.a.O., Rdnr.15.

232. Freiheit und Gebundenheit der Massenmedien, DVBl. 1983, 374면.

233. 이욱한 (2017). 방송의 자유에 관한 헌법적 문제점. 안암법학회, 안암법학 25.

234. Vgl. BVerfGE59,238(254):31,314(322).

235. 조재현 (2008). 언론의 내적 자유. 공법학연구 제8권 제3호.

236. BVerfGE 78,101(102f.).

237. 한상희 (2002). "뉴미디어시대에서의 표현의 자유; '미디어융합' 현상에 대한 헌법이론의 구축을 위하여", 인터넷법률 11호(2002), 28-30.

238. 곽상진 (2006) "放送基本權의 文化國家 形成的 機能", 헌법학연구 12권 4호 (2006).

239. BVerfGE31,S.314ff. 전정환 (2002). 방송자유의 주체. 공법학연구 제30편 제3호.

240. 전정환 (2002). 방송자유의 주체. 공법학연구 제30편 제3호.

241. 정연우 (2020). 방송의 어카운터빌리티와 내적 자유의 제도화에 관한 연구. 미디어와 인격권 제6권 제1호.

242. 서울고등법원 (2015). 2014나11910. 해고무효확인 등 판결.

243. 서울고등법원 (2014). 2013나42368. 정직처분등 무효확인 판결.

244. 심영섭 (2010). 방송법 제4조 제4항의 편성규약 제정의무의 실효성 연구; 독일과 오스트리아, 한국의 「방송편성규약」 비교. 미디어 경제와 문화 제8권 3호.

245. 위르겐 하버마스 (2013). 공론장의 구조변동_부르조아 사회의 한 범주에 관한 연구. 한승완 역. 나남.

246. KBS 노동조합 (1991). KBS 방송 민주화 투쟁 백서(김점석 편집국장).

247. 이승선 (2018). 방송법 개정안의 '방송편성의 자유와 독립' 주체와 '편성위원회' 규정의 위헌성 검토. 제20대 국회 노웅래·박홍근·최명길 의원안을 중심으로. 한국방송학보 32권 2호. 한국방송학회.

248. 최우정 (2012). 방송사의 지배구조와 프로그램 편성권의 문제. 언론과 법 제11권 제1호 2012.

249. 한수경 (2015). 방송의 공정성: 방송의 지배구조와 방송의 공정성 훼손. 정치와평론 제17권.

250. KBS (2019). KBS진실과미래위원회 백서.

251. 미디어스 (2023). 박민 KBS 사장 취임 후 '더 라이브' 편성 삭제
https://www.mediaus.co.kr/news/articleView.html?idxno=306942

252. 미디어스 (2023). "노동부, '방송장악' 공범 아니라면 KBS 특별근로감독 나서라"
https://www.mediaus.co.kr/news/articleView.html?idxno=307249.

253. 미디어스 (2023). KBS본부, '더 라이브' 폐지 등 감사원 국민감사 청구
https://www.mediaus.co.kr/news/articleView.html?idxno=307260.

254. PD협회 (2024). PD협회 성명서.

255. 한겨레 (2024.2.22.) 기사. KBS 결국 '세월호 다큐' 접는다…담당 PD "죄송"
https://www.hani.co.kr/arti/society/media/1129312.html.

256. 공정언론국민연대 (2024). 성명서. KBS 조수빈 MC 논란; 민노총 언론노조는 제작자율성 침해를 즉각 중단하라!

257. KBS (2020). KBS 방송 제작 가이드라인.

258. 방송통신심의위원회 (2011). 영국 BBC 제작 가이드 라인 및 심의 사례. 김수아 역.

259. 전국언론노동조합KBS본부 (2023.12.27.). 성명서, 윤비어천가 전략한 〈시사기획 창〉… 정권 사주 받았나?

260. KBS기자협회 (2023.12.27.). '일방적 홍보'가 '저널리즘'인가?

261. 한겨레 (2024.1.27.). KBS 시사기획 창, '윤비어천가'…
https://www.hani.co.kr/arti/society/media/1126140.html.

262. 최우정 (2012). 방송사의 지배구조와 프로그램 편성권의 문제. 언론과 법 제11권 제1호

263. KBS 신입사원 교육자료 (2019). 편성규약과 제작 자율성.

264. 이승선 (2009). "편집권에 대한 법적 논의의 특성 및 한계", 「사회과학연구」 제20권 1호, 충남대학교 사회과학연구소, 2009, 151쪽.

265. 한국언론2000년위원회 (2000). 한국언론보고서 p4.

266. 남시욱 (2001). 편집권 독립의 이상과 한계. 〈관훈저널〉, 통권 78호, 60-71.

267. 헌법재판소 (2006). 2005헌바165 등. 2006헌가3 등. 신문등의자유와기능보장에관한법률 제16조 등 위헌확인.

268. 허영 (2005). 한국헌법론 제19판, 박영사.

269. 강경근 (1998). 언론의 자유와 편집권. 고시연구, 제11월호.

270. 이승선 (2009). 편집권에 대한 법적 논의의 특성 및 한계. 사회과학연구 제20권 제1호, 충남대학교 사회과학연구소.

271. 김재협 (2003). 편집권은 발행인과 기자가 협력 행사해야. 〈신문과 방송〉, 6월호, 100-1-3.

272. 박용상 (2013). 언론의 자유. 박영사 p165.

273. 한국언론재단 (2002). 〈편집권 독립, 반세기의 고민〉, 연서구 2001-12.

274. 박용상 (2010). 방송의 자유와 방송편성에 관한 법적 규율. 언론과 법, 제9권 제2호.

275. 이승선 (2018). 방송법 개정안의 '방송편성의 자유와 독립' 주체와 '편성위원회' 규정의 위헌성 검토. 한국방송학보 제32권 제2호, 한국방송학회.

276. Vgl. Herrmann, Fernsehenund Hörfunkinder Verfassung, 1975,S.157ff., 252f

277. Vgl. Herrmann, Fernsehen und Hörfunk in der Verfassung, S.158. 전정환 (2002). 방송 자유의 주체. 공법학연구 제30편 제3호.

278. R. Wendt, in: GG(Hrsg.v.Münch) 4. Aufl. Art.5, Rdnr.56; Hermann, Rundfunkrecht, 1994, S.169f.; Starck, in: Das Bonner GG (Hrsg.v.Mangoldt/Klein/Starck), Art.5 Abs. 1,2, Rdnr.77; Bethge, in: GG(Hrsg.Sachs), 1996, Art. 5 Rdnr.109. 전정환 (2002). 방송자유의 주체. 재인용.

279. Hans H. Klein, aaO S. 18 (박용상 재인용).

280. 문재완 (2010). 방송의 공적 책임과 방송편성권의 주체. 한국공법학회 공법연구 제39집 제1호.

281. 박용상 (2005). 언론개혁법안에 관한 의견. 헌법학연구 제11권 제1호.

282. 서울고법 (1994). 선고 92나35846 [사죄광고] 판결

283. 이승선 (2009). 편집권에 대한 법적 논의의 특성 및 한계. 사회과학연구 제20권 제1호, 충남대학교 사회과학연구소.

284. 강경근 (1998). 언론의 자유와 편집권. 고시연구, 제11월호.

285. 손승우 (2017). 언론의 내적 자유 보호에 관한 연구; 매체의 특성과 매체별 보호 범위. 서울대학교 법학대학원 석사논문.

286. 크리스티나 홀츠-바샤 독일 마인츠대 언론학과 교수 (2002). 독일 언론의 내적 자유, 세계언론학회 서울대회, 김영욱 번역.

287. 헌법재판소 (2021). 2019헌바439. [방송법 제4조 제2항 위헌소원]

288. 한겨레 (2024.5.3.) 윤석열 2년, 한국 언론자유 '최악'…박근혜 때보다 못한 64점.

289. 헌법재판소 (2006). 2005헌마165. [신문등의자유와기능보장에관한법률제16조등위헌확인등]

290. 문재완 (2010). 방송의 공적 책임과 방송편성권의 주체. 한국공법학회 공법연구 제39집 제1호.

291. 김철수 (2007). 헌법학 개론, 박영사.

292. 김인규 (2005). 방송인 김인규의 공영방송 특강. 커뮤니케이션북스.

293. 양승동 (2023). 미발표 자료.

294. 위르겐 하버마스 (1989). 공론장의 구조변동; 부르조아 사회의 한 범주에 관한 연구. 한승완 역. 나남.

295. 전광석 (2016). 한국 헌법론; 서울 집현재.

296. 서울고등법원 (2015). 2014나11910 [해고무효확인] 판결.

297. 서울남부지방법원 (2014). 2012가합3891 [mbc 파업관련 손해배상 청구 사건] 판결.

298. 최은희 (2015). KBS 보도 및 편성 책임 주체에 관한 연구. 한국콘텐츠학회논문지 '15 Vol. 15 No.2

299. 최우정 (2012). 방송사의 지배구조와 프로그램 편성권의 문제. 언론과 법, 제11권 제1호.

300. 이승선 (2017). 방송법 개정안의 '방송편성의 자유와 독립' 주체와 '편성위원회' 규정의 위헌성 검토. 한국방송학보, 32권 1호.

301. 류한호 (2004). 언론의 자유와 민주주의. 커뮤니케이션북스 p96.

302. 독일연방헌법재판소. BVerfGE31, S.314ff.

303. 박선영 (2002). 「言論情報法硏究 II - 방송의 자유와 법적 제한-」, 法文社.

304. 김현귀 (2014). 헌법상 방송의 자유의 비판적 재해석, 연세대학교 법학대학원 박사학위 논문.

305. 전정환 (2002). 「방송자유의 주체」, 공법연구30Ñ 38.

306. 한지혜 (2014). "언론사 내부에 있어서 언론의 자유 침해와 정치파업의 문제 - MBC파업사태와 징계무효판결과 관련하여", 「서강법률논총」, 서강대학교 법학연구소 .

307. 헌법재판소 (2004). 선고 2002헌마579. [대한민국정부와중화인민공화국정부간의마늘교역에관한합의서등위헌확인]

308. 노예원 (2012). 공영방송의 편집권 독립에 대한 헌법적 고찰, 성균관대학교 법학과 석사학위 논문.

309. 고수현 (2018). 방송의 공정성과 근로조건. 법학논총 제35집 제4호.

310. 고민수 (2010). 방송조직과 「방송편성규약」의 법적 성질에 관한 헌법학적 고찰_문화방송 'PD수첩 사건'에 관한 논의와 이에 대한 비판적 분석을 중심으로. 언론과 법 제9권 제2호.

311. 변무웅 (2007). "신문의 편집권 독립에 관한 헌법적 연구", 박사학위논문, 한양대학교 대학원

312. 김현귀 (2014). 헌법상 방송의 자유의 비판적 재해석, 연세대학교 법학대학원 박사학위 논문.

313. KBS 노동조합 (1991). KBS방송민주화 투쟁 백서.

314. 손승우 (2017). 언론의 내적 자유 보호에 관한 연구; 매체의 특성과 매체별 보호 범위. 서울대학교 법학대학원 석사 논문.

315. 한국기자협회 (2000). http://m.journalist.or.kr/m/m_article.html?no=2085.

316. 최은희 (2015). KBS 보도 및 편성 책임 주체에 관한 연구. 한국콘텐츠학회논문지 '15 Vol. 15 No. 2.

317. KBS노동조합 (2001). KBS노보 139호. https://media.nodong.org/bbs/view.html?idxno=492&sc_category=.

318. 심영섭 (2010). 방송법 제4조 제4항의 편성규약 제정 의무의 실효성 연구; 독일과 오스트리아, 한국의 「방송편성규약」 비교. 미디어 경제와 문화 제8권 3호.

319. KBS (2019). KBS 진실과 미래위원회 백서.

320. 시사IN, (2016). 가장 신뢰하는 방송프로그램. 조사 개요 : 1,000명 조사 95% 신뢰수준.

321. KBS사보, (2019). 11.24.자 사보 기사.

322. KBS (2020). KBS 방송 제작 가이드라인/편성의 독립과 제작의 자율성.

323. 서울고등법원 (1994). 선고 92나35846 [사죄광고] 판결.

324. 서울남부지방법원 (2014. 5. 27.). 2014고합9 언론노조 MBC본부 업무방해죄 판결).

325. KBS (2019). KBS진실과미래위원회 백서.

326. 한국언론재단 (2022). 조사개요 : 표본크기 58,936명, 표본오차 ±0.40%p, 95% 신뢰수준.

327. 미디어오늘 (2024). 한국 뉴스 신뢰도 31%, 신뢰도 1위 매체 MBC.

328. 로이터저널리즘연구소 (2024). 디지털뉴스리포트 2024.

329. KBS 사보 (2024.6.11.). Vol 764. 본부노조 고발 소송 결과는…협의 없음·각하·기각. "사측의 편성권·인사권 인정.

330. 조항제 (2018). 한국 공영방송 노동조합의 자율성 투쟁; 반후견주의와 전문직주의 노조주의, 언론정보연구 55권 2호, 서울대학교 언론정보연구소.

331. 핼린·만시니 (2009). 미디어 시스템 형성과 진화, 김수정 역, 한국언론재단, 2009.

332. 서울중앙지방법원 (2008). 2007가합13423 [징계무효확인등] 판결

333. 대법원 (2007). 대법원 선고 2007도1539 [근로기준법위반] 판결

334. 이택순 (2016). 방송의 내적 자유에 관한 탐구: 2008년 이후 공영방송 KBS 사례를 중심으로, 한국외국어대학교 대학원 석사학위논문.

335. 조항제 (2018). 한국 공영방송 노동조합의 자율성 투쟁; 반후견주의와 전문직주의 노조주의, 언론정보연구, 55권 2호, 서울대학교 언론정보연구소.

336. 정준희 (2005). BBC노조, 대규모 감원에 반발: 파업 돌입. 「해외방송정보」, 30-38.

337. 변무웅 (2007). 신문의 편집권 독립에 관한 헌법적 연구. 한양대학교 대학원 박사학위 논문.

338. 박홍원 (2011). 편집권 독립과 언론의 자유. 언론과학연구 제11권 1호.

339. 김진웅 (2011). 방송자유와 공영방송. 도서출판 차송.

340. 강경근 (2000). '언론기능' 개념은 편집 자유와 독립. 언론중재위원회 정기세미나 '언론 환경의 변화와 언론 관련 법률의 쟁점별 검토'

341. 박용상 (2013). 언론의 자유. 박영사 출판.

342. 헌법재판소 (2006. 6. 29.). 2005헌마165, 415-416(재판관 조대현 반대의견). 김현귀 재인용, 2012.

343. 손승우 (2017). 언론의 내적 자유 보호에 관한 연구; 매체의 특성과 매체별 보호 범위. 서울대학교 법학대학원 석사 논문.

344. 양승동 (2023). 미발표 자료.

345. 방송통신위원회 (2018). 보도자료. '방통위, 공영방송 지배구조 개선 및 편성·제작 자율성 제고를 위한 정책 의견서 마련

346. PD 저널 (2024.1.25.) KBS, 국장 임명동의제 무력화… 내부 반발
https://www.pdjournal.com/news/articleView.html?idxno=75688'

347. 경향신문 (2024). KBS는 '임명동의제'가 경영권 침해라는데…맞나요?
https://www.khan.co.kr/national/media/article/202402021903001

348. 미디어스 (2024). KBS 구성원, 임명동의제 무력화에 "편향적 뉴스 공식 천명"
https://www.mediaus.co.kr/news/articleView.html?idxno=307716

349. 언론노조 KBS본부 (2023.1.29.)

350. 경향신문 (2024.2.2.) KBS 임명동의제가 경영권 침해라는데,
https://www.khan.co.kr/national/media/article/202402021903001

351. 법률학사전 (1999). 법문사. 95면.

352. 고민수 (2010). 방송조직과 「방송편성규약」의 법적성질에 관한 헌법학적 고찰. 언론과 법 제9권 제2호

353. Hoffmann-Riem (1974). a.a.O., S. 236ff.

354. KBS 노사 단체협약 (2022)

355. 미디어오늘 (1996). https://www.mediatoday.co.kr/news/articleView.html?idxno=7177

356. 헌법재판소 (2021). 2019헌바439. 방송법 제4조 제2항 위헌소송

357. 고수현 (2018). 방송의 공정성과 근로조건. 법학논총 제35집 제4호.

358. 서울남부지방법원 (2014). 2012가합16200 [해고무효확인 등] 판결.

# 6장. 공영방송 거버넌스(지배구조) 개선

359. 조항제 (2023). 공영방송의 정치적 독립을 위해 할 일. 관훈저널, 2023년 겨울호.

360. Waisbord, S. (2013). Reinventing professionalism: Journalism and news in global perspective. London: Polity.

361. 조항제 (2018). 한국 공영방송 노동조합의 자율성 투쟁: 반후견주의와 전문직주의 노조주의. 언론정보연구 55권 2호, 서울대학교 언론정보연구소.

362. 방정배 등 (2008). 방송통신융합시대 공영방송 규제 제도화 방안 : 거버넌스 및 책무

363. 성 시스템 논의를 중심으로, 방송통신위원회.

364. Freedman, D. (2008), The Politics of Media Policy. Cambridge: Polity.

365. Hanretty, C. (2007). Five ways to govern a public broadcaster, European University Institute, Florence.

366. Hallin, D. D. & Mancini, P.(2004). Comparing Media Systems: Three Models of Media and Politics. Cambridge: Cambridge University Press.

367. Humphreys. P. (1996). Mass Media and Media Pilicy in Western Europe, Manchester; Manchester University Press.

368. Jakubowicz, K (2000). Introduction of PSB as Part of Media System Change in Central and Eastern Europe, European Journal of Communication, Vol 19(1): 53-74.

369. 조항제 (2015). 한국 공영방송의 발전 과정. 한국언론학회 심포지움 및 세미나. 2015.8

370. 조항제 (2023). 공영방송 반세기, 선 자리와 갈 길. 방송문화연구 35(1). KBS공영미디어연구소.

371. 정준희 (2018). 시민사회의 확장을 통한 정치적 후견주의의 제어. 언론정보연구 55(1).

372. 이준웅 (2017). 공영방송 정체성 확립을 위한 지배구조 개선방안, 방송문화연구 29권 1호 pp 73-120.

373. 정준희 (2018). 시민사회의 확장을 통한 정치적 후견주의의 제어. 언론정보연구 55(1).

374. 조항제 (2017). 공영방송이란 무엇인가_정부와 시장 견제하는 시민사회의 공론장. 한국언론재단 신문과 방송 9월호.

375. 윤석민 (2020). 미디어 거버넌스. 나남출판.

376. 조항제 (2014). 한국 공영방송의 정체성. 컬처룩.

377. 정용준 (2022). 네트워크 사회와 공영방송; MBC의 미디어 공론장 모델을 중심으로. 방송통신연구 2022년 봄호.

378. E. Nowak (2014), Autonomy and Regulatory Frameworks of Public Service Media in the Triangle of Politics, the Public and Economy: A Comparative Approach, Reuters Institution for the Study of Journalism, pp1-20, 2014.

379. 정영주·홍종윤·오형일 (2023). KBS 죽이기. ㈜스리체어스

380. 서울행정법원 (2009). 선고 2008구합32317 판결; 대법원 (2012). 선고 2011두5001 판결; 서울행정법원 (2015). 선고 2014구합14723 판결.

381. 조항제 2014. 한국 공영방송의 정체성, 컬처룩.

382. 최선욱 (2021). 공영방송 이사와 사장 임명의 제도 변화와 정치적 취약성. 언론정보연구 58권 4호.

383. 정용준 (2017). 우파 정부의 공영방송 통제 비교분석, 지역과 세계, 전북대사회과학연구소, 2017 vol 41, no 1.

384. 조항제 (2018). 한국 공영방송 노동조합의 자율성 투쟁 반후견주의와 전문직주의 노조주의. 언론정보연구 제55권 제2호, 2018, 135-141.

385. 박희봉 (2019). 공영방송 사장 해임을 둘러싼 법적 쟁점과 제언. 언론과 법 제18권 제2호.
https://www.hani.co.kr/arti/society/media/1086558.html

386. 미디어오늘 (2023). 김의철 KBS 사장 "사장직 내려놓겠으니 수신료 분리징수 추진 철회해 달라",
https://www.mediatoday.co.kr/news/articleView.html?idxno=310523.

387. 한겨레신문 (2023). '투표 조작' 가능성 놔두고... '수신료 분리징수' 띄우는 대통령실.
https://www.hani.co.kr/arti/society/media/1086558.html

388. 미디어오늘 (2023). 김의철 전KBS 사장 "해임 사유 일방적" 해임 집행정지 가처분 신청.
https://www.mediatoday.co.kr/news/articleView.html?idxno=312514.

389. 미디어오늘 (2023). 김의철 전KBS 사장 해임정지 가처분 '기각' 이유는.
https://www.mediatoday.co.kr/news/articleView.html?idxno=313217.

390. 경향신문 (2023). 미디어 세상, 법원의 판결과 언론 공공성.
https://www.khan.co.kr/opinion/column/article/202310222032005

391. 김동국 (2013). 대통령의 한국방송공사 사장 해임사건을 통하여 본 법령의 해석방법과 절차적 사법통제. 행정재판연구 XⅧ-1(2013).

392. 서울행정법원 (2009). 2008구합32317. [해임처분무효] 판결

393. 서울행정법원 (2015). 2014구합14723 판결. [해임처분취소]

394. 박희봉 (2019). 공영방송 사장 해임을 둘러싼 법적 쟁점과 제언. 언론과 법 제18권 제2호.

395. 서울고등법원 (2023). 2018누73364. [해임처분 취소 청구의 소]

396. 서울행정법원 (2008). 2008구합32317. [정연주 전 KBS 사장 해임처분무효소송].

397. 서울행정법원 (2018). 2018아10316. [고대영 전 KBS 사장 해임처분무효소송].

398. 서울행정법원 (2023). 2023아12736. [김의철 전 KBS 사장 해임처분무효소송].

399. 핼린과 만시니 (2009), 미디어 시스템 형성과 진화, 김수정 역, 한국언론재단, 2009

400. Peters, B. G. & Pierre, J. (1998). Governance without government? Rethinking

401. public administration. Journal of Public Administration Research and Theory, 8(2), 223-243.

402. 강상현 (2013). 공·민영 체계 개편 및 공영방송 지배구조 개선 방안, 방송문화연구 제25권 1호 p39-74, 방송문화진흥회.

403. 이준웅 (2017). 공영방송 정체성 확립을 위한 지배구조 개선방안, 방송문화연구 29권 1호 pp 73-120.

404. Donders, K. (2021). Public Service Media in Europe, Routledge Research In Media Law, 2021.

405. 정영주·홍종윤 (2019). 한국 공영방송 관련 법 개정 논의 과정의 특성과 정책적 함의: KBS 관련 개정법률안을 중심으로, 방송문화연구, 31(2).

406. 윤석민 (2011). 다채널 디지털 시대 새로운 방송 공공성 이념의 모색, 한국방송학회 세미나 자료, 한국방송학회.

407. Wagner, M. & Berg, A.-C. (2015). EBU Legal Focus: Governance Principles for Public Service Media.

408. 윤석민 (2023). 공영방송 위기 어떻게 풀어나갈까? 관훈저널 겨울호.

# 7장. 공영방송의 독립성 보장을 위한 수신료

409. 노기영·권재웅·이종관 (2008). 합리적 수신료 산정방안 연구, 방송통신위원회.

410. 정인숙 (2013). 공영방송의 수신료 제도 개선을 위한 정책 방안, 공영방송 재원의 현실과 전망: p229-270, 한국언론학회, 한국방송학회, 한국언론정보학회, KBS방송문화연구소 공동기획.

411. 김찬석·이완수·최명일 (2013). 공영방송 재원의 현실과 전망: 공영방송 수신료의 의제, 쟁점 그리고 해법. p195-225, 한국언론학회, 한국방송학회, 한국언론정보학회, KBS방송문화연구소 공동기획.

412. 김찬석·이완수 (2010). 공영방송 수신료에 대한 사회적 인식 연구, 한국방송학보 24권 6호, 2010년, 127∼165, 한국방송학회.

413. 정연우 (2010). 공영방송의 정체성과 수신료 인상의 정당성에 관한 논의, 방송통신연구 2010년 봄호, p60-84, 한국방송학회.

414. 조항제 (2013). 공영방송 재원의 현실과 전망: 수신료 문제의 비교 사회적·역사적 맥락. p6-25, 한국언론학회, 한국방송학회, 한국언론정보학회, KBS방송문화연구소 공동기획.

415. 정윤식 (2007). 공영방송의 재원: 수신료 법제와 정책을 중심으로, 방송통신연구, 2007.7, p34-73, 한국방송학회.

416. 박종원·김광호 (2016). 시청자 공적 가치 인식이 공영방송의 필요성과 TV 수신료 지불의사에 미치는 영향, 디지털콘텐츠학회, Vol. 17. No3, pp 119-133, 한국디지털콘텐츠학회.

417. 강명현 (2012). 공영방송의 이해, 공영방송의 재원, KBS, 한국언론학회, 한국방송학회, 한국언론정보학회 공동 기획, pp367-402.

418. 황근 (2015). 공영방송 수신료제도 개선 방안 : 절차적 정당성 확보 방안을 중심으로, 경제규제와 법 7(2) pp 92-113, 서울대학교 공익산업법센터.

419. 최우정 (2023). 공영방송의 헌법적 지위와 방송법 시행령 제43조 제2항의 위법성.

420. KBS (1993). KBS 연감.

421. 한전 (2023.2.) TV수신료 위탁징수업무 개요 및 분리징수 검토.

422. 국토교통부, 한국부동산정보원.
http://www.k-apt.go.kr/cmmn/kaptworkintro.do.

423. 한겨레신문 (2023). 전기요금 인상 또 미봉책...한전 200조 빛 해소엔 턱없이 부족
https://www.hani.co.kr/arti/society/environment/1115553.html

424. 헌법재판소 (1999). 98헌바70.[ 한국방송공사법 제35조등 위헌소원] 결정.

425. 헌법재판소 (2008). 2006헌바70. [방송법 제64조등 위헌소원] 결정.

426. 서울행정법원 (2008). 2008구합31208

427. 대법원 (2009). 2007다25261. [방송수신료통합징수권한부존재] 확인 소송.

428. 인천지방법원 제12민사부 (2006). 2005가합16863. [방송수신료통합징수권한부존재] 확인 소송

429. 서울고등법원 (2007). 2006나89895. [방송수신료통합징수권한부존재] 확인 소송
https://vvvvvvvv.tistory.com/2638.

430. 서울행정법원 (2015). 2015구합6545. [수신료분리고지거부처분취소] 판결.

431. 서울고등법원 (2016). 2015누66273 [수신료분리고지거부처분취소] 판결.

432. 대법원 (2016). 2016두44100. [수신료분리고지거부처분취소] 판결.

433. 김진웅 (1998). 독일 연방헌법재판소의 언론자유 수호 역할, 〈저널리즘 비평〉 1998, Vol 24.

434. 이욱한 (2004). 독일 연방헌법재판소의 TV방송 판결에 관한 소고. 공법학연구 제5권 제3호.

435. 박주연 (2011). 독일 공영방송의 재원구조와 방송재정수요조사심의위원회(KEF). 한독사회과학논총 제21권 제4호.

436. 김태수 (2006). 공영방송 수신료의 헌법적 의미. 방송문화연구, 2006년 제18권 2호.

437. 최우정 (2023). 공영방송의 헌법적 지위와 방송법 시행령 제43조 제2항의 위법성.

438. 독일연방헌법재판소. BVerfGE 73, 118 [1058], 전정환, 2004 재인용. 방송수신료의 헌법적 문제. 법학연구 17편, 한국법학회.

439. 독일연방헌법재판소. BVerfGE 87, 153, 200 ff. 권형둔 (2005). 공영방송의 재원 조달에 관한 헌법적 고찰. 중앙법학 제7집 제4호.

440. 독일연방헌법재판소. BVerfGE 74, 297, 342; 83, 238, 310.

441. 곽상진 (2009). 국가권력과 방송. 헌법학연구 제15권 제2호.

442. 김진웅 (2004). 독일의 방송 자유 수용에 관한 연구. 한국언론학보 제48권 4호.

443. 독일연방헌법재판소. BVerfGE 74, 312.

444. 김진웅 (2004). 독일의 방송 자유 수용에 관한 연구. 한국언론학보 제48권 4호.

445. 독일연방헌법재판소. BVerfGE 90, 90.

446. 독일연방헌법재판소. BVerfGE 87, 181, 199 f. = NJW 1992 S. 3286; BVerfGE 73, 118, 158.

447. 곽상진 (2009). 국가권력과 방송. 헌법학연구 제15권 제2호.

448. 독일 연방헌법재판소. BVerfGE 83, 310.

449. 독일 연방헌법재판소. BVerfGE 74, 312. 김진웅 (2004). 재인용

450. 독일 연방헌법재판소. BVerfGE 59, 23 (260).

451. 독일 연방헌법재판소. BVerfGE 74, 297 (342). 전정환 (2004). 방송수신료의 헌법적 문제. 법학연구 17편, 한국법학회.

452. 독일 연방헌법재판소. BVerfGE 73, 118, 157, ff.

453. 독일 연방헌법재판소. BVerfGE 74, 297 (350면 이하); BVerfGE 83, 238 (298면).

454. 이욱한 (2004). 독일 연방헌법재판소의 TV 방송판결에 관한 소고. 공법학연구 제5권 제3호.

455. 독일 연방헌법재판소. BVerfGE 12, 205 〈262 f.〉; 57, 295 〈320〉; 83, 238 〈315〉 참조.

456. 전정환 (2004). 방송수신료의 헌법적 문제. 법학연구 17편, 한국법학회.

457. H. Gersdorf/B. P. Paal, Informations-und Medienrecht (2021). 2 Aufl., C. H. Beck, S.124ff.

458. 헌법재판소, 91헌바17; 헌재 2001. 5. 31. 2000헌바43 등, 판례집 13-1; 헌재 2002헌바49

459. 헌법재판소 (2003). 2002헌바49. [방송법제74조위헌소원] 결정.

460. 전상현 (2018). 공영방송의 지위와 기능에 관한 헌법적 고찰. 사단법인 한국공법학회 공법연구 제46집 제4호 2018년 6월.

461. 문재완 (2013). 방송의 자유와 방송편성권의 주체, 국회, 방송공정성 특별위원회 활동결과보고서.

462. 이춘구 (2014). 공영방송의 정치적 독립성에 관한 법적 연구-공영방송 지배체제 입법을 중심으로. 언론과 법 제13권 제2호 2014.

463. 헌법재판소 (1997). 95헌바48 [구지방공무원법제2조제3항제2호나목등위헌소원]

464. 권형둔 (2005). 공영방송의 재원조달에 관한 헌법적 고찰. 중앙법학회 중앙법학 제7집 제4호 2005년 12월.

465. 김태수 (2006). 공영방송 수신료의 헌법적 의미. 방송문화연구, 2006년 제18권 2호.

466. 정영주·홍종윤·오형일 (2023). KBS 죽이기. ㈜스리체어스.

467. 미디어스 (2023). 김의철 KBS 사장 "사장직 내려놓겠으니 수신료 분리징수 추진 철회해 달라". https://www.mediatoday.co.kr/news/articleView.html?idxno=310523.

468. 동아일보 (2023). KBS사장 "수신료 분리징수 철회하면 사퇴" 대통령실 "국민이 분리 원해". https://www.donga.com/news/Culture/article/all/20230609/119685364/1.

469. KBS 노동조합 (2023). 성명서

470. 언론노동조합 KBS본부 (2023). 성명서

471. KBS 사보 특보 (2023). '수신료 분리고지' 목전… "2년 내 자본잠식 우려"

472. KBS 노동조합 (2024). 성명서. 대안 없이 일방적으로 강행하는 헬기 매각 당장 중단하라!!

473. 전국언론노동조합 KBS본부 (2024). 성명서. 헬기 매각 원점에서 재검토하라!

474. 한국아파트신문 (2023). 대주관 "아파트 TV수신료 분리징수 업무대행 절대 불가" https://www.hapt.co.kr/news/articleView.html?idxno=159372.

475. 미디어스 (2024). 수신료 민원 폭탄맞은 아파트 관리소장 '혼란의 도가니' https://www.mediaus.co.kr/news/articleView.html?idxno=305788.

476. 미디어오늘 (2024)/ TV수신료 분리고지 시점 또 유예… "KBS가 구멍가게도 아니고" https://www.mediatoday.co.kr/news/articleView.html?idxno=315616.

477. 아파트관리신문 (2024). (상보)TV수신료 결국 아파트 관리주체가 맡나…대안은? https://www.aptn.co.kr/news/articleView.html?idxno=106324.

478. 한겨레 (2024). 전기요금서 '수신료' 떼어 관리비에…분리징수 시행령 '조삼모사' https://www.hani.co.kr/arti/society/media/1141884.html.

479. KBS (2023). 헌법소원심판 청구서.

480. 헌법재판소 (2024). 2023헌마820, 862(병합) 방송법 시행령 입법예고 공고 취소 보도자료

481. 헌법재판소 (2021). 2019헌바439 전원재판부 결정. [방송법 제4조 제2항 위헌소원]

482. 정연우 (2015). 공영방송 수신료의 헌법적 가치 실현 방안에 관한 연구. 언론학연구 19권 2호.

483. 국회 법제실 (2020). 행정입법 분석·평가 사례VI, 행정안전 분야.

484. 헌법재판소 (2005). 2003헌마289 전원재판부. [행형법시행령제145조제2항등위헌확인]

485. 헌법재판소 (1999. 5. 27.). 98헌바70; 헌재 (2008. 2. 28.). 2006헌바70

486. 헌법재판소 (2008). 2006헌바70. [방송법제64조등위헌소원]

487. 전상현 (2018). 공영방송의 지위와 기능에 관한 헌법적 고찰. 사단법인 한국공법학회 공법연구 제46집 제4호 2018년 6월

488. 헌법재판소 (1997). 95헌바48 [구지방공무원법제2조제3항제2호나목등위헌소원]

489. KBS (2023). 수신료 위헌 헌법소원심판 청구서.

490. KBS (2014). 수신료제도 관련 방송법령 개정 및 제도개선(안)

491. 방송통신위원회 (2002-2023). 방송사업자 재산 상황 자료 인용

492. 헌법재판소 (1992). 90헌가23 결정. [정기간행물의등록등에관한법률제7조제1항의위헌심판]

493. 윤정인·김선택 (2015). 헌법재판소는 민주주의의 수호자인가. 한국비교공법학회 공법학연구 제16권 제1호.

494. 위르겐 하버마스 (2007). 사실성과 타당성. 나남신서 1226. 한상진, 박영도 역.

495. 최선 (2017). 한국 헌법재판소 구성 방식의 원리적 문제. 현대정치연구 제10권 제1호.

496. Gloppen, Siri and Roberto Gargarella, and Elin Skaar (eds) (2004). Democratization and the Judiciary; The Accountability Function of Courts in the New Democracy; London; Frank Cass. 박종민 (2022). 한국 민주주의와 법의 지배 재인용.

## 8장. 국민과 함께 공영방송 KBS 새롭게 정립하기

497. 김서중 (2022). 공영방송 위기의 침탈감, 제도 개혁으로 풀어내야. 황해문화 2022 가을.

498. KBS (2020). 공영미디어 KBS의 미래를 위한 혁신, 공영미디어 미래특별위원회 최종 보고서

499. Freiheit und Gebundenheit der Massenmedien, DVBI. 1983, 374면.

500. 이욱한 (2017). 방송의 자유에 관한 헌법적 문제점. 안암법학회, 안암법학 25.

501. 독일 연방헌법재판소. Vgl.BVerfGE59,238(254); 31,314(322).

502. 류한호 (2004). 언론의 자유와 민주주의. 커뮤니케이션북스 p12.

503. 서울고등법원(2015). 2014나11910. [해고무효확인 등]

504. 조항제 (2021). 공영방송의 이해, 한국 공영방송의 역사적 발전 과정과 정체성, 한울 아카데미.

505. 정준희 (2021). 공영방송의 이해, 공영방송의 진화: OTT 시대 공영미디어의 비전과 혁신 방향, 한울 아카데미.

506. Donders, K. (2021). Public Service Media in Europe, Routledge Research In Media Law.

507. 정수영 (2019). KBS 진실과미래위원회 백서.

508. 정수영 (2012). 공영방송의 어카운터빌리티에 관한 규범론적 고찰: 애년보고서(1977)와 영국 BBC에 대한 논의를 중심으로. 한국방송학보. 26권 1호.

509. McQuail. D (2003). Media accountability and freedom of publication. Oxford: Oxford University Press.

510. 박종원 (2022). 공공서비스미디어의 정체성 및 정당성 연구, KBS 공영미디어연구소.

511. KBS (2021). 2021 KBS공론조사-국민께 듣는 공적 책임과 의무, KBS이사회/공적책무와 수신료 공론화위원회.

512. 박종원 (2020). AI 시대의 미디어; AI 시대의 공공서비스미디어 정책과 전략, 미래방송연구회, 북스타.

513. KBS (2020). KBS미래특별위원회 보고서, 2020.

514. EBU (2014). VIDION 2020. AN EBU PROJECT, 2014.

515. 방송위원회 (2006). 멀티미디어 시대에 대비한 헌법개정에 있어 헌협상 방송의 자유에 대한 새로운 해석. 곽상진 등. 방송위원회 자유 2006-09.

516. 하버마스 (1987). 사실성과 타당성; 담론적 법이론과 민주적 법치국가 이론(2000), 한상진·박영도 역, 나남.

517. KBS (2020). KBS 미래특별위원회보고서.

518. 정영주·오형일·홍종윤 (2023). KBS 죽이기. ㈜스리체어스.

519. Cunningham, S. (2009). Reinventing television: The work of the 'innovation' unit. In G. Turner and J. Tay (eds), Television Studies After TV: Understanding Television in the Post-Broadcast Era (pp. 83-92). London: Routledge.

520. 조항제 (2023). 공영방송이란 무엇인가? 정부와 시장 견제하는 시민사회의 공론장. 신문과 방송. 9월호.

521. Hanretty, C. (2009). The Political Independence of Public Service Broadcasters, EUROPEAN UNIVERSITY INSTITUTE, Department of Political and Social Sciences.

522. 윤석민 (2023). 공영방송 위기 어떻게 풀어나갈까? 관훈저널 겨울호.

523. Hesmondhalgh, D. and Lobato, R. (2019). Television device ecologies, prominence and datafication: The neglected importance of the set-top box. Media, Culture & Society, 41(7), 958-974.

524. 박종원 (2018). 공영방송 제도 개선에 관한 전문가 인식 연구, 서울과학기술대 박사학위 논문, 2018.

525. 김동규·김춘식·최경진 (2010), 공영방송 재원과 책무의 재구성 : 수신료 현실화 논의를 중심으로, 한국방송학회 세미나, 2010.8, p63-93, 한국방송학회.

526. De Haan, Y. and Bardoel, J. (2011). From trust to accountability: Negotiating media performance in the Netherlands, 1987-2007. European Journal of Communication, 26(3), 230-246.

527. 조항제 (2023). 공영방송이란 무엇인가? 정부와 시장 견제하는 시민사회의 공론장. 신문과 방송. 9월호.

528. 정연우 (2020). 방송의 어카운터빌리티와 내적 자유의 제도화에 관한 연구, 미디어와 인격권 제6권 제1호.

529. 정수영 (2018). 미디어의 사회적 책임과 어카운터빌리티. 패러다임북.

530. 정연우 (2020). 방송의 어카운터빌리티와 내적 자유의 제도화에 관한 연구, 미디어와 인격권 제6권 제1호.

531. Donders, K., Raats, T. and Tintel, S. (2020). (Re)defining public service media from an economic perspective: Damned if they do, damned if they don't. In B.Van Rimscha and S. Kienzler (eds), Management and Economics of Communication (pp. 203-222). Berlin: Mouton De Gruyter.

532. 헌법재판소 (1999). 98헌바70. [한국방송공사법제35조등위헌소원] 결정.

533. 하버마스 (1987). 사실성과 타당성; 담론적 법이론과 민주적 법치국가 이론(2000), 한상진·박영도 역, 나남 출판.

# 정치와 공영방송

## 국민과 함께 공영방송 새롭게 정립하기

| | | | | | |
|---|---|---|---|---|---|
| 2024년 10월 1일 | 1판 | 1쇄 | 인 쇄 |
| 2024년 10월 10일 | 1판 | 1쇄 | 발 행 |

지 은 이 : 박　　　종　　　원

펴 낸 이 : 박　　　정　　　태

펴 낸 곳 : **주식회사 광문각출판미디어**

10881
파주시 파주출판문화도시 광인사길 161
광문각 B/D 3층
등　　　록 : 2022. 9. 2 제2022-000102호
전 화(代): 031-955-8787
팩　　　스 : 031-955-3730
E - m a i l : kwangmk7@hanmail.net
홈페이지 : www.kwangmoonkag.co.kr

ISBN : 979-11-93205-34-1　　　03300

값 : 23,000원